2013 解读浙江经济

李学忠　洪　玉　主编

图书在版编目(CIP)数据

2013解读浙江经济 / 李学忠，洪玉主编. —杭州：浙江工商大学出版社，2013.8

ISBN 978-7-81140-993-2

Ⅰ. ①2… Ⅱ. ①李… ②洪… Ⅲ. ①区域经济发展－研究－浙江省－2013 Ⅳ. ①F127.55

中国版本图书馆CIP数据核字(2013)第208138号

2013解读浙江经济

李学忠　洪　玉　主编

责任编辑　刘　韵
封面设计　流　云
责任印制　汪　俊
出版发行　浙江工商大学出版社
(杭州市教工路198号　邮政编码310012)
(E-mail:zjgsupress@163.com)
(网址:http://www.zjgsupress.com)
电话:0571-88904980,88831806(传真)
排　　版　杭州朝曦图文设计有限公司
印　　刷　浙江新华数码印务有限公司
开　　本　787mm×960mm　1/16
印　　张　23.75
字　　数　414千
版 印 次　2013年8月第1版　2013年8月第1次印刷
书　　号　ISBN 978-7-81140-993-2
定　　价　65.00元

编辑委员会

目　录

经济监测

专题研究

市县经济

经济监测

在创业创新中推进科学发展

——2008—2012年浙江经济和社会发展成就

省十一届人大一次会议以来的五年，浙江贯彻落实科学发展观，深入实施“八八战略”和“创业富民、创新强省”总战略，大力推进“全面小康六大行动计划”，坚决执行中央宏观调控政策，积极应对国际金融危机影响和各种困难挑战，齐心协力，克难攻坚，全省经济社会发展取得了显著成就，人民生活和城乡面貌进一步改善，为建设物质富裕、精神富有的社会主义现代化浙江打下了坚实基础。

一、综合实力大幅提升

生产总值跨上新台阶。全省生产总值(GDP)从2007年的18754亿元增加到2012年的34606亿元，按可比价格计算，五年增长58.1%，年均增长9.6%。这期间受国际金融危机和欧债危机的严重影响，GDP增速最低回落至2009年一季度的3.4%和2012年一季度的7.1%。省委省政府及时研究并全面实施“标本兼治、保稳促调”和强工业、扩投资、拓市场、促外贸等一系列“稳增长”政策措施，努力保持经济平稳较快回升。2012年GDP增速回升至8%。2012年，我省GDP占全国6.7%，继续列全国第四位；人均GDP以年均提高1千美元的速度从2007年的近5000美元跃升到1万美元以上，为63266元，约合10022美元，比2007年增长47.7%，年均增长8.1%。与此同时，地方财政和企业实力不断增强。2012年，财政总收入和地方财政收入分别为6408亿元和3441亿元，比2007年增长97.8%和108.6%，年均增长14.6%和15.8%。地方财政支出年均增长18.2%，重点加大对民生的投入，连续五年财政支出增量的三分之二以上用于民生。企业利润保持增长，规模以上工业企业实现利润五年年均增长12.5%；2012年，限额以上交通、信息、商务、科技、文化、居民服务及其他服务业企业营业利润比2011年增长12.2%。

二、发展方式积极转变

产业结构调整取得新进展。三次产业结构由2007年的5.3∶54.1∶40.6转变为2012年的4.8∶50.0∶45.2，三产比重提高4.6个百分点。2012年，

二、三产对 GDP 的增长贡献率分别为 47.7%、51.1%，呈现出二、三产业共同推动经济增长的格局。工业转型升级步伐加快。积极推动工业强县(市、区)和工业设计基地建设，大力发展高端装备制造业和高新技术产业等战略性新兴产业，加快淘汰落后产能。2012 年，规模以上企业工业增加值 10875 亿元，五年年均增长 10%，其中，高新技术产业增加值年均增长 11.6%，占规模以上工业增加值比重从 2007 年的 20.5%提高到 24.1%；装备制造业增加值年均增长 11.1%，占规模以上工业增加值比重达到 32.7%，数控金属成形机床产量由 2007 年的 67 台增加到 2012 年的 1435 台，汽车产量达 32.98 万辆，比 2007 年增长 58.7%，内燃机产量增长 1.9 倍；战略性新兴产业增加值比 2011 年增长 9.2%，占规模以上工业的 23.2%；八大高耗能行业增加值年均增长 9.6%，增速比规模以上工业低 0.4 个百分点。劳动生产率提高较快。规模以上工业企业劳动生产率由 2007 年的 9.6 万元/人提高到 2012 年的 15.3 万元/人，年均增长 9.8%。加快发展现代服务业，服务业增加值年均增长 11.1%，高于 GDP 增速 1.5 个百分点。金融业成为服务业中除批发零售业外的第二大行业，增加值达 2965.5 亿元，年均增长 14.4%，占 GDP 的 8.6%。交通运输、批发零售、住宿餐饮业在大力发展现代物流、电子商务(网店)、商业综合体、连锁和特许经营等新型流通方式和新型业态中平稳增长，年均分别增长 8.7%、12.3%和 10.7%。在国家宏观调控政策下，房地产业平稳发展。2012 年，房地产业增加值 1778.4 亿元，年均增长 5.5%，占 GDP 的 5.1%。高效生态农业加快发展，现代农业园区和粮食生产功能区建设成效显著。五年来，粮食总产量基本保持稳定；油菜子、棉花、蔬菜、药材、花卉苗木以及茶叶、水果等主要经济作物在结构调整中稳定增长。2012 年，肉类总产量和渔业产品产量分别比 2007 年增长 20.8%和 24.9%，年均增长 4%和 4.6%。

浙江海洋经济发展示范区、舟山群岛新区建设、义乌国际贸易综合改革试点、温州金融综合改革试验区等“四大国家战略举措”相继实施。2012 年，预计全省海洋经济生产总值 4850 亿元，增速快于 GDP，占 GDP 的 14%以上。舟山市 GDP 比 2011 年增长 10.2%，高于全省平均 2.2 个百分点，增速列丽水市之后居 11 个市的并列第二位；进出口总额 153.6 亿美元，增长 15.8%。义乌市出口 90.1 亿美元，比 2011 年增长 1.5 倍；义乌中国小商品城市场成交额达 580 亿元，比 2007 年增长 1.3 倍，年均增长 18.5%。

大产业大平台大企业大项目“四大建设”取得重大突破。企业数平稳增长，一批企业做大做强。2012 年末，全省有各类市场主体 346.9 万户，比 2011 年净增 26.2 万户，其中，在册企业 92.6 万户，比 2011 年增长 6.4%；企业集团达2527个，比2007年增加778个。全省在境内的上市公司已达246家，比2007年增加126家。其中，2012年新上市23家，23家上市公司实现再融资，合计融资300.5亿元。境内上市公司和中小企业板上市公司家数均居全国第二。投资新项目推进力度加大。2012年，全省新开工固定资产投资项目2.3万个，比2011年增长29.1%，新开工项目投资增长30.4%，占投资总额的35.5%。产业集聚区较好地引领全省经济集约发展、集聚发展。2012年前三季度，14个省级产业集聚区重点规划区内"四上"企业工业总产值同比增长9.3%，出口交货值同比增长4.5%，增速分别比全省规上工业快5.1和5个百分点；服务业营业收入同比增长39.5%，增速比全省限上服务业快27.6个百分点；固定资产投资同比增长37.9%，其中制造业投资增长32.9%，增速比全省快14.4和15.1个百分点；实现利税总额同比增长5.8%，其中利润总额同比增长3.6%；总部企业和世界500强企业占总投产企业总数的9.7%。

三大需求对经济增长的拉动较为协调。2012年，固定资产投资、社会消费品零售总额分别达到17096亿元、13546亿元，进出口总额和出口额分别达到3122亿美元和2246亿美元(约合19710亿元和14176亿元)，五年年均分别增长17.3%、16.7%、12.0%和11.9%，经济增长正由主要依靠投资、出口拉动向依靠消费、投资、出口协调拉动转变，内需对经济增长的拉动力明显增强。消费结构逐步升级，从2012年限额以上批发和零售业企业零售额看，汽车类零售额2414亿元，比2007年增长3.2倍，年均增长33.2%，占全社会消费品零售总额的17.8%，增长贡献率为25.3%；其他增长较快的有家具、金银珠宝、石油及制品、服装类、日用品类，年均分别增长72.1%、39.6%、31.2%、21.9%和18.8%。商品交易市场加快改造提升，巩固了浙江商品交易市场在全国的龙头地位。五年来，固定资产投资累计63615亿元，一批重大项目建成投产。其中，基础设施项目累计投资15637亿元，年均增长12.4%。相继建成甬台温铁路、温福铁路、诸永高速、龙丽高速、杭州湾跨海大桥、舟山跨海大桥、杭州地铁1号线等重大工程，建成了北仑电厂三期扩建工程、滩坑水电站三台机组、浙能嘉电三期首台百万机组工程等重大项目，新增铁路459公里，高速公路967公里，万吨级泊位70个，电力装机1151万千瓦。2008—2012年，工业累计投资24022亿元，制造业投资20926亿元，年均分别增长10.9%和12%，装备制造业投资9818亿元，年均增长13.5%，占制造业投资比重由2007年的44.1%上升到2012年的47.3%。房地产开发累计投资17003亿元，年均增长23.5%。累计销售商品房2.09亿平方米，其中住宅1.71亿平方米。在加快商品住宅建设的同时，积极推进保障性安居工程建设，经济适用房、普通商品房和廉租房等大量建成，有效改善了人们的居住条件。累计开工建设保障性住房89.6万套，竣工55万套，改造建设农村住房153.7万户。受国际金融危机和欧债危机影响，我省进出口贸易经历了严峻考验，各级政府适时出台了扶持措施，企业千方百计保市场、保份额。2012年，全省货物出口达2246亿美元，出口总额连续两年居全国第三位，占全国出口比重由2007年的10.5%上升到11.0%；进口876.7亿美元，年均增长12.5%。利用外资规模再上新台阶，2008—2012年累计实际利用外商直接投资557.4亿美元，年均增长4.7%，累计批准154家世界500强在我省投资设立443家企业，投资总额223.5亿美元，合同外资87.4亿美元。对外投资逆势上扬，五年累计对外投资127.9亿美元，年均增长45.1%。服务贸易规模扩大，五年累计国际服务贸易进出口额1016亿美元，其中出口618.8亿美元，年均增速分别为19.5%和22.5%，服务贸易占全省对外贸易总额的比重由2007年的5.9%上升到2012年的8%。

制订实施自主创新能力提升行动计划，科技综合实力和区域创新能力得到提升。2012年，全社会科技活动经费1200亿元，比2007年增长1.3倍，年均增长18.4%，R&D经费投入相当于GDP的比例由2007年的1.53%提高到2.04%左右；财政用于科技支出166亿元，为2007年的2.3倍，年均增长18.3%。全省国内专利申请量和授权量分别为24.9万和18.8万件，比2007年分别增长2.6和3.5倍，其中，发明专利申请量、授权量分别为3.3万和1.1万件，增长2.5和4.2倍，发明专利授权量占专利授权总量的比重由2007年的5.3%提高到6.1%，发明专利授权量跃居全国第四位。2007—2011年以来累计有110项重大成果获国家科学技术奖，其中，国家自然科学奖1项，国家技术发明奖18项，国家科技进步奖91项。创新成果得到应用。规模以上工业新产品产值率为23%，比2007年提升7.9个百分点。自主创新能力稳步提高。2011年，浙江省自主创新能力指数为204(以2005年为100)，比2007年提高77.3个百分点。

资源节约和环境保护全面推进，可持续发展能力明显提升。实施能源消费总量和能耗强度双控制，节能降耗成效明显。2008—2012年，以年均增长4.5%的能源消耗支撑了年均9.6%的经济增长，单位GDP能耗年均降低率为4.6%，能耗水平处于全国先进水平，其中，规模以上工业企业单位增加值能耗年均下降6.3%，对单位GDP能耗下降的贡献率超过70%。生态环境质量有所改善。2008—2011年，二氧化硫排放量下降16.9%，预计2012年可以完成化学需氧量、氨氮、二氧化硫和氮氧化物的年度减排目标，各年减排指标均如期完成国家阶段性目标。2012年，地表水水质达到Ⅲ类以上的断面比例为64.3%，县级以上集中式饮水水源地水质达标率为86.7%，县级以上城市空气质量达到二级标准的占98.6%，分别比2011年提高1.4、0.3和5.8个百分点。有序开展了电镀、蓄电池等重污染高耗能行业的整治。固废、辐射、土壤污泥无害化处置能力进一步提高。至2012年，全省累计建成国家级生态县6个、国家环境保护模范城市7个、国家级生态示范区45个、全国环境优美乡镇374个，省级生态县49个，省级环保模范城市7个、省级生态乡镇979个。全省人口自然增长率由2007年的4.81‰下降到2012年的4.6‰，促进了人口与经济社会资源环境协调和可持续发展。

三、城乡区域统筹发展

新型城市化扎实推进。制定实施新型城市化发展纲要，推进城乡管理创新，启动实施治理城市交通拥堵工程，中心城市发展水平和服务功能得到提升，小城市和小城镇培育加快推进。2012年，全省城市化率达到63.2%，比2007年提高6个百分点。城市基础设施有效改善。2012年，城市污水处理率为87.9%，比2007年提高了17.8个百分点；城市生活垃圾无害化处理率为97.4%，提高10个百分点；城市人均公园绿地面积12.4平方米，增长41.1%；每万人拥有公共交通车辆为21.1标台，增长85.9%；人均城市道路面积17.6平方米，增长23.8%。

新农村建设成效显著，城乡收入差距有所缩小。村庄整治和美丽乡村创建加快推进。全省已完成村庄整治2.65万个，占全省行政村总数89%；培育建设中心村1200个，其中省重点培育示范中心村300个；创建美丽乡村先进县24个，一大批宜居宜业宜游的“美丽乡村”成为农民幸福生活的家园和市民休闲旅游的乐园。2012年客运班车通村率达93.1%。2011年，农村生活垃圾集中收集和无害化处理率为78.1%，无害化卫生厕所普及率达到78.7%。实施“千万农民饮用水工程”，2011年农村安全卫生饮用水人口覆盖率为92.7%，比2007年提高3个百分点。农村劳动力转移成效显著。2008年以来，全省培训农村劳动力525万人。2012年，预计非农从业人员比重为85.9%，比2007年提高6个百分点。城镇居民人均可支配收入与农村居民人均纯收入之比从2007年的2.49∶1缩小到2012年的2.37∶1，是全国城乡居民收入差距最小的省份之一，农村居民人均纯收入五年的年均实际增速为8.5%，比城镇居民高0.8个百分点。

欠发达地区和海岛地区加快发展，主要经济指标增速快于全省平均水平。五年来，衢州、丽水市GDP年均增速均为11.5%，舟山市GDP年均增长

11.7%，分别高于全省平均增速1.9和2.1个百分点。2012年，衢州、丽水、舟山市城镇居民人均可支配收入分别比2011年增长12.9%、12.5%和12.2%（未扣除价格因素，下同），均高于全省城镇居民人均可支配收入增速（11.6%）。丽水和舟山市农（渔）村居民人均纯收入分别比2011年增长13.4%和12.9%，均高于全省农村居民人均纯收入增速（11.3%），增速居11市前两位。欠发达地区和海岛县区五年累计完成异地搬迁37.1万人。

制订实施低收入群众增收行动计划。“低收入农户奔小康工程”基本目标圆满完成。统计监测显示，2007年确定的111万户低收入农户，通过培训就业、产业开发帮扶和社会救助覆盖，增收成效明显。2012年人均纯收入达到6260元，比2011年增长18.2%，家庭人均纯收入达到4000元及以上农户的比重为79.4%（低保农户除外），完成“低收入农户奔小康工程”70%的目标任务。低收入农户与农村居民人均纯收入的差距由2009年的1∶2.76下降到2012年的1∶2.32，收入差距逐步缩小。2012年，城镇居民20%低收入家庭人均可支配收入为14035元，比2007年增长77.1%，年均增长12.1%，高于10.9%的全省平均增速，高低收入家庭人均可支配收入差距为4.92倍，比2007年的5.24倍减小0.32倍。

四、民营经济加快发展

高度重视民营经济发展，研究制定鼓励和引导个体私营等民营经济发展的一系列政策举措，破除体制障碍，优化民营经济发展环境，推动民营经济加快发展。民营经济增加值从2007年的11534亿元增加到2011年的20381亿元，年均增长15.3%（按当年价计算），比GDP年均名义增速高0.7个百分点，民营经济占GDP的比重从61.5%上升到63.1%，提高1.6个百分点。个体私营经济增加值占GDP的比重从2007年的54.5%提高到2011年的57.3%。2012年末，全省有私营企业77.5万户，比2011年增长7.8%；个体工商户249.8万户，增长8.6%。民营企业积极推进企业制度改革，加快企业股份制改革和上市步伐，企业竞争力不断增强。在2012年中国民营企业500强中，浙江占142席，继续居全国各省市区之首，比第二的江苏省多34家，企业平均营业收入达150亿元，比2010年增长89.9%。民营经济产业结构优化调整，2011年，民营经济三次产业比例为7.8∶55.6∶36.6，三产比重逐年上升。

民间投资活跃。2012年，全省民间投资10571亿元，比2007年增长1.6倍，年均增长20.6%，占固定资产投资总额的比重由2007年的53.7%提高到61.9%，其中，私营企业投资3843亿元，占固定资产投资的27.7%。民间投资比重超过国有及国有控股、其他经济类型企业投资，成为拉动投资增长的主体力量。民间投资涉足面已相当广泛，基本覆盖国民经济的各个领域，投资形式灵活多样。浙商立足浙江发展浙江、回归浙江反哺浙江的氛围更加浓厚。2012年，浙商回归新引进项目1426个，累计到位资金1298亿元，比2011年增长43%。

民营经济对我省经济社会各个领域的贡献不断提高，在促进生产、扩大出口、吸纳就业等方面发挥着越来越重要的作用。2012年，规模以上私营企业工业增加值达4311亿元，五年年均增长12.1%(可比价)，比规模以上工业高2.1个百分点，占规模以上工业的比重从2007年的36.7%上升到39.6%。民营企业出口1409.7亿美元，居全国第二位，五年年均增长17.8%，比全省出口增速高5.9个百分点，所占比重由2007年的48.4%上升到62.8%，比全国平均高25.6个百分点。民营企业为城镇新增劳动力和农村剩余劳动力提供了大量的就业岗位，成为吸纳新增就业、增加居民收入的重要渠道。2012年，预计非公有经济从业人员占全部从业人员的76%，比重比2007年提高3.8个百分点。

五、社会建设全面推进

教育、医疗卫生、文化、体育等社会事业加快发展，社会保障体系进一步健全和完善，社会管理不断加强和创新。2012年，十五年教育普及率达到97.9%，高等教育毛入学率达49.5%，分别比2007年提高2.5和11.5个百分点，九年义务教育完成率达98.1%。成人教育形式丰富。教师素质继续提高。人民群众的科学文化素质和健康素质不断提高。第六次人口普查资料显示，15岁及以上人口平均受教育年限为8.79年，平均预期寿命提高到77.7岁，平均预期寿命基本达到中等发达经济体水平。基本医疗、公共卫生、公共文化和便民服务体系基本实现全覆盖。2012年，预计全省卫生机构总数达30522个，各类医院床位数17.58万张，卫生专业技术人员30.6万人，其中，执业医师和执业助理医师11.87万人，注册护士11.38万人，每千人医生数由2007年的1.95人增加到2012年的2.17人(不包含乡村医生)。城乡社区卫生服务中心(站)从2007年的5113个增加到2011年的6526个，责任医生达3.88万人，比2007年增长25.9%。重大传染病防控进一步加强。“五苗”接种率保持在95%以上。全省孕产妇死亡率从2007年的8.6/10万下降为2012年的4.01/10万，婴儿死亡率从7.02‰下降为4.68‰。启动文化产业发展“122”工程，“文化下乡”和“千镇万村种文化”活动持续开展。2011年，全省文化产业增加值为1290亿元，占GDP的4%，文化产业发展指数为116.96(以2010年为

100）。基本建成了省、市、县、乡、村五级覆盖的文化设施网络，公共博物馆、美术馆、图书馆、文化馆（站）全面实现免费开放。艺术创作取得丰硕成果，2008—2012 年，共 150 余件文艺精品在国际和全国性重大赛事上获奖。杭州西湖文化景观被正式列入世界遗产名录。基本完成全省广电有线网络“一省一网”整合任务，2012 年，在全省 1426.7 万户有线电视用户中，数字电视用户达 1294.1 万户，数字化率为 90.7%，农村有线电视入户率达 91%。出版图书 10966 种，总印数 3.4 亿册，比 2007 年分别增长 43.5%和 30.8%；公开发行报纸 71 种，年发行量 34.8 亿份，比 2007 年增长 21.7%；出版期刊 222 种。竞技体育水平不断提高。五年来，浙江运动健儿共取得世界冠军 52 个、亚洲冠军 114 个、全国冠军 649 个。全民健身活动蓬勃开展。深化平安浙江建设，社会保持和谐稳定。我省群众对当前公共安全总体反映较好，对社会治安状况评价较高，2012 年群众安全感满意率为 95.9%，五年均保持在 95%以上，高于同期全国平均水平，成为全国最具安全感的省份之一。安全生产事故起数、死亡人数和直接经济损失连续九年实现“三下降”。

就业和社会保障进一步加强。2012 年，我省常住人口中就业人口预计达到 3690 万人，比 2007 年增加 285 万人，增长 8.4%，五年城镇新增就业 443.4 万人，高校毕业生就业率均超过 93%，居全国前列。城镇登记失业率从 2007 年的 3.27%下降到 2012 年的 3.01%。加快完善最低工资标准制度和工资协商调解机制，逐步提高最低工资标准。覆盖城乡的社会保障体系不断健全，参保人数大幅增加，保障水平逐步提高。养老保障基本实现制度全覆盖。据人力社保厅初步统计，2012 年末，企业养老、城镇职工基本医疗、工伤、失业、生育保险参保人数分别为 2083.3、1671、1731.7、1065.4、1084.8 万人，比 2007 年分别增加 1007.4、816、728.8、480.7、579.8 万人，参加城乡居民养老保险 1332.3 万人，参保率超过 90%；参加城镇居民基本医疗保险 639.3 万人；被征地农民基本生活保障做到“应保尽保”“即征即保”。职工医保、居民医保门诊统筹制度全面实施，大学生基本医疗保险全面推行。新型农村合作医疗保险参合率为 97.7%，比 2007 年提高 8.7 个百分点；人均筹资标准达到 482.5 元，比 2007 年提高 392.1 元。新农合政策范围内住院费用报销比例达到 72.1%。建成覆盖城乡的新型社会救助体系，救助水平稳步提高。2012 年，全省在册低保对象 67.5 万人，比 2007 年增加 2.37 万人，其中，城镇 7.8 万人，农村 59.7 万人，共支出低保金 17.6 亿元，是 2007 年的 2.35 倍；平均保障标准为城镇 476.78 元/月·人、农村 350.03 元/月·人，分别比 2007 年增长 78%和 109%。医疗救助即时结报全面实施，2008 年以来，共支出医疗救助资金

29.45 亿元,受益困难群众 896.7 万人次。先后启动 14 次困难群众基本生活价格补贴机制,累计发放补贴资金 10.8 亿元,惠及群众 1100 多万人次。

六、人民生活全面小康

惠及全省人民的全面小康社会基本建成。根据省委十一届九次全会参阅件《浙江全面建设小康社会综合评价指标体系》测算,2008 年以来全省全面小康社会实现程度均在 90%以上,2011 年为 96.9%,比 2007 年提高 7.3 个百分点,24 项指标中已有 21 项全面小康实现度在 90%以上,其中 16 项达到或超过全面小康目标。据国家统计局《中国全面建设小康社会统计监测方案》确定的评价指标体系测算,2011 年我省全面小康社会的实现程度为 92.6%,比 2007 年提高 7.5 个百分点,比全国高 10 个百分点左右。我省和国家的评价指数连续多年达到 90%以上,表明总体上惠及全省人民的全面小康社会已经基本建成。

城乡居民收入保持较快增长,生活质量不断提高。城镇居民人均可支配收入和农村居民人均纯收入从 2007 年的 20574 元和 8265 元增加到 2012 年的 34550 元和 14552 元,分别增长 67.9%和 76.1%,扣除价格因素,年均实际增长 7.7%和 8.5%,其中,2012 年分别比 2011 年实际增长 9.2%和 8.8%。城乡居民收入增长与经济发展同步机制正在逐步形成,2009 年和 2012 年城、乡居民人均收入实际增速均快于当年 GDP 总量和人均 GDP 增速;2011 年城、乡居民人均收入实际增速均快于当年人均 GDP 增速。城镇居民人均可支配收入连续 12 年列上海、北京后,居全国 31 个省(市、区)第三位,省区第一位;农村居民人均纯收入连续 28 年居全国各省区首位。居民生活质量明显提高。城镇居民人均消费性支出由 2007 年的 14091 元增加到 2012 年的 21545 元,农村居民人均消费性支出由 6442 元增加到 10208 元,分别增长 52.9%和 58.5%,年均增长 8.9%和 9.6%。2012 年,城乡居民恩格尔系数分别为 35.1%和 37.7%,居民膳食结构追求营养和保健,穿着讲求舒适和个性化。汽车、高档消费品已进入普通居民家庭。2012 年末,每百户城镇、农村居民家庭汽车拥有量分别为 36.5 和 15.2 辆,是 2007 年的 1.6 和 2.8 倍。每百户城镇居民家庭接入互联网的计算机和移动电话分别达 95 和 53 台,比 2007 年增长 58.4%和 9.8 倍,全年人均网上购物或服务支出 230 元,比 2007 年增长 11 倍,五年年均增长 63.1%。每百户农村居民家庭拥有洗衣机、电冰箱、彩色电视机、移动电话和家用计算机分别为 72.5、95.3、171.7、211.4 和 47.8 台(只),分别比 2007 年增长 21.4%、27.1%、19.1%、40.7%和 1.5 倍。城镇居民的人均住房建筑面积由 2007 年的 34.7 平方米增加到

2012年的37.1平方米，农村居民人均居住面积由57.1平方米增加到61.5平方米。居民生活更加宽裕，城乡居民本外币储蓄存款余额由2007年的11381亿元增加到2012年的26902亿元，人均储蓄（按常住人口计算）从22078元增加到49119元。

课题负责人　王美福
执　　　笔　傅吉青

下行企稳　缓慢向上

——2012年一季度浙江经济运行情况

2012年以来，浙江突出把握“稳中求进、转中求好”的工作基调，调结构、抓转型，重投入、兴实体，强改革、优环境，惠民生、促和谐。一季度，浙江经济增速基本延续了去年二季度以来的下行态势，回落幅度大于全国平均水平，企业生产经营仍面临较大困难。但经济运行总体正常，节能降耗和自主创新取得新进展，市场价格涨幅继续回落，民生进一步改善。同时，经济运行中出现了一些积极变化和趋稳向好的迹象，3月份主要经济指标比1—2月有所回升，预计下阶段可能将逐步企稳缓慢回升。

一、经济运行的基本特征

2012年一季度，全省生产总值为6725亿元，比去年同期增长7.1%，增速同比回落3.3个百分点，为2009年下半年以来的新低，其中，一产增加值243亿元，增长0.8%；二产增加值3344亿元，增长6.4%；三产增加值3138亿元，增长8.2%。经济运行的基本特征有些类似于2009年的一季度，但反差较大。2009年一季度，工业、出口均为负增长，回落幅度比较大，但房地产、金融、证券市场等大幅增长。2012年一季度，工业生产、出口仍保持小幅增长，回落幅度相对较小，但房地产市场回落很深，金融、证券市场较为冷清。与2009年相比，主要差异在于宏观经济政策环境不同及其效应的反差。

（一）生产增速环比回升，同比回落

1.工业产销增长，利润下降。一季度，规模以上工业增加值2304亿元，比去年同期增长4.8%，比1—2月回升1.9个百分点，但比去年同期和全年分别回落8.1和6.1个百分点，季度增速为2009年三季度以来的新低。销售产值11814亿元，增长4.2%，增速比1—2月回升2.6个百分点，但比去年同期回落21.1个百分点，其中，出口交货值2263亿元，同比下降0.5%，降幅比1—2月缩小1.5个百分点。规模以上工业利润503.7亿元，同比下降20.3%。38个行业中有25个行业利润负增长，其中，化学原料、石油加工和化学纤维利润分别下降46.5%、89.6%和41.1%，这3个行业导致规模以上工业利润下降

12.1 个百分点。企业亏损面达 25%，亏损率为 18.1%，同比分别扩大 5.3 和 7.8 个百分点，亏损额 111.6 亿元，增长 53.8%。

2. 服务业增速略快于 GDP，同比减缓。一季度，服务业增加值增速比 GDP 增速快 1.1 个百分点，但比去年同期减缓 2.3 个百分点。全社会铁、公、水路货运量和货物周转量分别比去年同期增长 1.5%和 5.6%，同比分别回落 7.7 和 15.5 个百分点；客运周转量增长 1.4%，客运量下降 0.2%，同比分别回落 4.7 和 2.7 个百分点。限额以上批发零售贸易商品销售总额增长 8.8%，住宿和餐饮业营业额分别增长 8.9%和 12.8%，同比分别回落 16、6.8 和 12.6 个百分点。商品房销售面积和销售额分别下降 37.2%和 38.1%，与 2009 年一季度增长 13.8%和 29.6%相比，增幅差达 52 和 67.7 个百分点。接待入境游客 157 万人次，同比增长 10.4%，实现国际旅游(外汇)收入 9.86 亿美元，增长 10.4%，增速分别回落 1.6 和 3.6 个百分点；根据抽样调查测算，接待国内游客 9100 万人次，同比增长 10.3%，实现国内旅游收入 985 亿元，增长 14.1%，增速分别回落 6.7 和 5.8 个百分点。旅行社组织出境游客 28.5 万人次，同比增长 22%。1—2 月，限额以上交通、信息、商务、科技、文化、居民服务及其他服务业等企业营业收入和营业利润同比分别增长 11.4%和 6.4%，同比分别回落 4.1 和 9.5 个百分点。

3. 农业生产基本稳定。一季度，农业和农林牧渔服务业增加值分别增长 2.0%和 6%，林业、牧业、渔业增加值分别下降 0.2%、0.1%、0.3%。预计春季农作物播种面积 766 千公顷，比 2011 年下降 1.2%，其中，春粮播种面积 178 千公顷，下降 2.3%，主要由于连续阴雨天气严重影响马铃薯播种面积下降 9.5%所致，大、小麦播种面积分别增长 0.4%和 2.6%，预计 2012 年春粮将出现减产；油菜子播种面积 165 千公顷，下降 3.9%。预计早稻播种面积有望与去年持平。一季度，预计蔬菜、果用瓜面积分别下降 2%和 4.6%，花卉苗木、药材面积分别增长 9.1%和 1.7%，盆栽类园艺增长 26.5%；生猪存栏增长 0.1%、出栏持平，肉类、禽蛋产量分别增长 1.7%、5.6%。水产品产量 92.2 万吨，同比下降 0.4%。

(二)三大需求保持一定增长

1. 投资增长较快，房地产投资回落较大。一季度，全省固定资产投资 2888 亿元，比去年同期增长 17%，增速同比回落 12 个百分点，扣除投资价格上涨因素，实际增长 15.4%，同比回落 2.6 个百分点。房地产开发投资 960 亿元，比去年同期增长 24.5%，增速比去年同期和 2012 年 1—2 月分别回落 18.8 和 8.2 个百分点。投资资金压力增大。本年房地产投资资金来源下降 3.5%，其中,国内贷款和自筹资金分别增长6.5%和39.2%;主要来自购房的其他资金则下降31.2%。房屋新开工面积下降34.3%。基础设施投资596.6亿元,同比增长3.1%。

2.市场消费总体平稳。一季度,社会消费品零售总额3185亿元,比去年同期增长13.2%,增速同比回落2.9个百分点,扣除价格因素实际增长9%,名义和实际增速均比1—2月提高0.5个百分点。汽车类零售额比去年同期增长11.2%,同比回落4.5个百分点,对社会消费品零售总额的贡献率为14.9%;限额以上贸易企业居住类商品零售额下降5.3%,其中家电下降14.8%。

3.出口环比回升,拉动力减弱。一季度,全省进出口总额699.5亿美元,比去年同期增长5.2%,其中,出口473.5亿美元,增长6.1%,进口226.1亿美元,增长3.5%,增速同比分别回落20.9、18.1和26.6个百分点,进出口和出口增速分别比1—2月回升1.8和3.6个百分点,进口增速回落1.8个百分点。我省出口增速低于全国同期(7.6%)1.5个百分点,低于福建(10.4%),高于广东(5.4%)、上海(3.2%)、江苏(2.8%)和山东(1.3%)。出口规模超过上海,居全国第三。部分传统大宗商品出口增速较低,高新技术产品和船舶出口下降。纺织品、服装、鞋类、旅行用品及箱包等出口同比分别增长4.5%、2.7%、4.1%和3%,高新技术产品和船舶出口分别下降3.5%和28.7%。

(三)财政收支平衡压力加大,存贷款增量减少

1.财政收入增速大幅回落。一季度,财政总收入1820亿元,比去年同期增长6.0%,公共财政预算收入1014亿元,同比增长7.1%,增速分别比去年同期回落25和24.1个百分点,比1—2月回落1.5和3.4个百分点。公共财政预算支出891亿元,同比增长19.6%,增速同比回落7.9个百分点,支出高于收入增速12.5个百分点。

2.存贷款增量同比减少,环比增加。3月末,金融机构本外币存款余额62932亿元,比去年同期增长8.7%,一季度新增存款2042亿元,从1—2月的净减少转为净增加,但同比仍少增1486亿元。3月末,本外币贷款余额为54958亿元,增长12.6%,增速比2月末提高0.5个百分点,一季度新增贷款1715亿元,同比少增346.6亿元,少增额比1—2月缩小271亿元。

(四)市场价格涨幅回落

1.居民消费价格涨幅回落。一季度,居民消费价格比去年同期上涨3.6%,比去年同期和全年分别回落1.6和1.8个百分点,比1—2月回落0.1

个百分点，比全国低0.2个百分点。一季度CPI中翘尾影响为1.94点，比去年同期低1.23点。1—3月，居民消费价格同比分别上涨4.6%、2.7%和3.4%，环比分别上涨1.7%、−0.2%、0.3%。自去年7月份开始，居民消费价格涨幅总体呈回落态势。八大类价格“七涨一跌”：食品、家庭设备用品及维修服务、医疗保健及个人用品、烟酒及用品、居住、衣着、交通和通信类价格分别上涨9.8%、3.1%、2.9%、1.7%、1.6%、0.3%、0.3%，娱乐教育文化用品及服务价格下降1.1%。食品价格上涨仍是CPI上扬的首要因素，拉动总指数上涨2.9个百分点，调查的16种食品中有14种食品价格上涨，同比涨幅较大的是菜类、肉禽及其制品、水产品、糖类，分别上涨20.5%、14.7%、13%和10.3%，粮食上涨5.1%，蛋类下降0.9%。

2.工业生产者价格下降。一季度，工业生产者出厂价格和购进价格同比分别下降1.1%和0.9%，购进价格降幅小于出厂价格0.2个百分点，其中，3月份两项指数已完全同步。1—3月，工业生产者出厂价格同比分别下降0.3%、1.1%和1.8%；环比除1月下降0.2%外，2、3月均基本持平。工业生产者购进价格除1月同比上涨0.04%外，2、3月分别下降0.8%和1.8%，为2009年以来首次下降；环比除1月下降0.5%外，2、3月分别上涨0.2%和0.1%。

3.房价跌幅居全国前列。从国家统计局公布的3月份70个大中城市新建商品住宅(不含保障性住房)销售价格变动情况看，与去年同月相比，温州、杭州、金华、宁波分别下降9.5%、6.3%、4.6%和3.2%，同比指数居70个城市的倒数1、2、3、5位；与上月相比，杭州、金华环比指数并列居70个城市末位，均下降4.6%，宁波、温州下降1.7%和1.1%，房价环比指数居倒数第3、5位。

二、经济运行中出现的积极变化

(一)近期经济运行出现了一些积极变化和趋稳向好的迹象

一是工业增速环比回升，利润降幅明显收窄。3月份，规模以上工业增加值增长7.7%，比2月(消除季节性因素影响后增长7%)和1—2月分别回升0.7和4.8个百分点。3月份利润下降1.7%，降幅比1—2月大幅收窄29.1个百分点。二是投资和出口增速明显回升，新开工项目增长。一季度，固定资产投资增速比1—2月回升1.7个百分点；3月份外贸出口增长12.7%，比1—2月回升10.2个百分点，一季度增速比1—2月回升3.6个百分点。一季度，投资新开工项目4219个，同比增长13.4%，新开工项目计划总投资增长23.1%，将对后续投资带来新的增长点。三是商品房销售降幅缩小。随着3

月份开发商采取以价换量策略，商品房销售面积和销售额降幅收窄，一季度降幅（37.2%和38.1%）分别比1—2月收窄14.1和13.2个百分点，且由去年同期销售额增幅高于销售面积增幅18.7个百分点反转为2012年一季度销售面积降幅小于销售额降幅0.9个百分点，说明现阶段房价降幅较大。四是企业景气小幅回升。据企业景气调查，一季度，反映企业家对本行业总体运行状况乐观程度的企业家信心指数为114.6，处于"相对景气"区间，比上季回升1.9点，其中，反映一季度运行状况的即期信心指数为111.3，反映二季度预期的信心指数为116.8，预期指数高于即期指数5.5点，表明企业家对二季度经济运行状况的信心有所提升；反映企业综合生产经营状况的企业景气指数为124.1，比上季回升0.5点。但企业家信心指数和企业景气指数分别低于全国8.4和3.2个百分点。

（二）经济发展方式转变取得积极进展

1.节能降耗和自主创新取得新进展。一季度，全社会用电和工业用电分别比去年同期增长3.9%和0.7%，增速同比分别回落10.7和12.7个百分点，其中制造业用电量下降0.3%。规模以上企业中八大高耗能行业工业增加值855亿元，增长4.2%，增速比规模以上工业低0.6个百分点，按可比价计算，高耗能行业增加值占规模以上工业的比重为39.6%，同比回落0.3个百分点。预计一季度GDP能耗同比下降5.5%左右，比去年全年降低率提高2.4个百分点，其中，规模以上工业单位增加值能耗下降6.8%。一季度，公共财政预算的科技支出26.7亿元，同比增长71.7%；规模以上企业科技活动经费支出同比增长18.1%，比营业收入增速高15.3个百分点，新产品产值2521亿元，同比增长15.1%，增速比工业总产值高10.4个百分点，拉动总产值增长2.8个百分点；新产品产值率为20.7%，同比提高1.9个百分点。

2.民间投资、农业投资、制造业投资、文化和水利等重点建设投资保持较快增长。一季度，民间投资1846亿元，同比增长24.3%，占投资总额的63.9%，同比提高3.7个百分点。农业投资12.4亿元，增长71.9%；工业投资1097亿元，增长13.7%，其中制造业投资增长17.3%，高于去年全年3.3个百分点；服务业投资1770亿元，增长19.6%，其中，文化体育和娱乐业、居民服务、卫生和社会工作、水利和环境投资分别增长61.6%、67.1%、41.1%和68.4%。

3.民生进一步改善。一是居民收入保持较快增长。一季度，城镇居民人均可支配收入11269元，比去年同期增长13.0%，扣除价格因素实际增长

9.2%，与去年同期相比，名义增速持平，实际增速提高 1.8 个百分点，其中，工资性收入增长 11.7%，转移性收入增长 28.6%，经营净收入增长 0.5%，财产性收入增长 2.7%。农村居民人均现金收入 5828 元，同比增长 13.1%，扣除价格因素实际增长 8.9%，名义和实际增速分别回落 1.8 和 0.4 个百分点，主要是从事二、三产业经营性收入增速回落较大(增长 10.8%，同比回落 16.8 个百分点)，来自一产的收入增长 6.9%；工资性收入增长 17%，占现金收入的 48%，增长贡献率达 60%；转移性和财产性收入增长 12%。城镇居民人均消费支出 6069 元，同比增长 11.3%；农村居民人均消费支出 2903 元，增长 9.5%。二是公共财政对民生支出保障有力。一季度，公共财政预算对医疗卫生、农林水事务、社会保障和就业、住房保障、教育、交通运输、城乡社区事务、公共安全等支出分别增长 39.3%、29.1%、28.1%、27.9%、20.0%、19.0%、17.7%、10.9%。三是就业形势总体稳定，社会保险参保面扩大。3 月末，城镇登记失业率为 3.08%，比去年末的 3.12%略有下降。据省人力社保厅资料，一季度，城镇新增就业 24.5 万人。3 月末，企业职工基本养老、城镇职工和居民医疗、失业、生育、工伤保险参保人数分别比去年末增加 64.27 万和 262.14 万、10.4 万人。

(三)国家和我省一系列重大政策举措正在产生积极作用

我省积极实施四大国家战略，减税让利，帮扶企业等政策，其积极效应将随时间的推进不断显现。一季度，舟山市 GDP 比去年同期增长 9.5%，工业增加值增长 14.5%，均居全省之首；义乌小商品城成交额同比增长 9.1%，比 2009 年同期提高 1.5 个百分点。国家对实体经济和小微企业的鼓励支持政策措施得到贯彻落实，小微企业减利和贷款难的情况有所缓解。一季度，小型企业利润下降 15.3%，降幅小于规模以上企业 5 个百分点。据企业景气调查，一季度工业企业融资景气指数为 101.5，比上季回升 1.1 点，中小企业融资景气指数为 102.2，略好于全部企业。

三、浙江经济回落幅度比全国大及原因的分析

去年四季度以来，浙江经济增速比全国低，回落幅度比全国大，一季度，GDP 增长 7.1%，增速比全国低 1 个百分点，比 2011 年回落 1.9 个百分点，回落幅度比全国大 0.8 个百分点。规模以上工业增加值全国增长 11.6%，比我省高出 6.8 个百分点，我省比去年全年回落 6.1 个百分点，增速差距从 3 个百分点扩大到 6.8 个百分点；固定资产投资全国增长 20.9%，比我省高出 3.9 个百分点，而去年全国比我省低 1 个百分点；社会消费品零售额全国增长 14.8%，比我省高 1.6 个百分点，与去年全年相比，全国回落 2.3 个百分点，我省回落4.2个百分点；规模以上工业出口交货值全国增长7.4%，而我省下降0.5%，增速差距由去年全年的4.3个百分点扩大到7.9个百分点。外贸出口全国增长7.6%，比我省高1.5个百分点，与去年全年相比，全国回落12.7个百分点，我省回落13.8个百分点；工业生产者出厂价格和购进价格同比分别下降1.1%和0.9%，全国同期分别为上涨0.1%和1%，表明市场需求不足对我省的影响更大。我省大中型工业企业联网直报调查（简称专项调查）数据显示，一季度，企业认为生产能力没有充分发挥的最主要原因是产品需求减少、订单不足（产值比重占调查企业总量的32.5%，下同），劳动力供应不足（18.9%）和季节性减产（15.3%）分列第二、三位。市场需求压力已超过成本压力和要素压力成为当前制约企业生产经营的最大因素。浙江经济回落幅度比全国大的原因主要在以下几个方面。

1.我省经济外向度较高，出口影响面广。2011年，我省出口依存度为43.7%，一般贸易占出口总额的81.6%，比重居全国各省市之首，比全国高33.3个百分点，比广东高47个百分点。由于一般贸易出口的产业关联度大，生产链长，有不少内贸企业为出口企业配套生产，这就使得外贸出口的下降对我省工业生产的冲击程度较大。一季度，规模以上工业出口交货值占销售产值的19.2%，同比降低0.9个百分点。加上为外贸出口的配套企业，出口影响面在40%左右。

2.制约民营企业和小微企业发展的因素尚未得到根本改善。一季度，民营经济出口282亿美元，比去年同期增长9.1%，增速比去年同期回落18.2个百分点。民营经济占我省出口比重高达59.6%，比全国高27个百分点，比广东高31个百分点。当前市场需求减弱，原材料、劳动力成本上升和资金紧张等制约民营企业和小微企业发展的因素在短期内难以得到根本改善。同时，利润较薄、资金紧张、生产成本上升等因素对小微企业的影响比对大型企业更加明显。一季度，规模以上工业增加值，大型企业增长5%，中型企业增长5.6%，小微企业仅增长4%；主营业务成本占收入的比重为86%（1—2月85.9%，比全国高1.1个百分点），其中，大型企业为84%，中型企业为85.7%，小微企业高达87.5%；小型工业企业贷款增长15.2%，低于规模以上工业0.1个百分点；利息支出增长58%，高于规模以上工业14.1个百分点。

3.企业缺乏核心竞争力。浙江经济“低、小、散”格局没有根本改变，产业层次低，产品档次低，利润率低，竞争力弱，多数企业处于产品链和价值链的末端。2011年，规模以上工业增加值率不到20%，低于全国5个百分点左右，其中小型企业增加值率仅为17%左右;主营业务利润率为5.8%,比全国低0.7个百分点,比山东、江苏和上海分别低1.0、0.6和0.5个百分点,在全国31个省市中列第23位。2012年1—2月,规模以上工业利润降幅(30.8%)比全国大25.6个百分点,一季度,主营业务利润率由去年同期的5.5%下降至4.3%。

综合处 王美福 傅吉青 范菁雁

企稳趋升　稳中有进

——2012年上半年浙江经济运行分析

上半年，浙江经济运行基本扭转了加速下滑态势，处于触底企稳回升过程中，呈现“稳中有进”态势，转型升级稳步推进，民生保障持续加强。但企业生产经营仍面临市场需求约束和成本上升等较大困难。预计下半年我省经济将“稳走向上”。

一、上半年主要经济指标企稳回升

2012年二季度以来，国家强调把稳增长放在更加重要的位置，我省也提出全力奋战二季度。上半年，全省生产总值15790.4亿元，按可比价格计算，同比增长7.4%，增速比一季度加快0.3个百分点，其中，一产增加值655.7亿元，增长2.1%；二产增加值8005.9亿元，增长6.5%；三产增加值7128.8亿元，增长8.8%。生产总值增速比GDP快1.4个百分点，其他主要经济指标增速也比一季度有所回升(详见附表1)。规模以上工业增加值5073亿元，增长5.2%，增速比一季度回升0.4百分点；固定资产投资7568亿元，增长23.9%，扣除价格因素实际增长23.2%，名义和实际增速分别比一季度回升6.9和7.8个百分点，商品房销售面积和销售额分别下降18.6%和16.9%，降幅分别比一季度收窄18.6和21.2个百分点；社会消费品零售总额6373亿元，增长13%，扣除价格因素实际增长9.7%，实际增速比一季度加快0.7个百分点；外贸出口1056.5亿美元，增长5.2%，增速比一季度回落0.9个百分点，进口440亿美元，下降0.4%，进出口总额1496.5亿美元，增长3.5%；居民消费价格上涨2.9%，涨幅比一季度回落0.7个百分点，其中6月仅上涨1.3%；工业生产者出厂价格和购进价格同比分别下降2%和2.2%，降幅比一季度扩大0.9和1.3个百分点；城镇居民人均可支配收入18802元，增长11.7%，农村居民人均现金收入9412元，增长11.5%，扣除价格上涨因素实际增速分别为8.7%和7.5%；财政总收入3602亿元，其中地方财政收入1957亿元，分别增长5.2%和4.4%，增速比一季度回落0.8和2.7个百分点；全社会用电量1496亿千瓦时，增长2%(6月下降0.5%)，其中工业用电量1121亿千瓦时，下降0.9%(6月下降2.2%),上半年增速比一季度分别回落1.9和1.6个百分点;全社会货物、旅客周转量分别增长4.9%和1.8%;国内旅游收入增长16.1%,比一季度回升2个百分点,旅游外汇收入增长12.3%。6月末,金融机构本外币存款余额65345亿元,比去年同期增长7.4%,增速比上月回升0.6个百分点,上半年新增存款4455.7亿元,同比少增2031.6亿元。本外币贷款余额56641亿元,增长11.9%,增速比上月回升0.1个百分点,新增贷款3398.5亿元,同比少增481.2亿元。预计上半年单位GDP能耗下降6%左右,降幅比一季度扩大0.5个百分点左右。

二、当前经济运行中的积极变化

1.经济增速触底企稳。去年下半年以来,由于世界经济增长放缓导致出口增速下降,前两年国家加强流动性管理和信贷规模收缩导致企业特别是中小企业融资难问题显现,坚持房地产调控政策不动摇,一些刺激性政策逐渐淡出和退出导致住房、汽车等与住、行相关的消费增长明显减弱,各种成本大幅上升导致企业利润下滑过快等多种因素的综合影响,浙江经济增速逐月下滑,特别是2012年1—2月回落幅度较大,但3月份一些主要经济指标出现触底企稳迹象,好于预期。尽管4、5月又有下行,但底部均高于1—2月,6月继续回升。规模以上工业增加值,1—2、3、4、5、6月同比增速分别为2.9%、7.7%、5.6%、4.1%和6.3%,累计增长速度分别为2.9%、4.8%、5.1%、5.0%和5.2%,在波动中呈企稳回升之势;1—5月工业利润967.5亿元,下降19.0%,降幅比1—2月的30.8%缩小11.8个百分点。总体看,与全国二季度经济增速下行不同,我省二季度工业、投资、消费等指标增速比一季度有所回升,特别是投资增速逐月加快,成为2012年经济运行中的一大亮点。二季度,规模以上工业增加值同比增长5.4%,固定资产投资增长28.9%,社会消费品零售总额增长10.3%,分别比一季度回升0.6、13.5和1.3个百分点(均为扣除价格因素的实际增速),商品房销售面积和销售额从一季度分别大幅下降37.2%和38.1%转为二季度增长0.7%和4.2%。投资新项目推进力度明显加大。上半年新开工项目12187个,增长33.9%,新开工项目投资2251亿元,占投资总额的29.7%,增长38.1%,增速高于投资总额14.2个百分点。出口规模重上200亿美元。5月出口206亿美元,增长9%,增速比最低的1—2月加快6.5个百分点,出口规模仅次于去年最高的7、8月份。据企业景气调查,二季度工业产品订货量、产品出口订货量指数分别为106.6和109.0,处于“微景气”区间,且外需略好于内需。服务业增速回升。1—5月限额以上交通、信息、商务、科技、文化、居民服务及其他等服务业企业营业收入增长12.8%,比1—2月加快1.4个百分点，其中，淘宝公司营业收入和利润同比分别增长93.3%和117.2%。货运周转量、地方财政收入等指标呈现底部趋稳特征，增速均稳定在5%左右的平台。

2.结构调整和转型升级出现积极变化。一是技术创新步伐加快。上半年，地方财政科技支出同比增长19.2%；规模以上企业科技活动经费支出同比增长16.1%，比营业收入增速高14.4个百分点(1—5月)；规模以上工业新产品产值率为21.6%，同比提高1个百分点。二是节能降耗态势良好。淘汰落后产能力度加大，关停一批高耗能高污染企业。上半年，八大高耗能行业增加值1927.8亿元，同比增长4.5%，增速比规模以上工业低0.7个百分点，按可比价计算，高耗能行业增加值比重为38.4%，同比降低0.3个百分点。GDP能耗预计下降6%左右，比去年全年和2012年一季度分别扩大2.9和0.5个百分点，为近两年最好水平，规模以上工业增加值能耗同比下降9%，比一季度扩大2.2个百分点，38个工业行业大类中，32个行业单耗下降。三是结构调整取得成效，发展后劲增强。投资结构方面，我省把扩大有效投资作为稳增长促转型、增强发展后劲的关键之举，项目投资、民间投资、制造业投资、社会民生和水利等投资保持较快增长。上半年，除房地产以外的项目投资5233亿元，增长23.1%。非国有投资增长26.4%，其中民间投资增长28.5%，占投资总额的63.7%，同比提高2.3个百分点。工业投资增长17.4%，其中制造业投资增长19.2%，分别高于去年全年4.3和5.2个百分点。新开工项目中工业投资1333亿元，占59.2%，增长22.1%。三产投资增长27.7%，其中，文化体育和娱乐、批发和零售、住宿和餐饮、居民服务、租赁和商务、金融、教育、卫生和社会工作、水利和环境投资分别增长72.8%、65.3%、53.5%、49.7%、33.1%、30.4%、27.4%、25.6%和48.8%。工业结构方面，围绕工业强省建设，加快转型升级。上半年，规模以上工业装备制造业和高新技术产业增加值分别为1653.5亿元和1233.5亿元，同比分别增长5.5%和8.2%，增速分别比规模以上工业高0.3和3个百分点，所占比重分别为32.6%和24.3%，同比提高0.1和0.3个百分点，装备制造业增长贡献率高达34.6%。从行业大类看，化学纤维和医药增长较快，分别增长17.6%和17%，对规模以上工业增加值增长的贡献率达19.4%。市场结构方面，内销增长一定程度弥补了外销的下降。规模以上工业内销产值增长4.3%，比外销快5个百分点。四是鼓励支持小微企业政策效应显现。小微企业生产效益回升幅度大于大中型企业。上半年，规模以上工业小微企业和中型企业增加值分别比去年同期增长4.9%、6.4%，增速比最低的1—2月分别回升3.5和4.3个百分点，大于规模以上工业平均回升幅度(2.3 个百分点)。1—5 月,规模以上工业小微企业利润下降 14.3%,降幅分别小于大、中型企业 9.5 和 4 个百分点。五是农业生产基本稳定。经国家统计局核定,上半年,全省农林牧渔业总产值 1049 亿元,比去年同期增长 2.1%。小麦产量为 27.1 万吨,比去年增产 0.3%,但由于马铃薯和蚕(豌)豆在春季播种期间受长期低温阴雨影响面积减少,使春粮总产量减产 3.6%,为 62.5 万吨。预计早稻种植面积 110.7 千公顷(166 万亩),减少 1%,秋粮和蔬菜播种面积基本稳定,药材、花卉面积持续扩大,春茶产量 9.9 万吨,增长 2.2%。上半年,肉类总产量 90.8 万吨,增长 4.4%,其中,猪肉和禽蛋产量分别增长 3.2%和 5.6%;水产品产量 172.8 万吨,增长 2%,其中海洋捕捞增长 1.9%,淡水产品产量增长 2.2%。

3.民生进一步改善。一是地方财政对民生支出保障有力。上半年,地方财政对社会保障和就业、教育、医疗卫生、农林水事务、住房保障、交通运输、公共安全等支出分别增长 24.1%、15%、13.9%、13.4%、12.2%、12%和 9%。二是居民收入保持较快增长。上半年,城镇居民人均可支配收入 18802 元,比去年同期增长 11.7%,扣除价格因素实际增长 8.7%。其中,工资性收入增长 11.3%,转移性收入增长 20.8%,经营净收入增长 4.7%,财产性收入下降 1.5%。农村居民人均现金收入 9412 元,同比增长 11.5%,扣除价格因素实际增长 7.5%,其中,工资性收入增长 15.8%;转移性和财产性收入增长 17.1%。城镇居民人均消费支出 11137 元,增长 10.6%;农村居民人均生活消费现金支出 4960 元,增长 5.8%。城镇单位从业人员平均劳动报酬 23706 元,增长 11.6%。三是就业形势总体稳定,社会保险参保面持续扩大。据人力社保厅资料,上半年,全省新增城镇就业 50.1 万人,同比增长 2.97%,其中,城镇失业人员实现再就业 21.26 万人,就业困难人员实现就业 8.21 万人,分别增长 1.7%和 13.5%。城镇登记失业率为 3%,比去年末的 3.12%有所下降。6 月末,企业基本养老、城镇职工医疗、失业、工伤、生育保险参保人数分别比去年末增加 150.8、74.5、40.4、49.3、49.5 万人。城乡居民养老保险参保人数达 1282.6 万人,已有 563.8 万人领取养老金;城镇居民医保参保人数为 991.4 万人。四是居民消费价格涨幅明显回落。上半年,居民消费价格同比上涨 2.9%,涨幅比一季度和去年同期分别回落 0.7 和 2.5 个百分点,比全国低 0.4 个百分点,其中 6 月上涨 1.3%,比 5 月回落 1.3 个百分点,为 2009 年 12 月以来 31 个月的新低,比全国低 0.9 个百分点,5、6 月份环比分别下降 0.4%和 0.7%。八大类消费品及服务项目价格同比六涨二跌,食品、家庭设备用品及维修服务、医疗保健和个人用品、烟酒、居住、衣着类价格分别上涨 8.2%、

2.8%、2.2%、1.7%、1.5%和0.1%，交通和通信、娱乐教育文化用品及服务类价格下跌0.1%和1.3%。

4.房价跌幅居前，房屋销售情况环比好转。6月份，温州、杭州、宁波、金华新建商品住宅（不含保障性住房）销售价格同比分别下降15.8%、9.8%、8%和6.3%，跌幅居全国70个大中城市的前4位；与上月环比，温州、金华、宁波分别下降0.6%、0.5%和0.3%，环比跌幅居前3位，但杭州上涨0.6%，环比涨幅居70个城市之首。开发商"以价换量"效果有所显现，上半年商品房销售面积和销售额分别下降18.6%和16.9%，降幅分别比1—5月收窄8.4和9.3个百分点。

三、经济运行中存在的主要问题及原因

经济增速相对较低特别是市场需求增长大幅放缓成为当前经济运行中的主要问题，企业生产经营面临较大困难。从短期看，房地产调控对房地产及其上下游行业生产和消费以及财政收入增长带来一定影响。

1.企业生产经营困难，制约企业特别是民营小微企业发展的因素尚未得到根本改善。1—5月，规模以上工业利润降幅虽逐月收窄，但仍处于2009年二季度以来的较低水平，降幅大于全国16.6个百分点。38个工业大类行业中，上半年工业增加值增速在5%以下的有17个行业，其中负增长的有8个；1—5月利润下降的有26个行业。部分周期性行业和光伏、船舶等新兴行业产能过剩，面临大面积亏损。在经济高速增长时，市场对周期性行业的产品需求高涨掩盖了其产能过剩的问题，但当经济增速减缓和房地产调控后，这些行业产能过剩的问题"水落石出"，出现大面积亏损的风险和负增长的状况。2012年以来，钢铁、煤炭、化工原材料等大宗原材料需求下降，订单减少，价格下跌，库存积压，导致钢铁、建材、电力、石化、工程机械、造船等典型的周期性行业增长速度明显放缓。1—5月，石油加工业利润同比下降92.7%，亏损3.1亿元；钢铁行业利润同比下降48.8%，亏损额7.3亿元，增长2倍；建材行业产量、产值、利润全线下滑，利润同比下降61.4%，亏损额7.7亿元，增长105.8%。上半年，建材工业增加值下降3.9%；工业发电量和用电量分别下降0.2%和0.9%，电力工业增加值下降1.6%。部分新兴产业产能过剩现象也相当突出。前几年，光伏项目集中上马，产能急剧加大。目前受欧洲各国相继下调光伏补贴等影响，光伏产业处于低谷期。上半年，我省光伏产业工业增加值同比下降0.5%，出口下降35%。船舶行业在经历一段时间快速发展之后，也面临着产能过剩的难题，目前，造船行业不景气，国外订单大量减少，银行收紧放贷，使多数造船企业生产、出口和利润大幅下降，不少企业濒临破产倒闭。上半年，船舶制造业工业增加值仅增长 1.6%，船舶出口下降 3.6%，1—5 月企业利润下降 91.2%，亏损 9.5 亿元，增长 61%。企业税负重、融资难、融资贵，成本上升等因素对小微企业的影响比对大型企业更加明显。不少企业反映，2012 年税务部门为确保财政收支平衡，以自查、辅导性稽查等要求企业提前缴税，税负不减反升，一些企业不得不用贷款或融资缴税。1—5 月，规模以上工业应缴税金总额同比增长 1.9%，其中小微企业增长 10.8%，高于大中型企业 12.7 个百分点；主营业务利润率由去年同期的 5.7%下降至 4.6%，其中小微企业仅 3.8%。企业亏损面达 20.8%，亏损率为 13.6%，同比分别扩大 5.2 和 6.7 个百分点，亏损额 152.2 亿元，增长 71.5%，增幅比上月扩大 11.8 个百分点。小微企业银行贷款余额同比增长 11.6%，低于大中型企业 1.6 个百分点，而利息支出却增长 43.9%，高于大中型企业 12.6 个百分点。规模以上工业主营业务成本占收入的 86.3%，其中，大型企业为 84.7%，中型企业为 85.8%，小微企业高达 87.8%。不少小微企业反映各种成本快速上升已经超过企业的承受能力。限额以上交通、信息、商务、科技、文化、居民服务及其他等服务业企业营业利润增速也从 1—2 月的 6.4%回落到 1—5 月的 2.6%。

2. 市场需求减弱成为影响当前经济增长的首要因素。国际金融危机深化，外需明显减弱，对我省企业影响面大。自去年二季度以来，原本从国际金融危机中逐步复苏的全球经济又出现大的波折。美国和日本经济复苏放缓趋势明显，欧债危机蔓延。新兴经济体为应对通胀又导致经济增长减速风险上升。国际金融市场和一些国家持续动荡，投资者信心缺乏。2012 年不少国家和地区都是大选年，经济周期、政治周期与地区动荡三者叠加，使得世界经济复苏的不确定性、不稳定性明显上升。所有这些错综复杂的因素，导致国际市场持续低迷，外需进一步萎缩，出口增速下降。上半年，我省外贸出口增速(5.2%)比去年同期回落 17.1 个百分点，如果考虑出口商品价格和汇率因素，出口商品数量基本与去年同期持平。6 月出口规模又回到 200 亿美元以下(198 亿美元)，增速从上月的 9%回落到 5%，进口从增长 4.1%转为下降 8.8%，进出口仅增长 1.1%。上半年，对出口市场比重高达 23.5%的欧盟出口下降 6.85%，降幅比一季度扩大 1 个百分点，对日本和东盟等国出口分别增长 3.8%和 10.4%，增速比一季度回落 13.6 和 2.7 个百分点。纺织品、鞋类和箱包等传统大宗商品出口增速较低，分别增长 2.7%、1.4%和 1.7%，高新技术产品、船舶和服装出口分别下降 1.7%、3.6%和 0.6%，光伏产品出口大幅下降。我省一般贸易占出口总额的 80%以上，由于其产业关联度大，生产链长，不少内贸企业为出口企业配套生产，这就使得外贸出口的下降对我省工业生产的冲击程度较大。上半年，我省外贸出口增速比全国低4个百分点，规模以上工业出口交货值同比下降0.7%，出口交货值占销售产值的19.6%，有产品出口的企业占规模以上工业企业单位数的43%、总产值的52.6%，总产值合计仅增长3.6%，低于内销企业0.9个百分点，1—5月利润下降21.3%，降幅大于内销企业5.2个百分点。下半年外贸形势仍然严峻，世界经济缓慢增长的态势在短期内难以改变。尽管欧债危机得到一定的控制，近期欧盟峰会虽取得多项积极成果，但具体实施障碍重重；美国复苏预计继续放缓并有反复。欧美等国将进一步强化对绿色、新能源产业和电子信息产品的贸易保护，贸易摩擦不断增加。对出口依存度较高的我省(去年为43.2%)，还会持续产生负面影响，尤其是对工业生产的冲击不可小视。

内需依然疲弱。据国家统计局浙江调查总队调查，6月份，我省制造业采购经理产品新订货指数和现有订单指数分别为47.3%和44.6%，虽比5月回升1.8和3.5个点，但仍在50%的荣枯线以下。上半年，规模以上工业产销率为96.8%，同比下降0.7个百分点，销售产值和内销产值分别增长3.3%和4.3%，同比回落20.5和21.5个百分点，均处于近3年来较低水平。企业家信心和投资意愿不强。据企业景气调查，二季度，我省企业家信心指数为112，同比和环比分别下降13.4和2.6点，其中工业企业115.7，同比和环比分别下降15.8和1.4点，工业企业固定资产投资景气指数97.8，跌入不景气区间。据国土资源厅资料，1—5月全省供应的工矿仓储用地同比下降44.5%。最近国家虽有节能家电补贴和汽车以旧换新等新的消费刺激政策出台，但覆盖面小，操作麻烦，刺激消费的效应在短时期还未显现。从省内消费市场看，上半年，社会消费品零售总额增速(13%)同比回落3.9个百分点，其中，汽车类零售额增长5.2%，累计增速连续3个月在5.2%的低速增长区间，同比回落13.8个百分点，与前5年年均增长39.8%相差甚远，汽车销售对限额以上批发零售业零售额的增长贡献率从去年同期的33.1%回落到21.5%；家电零售额下降12.4%，同比回落27.7个百分点。

社会资金需求减少，存贷款同比少增。上半年，金融机构本外币新增存款4455.7亿元，同比少增2031.6亿元，单位存款少增额占2/3左右。其中，6月新增2202亿元，占上半年新增存款的49.4%，下半年存款增长的持续性有待观察。本外币新增贷款3398.5亿元，同比少增481.2亿元。金融机构受理的贷款申请量和企业授信提用率下降、工商个体户经营性贷款需求减少、商品房销量下降和个人住房按揭贷款增长缓慢等使资金需求减少。上半年新增个人贷款及透支仅281亿元，同比少增919.9亿元，占同期全部贷款少增额的近两倍,是贷款少增的最主要因素。

3.一些潜在风险增加。一是财政收支平衡压力增大。自去年 9 月以来,地方财政收入和税收收入累计增速均已连续 10 个月回落。上半年,财政总收入 3602 亿元,地方财政收入 1957 亿元,同比分别增长 5.2%和 4.4%,与去年同期增长 27%以上的增速相差甚远。在地方预算收入中,增值税、营业税、企业所得税分别增长 11.4%、5.7%和 5.7%,其中,受利润下滑影响,工业企业所得税下降 0.7%;个人所得税、土地增值税和契税同比分别下降 6.3%、17.8%和 30.3%。房地产业税收下降 25.9%。与此同时,地方财政支出 1824 亿元,同比增长 10.8%,支出增速高于收入 6.4 个百分点。二是部分企业资金链仍较紧。上半年,房地产开发投资 2335 亿元,同比增长 25.8%,房地产开发企业资金来源却下降 3%,其中,企业自筹资金增长 32.6%;主要来自购房者的其他资金则下降 24.5%。商品房销售近期虽有好转,但销售面积和销售额仍是下降的,企业资金回笼压力增大。同时,一些工业企业资金链断裂和民间借贷风险依然存在。

综合处　王美福　傅吉青　范菁雁

止滑企稳　小幅回升

——2012年前三季度浙江经济运行分析

前三季度浙江经济增速出现止滑企稳、小幅回升态势。但市场需求约束特别是外需减弱等问题比较突出，企业发展面临较多困难。预计下阶段我省经济将继续呈现回升向上态势。

一、经济运行的基本特征

2012年前三季度，浙江生产总值24215亿元，比去年同期增长7.7%，增速比上半年回升0.3个百分点，其中一、二、三产增加值分别为1029亿元、12269亿元和10916亿元，增长2.1%、6.8%和9.2%。规模以上工业增加值7852.6亿元，同比增长5.9%，增速比上半年回升0.7个百分点，其中9月增长7.1%；出口交货值8067亿元，下降0.5%，降幅有所收窄。全社会用电量增长1.9%，但工业用电量同比下降0.7%。固定资产投资12194亿元，增长23.5%，其中，房地产开发投资3792亿元，增长22.3%，商品房销售面积下降0.1%，销售额增长4.8%，改变了去年9月以来连续1年的下降态势；社会消费品零售总额9763.5亿元，增长13.2%；出口1667亿美元，增长3%，进口661亿美元，下降4.1%，进出口2328亿美元，增长0.9%。新批外商投资企业1097家，合同外资金额132.9亿美元，同比下降7.8%，实际使用外资85.9亿美元，同比增长0.1%，初步扭转了下降态势。经审批和核准的境外企业和机构429家，投资总额35.2亿美元，增长3.8%，中方投资额29亿美元，下降9.7%。财政总收入5054.7亿元，公共财政预算收入2759.4亿元，同比分别增长5.1%和6%。城镇居民人均可支配收入26682元，同比增长11.7%，农村居民人均现金收入13729元，增长11.5%，扣除价格因素，实际增长9.1%和8.4%。居民消费价格同比上涨2.4%，工业生产者出厂价格和购进价格分别下降2.7%和3.2%。9月末，金融机构本外币贷款余额58177亿元，同比增长12.1%，新增贷款4935亿元；存款余额65561亿元，增长9.4%，新增存款4672亿元。2012年以来浙江经济运行呈现如下基本特征。

1.经济增速止滑企稳、小幅回升。去年下半年以来，浙江经济增速逐月下滑，特别是 2012 年 1—2 月回落幅度较大，规模以上工业增加值仅增长 2.9%，同比回落 9.6 个百分点，一季度 GDP 增长 7.1%，为 2009 年下半年以来的新低。与全国二季度以来经济增速继续下行趋势不同，我省二、三季度出现了止滑企稳、小幅回升的态势。全国 GDP 增速由一季度的 8.1%回落至上半年的 7.8%（二季度为 7.6%），前三季度为 7.7%（三季度为 7.4%）。而我省上半年回升至 7.4%，比一季度回升 0.3 个百分点，前三季度回升至 7.7%，增速比上半年亦回升 0.3 个百分点，增速从一季度低于全国 1 个百分点到前三季度赶上全国平均增速。前三季度与一季度相比（详见附表 1），规模以上工业增加值同比增速由 4.8%回升至 5.9%，与全国差距由年初（1—2 月）低 8.5 个百分点缩小到 9 月份低 2.1 个百分点，31 个制造业中有 23 个行业增速比上半年有不同程度的回升；工业利润累计降幅由 20.3%缩小至 14%，与全国差距由年初（1—2 月）低 25.6 个百分点缩小到 1—8 月的低 13 个百分点；固定资产投资增速由一季度的 17%加快至前三季度的 23.5%，商品房销售额由下降 38.1%转为增长 4.8%；社会消费品零售总额实际增速由 9%回升至 10.8%；外贸出口增速虽由 6.1%回落至 3%，但比 1—2 月回升 0.5 个百分点。9 月份，外贸出口规模创历史新高（211.5 亿美元，增长 6.4%）；规模以上工业出口交货值增长 0.9%，改变了 4 月份以来连续 5 个月下降的态势（详见附图 1、2）。投资新项目推进力度加大。前三季度新开工项目 1.8 万个，增长 32.8%，新开工项目投资增长 33.9%，占投资总额的 33%。货运周转量、地方财政收入、存贷款等指标在二季度加速下行之后也出现企稳回升迹象，前三季度，货运周转量、地方财政收入分别增长 6.7%和 6%，比上半年回升 1.8 和 1.6 个百分点。金融机构本外币存、贷款余额增速分别比上半年回升 2 和 0.2 个百分点，存款同比少增额由上半年的 2031.6 亿元减少到前三季度的 895.7 亿元，贷款少增额由 481.2 亿元减少到 199.7 亿元。

经济预期指标开始回暖，订单指数回升。9 月份，中国制造业采购经理指数（PMI）为 49.8%，比上月回升 0.6 个百分点，接近荣枯临界点，为 2012 年 5 月份以来连续 4 个月回落后的首次回升，新订单指数和出口订单指数分别为 49.8%和 48.8%，比上月回升 1.1 和 2.2 个百分点，是拉动 PMI 回升的主要动力，表明来自客户的产品订货量及出口订货量降幅明显收窄。PMI 及新订单指数均回升至接近临界点，反映全国经济正在由缓中趋稳到筑底企稳转变。我省经济先于全国出现止滑企稳、小幅回升态势，PMI 及新订单指数已连续 2 个月回升，企业景气预期指数高于即期指数。三季度，我省企业家信心指数和企业景气指数基本与上季持平，分别为 111.3 和 122.6，其中，预期指数分别为

112.5 和 124.7，明显高于即期指数(109.4 和 119.4)，表明企业家对我省经济企稳回升有信心，企业经营状况在四季度将继续有所改善。

2.结构调整取得新进展。战略性新兴产业、高新技术产业和装备制造业成为工业经济发展的新增长点。前三季度，战略性新兴产业增加值 1821 亿元，同比增长 8.4%，增幅高于规模以上工业 2.5 个百分点，拉动规模以上工业增长 1.9 个百分点。高新技术产业和装备制造业保持较快增长，增加值分别为 1892 亿元和 2558 亿元，分别增长 8.9%和 6.2%，增幅分别高于规模以上工业 3 和 0.3 个百分点，比重上升至 24%和 32.6%。民间投资、工业和制造业投资较快增长，浙商回归步伐明显加快。民间投资 7724 亿元，增长 26%，比重为 63.3%，提高 1.2 个百分点。工业和制造业投资分别增长 17.2%和 17.8%，新开工项目中工业投资增长 20.2%，比重达 57.8%。浙商回归引进落地项目 1080 个，累计到位资金 1102 亿元，完成年度计划的 91.9%。服务业发展较快。前三季度，第三产业增加值增长 9.2%，拉动 GDP 增长 4.1 个百分点，增长贡献率达 53%。全社会铁、公、水路客运和货物周转量分别比去年同期增长 2.9%和 6.7%。全省批发零售贸易商品销售总额增长 12.3%，住宿和餐饮业营业额增长 17.1%。网上购物发展迅速。据省商务厅资料，全省企业实现网络零售 1300 亿元(含商品和服务销售)，同比约增长 90%。商品市场发展保持全国领先。据省工商局资料，全省有商品市场 4258 个，市场成交额超过 1.1 万亿元，全年有望达到 1.6 万亿元，增长 10%。限额以上交通、信息、商务、科技、文化、居民服务及其他等服务业企业营业收入增长 11.9%，营业利润增长 4.3%，利润增速比上半年回升 1.5 个百分点。全省实现旅游总收入 3398 亿元，同比增长 16.4%，其中，国内旅游收入增长 17.1%，国际旅游(外汇)收入增长 12.2%，组织出境游客增长 35.4%。中秋国庆黄金周全省接待游客 3701 万人次，实现旅游收入 322.6 亿元，同比分别增长 24%和 27.2%。前三季度，服务业投资增长 27.3%，金融、文化体育和娱乐、卫生和社会工作投资分别增长 103.2%、95%和 25.2%。企业个数平稳增长、一批企业做大做强。据省工商局资料，三季度末，全省有各类市场主体 343.3 万户，比上半年末净增 10 万户，其中，在册企业 91.3 万户，同比增长 6.7%，其中私营企业 76.7 万户，增长 8.2%；个体工商户 246.8 万户，增长 8%；企业集团 2180 户，增长 14.2%。三季度已有 1600 户个体工商户转型为企业，市场竞争力得到提升。农业生产基本稳定。前三季度，全省农林牧渔服务业总产值比去年同期增长 2%，其中，农、林、牧、渔、服务业总产值分别增长 2.2%、2.9%、2.4%、-0.02%和 9.2%。预计全年农作物播种面积增长 1%，其中，粮食 1877 万亩，基本与去年持平，粮食产量稳中略降。花卉苗木、茶叶等效益农业稳中有升。花卉苗木播种面积增长 4.7%，春茶产量增长 2.2%，预计夏秋茶增产增收。前三季度，肉类总产量 132.3 万吨，增长 2.7%；水产品产量 271.7 万吨，基本与去年同期持平。

3.科技创新和节能减排形势良好。一是创新驱动作用有所增强。前三季度，地方财政科技支出同比增长 20.7%，高于财政支出增长 8.5 个百分点；规模以上工业新产品产值增长 8.8%，比规模以上工业总产值增速高 4.6 个百分点，新产品产值率为 21.9%，同比提高 0.9 个百分点，科技活动经费支出增长 15.7%。二是节能降耗成效显著。上半年单位 GDP 能耗下降 6.4%，降幅比一季度扩大 0.9 个百分点，为近两年最好水平。前三季度，GDP 能耗下降 6%左右，规模以上工业增加值能耗同比下降 8.1%，38 个工业行业大类中，33 个行业单耗下降，下降面接近 9 成。三是污染排放减少。据省环境保护厅预计，全年有望完成年初确定的化学需氧量、氨氮、二氧化硫排放量均减少 2.5%、氮氧化物排放量减少 3%目标。

4.民生稳步改善。一是居民收入保持增长。前三季度，城镇居民人均可支配收入 26682 元，同比增长 11.7%；农村居民人均现金收入 13729 元，增长 11.5%，扣除价格因素，实际增长 9.1%和 8.4%，均高于 GDP 增速。二是地方财政对民生支出保障有力。前三季度，地方财政对教育、社会保障和就业、医疗卫生、住房保障、农林水事务、交通运输、文化体育与传媒、公共安全等支出分别增长 20.5%、20.1%、17.7%、16.4%、15.6%、12.5%、12.3% 和 9.1%。三是就业形势总体稳定，社会保险参保面进一步扩大。9 月末，城镇登记失业率为 3.02%，比去年末的 3.12%有所下降。前三季度，新增城镇就业 72.7 万人，企业基本养老、城镇职工医疗、失业、工伤、生育保险参保人数分别比去年末增加 213.1、118.0、62.4、90.5、79.6 万人，城镇居民医疗保险参保人数为 618.4 万人，新增 12.5 万人，参加城乡居民养老保险的有 1285.6 万人。四是居民消费价格涨幅平稳回落。前三季度，居民消费价格上涨 2.4%，比一季度和上半年分别回落 1.2 和 0.5 个百分点，7—9 月分别上涨 1.2%、1.5% 和 1.4%，9 月环比上涨 0.2%。八大类消费品及服务项目价格同比六涨二跌，食品、家庭设备用品及维修服务、医疗保健和个人用品、烟酒、居住、衣着类价格分别上涨 6.5%、2.6%、1.6%、1.6%、1.5%和 0.6%，交通和通信、娱乐教育文化用品及服务类价格下跌 0.4%和 1%。五是保障性安居工程进展良好，商品房价跌幅居前。前三季度，全省城镇保障性安居工程新开工建设 14.29 万套（不包括货币补贴和购买），已超额完成本年目标任务。9 月份，温州、杭州、宁波、金华新建商品住宅(不含保障性住房)销售价格同比分别下降16.4%、8.8%、8.6%和7.6%,跌幅居全国70个大中城市前4位;与上月环比,温州下降0.8%,跌幅居70城市之首,金华、宁波分别下降0.3%和0.2%,环比跌幅分别居第5位和并列第6位,杭州上涨0.3%。

二、经济运行中存在的主要问题

1.市场需求减弱特别是出口形势严峻成为影响当前经济增长的首要因素。前三季度,规模以上工业销售产值仅增长3.6%,其中出口交货值下降0.5%,内销也仅增长4.6%,分别比去年同期降低19.1、15.1和20.3个百分点。对外贸易下滑。前三季度,外贸出口同比增长3%,同比回落18.8个百分点,比一季度的6.1%和上半年的5.2%明显回落,比全国同期(7.4%)低4.4个百分点,低于广东(6.4%)、福建(4.9%)、江苏(4%)。其中,7、8月出口同比分别下降5.2%和2.3%,9月转降为升,增长6.4%。对占我省出口市场近1/4的欧盟出口下降9.5%,降幅持续扩大;对日本出口仅增长1.3%;对美国出口增长11%,增速比上半年回落2.6个百分点。从主要出口商品看,机电产品、箱包和纺织品出口仅分别增长4.2%、1.2%和0.5%,服装、鞋类等传统大宗商品出口分别下降3.2%和1.6%,高新技术产品下降3.4%,船舶下降10.3%,光伏产品大幅下降45.3%。规模以上工业出口交货值同比下降0.5%。出口企业还存在海外买家赊销的巨大风险。9月末我省规模以上工业有产品出口的企业应收账款4197亿元,比2月末增加602亿元,占流动资产的比重由2月末的21.5%提高到23.4%;外销企业应收账款占规模以上工业的54.9%,高于主营业务收入占比2.1个百分点。消费依然不旺。居民消费支出增长低迷,消费倾向下降。前三季度,城镇居民人均消费支出16430元,同比增长6.8%,扣除价格因素实际增长4.3%,实际增速同比回落1.8个百分点,低于收入增速4.8个百分点;农村居民人均生活消费支出7244元,同比增长5.5%,扣除价格因素实际增长2.6%,实际增速同比回落8个百分点,低于收入增速5.8个百分点,农村实际增速低于城镇1.7个百分点。从限额以上贸易企业分类商品零售额看,前三季度,汽车类增长4.8%,同比回落13.5个百分点,其中9月下降1.7%,对社会消费品零售总额的增长贡献率从去年同期的19.5%下降到6.9%;在"节能补贴"等刺激消费政策作用下,家电零售额降幅虽从一季度的14.8%缩小到8.4%,但同比仍回落22.5个百分点,影响消费品零售额增速0.6个百分点。

2.部分行业产能过剩,出现大面积亏损和负增长。前三季度,规模以上工业38个行业大类中,增加值增速在5%以下的有15个行业,其中负增长的有

7 个；利润降幅虽逐月略有收窄，但降幅大于全国 10 个多百分点（1—8 月），利润下降的行业有 25 个；企业亏损面 17.8%，同比扩大 5 个百分点，亏损 236 亿元，增长 78.4%，增亏的行业有 32 个。石化、钢铁、建材、工程机械、电力等典型的周期性行业和光伏、船舶等新兴行业产能过剩，生产和利润下滑，大面积亏损。前三季度，石油加工业增加值和利润同比分别下降 3.6%和 83%，亏损 6.4 亿元，增长 11%；化学行业利润下降 42.9%，亏损 31 亿元，增长 2.1 倍；化纤行业利润下降 50.5%，亏损 9.6 亿元，增长 5.5 倍；钢铁行业利润下降 56.4%，亏损 17.1 亿元，增长 3.4 倍；建材行业增加值和利润分别下降 2%和 58.1%，亏损 11.3 亿元，增长 1.1 倍；通用和专用设备制造两个行业亏损 19.2 亿元，增长 2.1 倍；船舶等制造业利润下降 81%，亏损 17.8 亿元，增长 1.4 倍。上述八大行业影响规模以上工业利润下降 15.5 个百分点，是利润下降的主要因素，其中化学和建材影响率高达 35.7%和 22.1%。前三季度，工业发电量和用电量分别下降 2.2%和 1.2%，电力工业增加值下降 0.4%；光伏产业增加值下降 3.7%。

3. 制约企业特别是民营小微企业发展的因素尚未得到根本改善。相对于大中型企业 2012 年以来生产稳步回升的态势，小微企业经历了去年四季度短暂回升后又出现回落。前三季度，规模以上小微企业工业增加值同比增长 5.9%，增幅低于大中型企业 0.1 个百分点，特别是 8、9 月与大中型企业差距有所拉大，9 月相差 1.9 个百分点。企业税负重、融资难、融资贵，成本上升等因素对小微企业的影响比大型企业更加明显。前三季度，规模以上工业应交税金总额同比增长 4.1%，高于主营业务收入增幅 2.4 个百分点。小微企业银行贷款余额增长 8.9%，而利息支出增速高达 29.2%。规模以上工业主营业务利润率由去年同期的 5.6%降至 4.7%，其中小微企业仅 4.1%；主营业务成本占收入的 86.5%，小微企业高达 87.4%。

4. 地方财政支出增速大于收入，部分企业资金链较紧。前三季度，地方财政支出增长 12.2%，高于收入增速 6.2 个百分点。在地方财政收入中，工业企业所得税下降 3.4%，房地产业税收下降 15.4%。企业资金回笼压力大。前三季度，房地产开发企业本年资金来源增长 6.1%，低于投资增速 16.2 个百分点，其中主要来自购房者的其他资金下降 5.5%。一些工贸企业借贷资金担保互保风险仍有发生，金融机构不良贷款“双上升”，民间借贷风波不良影响进一步显现。

综合处　傅吉青　范菁雁

稳中有进　转中求好

——2012年浙江经济运行情况

2012年以来，浙江深入贯彻落实科学发展观，深入实施“八八战略”和“两创”总战略，围绕建设“两富”现代化浙江的目标，面对严峻复杂的外部环境和困难挑战，坚持“稳中求进、转中求好”的工作基调，千方百计促发展，坚定不移抓转型，尽心尽力惠民生，全省经济在加快转型升级中实现平稳增长，年初确定的预期目标基本完成。但市场需求约束特别是外需持续低迷等问题比较突出，部分行业和企业生产经营困难。预计2013年浙江经济将延续2012年下半年以来的平稳增长态势。

一、2012年经济运行情况

2012年，浙江生产总值34606亿元，比2011年增长8%，其中，一、二、三产增加值分别为1670亿元、17312亿元和15624亿元，增长2%、7.3%和9.3%。三次产业比例由2011年的4.9∶51.2∶43.9调整为4.8∶50.0∶45.2。人均GDP为63266元，约合10022美元，增长7.7%。全省主要经济指标完成情况详见附表、附图。

1.经济增速止滑企稳、小幅回升，与全国差距明显缩小。2011年下半年以来，经济增速逐月下滑，特别是2012年1—2月回落幅度加大，规模以上工业增加值仅增长2.9%，同比回落9.6个百分点，一季度GDP增长7.1%，为2009年下半年以来的新低。省委、省政府及时出台了一系列稳增长政策措施，加大了强工业、扩投资、拓市场、促外贸等工作力度，着力改善发展环境，全省上下齐心协力、攻坚克难，取得了明显成效。与全国二季度以来经济增速继续下行趋势不同，我省经济运行呈现二季度止滑企稳，三、四季度小幅回升向上的态势。全国GDP增速由一季度的8.1%回落至上半年的7.8%、前三季度的7.7%，全年回升至7.8%。而我省上半年增速回升至7.4%，前三季度和全年分别回升至7.7%和8%，从一季度低于全国1个百分点到全年比全国高0.2个百分点。1—2月与全年相比(详见附表1)，规模以上工业增加值同比增速由2.9%回升至7.1%，与全国差距由年初低8.5个百分点缩小到12月份低 0.2 个百分点，31 个制造业中有 23 个行业增速比前三季度有不同程度的回升；工业利润月度增速从 9 月份开始转降为升（9、10、11、12 月利润分别增长 2.2%、7.5%、18.3%、16.2%），累计降幅由 30.8%缩小至 6.1%，与全国差距由年初低 25.6 个百分点缩小到 11.8 个百分点（1—11 月）；固定资产投资增速由 15.3%加快至 21.4%，商品房销售额由下降 51.3%转为增长 22.7%，销售面积由下降 51.3%转为增长 13.4%；社会消费品零售总额实际增速由 8.5%回升至 11.4%；外贸出口增速由 2.5%回升至 3.8%；规模以上工业出口交货值由下降 2%转为增长 1.3%；货运周转量由下降 0.4%转为增长 6.4%。地方财政收入、存贷款等指标在二季度加速下行之后也出现趋稳回升态势。全年地方财政收入增长 9.2%，增速比上半年回升 4.8 个百分点；金融机构本外币贷款同比少增额由上半年的 481 亿元减少到 215 亿元。

PMI 站上荣枯线，订单指数回升。据国家统计局浙江调查总队调查，12 月份，浙江制造业采购经理指数（PMI）为 51.7%，比上月回升 1.3 个百分点，再创年内新高，连续 3 个月站在荣枯线以上，表明浙江制造业经济企稳回升的趋势比较明显。可喜的是，产品订货指数首次站上荣枯线，为 53.1%，比上月回升 3.3 个百分点，拉动 PMI 回升 1 个百分点，其中，出口订货指数从 11 月份的 43.5%大幅回升至 12 月份的 53.1%，环比回升 9.6 个百分点，是我省一系列外贸扶持政策出台并落实到位，企业主动调整产品结构以及圣诞、新年节日等因素共同作用的结果。企业景气回升。四季度，我省企业家信心指数和企业景气指数分别为 117.2 和 124.7，比三季度提高 5.9 和 2.1 个点。

2.“四大国家战略举措”获批实施和“四大建设”取得积极进展。浙江海洋经济发展示范区、舟山群岛新区、义乌国际贸易综合改革试点、温州金融综合改革试验区等“四大国家战略举措”相继获批实施。2012 年，预计全省海洋经济生产总值 4850 亿元，增速快于 GDP，占 GDP 的 14%以上。舟山市 GDP 比 2011 年增长 10.2%，高于全省平均 2.2 个百分点，增速列丽水市之后居 11 个市的并列第二位；进出口总额 153.6 亿美元，增长 15.8%，其中出口 92.2 亿美元，增长 23.4%。义乌市出口 90.1 亿美元，比 2011 年增长 1.5 倍；义乌中国小商品城市场成交额达 580 亿元，增长 12.6%。大产业大平台大企业大项目“四大建设”扎实推进。产业集聚区发展较好地引领全省经济集约发展、集聚发展。前三季度，14 个省级产业集聚区重点规划区内“四上”企业实现工业总产值同比增长 9.3%，出口交货值同比增长 4.5%，增速分别比全省规上工业快 5.1 和 5 个百分点；服务业营业收入同比增长 39.5%，增速比全省限上服务业快 27.6 个百分点；固定资产投资同比增长 37.9%，其中制造业投资增长

32.9%,增速分别比全省快14.4和15.1个百分点;实现利税总额同比增长5.8%,其中利润总额同比增长3.6%;总部企业和世界500强企业占总投产企业总数的9.7%,比二季度提高1.2个百分点。企业数平稳增长,一批企业做大做强。2012年末,全省有各类市场主体346.9万户,比2011年净增26.2万户,其中,在册企业92.6万户,比2011年增长6.4%,私营企业77.5万户,增长7.8%;个体工商户249.8万户,增长8.6%。全年已有超过3000户个体户转型为企业。企业集团有2527户。投资新项目推进力度加大。2012年,全省新开工固定资产投资项目2.3万个,比2011年增长29.1%,新开工项目投资增长30.4%,占投资总额的35.5%。新批外商投资企业1597家,投资总额366.4亿美元,合同外资210.7亿美元,实际外资130.7亿美元,合同和实际外资分别增长2.4%和12.0%。浙商回归和对外投资步伐明显加快。2012年,浙商回归新引进项目1426个,累计到位资金1298亿元,比2011年增长43%。全年经审批和核准的境外企业和机构共计634家,投资总额47.5亿美元,增长27.2%,中方投资额39亿美元,增长13%。

3.结构调整取得新进展。一是战略性新兴产业、高新技术产业和装备制造业成为工业经济发展的新增长点,民间投资、工业和制造业投资快速增长。2012年,战略性新兴产业增加值比2011年增长9.2%,拉动规模以上工业增长2.1个百分点,占规模以上工业的比重为23.2%,比2011年提高0.2个百分点。高新技术产业和装备制造业增加值分别增长9.9%和6.9%,比重上升至24.1%和32.7%。在固定资产投资总额中,民间投资增长22.5%,占61.9%,比重比2011年提高0.6个百分点。工业和制造业投资分别增长16.9%和17.3%。二是服务业发展较快。2012年,第三产业增加值比2011年增长9.3%,拉动GDP增长4.1个百分点,增长贡献率达51.1%。其中,批发和零售、住宿和餐饮、金融业增加值分别增长10.3%、11.9%和9.7%。限额以上交通、信息、商务、科技、文化、居民服务及其他服务业企业营业收入比2011年增长13.3%,营业利润增长12.2%,增速分别比前三季度回升1.4和7.9个百分点,其中,淘宝公司营业收入和营业利润分别增长102.3%和134.8%。服务业投资比2011年增长24.1%,占全省投资总额的63.6%。全省实现国际旅游(外汇)收入51.5亿美元,比2011年增长13.4%,国内旅游收入4475.8亿元人民币,增长18.2%。组织出境游客160.6万人次,增长26.7%。三是农业和粮食生产保持稳定。2012年,全省粮食播种面积1251.6千公顷,比2011年减少0.2%,粮食总产量和单产分别为783.5万吨和6260公斤/公顷,比2011年分别增长0.2%和0.5%。花卉苗木、茶叶等效益农业稳中有升。2012年预计，花卉苗木播种面积比2011年增长5.8%，茶叶总产量增长1%。肉类总产量180.8万吨，比2011年增长2.8%；渔业产品总产量541.9万吨，增长5.1%。

4.科技创新和节能减排取得积极成效。一是创新驱动作用有所增强。2012年，地方财政科技支出比2011年增长15.3%；规模以上工业新产品产值率为23%，同比提高1.3个百分点，科技活动经费支出增长13.6%。全省国内专利申请受理数、授权数分别为24.9万和18.8万件，比2011年分别增长40.8%和44.7%，高出全国平均增速13.8和12.7个百分点，居全国第二位。其中，发明专利申请量、授权量分别为3.3万和1.1万件，增长34.4%和25.4%，发明专利授权量跃居全国第四位。二是节能减排成效明显。2012年，预计GDP能耗比2011年下降6%左右，为"十一五"以来最好水平。规模以上工业增加值能耗下降7.6%，38个工业行业大类中，34个行业单耗下降，下降面接近九成。据省环境保护厅预计，全年有望完成化学需氧量、氨氮、二氧化硫和氮氧化物的减排目标。

5.民生进一步改善。一是居民收入增长快于GDP增长。2012年，城镇居民人均可支配收入34550元，比2011年增长11.6%；农村居民人均纯收入14552元，增长11.3%，扣除价格因素，实际增长9.2%和8.8%，均高于GDP增速。二是地方财政对民生支出保障有力。2012年，地方财政对社会保障和就业、教育、住房保障、文化体育与传媒、公共安全、医疗卫生、农林水事务等支出分别增长18.4%、16.8%、12.4%、10.7%、9.7%、9.7%和9.3%。三是就业形势总体稳定，社会保险参保面进一步扩大。年末城镇登记失业率为3.01%，低于2011年末的3.12%，新增城镇就业98.7万人。2012年，企业基本养老、城镇职工医疗、失业、工伤、生育保险参保人数分别比2011年末增加261.5、156.6、84.8、120.9、105万人，城镇居民基本医疗保险参保人达到639.3万人，新增33.35万人，参加城乡居民养老保险的有1332.3万人。四是居民消费价格涨幅平稳回落。2012年，居民消费价格比2011年上涨2.2%。八大类消费品及服务项目价格六涨二跌，食品、家庭设备用品及维修服务、居住、烟酒、医疗保健和个人用品、衣着类价格分别上涨5.3%、2.5%、1.6%、1.5%、1.3%和1.3%，交通和通信、娱乐教育文化用品及服务类价格下跌0.3%和0.6%。五是保障性安居工程进展良好，商品房价跌幅居前。据省建设厅统计，2012年，全省城镇保障性安居工程新开工建设16.16万套，超额完成本年目标任务。12月份，温州、杭州、宁波、金华新建商品住宅(不含保障性住房)销售价格同比分别下降11.4%、7.6%、7.4%和6.3%，跌幅居全国70

个大中城市前4位；与上月环比，温州、宁波持平，杭州、金华上涨0.3%和0.9%。

二、经济运行中存在的主要问题

1.市场需求减弱特别是出口形势严峻成为影响当前经济增长的首要因素。2012年，规模以上工业销售产值仅增长5.9%，其中，出口交货值增长1.3%，内销增长7%，增速比2011年低15.2、11和16.6个百分点，产销率为97.4%，比2011年下降0.3个百分点。工业生产者出厂价格和购进价格分别下降2.7%和3.3%，也反映市场需求不足。对外贸易增速大幅下滑。受欧美日等主要市场疲软、贸易保护主义抬头等不利因素影响，2012年，我省外贸出口仅增长3.8%，增速比2011年回落16.1个百分点，比全国(7.9%)低4.1个百分点，低于广东(7.9%)、福建(5.4%)、江苏(5.1%)。对欧盟出口下降9.3%，降幅比上半年扩大2.4个百分点，占我省出口市场的比重从2011年的25.8%下降到22.5%；对美国、日本出口分别增长9.3%、0.8%，增速分别比上半年回落4.3和3个百分点。从出口产品看，机电产品、箱包、纺织品和鞋类出口分别增长3.8%、8.9%、0.5%和0.9%，服装出口下降2%，高新技术产品出口下降3.5%，船舶下降13.4%，光伏产品大幅下降47.9%。同时，出口企业还存在海外买家赊销坏账的巨大风险。居民消费支出增长低迷，消费倾向下降。2012年，城镇居民人均消费支出实际增长3.2%，比2011年回落5.5个百分点，低于收入增速6个百分点；农村居民人均生活消费支出实际增长3.4%，比2011年回落5.4个百分点，低于收入增速5.4个百分点。从限额以上贸易企业分类商品零售额看，2012年，汽车类增长7.3%，增速比2011年回落9.3个百分点，对社会消费品零售总额的增长贡献率从2011年的17.8%下降到10.2%；在"节能补贴"等刺激消费政策作用下，家电零售额降幅虽从1—2月的16.6%缩小到6.2%，但仍与2011年增长17.1%形成较大反差，影响消费品零售总额增速0.6个百分点。

2.部分行业产能过剩和一些小微企业生产经营困难，企业赢利水平低于全国。企业收入增长缓慢，利润下降，亏损增加。2012年，规模以上工业38个行业大类中，增加值增速在5%以下的有13个行业，其中下降的行业有2个；主营业务收入仅增长3.5%，下降的行业有7个；利润降幅虽逐月略有收窄，但仍下降6.1%，全国是增长3%(1—11月)，利润下降的行业有19个；企业亏损面14%，同比扩大3.6个百分点，亏损253.7亿元，增长45.1%，增亏的行业有25个。周期性行业和光伏、船舶等新兴行业产能过剩，生产、销售和利润大幅下滑，大面积亏损。2012年，石油加工增加值下降3.7%，建材、光伏产业、电力工业增加值仅增长 0.1%、0.5%和 2.1%，工业发电量下降 0.1%，工业用电量仅增长 0.8%。石油加工、化学、化纤、钢铁、建材、船舶、通用和专用设备制造等八大行业影响规模以上工业利润下降 9.4 个百分点，是利润下降的最主要因素；八大行业亏损 119.4 亿元，占到规模以上工业的 47%。

制约企业特别是民营小微企业发展的因素尚未得到根本改善。相对于大中型企业 2012 年以来生产稳步回升的态势，小微企业经历了 2011 年四季度短暂回升后又出现回落。2012 年，规模以上小微企业工业增加值比 2011 年增长 6.7%，增速低于大型企业 1.5 个百分点，特别是 8 月以来与大型企业差距较大，10、11、12 月分别相差 9、7.7 和 6.2 个百分点。我省多数企业处于产品链和价值链的末端，产品附加值及利润率低、税负重、融资难、成本上升等因素对小微企业的影响比大型企业更加明显。2012 年，规模以上工业主营业务利润率由 2011 年的 5.6%降至 5.1%，而全国为 5.7%(1—11 月)，其中小微企业仅 4.5%；主营业务成本占收入的 86.1%，小微企业高达 87.1%；规模以上工业应交税金总额同比增长 3.8%，高于主营业务收入增幅 0.3 个百分点。部分企业资金链较紧。2012 年，房地产开发企业本年资金来源比 2011 年增长 6%，低于投资增速 10.8 个百分点。金融机构不良贷款“双上升”，一些工贸企业借贷资金担保互保风险仍有发生，小微企业受到银行放款条件限制，信贷资金需求难以完全满足，民间借贷风波不良影响进一步显现。

2013 年，是全面贯彻落实党的十八大精神的开局之年，是实施“十二五”规划承前启后的关键一年，是省委十三届二次全会提出“一三五”分步走步骤中“一”的目标年，也是发展机遇和挑战并存、风险和困难较多的一年。浙江省委十三届二次全会《决定》提出我省到 2020 年要实现“四个翻一番”目标，立意高远，目标明确，振奋人心。全省经济工作会议深刻分析了影响我省明年经济发展的“三大红利、三大压力”，提出了明年我省经济工作要紧紧围绕主题主线，以提高人民生活水平为目标，以提高经济增长质量和效益为中心，稳中求进、转中求好，重点突破、扎实开局，大力推进“四大国家战略举措”“四大建设”和“四化同步发展”，着力在深化改革开放、优化经济结构、培育新增长点、增强发展后劲、统筹城乡发展、保障改善民生等方面取得新突破，增强经济发展的内生活力和动力，保持经济持续健康较快发展和社会和谐稳定。2012 年二季度以来浙江经济呈现止滑企稳、小幅回升向上态势，为 2013 年经济持续健康发展奠定了基础。预计 2013 年浙江经济将延续 2012 年下半年以来的平稳增长态势。

综合处　傅吉青　范菁雁

附 录

附表1 2012年浙江省主要经济指标

指标	1—2月		一季度		上半年		前三季度		全年	
	绝对额	同比增速(%)	绝对额	同比增速(%)	绝对额	同比增速(%)	绝对额	同比增速(%)	绝对额	同比增速(%)
地区生产总值(GDP)(亿元)			6725	7.1	15790	7.4	24215	7.7	34606	8.0
规模以上工业增加值(亿元)	1399	2.9	2304	4.8	5073	5.2	7852.6	5.9	10875	7.1
工业销售产值(亿元)	7102	1.6	11814	4.2	26290	3.3	40927	3.6	56903	5.9
♯出口交货值(亿元)	1370	−2	2263	−0.5	5142.7	−0.7	8067	−0.5	11063.6	1.3
利润总额(亿元)	278.8	−30.8	503.7	−20.3	1209.1	−17.5	1919.4	−14	2899.8	−6.1
工业用电量(亿千瓦时)	306.8	0.6	518	0.7	1121.3	−0.9	1773.9	−0.7	2402.7	0.8
GDP能耗降低率(%)			5.5		6.4		6.3		6左右	
固定资产投资(亿元)	1419	15.3	2888	17	7568	23.9	12194	23.5	17096	21.4
♯房地产投资(亿元)	541	32.7	960.3	24.5	2335	25.8	3792	22.3	5226	16.8
商品房销售额(亿元)	297	−51.3	545	−38.1	1468	−16.9	2742	4.8	4263	22.7
社会消费品零售总额(亿元)	2165	12.7	3185	13.2	6373	13	9763.5	13.2	13546	13.5
进出口总额(亿美元)	438	3.4	699.5	5.2	1496.5	3.5	2328.5	0.9	3122	0.9
♯出口总额(亿美元)	295	2.5	473.5	6.1	1056.5	5.2	1667.3	3	2246	3.8
财政总收入(亿元)	1378	7.5	1820.2	6	3601.9	5.2	5054.7	5.1	6408.5	8.2
♯公共财政预算收入(亿元)	748	10.5	1013.8	7.1	1957.5	4.4	2759.4	6	3441.2	9.2
公共财政预算支出(亿元)	558.2	20.3	891	19.6	1824.3	10.8	2794.8	12.2	4161.9	8.3
金融机构本外币贷款比年初新增(亿元)	954	−618	1715.1	−346.6	3398.5	−481.2	4935	−199.7	6267	−215
居民消费价格(CPI)涨幅(%)	3.7		3.6		2.9		2.4		2.2	
工业生产者出厂价格涨幅(%)	−0.7		−1.1		−2		−2.7		−2.7	
城镇居民人均可支配收入(元)			11269	13	18802	11.7	26682	11.7	34550	11.6(9.2%)
农村居民人均现金(纯)收入(元)			5828	13.1	9412	11.5	13729	11.5	14552	11.3%(8.8%)

注:GDP、工业增加值增速为扣除价格因素的实际增速。城乡居民收入前三个季度增速为名义增速,全年增速括号内为扣除价格因素后的实际增速。贷款同比增速为同比多(少)增额。

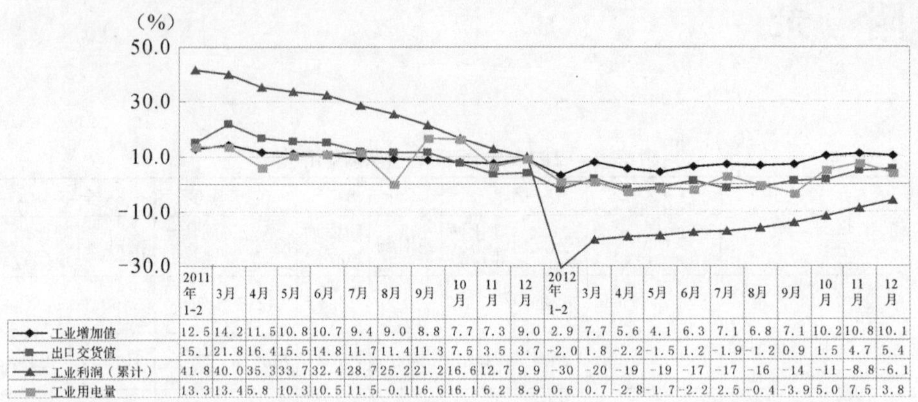

	2011年1-2	3月	4月	5月	6月	7月	8月	9月	10月	11月	12月	2012年1-2	3月	4月	5月	6月	7月	8月	9月	10月	11月	12月
工业增加值	12.5	14.2	11.5	10.8	10.7	9.4	9.0	8.8	7.7	7.3	9.0	2.9	7.7	5.6	4.1	6.3	7.1	6.8	7.1	10.2	10.8	10.1
出口交货值	15.1	21.8	16.4	15.5	14.8	11.7	11.4	11.3	7.5	3.5	3.7	-2.0	1.8	-2.2	-1.5	1.2	-1.9	-1.2	0.9	1.5	4.7	5.4
工业利润（累计）	41.8	40.0	35.3	33.7	32.4	28.7	25.2	21.2	16.6	12.7	9.9	-30	-20	-19	-19	-17	-17	-16	-14	-11	-8.8	-6.1
工业用电量	13.3	13.4	5.8	10.3	10.5	11.5	-0.1	16.6	16.1	6.2	8.9	0.6	0.7	-2.8	-1.7	-2.2	2.5	-0.4	-3.9	5.0	7.5	3.8

附图 1　工业增加值、出口交货值、工业用电量当月增速和工业利润累计增速

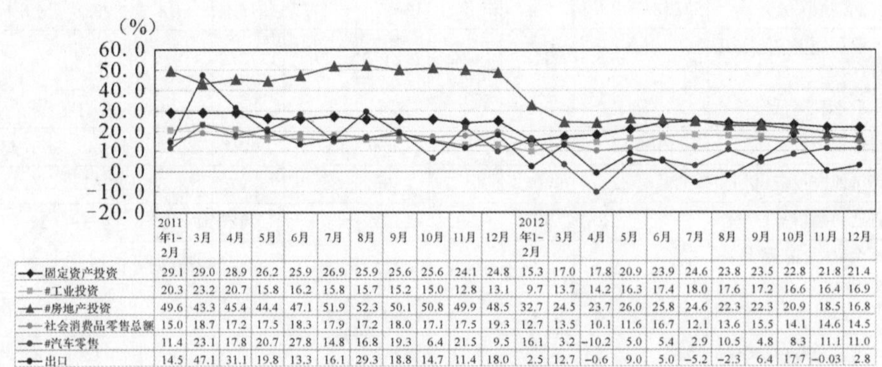

	2011年1-2月	3月	4月	5月	6月	7月	8月	9月	10月	11月	12月	2012年1-2月	3月	4月	5月	6月	7月	8月	9月	10月	11月	12月
固定资产投资	29.1	29.0	28.9	26.2	25.9	26.9	25.9	25.6	25.6	24.1	24.8	15.3	17.0	17.8	20.9	23.9	24.6	23.8	23.5	22.8	21.8	21.4
#工业投资	20.3	23.2	20.7	15.8	16.2	15.8	15.7	15.2	15.0	12.8	13.1	9.7	13.7	14.2	16.3	17.4	18.0	17.6	17.2	16.6	16.4	16.9
#房地产投资	49.6	43.3	45.4	44.4	47.1	51.9	52.3	50.1	50.8	49.9	48.5	32.7	24.5	23.7	26.0	25.8	24.6	22.3	22.3	20.9	18.5	16.8
社会消费品零售总额	15.0	18.7	17.2	17.5	18.3	17.9	17.2	18.0	17.1	17.5	19.3	12.7	13.5	10.1	11.6	16.7	12.1	13.6	15.5	14.1	14.6	14.5
#汽车零售	11.4	23.1	17.8	20.7	27.8	14.8	16.8	19.3	6.4	21.5	9.5	16.1	3.2	−10.2	5.0	5.4	2.9	10.5	4.8	8.3	11.1	11.0
出口	14.5	47.1	31.1	19.8	13.3	16.1	29.3	18.8	14.7	11.4	18.0	2.5	12.7	−0.6	9.0	5.0	−5.2	−2.3	6.4	17.7	−0.03	2.8

附图 2　固定资产和房地产投资累计增速、社会消费品零售总额、汽车零售额和出口当月增速

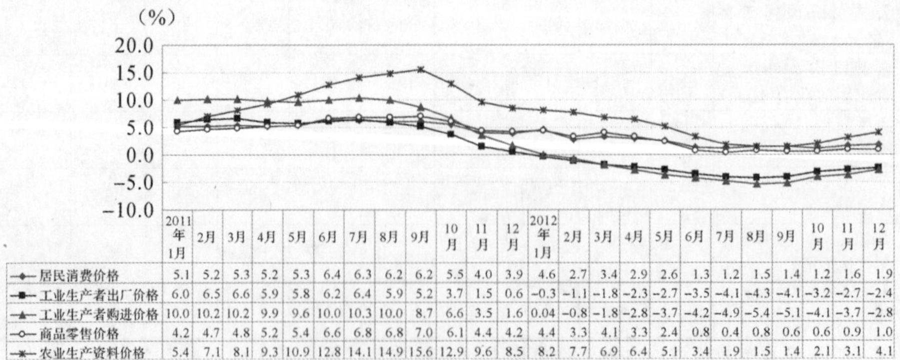

	2011年1月	2月	3月	4月	5月	6月	7月	8月	9月	10月	11月	12月	2012年1月	2月	3月	4月	5月	6月	7月	8月	9月	10月	11月	12月
居民消费价格	5.1	5.2	5.3	5.2	5.3	6.4	6.3	6.2	6.2	5.5	4.0	3.9	4.6	2.7	3.4	2.9	2.6	1.3	1.2	1.5	1.4	1.2	1.6	1.9
工业生产者出厂价格	6.0	6.5	6.6	5.9	5.8	6.2	6.4	5.9	5.2	3.7	1.5	0.6	-0.3	-1.1	-1.8	-2.3	-2.7	-3.5	-4.1	-4.3	-4.1	-3.2	-2.7	-2.4
工业生产者购进价格	10.0	10.2	10.2	9.9	9.6	10.0	10.3	10.0	8.7	6.6	3.5	1.6	0.04	-0.8	-1.8	-2.8	-3.7	-4.2	-4.9	-5.4	-5.1	-4.1	-3.7	-2.8
商品零售价格	4.2	4.7	4.8	5.2	5.4	6.6	6.8	6.8	7.0	6.1	4.4	4.2	4.4	3.3	4.1	3.3	2.4	0.8	0.4	0.8	0.6	0.6	0.9	1.0
农业生产资料价格	5.4	7.1	8.1	9.3	10.9	12.8	14.1	14.9	15.6	12.9	9.6	8.5	8.2	7.7	6.9	6.4	5.1	3.4	1.9	1.5	1.4	2.1	3.1	4.1

附图 3　各类价格月度涨幅

2012 年浙江农业生产形势分析

2012 年，我省认真贯彻落实中央一号文件精神，围绕保障农产品有效供给、促进农民持续增收、保持农业平稳发展的目标，加大支农惠农富农力度，着力调整生产结构，大力发展高效生态农业，全力克服“低温阴雨”、台风“海葵”等气象灾害的影响，全省农林牧渔业生产保持稳定增长。

2012 年，全省农林牧渔业总产值预计为 2658.3 亿元，比 2011 年增长 1.8%。其中，农业产值 1224.4 亿元，增长 0.8%；林业产值 146.8 亿元，增长 2.8%；牧业产值 552.2 亿元，增长 2.3%；渔业产值 683.8 亿元，增长 2.7%；农林牧渔服务业产值 51.1 亿元，增长 7%。全年农林牧渔业增加值为 1669.5 亿元，比 2011 年增长 2.0%。

一、种植业结构小幅调整

1. 粮食总产量实现增产。2012 年，全省粮食播种面积为 1877.33 万亩，比 2011 年略降 0.2%；各地大力推广优质高产粮食品种，粮食亩产为 417 公斤，比 2011 年增产 2 公斤/亩；粮食总产量 783.48 万吨，比 2011 年增加 1.88 万吨，增长 0.2%。

春粮稳中有降，小麦播种面积和产量增加。2012 年，受年初 2 月份低温阴雨寡照等不利气象条件的影响，全省春粮播种面积为 266.91 万亩，比 2011 年下降 2.3%；单产为 234 公斤/亩，下降 1.3%；春粮总产量 62.50 万吨，下降 3.6%。2012 年 2 月份，连绵阴雨天气使得我省部分地区田间积水，渍害严重，抑制根系发育，造成植株矮小、叶片发黄，影响了蚕（豌）豆、马铃薯的种植和产量，蚕（豌）豆、马铃薯播种面积分别比 2011 年减少 3.8%和 9.5%。受益于小麦优良品种的推广种植以及粮食市场面粉价格的持续走高，种植小麦的经济效益增加，小麦播种面积增加，产量增产。2012 年，全省小麦播种面积 111.74 万亩，比 2011 年增加 2.79 万亩，增长 2.6%；小麦总产量为 27.10 万吨，比 2011 年增加 0.08 万吨，增长 0.3%。

早稻播种面积、单产和总产呈现“三减”态势。2012 年，早稻的播种面积为 166.02 万亩，比 2011 年减少 1.0%；亩产量为 402.5 公斤，比 2011 年下降 1.2%；总产量 66.82 万吨，比 2011 年下降 2.2%。早稻单产水平比 2011 年下降的主要原因是:2012 年 6 月后半月的梅雨期部分地区降水偏多对早稻抽穗扬花非常不利,6 月底出梅后随即出现连续高温天气在一定程度上造成早稻的高温逼熟。

秋粮播种面积、单产和总产量实现“三增”。2012 年,全省秋粮播种面积为 1444.4 万亩,比 2011 年增长 0.3%;单产为 453 公斤,比 2011 年增长 0.6%;总产量 654.16 万吨,比 2011 年增加 5.68 万吨,增产 0.9%。其中,晚稻播种面积为 1162.47 万亩,比 2011 年减少 1%;单产 499 公斤/亩,增长 0.8%;总产量 579.63 万吨,比 2011 年减少 1.1 万吨,下降 0.2%。晚稻播种面积减少,主要受 2012 年 8 月 8 日台风“海葵”影响,多地遭受暴雨洪涝灾害,致使我省部分地区单季晚稻稻田被冲毁绝收。同时,“种粮不如种菜、种菜不如种花卉苗木”的现象在我省比较突出,种稻收益的长期低下,影响粮农种稻积极性。

2. 油菜子播种面积下降。2012 年,全省油菜子播种面积 248.34 万亩,比 2011 年下降 3.5%;单产为 129.2 公斤,下降 1.0%;总产量 32.09 万吨,下降 4.5%。除衢州和台州市以外,其他市均有不同程度的减少。其中,降幅较大的为嘉兴、湖州市,分别比 2011 年下降 14.9%和 15.0%。油菜子播种面积下降的主要原因是土地流转成本、农资价格及人工费用的上涨,使种植油菜的比较效益偏低的情况更为严重,比较效益高的花卉苗木、蔬菜、药材等经济作物扩种,以及近几年发展较快的葡萄、猕猴桃等水果产品,挤占了油菜子等农作物的种植面积。

2012 年,受油菜子播种面积下降影响,全省油料播种面积为 284.07 万亩,比 2011 年下降 3.4%。其中,花生播种面积为 27.82 万亩,比 2011 年下降 2.4%;芝麻播种面积为 7.95 万亩,下降 3.1%。

3. 花卉苗木、茶叶等效益农业稳中有升。花卉苗木播种面积持续增长。2012 年,全省花卉苗木播种面积预计为 187.45 万亩,比 2011 年增长 5.9%;年内出售盆栽类园艺预计为 8461 万盆,增长 22%。随着“美丽乡村”和宜居城市创建步伐的加快,城区道路改造后绿化带美化需求大增,为花卉苗木种植业的发展创造了有利契机,加之种植效益持续上升,农户种植积极性明显提高。

春茶喜获丰收,夏秋茶增产增收。2012 年,全省茶叶总产量预计为 17.14 万吨,比 2011 年增长 1.0%。尽管自 2012 年一季度以来,连续阴雨,气温偏低,推迟了春茶的采摘期,名优茶采摘时间也比往年缩短,但春茶采摘期间天气晴好,茶叶香气、滋味明显好于往年。

4. 棉花、药材、蔬菜、果用瓜、甘蔗等播种面积减少。受国际供求关系的影响,全球棉花市场依然延续总供给大于总需求态势,造成棉价一路走低,种植棉花的经济效益下降,棉农种植的积极性降低。2012 年,全省棉花播种面积为 31.37 万亩,比 2011 年下降 3.8%。主要棉产区宁波、嘉兴、绍兴的播种面积分别下降 7.7%、7.2%和 12.6%。

2012 年,药材播种面积为 46.79 万亩,比 2011 年下降 1.2%。受市场价格及种植成本的影响,我省药材种植面积呈现小幅度下降。蔬菜播种面积为 934.90 万亩,下降 0.2%。果用瓜播种面积为 152.12 万亩,减少 4.3%。其中,西瓜播种面积 115.94 万亩,减少 7.8%;甜瓜播种面积 15.07 万亩,增长 7.9%;草莓播种面积 7.39 万亩,增长 22.7%。甘蔗播种面积为 16.5 万亩,减少 2.9%。

影响西瓜种植的主要原因,一是 2012 年一季度的低温阴雨寡照,使得瓜苗烂苗多,影响瓜类的种植;二是种植西瓜的土地需要每年轮作,受耕地等因素的制约,致使 2012 年夏季西瓜减幅较大。台风"海葵"造成瓜田内涝,排水不畅,烂瓜增多,给瓜农造成较大损失。

二、造林更新面积超计划完成

2012 年,全省完成造林面积 59.54 万亩,完成计划 55.4 万亩的 107.5%,其中,人工造林 50.02 万亩,无林地和疏林地封育 9.52 万亩,造林更新面积 24.88 万亩,完成计划 17.4 万亩的 143.0%。全省完成森林抚育面积 308.32 万亩,是年度计划 312.70 万亩的 98.6%。

三、畜禽生产增势稳定

2012 年,全省肉类总产量为 180.8 万吨,增长 2.8%。禽蛋产量为 48.14 万吨,增长 2.1%;禽肉产量为 37 万吨,增长 2.9%;牛奶产量为 19.27 万吨,减少 3.2%。

生猪存栏增加,出栏略增。2012 年末,全省生猪存栏为 1338 万头,比 2011 年增长 4.4%,其中,能繁殖母猪存栏 130 万头,增长 1.2%。年内生猪出栏 1934 万头,比 2011 年增长 0.2%;全年猪肉产量为 140 万吨,增长 2.2%。出栏生猪头重有所增加。据省农业厅监测调查,2012 年前三季度出栏生猪当季头重分别比 2011 年同期增长 4.2%、2.3%和 2.9%。生猪价格探底反弹。2012 年,浙江生猪价格总体低迷,自 2 月份以来连续 6 个月下跌,8 月份开始企稳反弹,9 月上中旬出现一波上涨行情,10 月小幅回落,11 月调整企稳,12 月以来则出现明显涨势,12 月中旬,猪肉价格涨至每公斤 15.87 元。

牛存栏下降,出栏增加;羊存、出栏均下降。2012 年末,全省牛存栏为 17.7 万头,下降 7.5%;年内出栏 8.48 万头,增长 6.0%;牛肉产量 1.15 万吨,与 2011 年持平。羊存栏 107.18 万只,下降 2.1%;年内出栏 103.35 万只,下降 7.4％；羊肉产量 1.67 万吨，下降 9.2％。

家禽存栏减少，出栏增加。2012 年末，全省家禽存栏为 11446 万只，比 2011 年下降 7.8％；年内出栏为 25151 万只，增长 3.4％。

自 2011 年以来，兔产品价格持续高位，兔饲养量持续增长。2012 年二季度獭兔皮价格下跌，养殖亏损，不少养殖户加快出栏，兔总存栏有所减少。2012 年末，全省兔存栏 380.28 万只，比 2011 年减少 5.2％；年内出栏 574.15 万只，增长 6.9％。

2012 年，全省蚕茧产量预计为 6.13 万吨，比 2011 年下降 6.2％。其中，春茧产量 3.39 万吨，下降 2.1％。全省春茧平均收购价格 1682 元/50 公斤，下降 25.9％。春茧收购价的下跌，在很大程度上影响了蚕农饲养夏秋期蚕种的积极性，夏秋蚕饲养下降幅度较大，造成全年蚕茧产量低于去年。

四、水产品产量保持增长

据省海洋与渔业局统计，2012 年末，全省水产品总产量为 541.9 万吨，比 2011 年增长 5.1％。其中，国内海洋捕捞产量 316 万吨，比 2011 年增长 4.3％；海水养殖产量 86.1 万吨，增长 1.9％；淡水产品产量 108.4 万吨，增长 3.4％；远洋渔业产量 31.4 万吨，增长 33.8％。

近年来，我省积极开展远洋渔船更新及机械化、信息化改造，组织远洋渔场探捕，阿根廷鱿鱼作业渔船数量和产量大幅增加，北太平洋鱿鱼生产渔船基本与 2011 年保持相同规模，金枪鱼作业呈现出较好的生产态势。

省地方统计调查局一产处　朱海涛

2012 年我省工业经济情况分析

2012 年,面对复杂多变的国内外宏观形势,省委省政府及时出台了相关政策和应对措施,着力破解工业企业生产经营中遇到的各种困难,加快结构调整步伐,提升传统产业竞争优势,确保了我省工业经济运行平稳回升。

一、工业经济运行的基本态势

1.工业经济运行在波动中平稳回升。2012 年,我省规模以上工业增加值 10875 亿元,比 2011 年增长 7.1%,月度增幅从 1—2 月的 2.9%回升到 10—12 月的 10%以上(见图 1)。大型、中型和小微企业增加值分别为 3074 亿元、3217 亿元和 4584 亿元,比 2011 年分别增长 8.2%、6.8%和 6.7%。其中,大型企业的快速企稳回升起到了关键作用。在 4 月份出现负增长的情况下,仅 2 个月时间生产增速恢复到规上工业平均水平,并在 10 月份步入两位数增长轨道,全年增速高于规上工业平均水平 1.1 个百分点。

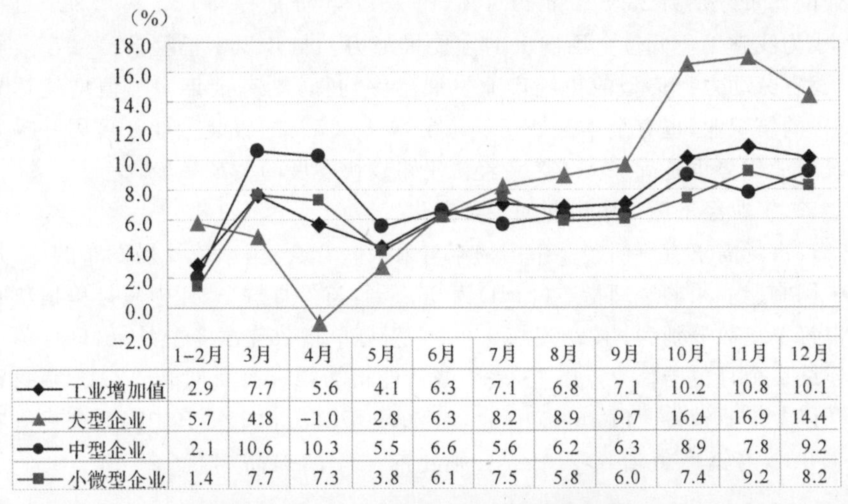

	1-2月	3月	4月	5月	6月	7月	8月	9月	10月	11月	12月
工业增加值	2.9	7.7	5.6	4.1	6.3	7.1	6.8	7.1	10.2	10.8	10.1
大型企业	5.7	4.8	-1.0	2.8	6.3	8.2	8.9	9.7	16.4	16.9	14.4
中型企业	2.1	10.6	10.3	5.5	6.6	5.6	6.2	6.3	8.9	7.8	9.2
小微型企业	1.4	7.7	7.3	3.8	6.1	7.5	5.8	6.0	7.4	9.2	8.2

图 1 大、中、小微型工业企业增加值

2.行业发展整体向好,但分化明显。2012 年,规模以上工业的 38 个大类行业中,增加值增速在 10%以上、5%—10%、5%以下的行业分别有 11、14 和

13个，其中，负增长的行业由前三季度的6个减少到2个。医药、有色金属冶炼、化学纤维、汽车和化学原料增长较快，增加值分别增长20.2%、15.8%、15.7%、15.4%和12.0%，这5个行业增加值占规模以上工业的20.3%，拉动规模以上工业增长2.8个百分点。而皮革、非金属制品、服装和石油加工增加值增速则分别为0.1%、0.1%、-0.8%和-3.7%。

3.工业经济效益逐步回升，但与全国仍有差距。2012年，我省工业主要效益数据呈现出稳步回升的态势。规模以上工业企业主营业务收入56730亿元，比2011年增长3.5%，增幅比年初回升2.8个百分点，比全国低7.5个百分点；利润总额2900亿元，比2011年下降6.1%，增幅比1—2月回升24.7个百分点，且当月增幅于9月份由负转正至2.2%，10—12月份分别增长7.6%、18.3%和16.2%，回升速度有所加快。但与全国5.3%的增长相比仍有10个百分点以上的差距。

4.工业结构调整稳步推进，但仍需加快传统产业提升步伐。面对国际国内形势的严峻挑战，我省加快培育发展战略性新兴产业、高新技术产业等高端产业，着力提升传统优势产业。2012年我省规模以上工业中战略性新兴产业和高新技术产业增加值分别为2521亿元和2626亿元，比2011年分别增长9.2%和9.9%，增幅分别比规模以上工业高2.1和2.8个百分点，占规模以上工业的比重分别为23.2%和24.1%，比2011年分别提高0.2和0.3个百分点，成为我省工业低位企稳向上的主要推动力。与知识密集型的高端产业相比，我省劳动力密集型的传统产业发展不够均衡，既有全年增加值增速达到8.2%的纺织业，也有全年都处于低位负增长0.8%的服装行业。巩固并提升传统产业优势也是确保我省工业经济平稳较快发展的关键一步。

二、工业经济运行中出现的主要变化

1.市场需求有所回暖。中国物流与采购联合会、国家统计局发布的12月份中国制造业采购经理指数(PMI)为50.6%，与上月持平，其中新订单指数和出口订单指数分别为51.2%和50.0%。新订单指数连续3个月、出口订单指数连续2个月位于临界点以上，表明制造业市场需求有所回升。2012年我省规模以上工业销售产值56903亿元，比2011年增长5.9%，其中出口交货值增长1.3%，内销产值增长7.0%，分别比前三季度提高2.3、1.8和2.4个百分点。

2.工业生产者价格降幅继续收窄。进入2012年以后，我省工业生产者出厂价格和购进价格持续下跌，这种趋势在9月份出现改变。12月出厂价格和购进价格分别为97.6%和97.2%，跌幅比11月分别收窄0.3和0.9个百分点，连续4个月出现回升。作为市场需求直接反应的价格因素止跌趋稳，有利于企业生产积极性的提高和经济效益的好转。

3.高耗能行业增加值下半年以来出现较快增长。2012年，我省规模以上工业中，八大高耗能行业增加值4118亿元，比2011年增长7.1%，增幅与规上工业平均水平持平。按可比价计算，高耗能增加值占规上工业比重为38.5%，与2011年持平。从运行趋势看，自8月份以来，我省高耗能行业增加值增速已连续5个月高于规模以上工业平均水平。

4.重工业增加值增速有回升迹象。2012年，全省规模以上工业企业中，重工业增加值增长速度较慢，低于规上工业平均水平。近几个月重工业增加值增速有所回升，11月和12月分别增长12.5%和10.6%，增幅较规上工业平均水平分别高1.7和0.5个百分点。

三、工业经济运行中需要关注的问题

1.发展环境依然复杂多变。从外部看，发达国家经济复苏受债务规模高企、削减财政赤字压力增大等因素影响进程缓慢，导致国际市场持续低迷。贸易保护主义抬头及发达经济体与新兴经济体面临的经济问题不同，使各国之间的政策协调与国际合作难度加大。从国内看，内需增长虽然由政策扩张刺激开始向市场主导转变，但基础还很不稳固，内需弥补外需任务仍然艰巨。因此工业经济依然存在下行压力，目前企稳向上的工业经济发展态势能否继续巩固和延续存在诸多不确定性，保持工业稳定增长还需要付出更大的努力。

2.生产增幅持续回升的难度加大。虽然自10月份起，我省规上工业增加值增速开始出现两位数增长，但是继续扩大增幅的难度进一步加大。小微企业形势依然严峻。2012年，规模以上小微企业工业增加值4584亿元，比2011年增长6.7%，增幅分别低于大、中型企业1.5和0.1个百分点。小微企业应收账款(13.9%)和产成品存货(8.4%)增幅均高于大中型企业，增长速度缓慢，资金周转紧张的局面没有明显改善。这不利于我省巩固和进一步提高工业增长速度。此外，企业用工情况也没有明显回升。2012年以来，我省工业企业从业人员同比下降幅度逐月扩大，2012年规模以上工业从业人员减少3.5%，降幅比一季度、上半年和前三季度分别扩大2.3、0.8和0.1个百分点。

3.装备制造业发展趋缓。从9月份开始，我省装备制造业增加值增速连续4个月低于规上工业平均水平。2012年，我省装备制造业增加值3554亿元，比2011年增长6.9%，低于规上工业平均水平0.2个百分点。其中，通用设备(5.4%)、专用设备(1.1%)、船舶(3.7%)、电气机械(5.6%)和仪器仪表(5.4%)分别低于规上工业平均水平1.7、6.0、3.4、1.5和1.7个百分点。

四、对2013年一季度工业经济运行趋势判断

2013年,工业经济发展仍将面对复杂形势和困难挑战,国内市场需求不足和部分产品供大于求的矛盾加大,企业生产成本上升和产品价格偏低的问题并存,工业增长和节能降耗、要素约束的矛盾加剧。工业经济运行将进入转型升级的关键时期。我省工业发展可能面临以下几方面的影响:一是企业可能推迟开工。2012年对中小企业来说是难熬的一年,经营困难、效益低下无疑会使中小企业主对2013年的经济走势判断更趋谨慎。可能在临近年关时采取“早关门、迟开门”来争取时间进行休整和观望,将可能导致一季度工业企业开工不足的情况出现。二是转型升级进入关键时期,企业技术设备升级对劳动力的知识技能要求越来越高,在淘汰传统落后产业的同时,应做好相应职业技术培训,做到软硬件同时升级转型。努力避免出现企业难以招到合格技术工的局面出现。三是美欧日等发达经济体依然存在经济再次陷入衰退的可能。因此,2013年一季度我省工业经济要保持平稳发展的态势,必须建立在加快产业结构调整和转型升级步伐,建立新的产业竞争优势和保持传统产业地位的基础上。

工业处　张　鹏

总量扩大　地位提升

——2012 年浙江服务业发展综述

2012 年，浙江省继续实施“八八战略”和“创业富民、创新强省”总战略，浙江服务业规模进一步扩大，经济地位进一步提高，从业人员队伍日益壮大，服务业重点工作成效显著，企业经营状况良好。

一、服务业总量扩大，对经济的贡献度明显提升

2012 年，全省服务业增加值为 1.56 万亿元，比 2011 年增长 9.3%，高于 GDP 增速 1.3 个百分点，高于第二产业增速 2 个百分点，对全省经济增长的贡献率为 51.1%，较 2011 年同期提高 5.3 个百分点。

1.服务业与第二产业差距不断缩小，占 GDP 的比重不断提高。服务业增加值与第二产业增加值的比例由 2011 年的 85.7%上升到 2012 年的 90.3%，与第二产业总体规模的差距不断缩小。服务业增加值占全省生产总值的比重逐渐上升，在国民经济中的地位愈加重要，2012 年，服务业增加值占全省生产总值的比重为 45.2%，比 2011 年提高 1.3 个百分点。

2.服务业就业容纳能力进一步增强，财政增收贡献继续加大。2012 年，全省服务业从业人员数预计 1290 万人，比 2011 年增加 20 万人，占全省就业人数的 35%，人均创造增加值 12.11 万元，比 2011 年提高 0.95 万元，特别是生产性服务业呈现劳动生产率高、成长性好等特点。2012 年，全省服务业税收收入为 4089 亿元，比 2011 年增长 24.1%，服务业税收收入占全部税收收入的比重为 53.4%，比 2011 年提高 5.3 个百分点。

3.服务业投资增长较快.2012 年，全省服务业投资额 1.09 万亿元，比 2011 年增长 24.1%，比固定资产投资总额和第二产业投资增幅分别高 2.7 和 7.5 个百分点，占固定资产投资总额的比重为 63.6%，比第二产业高 27.9 个百分点。除房地产企业开发投资外的第三产业项目投资增长 26.9%，高于第二产业增速 10.3 个百分点。民生投资力度逐步加大，2012 年，教育、居民服务和其他服务业、文化体育和娱乐业等行业投资分别增长 33.2%、29.3%和 79%。

4.住宿餐饮业、批发零售业发展较快。2012 年,服务业内部各行业都保持平稳增长,其中住宿和餐饮业增加值为 722.81 亿元,同比增长 11.9%,高于服务业平均增速 2.6 个百分点,增速位居各行业首位;批发和零售业增加值 3696.8 亿元,总量处于各行业首位,同比增长 10.3%,高于服务业平均增速 1 个百分点;金融业增加值 2965.54 亿元,同比增长 9.7%,高于服务业平均增速 0.4 个百分点,增速位居第三。

5.各市服务业发展良好。2012 年,杭州、宁波、温州三市的服务业增加值规模居前三位,分别为 3921.17 亿元、2738 亿元、1694.1 亿元;宁波、金华、绍兴三市的服务业增加值增速居前,分别为 10.9%、10.9%、10.8%;服务业增加值占 GDP 的比重居前三位的为杭州、温州和金华,分别为 50.2%、46.4%、45.2%,其中杭州占比首次过半。

二、服务业重点工作成效显著

2012 年,浙江省县域经济、集聚示范区建设、服务业投资力度等各项服务业重点工作有序推进,取得了较好的成绩。

1.经济强县服务业地位日益凸显。2012 年,20 个经济强县合计完成服务业增加值 5322.55 亿元,比 2011 年增加 597.9 亿元,占全省服务业增加值的 34.1%,较 2011 年提高 0.8 个百分点。萧山区服务业增加值绝对数居强县首位,为 565.54 亿元;余杭区服务业增加值发展速度最快,同比增长 14.1%,比全省平均水平高 4.8 个百分点;义乌市服务业增加值占 GDP 比重为 55.8%,位居各强县首位,较 2011 年提高 1.3 个百分点,比全省平均水平高 10.7 个百分点。

2.服务业集聚区建设稳步推进。随着服务业的加快发展,作为新载体的服务业集聚区不断涌现,全省现代服务业集聚区的建设正稳步推进。据对全省 40 个首批省级服务业集聚示范区的统计,2012 年 11 月末,吸收入区单位共 6.85 万家,比 2011 年同期增加 4195 家,从业人员 26.44 万人,增加 9168 人。1—11 月,实际完成投资 190.27 亿元;实现营业收入 3260.5 亿元,比 2011 年同期增长 7.1%;实现营业利润 206.29 亿元,基本持平;上缴税收 80.11 亿元,同比增长 18.8%。

3.服务业对外开放步伐加快。2012 年,全省服务贸易累计进出口额 270.38 亿美元,其中出口 173.49 亿美元,年均增长速度分别为 13.2%和 18.9%,分别高于同期货物贸易增幅 12.2 和 15.1 个百分点。2012 年,全省承接服务外包合同签约额 60.84 亿美元,合同执行额 52.43 亿美元,比 2011 年增长 71.2%,服务业实际利用外资 64.6 亿美元,比 2011 年增长 19.7%,高于平均增速7.7个百分点，比重由2011年的46.3%上升到49.5%。

4.旅游业继续保持较快发展。2012年，全省接待入境游客865.93万人次，同比增长11.9%，实现国际旅游收入51.52亿美元，同比增长13.4%；全省接待国内游客3.91亿人次，同比增长14.1%，实现国内旅游收入4475.76亿元，同比增长18.2%；实现旅游总收入4801.2亿元，同比增长17.7%。全省旅行社组织出境游客160.6万人次，同比增长26.7%。

5.企业经营状况良好。据对全省1.18万家限额以上交通、信息、商务、科技、文化、居民服务及其他服务业企业调查，2012年11月末，资产总计为1.82万亿元，同比增长13.8%；1—11月实现营业收入5321.85亿元，营业利润703.05亿元，分别比2011年同期增长13.3%和12.2%；平均从业人员123.63万人，从业人员报酬746.07亿元，同比分别增长2.7%和19.1%。

三、存在的问题及2013年展望

2012年我省服务业的整体发展形势较好，基本完成了年初的预期目标，但存在一些值得关注的问题。

1.服务业企业亏损面仍较高。据对全省1.18万家限额以上交通、信息、商务、科技、文化、居民服务及其他服务业企业调查，2012年11月末，亏损企业数量为3396家，较2011年同期增加360家，亏损面为28.7%，较2011年同期扩大3.1个百分点。

2.服务业内部行业结构需进一步优化。2012年，交通运输仓储和邮政业、批发和零售业、住宿和餐饮业三大传统服务业行业增加值合计为5696.4亿元，占服务业总量的比重为36.5%，较2011年上升0.4个百分点。金融业作为新兴服务业行业的代表，其2012年增加值为2965.54亿元，占服务业增加值的比重为19%，比2011年降低0.3个百分点。2012年我省新兴服务业和传统服务业发展态势与服务业结构优化进程不相吻合，需要我们加以注意和扭转。

3.营改增、房地产调控等政策效应须进一步关注。2012年12月1日，浙江省启动了交通运输业，以及研发和技术、信息技术、文化创意、物流辅助、有形动产租赁鉴证咨询等行业的营业税改增值税试点，据测算有95%，近14万户的试点纳税人税负将下降或持平，但从近期来看，一些较大的交通运输业企业存在税负快速加重的现象。此外，房地产回升势头加快，2012年房地产业一季度、半年度、三季度和年度增加值增长速度分别为－9%、－1%、3.5%、6.9%(2012年全年房地产业增加值为1778.36亿元)，这种较快回升的势头应引起密切关注。

随着中央政府大力倡导“厉行节约”及社会公众对“光盘”行动认可度的不断提高，餐饮业将会面临结构调整和缓慢发展期；随着增值税改革的进一步推进，交通运输业等的运营状况将逐步规范化、正常化。整体上，在经济转型的迫切要求及经济逐渐复苏的大环境下，预计 2013 年我省服务业仍将保持平稳发展的态势，服务业内部结构将进一步优化。

省地方统计调查局三产处　徐文晔

低位增长　缓慢回升

——2012 年浙江外贸形势简析

2012 年，受世界经济增长低迷，欧美日等主要出口市场需求疲软，贸易保护主义抬头等严峻的外贸环境的不利影响，我省进出口贸易增速大幅下滑。全省外贸进出口总额 3122.4 亿美元，其中，出口 2245.7 亿美元，分别比 2011 年增长 1%和 3.8%；进口 876.7 亿美元，比 2011 年下降 5.8%。出口总额居广东、江苏之后列全国第三。出口增速比 2011 年回落 16.1 个百分点，低于全国 4.1 个百分点，在沿海主要省市中列广东、江苏、福建之后居第四位。

一、主要特点和问题

1. 出口增速为新世纪以来除 2009 年的最低。进入新世纪以来特别是中国加入世贸组织以后，浙江出口一直呈高速增长态势，2000—2011 年的 12 年间平均出口增幅高达 26.5%。2012 年是近十几年来除 2009 年以外增幅首次跌入个位数。也是继 2011 年之后连续两年出口增幅低于全国水平。但从全年走势特别是第四季度的走势来看，出口增幅企稳回升的势头已经显现。2012 年第四季度全省出口增幅为 6.3%，比上个季度回升 6.9 个百分点，连续四个季度增幅下滑的局面得到初步遏制。

2. 义乌成为全省外贸出口的最大增长点。2012 年，义乌市出口 90.1 亿美元，比 2011 年增长 1.5 倍，对全省外贸出口增长的贡献率达 65.8%。此外，受浙江省海洋经济战略的利好影响，2012 年舟山市进出口 153.6 亿美元，比 2011 年增长 15.8%，其中出口 92.2 亿美元，比 2011 年增长 23.4%，比全省出口增幅高 19.6 个百分点；进口 61.3 亿美元，比 2011 年增长 5.9%。另一方面，宁波、杭州和绍兴等外贸大市表现低迷，2012 年，杭州和绍兴分别出口 412.6 亿和 255.6 亿美元，同比分别下降 0.6%和 1.6%，宁波出口 614.5 亿美元，仅增长 1%。

3. 一般贸易出口低速增长，加工贸易比重进一步下降，其他贸易方式增长较快。2012 年，一般贸易出口 1797.2 亿美元，同比增长 1.8%，占全省出口的 80.0%，比 2011 年下降 1.6 个百分点。加工贸易出口 347.0 亿美元，比 2011

年下降 3.7%,占全省出口的比重连续第六年下降,为 15.5%。受国际贸易综合改革试点等国家战略因素影响,保税仓库进出口境、市场采购等其他贸易方式发展迅速,全年出口 101.5 亿美元,同比增长 1.7 倍,占全省比重达到了 4.5%,比 2011 年提高 2.8 个百分点。

4. 民营经济保持较快增长态势,小微企业出口增长快于大中型企业。2012 年,全省民营经济出口 1409.7 亿美元,居全国第二位,比 2011 年增长 8.5%,占出口总额的比重达到 62.8%,比全国平均水平高 25.2 个百分点。国有企业出口 206 亿美元,比 2011 年下降 2.5%;外商投资企业出口 630 亿美元,比 2011 年下降 3.5%。从企业规模看,3.3 万家小微企业(2011 年出口在 300 万美元以下)有一半以上企业出口有所增长,出口总额 313.4 亿美元,比 2011 年增长 25.4%,而 2736 家大中型出口企业(2011 年出口在 1500 万美元以上)中仅 39.1%的企业全年出口有所增长,出口总额 1188.6 亿美元,比 2011 年下降 6.1%。

5. 对新兴市场出口增长较快,对欧盟市场出口持续疲软。2012 年,我省对东盟、中东、俄罗斯、拉丁美洲、非洲等新兴市场继续保持较快增长,比 2011 年分别增长 15.1%、8.5%、13.9%、7.7%和 17.7%,拉动了全省出口增长 4.1 个百分点。五个市场合计出口占全省出口总额的 37.3%,比 2011 年提高 2.7 个百分点。对欧盟、美国、日本三大传统市场出口比重持续下降,2012 年分别出口 505.8 亿、381.8 亿和 134.5 亿美元,分别比 2011 年下降 9.3%、增长 9.3%和增长 0.8%,三大市场占出口总额的比重由 2007 年的 52.6%下降到 45.5%;2011 年欧盟市场占我省出口市场的比重高达四分之一,2012 年比重虽然下降到了 22.5%,但仍比全国平均水平高 6 个百分点以上,比广东高 10 个百分点以上,因此欧债危机引发的需求疲软对我省出口的影响大大高于其他省市,这也是我省连续两年出口增幅低于全国平均水平的一个重要原因。2012 年,欧盟 27 个国家和地区中有 17 个出口同比下降,其中德国、荷兰、意大利等较大市场的降幅都超过 10%。我省对欧盟出口持续下降的原因除需求因素外,另外还有两个重要原因,一是人民币对欧元持续升值影响,2012 年人民币对欧元平均汇率为 1∶8.107,比 2011 年升值了 9.9%。二是受贸易摩擦的影响。9 月 6 日,欧盟委员会决定对中国光伏电池产品发起反倾销调查,年涉案金额近 1300 亿元,是中国遭遇的“史上最大”贸易争端。1—11 月,我省对欧盟出口太阳能电池下降 52.1%。

6. 部分轻工产品出口增长较快,机电产品、高新技术产品、纺织服装等出口有所下滑。2012 年,轻工产品出口同比增长 9.1%,高于全省平均增速 5.3

个百分点，拉动全省出口 1.2 个百分点，其中塑料制品、灯具、玩具等轻工产品出口比 2011 年分别增长 24.8%、17.9%和 16.0%。全年机电产品累计出口 959.1 亿美元，增长 3.8%。其中船舶出口 57.1 亿美元，同比下降 13.4%。纺织服装出口面对外需疲软、订单转移明显等困难，累计出口 598.2 亿美元，比 2011 年下降 0.7%，占全省比重为 26.6%，比去年下降 1.2 个百分点。高新技术产品出口 148.0 亿美元，比 2011 年下降 4.6%，其中太阳能电池出口的大幅下降对其拖累较大，太阳能电池全年共出口 15.4 亿美元，比 2011 年下降 48.5%，剔除后其余高新技术产品同比增长 5.9%。

二、前景展望

2013 年，中国对外贸易发展面临的内外部环境可能略好于 2012 年，但制约外贸稳定回升的阻力依然存在。

从国际看，随着各国宏观政策力度加大，欧债危机略有缓和，美国经济复苏态势趋于稳定，市场信心和发展预期有所提振，2013 年全球经济发展环境可能有所改善。根据国际货币基金组织预测，2013 年世界经济增长的速度为 3.7%；世贸组织预测 2013 年全球贸易的增长为 4.5%，均略高于 2012 年，但仍大幅低于危机前的水平。

从国内看，为促进外贸稳定增长，2012 年下半年以来国家相继出台了国八条和更为详细的“十六条”，在出口退税、融资、提高贸易便利化水平、改善贸易环境、优化贸易结构等方面给出口企业较大的扶持。省委、省政府高度重视，多次召开扩外贸专题会议，各有关部门积极落实国家政策，快速出台操作细则。2012 年这些政策将继续发挥效应。

自贸区战略进一步推进。2012 年 11 月 20 日，中日韩三国经贸部长在柬埔寨首都金边宣布，正式启动中日韩自贸区谈判，同一天，东盟十国与中国、日本、韩国、印度、澳大利亚、新西兰的领导人，共同发布《启动(RCEP)谈判的联合声明》，正式启动覆盖这 16 个国家的自贸区建设进程。这将是一个比中日韩自贸区更大的市场。

贸易价格条件有所改善，出口价格总体在上涨，进口价格总体在下降。2012 年我国外贸出口价格总体上涨了 2%，而同期进口价格总体下跌了 0.7%。2012 年全省铁矿砂、废金属、初级形状的塑料等 20 大类原材料资源性商品进口综合平均价格比 2011 年下降 9.2%，实际数量增长 3.6%。

2012 年 12 月份海关总署的调查表明，出口经理人信心指数回升，出口订单指数回升，出口企业综合成本指数下降，由此预示着 2012 年一季度我国外贸出口形势可能会有所好转。浙江省商务厅重点外贸企业监测网络显示，12

月份出口订单景气指数有所反弹，为 91.4，比上月反弹了 6 点，从相对不景气区间重新回到微弱不景气区间运行，企业出口信心有所增强。

但全球经济复苏的动力不足，外需难以有效好转，国内生产经营成本的上升导致国际市场竞争优势的削弱，企业的订单不足，加上种类繁多的贸易保护主义等对外贸易不利因素仍然存在。商务部部长陈德铭去年底表示，初步预测 2012 年国际外贸形势会略好于去年，下半年又会略好于年初。海关总署 2013 年 1 月 10 日举行的新闻发布会也指出，2013 年我国外贸进出口的走势仍然面临许多不确定的因素，但总体分析，情况可能略好于 2012 年。

我省一季度出口形势仍不容乐观。我省出口订单指数从 8 月份开始连续 4 个月处于 90 以下，11 月出口订单景气指数为 85.4，12 月份虽比上月有所反弹，但仍在不景气区间运行。近期波罗的海综合运价指数也有大幅回落。从订单结构以 3 个月左右的短期订单为主来判断，2012 年一季度出现大幅增长的可能性比较小，预计一季度出口会保持去年四季度以来的小幅增长态势。

省地方统计调查局三产处　张　卫

2012年浙江消费品市场运行情况

2012年，在国内外经济增长减缓、对外贸易增速回落的背景下，中央及我省及时出台和实施“稳增长”的政策措施，我省消费品市场总体上呈现企稳回升的增长态势。

一、运行情况

1.消费增长平稳，实际增速逐季提高。2012年，全省社会消费品零售总额13546.3亿元，比2011年增长13.5%，名义增速比1—3季度提高0.3个百分点，比全年13%的计划目标高0.5个百分点；扣除价格因素，实际增长11.4%，增速比1- 3季度提高0.6个百分点，比2011年高0.1个百分点。从分季度名义增长看，一季度增长13.2%，二季度增长12.8%，三季度增长13.6%，四季度增长14.4%。扣除价格因素，季度累计实际增速逐步提高，一季度实际增长9.0%，1—2季度实际增长9.7%，1—3季度实际增长10.8%，全年实际增长11.4%。

2.批发业和餐饮业零售额增长较快。分行业看，2012年，全省批发业实现零售额1394.5亿元，比2011年增长22.9%；餐饮业实现零售额1250亿元，增长16.8%；零售业实现零售额10706.6亿元，增长12.2%；住宿业实现零售额195.2亿元，增长8.2%。

3.新兴业态零售增长较快。在全省限上单位统计的零售业态中，限上网店零售额增长126.7%、仓储会员店零售额增长82.8%、折扣店零售额增长36.4%、厂家直销中心零售额增长31.8%、电视购物零售额增长31.5%、超市零售额增长14.3%。据商务部门测算，2012年，全省网络零售额2027.4亿元，比2011年增长89.5%，占全国网络零售额的16.2%，比重比2011年提高3.2个百分点。

4.食品、衣着类消费较快增长，居住类消费逐步回暖。在限额以上商品零售类值中，2012年，食品类零售额579.6亿元，比2011年增长16.4%；衣着类零售额530.8亿元，增长20.9%，这两类消费占全部限上零售额的比重为18.1%，比2011年提高0.9个百分点；居住类零售额541.5亿元，增长6.0%，增速从上半年下降3.6%回升到全年增长6.0%，其中11月和12月增速超过16%。汽车和石油及制品类零售额分别增长7.3%和17.6%。

2012 年分季度限额以上单位商品零售分类增长情况

	1 季度 增长(%)	1—2 季度 增长(%)	1—3 季度 增长(%)	全年 增长(%)
衣着类商品	10.9	14.8	17.0	20.9
食品、饮料、烟酒类商品	13.0	14.3	14.5	16.4
居住类	−5.3	−3.6	1.0	6.0
家用电器和音像器材	−14.8	−12.4	−8.4	−6.2
汽车类	11.2	5.2	4.8	7.3
石油及其制品类	22.1	16.3	15.9	17.6
其他	18.6	18.4	19.2	19.6
金银珠宝类	18.6	24.1	22.2	24.8
中西药品类	20.1	20.8	21.4	20.9
通讯器材类	37.0	31.7	27.7	29.6

5. 批发、零售和餐饮企业销售情况逐步好转，住宿业略有回落。2012 年下半年以来，批发、零售和餐饮企业销售经营情况逐步好转，全年全省批发业实现销售额 38363.7 亿元，比 2011 年增长 12.7%，增速比上半年和 1—3 季度分别提高 1.7 和 1.5 个百分点。零售业实现销售额 15136 亿元，增长 16.3%，增速比上半年和 1—3 季度分别提高 1.1 和 1.0 个百分点。餐饮业实现营业额 1656 亿元，增长 19.1%，增速比上半年和 1—3 季度分别提高 1.3 和 0.6 个百分点。住宿业实现营业额 464.5 亿元，增长 12.0%，增速比上半年和 1—3 季度分别回落 0.2 和 0.3 个百分点。

6. 区域消费协调发展。2012 年，全省城市市场消费品零售总额 11408.7 亿元，比 2011 年增长 13.8%；农村市场消费品零售总额 2137.7 亿元，增长 12.2%。从分地区看，全省 11 个设区市消费品零售总额除丽水市增长 17.5% 和温州市增长 9.1%外，其他市都比较接近，增长速度在 15%左右。

二、主要问题

1. 汽车、石油等重要领域消费回落。从限额以上批发和零售业商品销售分类情况看，全年汽车类实现零售额 2413.9 亿元，比 2011 年增长 7.3%，比全省限上零售额平均增速低 5.2 个百分点，比 2011 年增速低 9.3 个百分点。石油及制品类实现零售额 1114.9 亿元，增长 17.6%，增速比 2011 年低 22.9 个百分点。汽车类对全省社会消费品零售总额的贡献率为 10.2%，比 2011 年回落 7.6 个百分点。

2. 房地产业回落影响相关商品的消费。房地产业与消费的关系非常紧密，上半年房地产销售面积下降，居住类商品消费随之下降，三季度以来房地产销售回升，居住类消费也随之回升。其中，家具类、五金电材料类、建筑及装潢材料类的消费额，四季度呈现快速反弹势头，但总体上看，2012 年居住类消费增长较低。全年限额以上居住类零售额增长 6.0%，增速比 2011 年回落 11.2 个百分点；其中，家用电器及音像器材类零售额比 2011 年下降 6.2%，而 2011 年则是增长 17.1%。

3. 出口下滑影响批发业销售额的增长。外需减弱，出口增速明显回落，制约批发企业销售额增长。全省出口额增速从一季度的 6.1%、上半年的 5.2% 回落到 1—3 季度的 3% 和全年的 3.8%，全年增速比 2011 年回落 16.1 个百分点，对出口份额较大的批发行业销售产生不利影响。全省限额以上服装、鞋帽、针纺织品类批发零售业全年销售额只增长 4.1%，比 2011 年回落 16.1 个百分点。

三、走势预判

2013 年是全面贯彻党的十八大精神的开局之年，从中央到地方对扩大内需的重要性认识日益提高，政策措施力度不断加大，近期已经出台了提高最低工资标准、增加企业退休人员工资等政策。"两会"以后，社会保障体系和医疗保障体系建设力度将会进一步加大，市场物价趋于平稳，居民消费意愿和消费信心将会有所增强，房地产业也在逐步回暖。因此，促进消费增长的积极因素在逐步增加。

另一方面，由于各级党委政府纷纷出台转变工作作风、倡导勤俭节约的政策措施。各级公务和商务消费将会有明显减少，对消费增长产生一定的抑制影响，2012 年 12 月已经有所表现，当月限上餐饮业营业额只增长 7.6%，比 1—11 月累计增速低 4.3 个百分点，当月限上住宿业营业额同比下降 0.1%，比 1—11 月增速低 6.1 个百分点。这种影响具有即期释放性，但不具有持续性。

综合起来看，2013 年，我省消费品市场仍将会保持平稳增长态势。

四、对策建议

1. 增加居民收入，提高消费能力。收入水平决定消费水平。2012 年，我省城乡居民收入增长快于经济增长，为 2012 年消费增长打下了较好基础。要千方百计促进实体经济持续稳定发展，加快经济转型升级，扩大就业，提高企业效益和劳动者报酬，继续提高离退休人员工资水平、提高低保户补助力度、提高最低工资标准。特别是随着收入分配制度改革已经排上议事日程，要尽快形成居民收入增长机制，落实收入翻番目标的具体化措施，切实提高居民收入，力争提前完成我省城乡居民人均收入比 2010 年翻一番的目标，增强城乡居民的消费能力。

2.加快社会保障体系建设，提升消费信心。加快推进全覆盖、多层次的社会保障体系建设，加大财政转移支付力度，进一步完善新型社会救助和福利体系，健全社会养老服务体系。规范教育、医疗、物业等方面的收费项目和标准，严厉查处乱收费行为，防止居民保障性支出过快增长，减轻城乡居民在教育、住房和医疗等方面的负担。让居民在“有钱花”的基础上，更能够做到“敢花钱”。

3.积极培育新的消费热点。积极完善教育、文化、健身、旅游等设施，健全和完善休假制度，大力发展消费信贷，转变居民消费习惯，适时引导居民将需求重点转向住、行、教育、文化娱乐、旅游等方面，推动和促进幼儿消费、老年消费、旅游消费、节日消费、健身、休闲娱乐等方面的消费，培育新的消费热点。

4.大力开拓农村消费市场。农村人口众多，需求潜力很大，要引导、鼓励流通企业向农村延伸网点，针对农民的消费需求，组织适销对路商品，推动农村市场加快发展。在推进小城市试点镇和中心镇建设中要做好商贸流通方面的规划，加强软件和硬件设施建设，切实改善农村市场消费环境。

5.大力推进义乌国际商贸综合改革试点建设。近两年，义乌市商贸业发展势头良好，2011年和2012年，义乌批发零售业实现销售额分别增长31.0%和28.5%，消费品零售总额分别增长16.9%和15.7%。义乌商贸业发展具有强大的示范性和带动性，要充分运用好国家授予的各项政策，积极推进义乌国际商贸综合改革试点建设，及时总结推广成熟经验，为推动全省消费市场持续健康发展作出积极贡献。

服务业处　郎初华

2012 年浙江能耗降低率创新高

2012 年，浙江高度重视节能降耗工作，科学分解节能降耗目标责任，健全节能降耗预警监测机制，单位 GDP 能耗大幅下降 6.1%，降低率为"十一五"以来的最高，圆满完成全年节能目标。

一、规模以上工业节能情况

由于全省工业的较慢增长，特别是部分高耗能产品生产回落，再加上没有出现影响较大的新上高耗能项目，规模以上工业企业用能总量持续下降，单位增加值能耗明显降低，但下半年开始降幅逐季收窄。

1. 能耗总量保持下降态势，但降幅逐月收窄。2012 年，全省规模以上工业用能保持下降态势，但降幅自 4 月达到最高点(4.3%)后逐月收窄，一季度、上半年、前三季度和全年，规模以上工业用能分别同比下降 2.4%、3.8%、2.7% 和 1.0%。38 个大类行业中，20 个行业用能下降，下降面超过 5 成。其中，下降率超过 5%的行业个数逐季减少，从一季度的 9 个降至全年的 3 个，分别为铁路、船舶、航空航天和其他运输设备制造业(下降 8.7%)、黑色金属矿采选业(下降 7.2%)、非金属矿物制品业和纺织服装(下降 6.3%)。

2. 单位工业增加值能耗降低率为近年来最高。2012 年，全省规模以上工业单位增加值能耗大幅下降，但进入下半年后，降低率逐季减少，一季度、上半年、前三季度和全年的单耗降低率分别为 6.8%、8.6%、8.1%和 7.6%。38 个行业大类中，34 个行业的单位增加值能耗下降，下降面接近 9 成。其中，有色金属冶炼和压延加工业等 9 个行业的降低率超过 10%。

2012 年能耗降低率超过 10%的行业

行业名称	单耗降低率(%)
有色金属冶炼和压延加工业	15.1
黑色金属冶炼和压延加工业	13.4
医药制造业	12.7
酒、饮料和精制茶制造业	12.3

续表

行业名称	单耗降低率(%)
铁路、船舶、航空航天和其他运输设备制	12.0
汽车制造业	11.7
文教、工美、体育和娱乐用品制造业	10.2
金属制品业	10.2
橡胶和塑料制品业	10.0

3.八大高耗能行业单耗大幅下降。2012年,八大高耗能行业总用能保持下降,且降幅均高于规模以上工业平均水平,一季度、上半年、前三季度和全年能耗同比分别下降3.9%、4.5%、3.1%和1.1%;单位增加值能耗大幅下降,与规模以上工业情况相同,进入下半年后,降幅逐季收窄,一季度、上半年、前三季度和全年单耗降低率分别为7.5%、8.6%、8.0%和7.7%。八大高耗能行业中,除石油加工业单位增加值能耗降低率(0.4%)稍低外,其他七大行业的降低率均比较高。其中,黑色金属和化学纤维行业的降低率相对较高,分别为13.4%和8.9%,其他行业降低率分别为造纸7.5%、化学6.9%、纺织6.4%、非金属矿物制品6.3%和电力5.9%。

二、全社会节能情况

2012年,全社会能耗总量和电耗总量保持低速增长,单位GDP能耗和单位GDP电耗降低率均为近年来最高。

1.全社会用能总量保持低速增长。2012年,全省全社会能耗总量保持较低增长,一季度、上半年、前三季度和全年能耗总量增速分别为1.2%、0.5%、0.9%和1.4%;全省用电也较低增长,一季度、上半年、前三季度和全年用电增速分别为3.9%、2.0%、1.9%和3.0%。全年能耗增速和电耗增速均为"十一五"以来的最低。全社会用电中,一产、三产和城乡居民生活的用电增速分别为8.9%、9.8%和11.1%,增速相对较高,二产和其中的工业用电自4月开始呈现同比下降态势,进入四季度后,开始由降转升,全年增速为0.9%和0.8%,增速为近年来最低。

2.单位GDP能耗保持较大幅度的下降。2012年,全省单位GDP能耗明显降低,但进入下半年后,降低率逐季减少,一季度、上半年、前三季度和全年降低率分别为5.5%、6.4%、6.3%和6.1%。单位GDP电耗继续保持下降,一季度、上半年、前三季度和全年降低率分别为3.0%、5.0%、5.4%

和 4.6%。单位 GDP 能耗和单位 GDP 电耗降低率均为"十一五"以来最高。

三、节能工作中存在的问题

2012 年，我省节能形势总体良好，首要原因是工业生产的较慢增长，特别是部分高耗能产品生产回落，使得能耗低速增长，单位 GDP 能耗大幅下降。与往年相比，工业生产，特别是高耗能行业均保持较低增长，这对工业及全社会节能都产生了极为积极的影响。其中，对全省工业节能影响最为重大的高耗能产品——水泥熟料的全年产量比 2011 年下降 6.0%，其他如原油加工量下降 7.4%，乙烯产量下降 0.5%，粗钢产量下降 0.5%，均对工业节能起了较大的推动作用。其次，给节能产生重大不利影响的新上高耗能项目较少，这也是使得全省节能保持良好态势的重要原因。但 2012 年节能工作中仍存在一些不容忽视的问题。

一是四季度节能形势差于前三季度。全年规模以上工业单位增加值能耗降低率比前三季度底 0.5 个百分点，单位 GDP 能耗和电耗降低率也分别比前三季度低 0.3 和 0.4 个百分点。由于能耗无当季数据，因此，从累计数来看，四季度节能形势明显差于前三季度。

二是仍有部分高耗能项目陆续上马。虽然没有出现对全省影响较大的新上高耗能项目，但部分地区为了保增长，仍有小规模的高耗能项目陆续上马，对节能带来不利影响。

三是个别地区节能形势不容乐观。2012 年，全省及各市节能情况总体良好，11 个市规模以上单位工业增加值能耗降低率均超过 7%，但仍有个别地方的节能形势不容乐观，规模以上单位增加值能耗不降反升。如宁波大榭开发区和丽水的云和县，由于高耗能项目的扩产增产，规模以上工业单位增加值能耗分别上升 13.6%和 9.5%，节能形势相当严峻，使得当地"十二五"时期节能目标的完成难度进一步加大。

四、2013 年一季度节能形势判断

随着经济发展筑底企稳回升，2012 年第四季度已经表现出用能增加，能耗降低率有所回落，2013 年节能形势将面临较大压力。影响全省节能形势的不利因素，主要有如下几点。

1. 工业生产继续企稳回升，高耗能行业生产可能出现较快增长。从 2012 年 6 月份开始，我省工业经济已开始呈现企稳回升态势。随着省委省政府"工业强省"战略和促进工业由大变强"一揽子"政策措施的启动实施，预计 2013 年一季度工业经济将继续有所回升。而我省对基建项目建设和工业投资的进

一步加大，会对钢铁、水泥等高耗能行业有较大拉动。因此，工业生产的回升，尤其是高耗能行业生产的较快增长会对全省节能形势产生不利影响。

2. 新上高耗能项目的不利影响。据初步了解，2013 年各地均有新上高耗能项目，如宁波的禾元化学，全年能耗约 50 万吨标准煤；嘉兴的联鑫板材，全年仅用电量将超过 10 亿千瓦。除了新上项目，还有些高耗能企业有扩产增产计划。高耗能项目的能耗动辄几十万吨，甚至上百万吨标准煤，这些项目一旦上马，不仅对当年全省节能形势产生重大不利影响，甚至还会影响到整个"十二五"时期的节能成效。

3. 水泥和石油加工业一季度的同期基数较低。2012 年，全省水泥行业中，水泥熟料的产量同比保持下降态势，但从 5 月份开始，水泥熟料生产有所回升，产量的同比降幅逐月缩小。一季度、上半年、前三季度和全年水泥熟料产量同比降幅分别为 21.9％、18.0％、10.7％和 6.0％，其中，一季度降幅最高，比全年高 15.9 个百分点。2012 年 2 月份开始，镇海炼化对炼油分套装置进行大修，导致一季度原油加工量有所下降，能耗每月减少约 10 万吨标准煤。大修于同年 5 月结束，之后企业恢复正常生产。这使得 2013 年一季度水泥和石油加工业的能耗同期基数相对较低。能耗同期基数的较低水平，将直接导致上述两大行业能耗增速偏高，预计 2013 年一季度节能形势较为严峻。

能源处　戴敏

小微工业企业平稳增长　提升发展依靠转型升级

——2012 年浙江规模以下工业运行情况分析

2012 年，浙江规模以下工业经济在各级政府出台一系列扶持小微企业发展政策的推动下，全年生产实现平稳增长，但由于受市场需求不旺、运营成本上升以及整体经济下行等不利因素影响，生产增速回落，经济效益下降，亏损企业增加，用工需求减少，部分企业生产经营面临较大困难。建议政府部门进一步加大对小微工业企业政策扶持力度，切实帮助企业排忧解难，营造良好的企业发展环境，积极引导企业转型升级。

一、规模以下工业生产运行的主要特征

（一）生产增速回落，总体运行平稳

2012 年，浙江规模以下工业实现总产值 19331.60 亿元，比上年增长 6.3%，扣除价格因素，实际增长 8.0%，增速比上年回落 5.0 个百分点。从各季情况看，一季度、上半年、1—3 季度的生产增速分别为 8.9%、8.2%、8.0%，总体平稳运行。其中规模以下工业企业实现总产值为 9749.49 亿元，比上年增长 9.0%，扣除价格因素，实际增长 11.0%，增速比上年回落 8.7 个百分点。

（二）多数行业销售实现增长，但行业间发展不平衡

从规模以下工业企业行业产品销售情况看，涉及的 38 个行业大类中，33 个行业的主营业务收入实现不同程度增长，5 个行业同比出现下降。全年主营业务收入居前十位的行业中，文教、工美、体育和娱乐用品制造业，汽车制造业，金属制品业，橡胶和塑料制品业的生产增速高于全省规模以下工业企业平均水平，分别增长 15.4%、10.9%、10.3%、9.3%；纺织业、专用设备制造业与平均水平持平，均增长 9.0%；而通用设备制造业，皮革、毛皮、羽毛及其制品和制鞋业，纺织服装、服饰业，电气机械和器材制造业低于平均水平，分别增长 7.7%、7.0%、5.5%、4.6%。

（三）私营企业销售增长相对较快

2012 年，浙江规模以下工业企业中私营企业实现主营业务收入 8180.46 亿元，比 2011 年增长 10.1%，增幅比全省规模以下工业企业高 1.1 个百分点；

占全省规模以下工业企业的84.7%，比2011年提高1.6个百分点。其中私营独资企业、私营合伙企业、私营有限责任公司、私营股份有限公司分别实现主营业务收入1969.31亿元、435.06亿元、5702.17亿元和73.91亿元，分别增长9.9%、4.6%、10.7%和2.0%。

（四）企业效益下降，亏损企业增加

2012年，浙江规模以下工业企业实现营业利润412.58亿元，比2011年下降7.2%，增速比2011年回落25.4个百分点，营业利润增速比生产增速低16.2个百分点。企业资产收益率和营业利润率分别为4.8%、4.3%，分别下降0.8和0.7个百分点；年末企业亏损面达10.3%，比2011年上升1.7个百分点。

（五）从业人数减少，企业对生产预期不乐观

2012年末，浙江规模以下工业从业人数为770.68万人，比2011年下降4.6%，占全省工业的52.4%。其中企业和个体从业人数分别为355.05万人和415.63万人，分别下降6.3%和3.0%。从企业对2013年一季度生产增速预期看，有26.7%的企业认为会比2012年四季度减缓，仅5.8%的企业认为会加快。

（六）经济总量继续保持全国各省市区首位

2012年末，浙江规模以下工业单位数占全国的14.7%，比位居二、三位的河南和山东分别高3.7和5.3个百分点；从业人数占全国的14.8%，比位居二、三位的广东和山东分别高0.5和5.7个百分点；资产总计占全国的17.3%，比位居二、三位的江苏和广东分别高6.0和7.0个百分点；全年实现工业总产值占全国的20.7%，分别比位居二、三的广东、江苏高10.6和11.2个百分点。

二、制约规模以下工业企业发展的主要因素

（一）市场需求不足，制约企业发展

2012年受欧债危机、美国和日本经济不景气以及中东部分国家政局不稳等多重因素影响，世界经济继续低速运行，消费市场低迷不振，而浙江规模以下工业制造业对国外市场的依存度较高，企业面临内外需求不足的问题比较突出。2012年浙江规模以下工业企业实现主营业务收入9652.96亿元，比2011年增长9.0%，增速比2011年回落14.0个百分点；企业出口产品销售收入为1063.55亿元，下降5.6%，增速回落23.6个百分点；2012年末，企业期末剩余订单额为442.97亿元，比2011年减少2.5%。2012年四季度，有45.8%的企业认为“市场需求不足”是当前企业面临的突出问题。

（二）生产成本居高不下，导致企业效益下降

2012年浙江规模以下工业企业主营业务成本为7780.06亿元，比2011年增长8.4%，占主营业务收入80.6%。一是用工成本持续上升。2012年浙江规模以下工业企业应付职工薪酬为942.49亿元，比2011年增长7.9%；职工人均月薪酬为2212元，增长12.5%，比企业主营业务收入增幅高3.5个百分点。制造业中的金属制品、机械和设备修理业，食品制造业月人均薪酬均在2500元以上。2012年各季度，认为"用工成本上升是面临的突出问题"的企业比重较高，其中四季度有69.6%的企业认为"用工成本上升是影响当前企业发展的最突出问题"，认同率分别比原材料成本上升、市场需求不足高12.7、22.2个百分点。二是原材料成本相对较高。由于小微工业企业规模小、产品技术含量不高，多数产品产能过剩，在市场竞争中对价格的话语权处于弱势，尽管2012年原材料市场价格总体回落，但产品价格也在回落，多数企业认为原材料成本依然较高。2012年四季度，企业认为"原材料成本上升快是当前面临的突出问题"的认同率高达56.9%。三是融资成本高，加重企业运营负担。2012年四季度，浙江规模以下工业企业向银行贷款的利息和费用折算年利率为6.88%。能从国家金融机构贷到款的企业比例较低，多数企业在资金紧张时只能从民间借款，民间借贷利息折算年利率为20.52%。融资成本较高，进一步挤压企业利润。

（三）政策有效性不明显，扶持企业仍需继续给力

2011年下半年以来，各级政府进一步关心小微企业生存与发展，相继出台了促进小微企业发展的优惠政策，但从执行效果看不甚理想，政策的落实力度和惠及面亟待提高。一是减税政策惠及面窄。2012年，浙江规模以下工业企业年平均缴纳所得税3.55万元，按所得税率20%计算，平均年应纳税所得额为17.75万元，远高于国家新政提出的年应纳税所得额低于6万元的小微企业所得税减半的征收标准。2012年，浙江规模以下工业企业中能享受这一政策的企业比例为20.0%左右，多数企业排除在受益范围之外。2012年四季度调查显示，真正享受到减半征收企业所得税政策的企业仅有11.5%。二是融资难状况尚未有效解决。2012年浙江出台了多项解决小微企业融资难的政策，小微企业融资难有所改观，但仍比较困难。2012年四季度，向银行贷款的企业中，未能获得银行贷款的企业占28.9%，比2011年上升3.9个百分点；能获得部分贷款的企业占52.4%，下降8.5个百分点。

三、对于促进规模以下工业发展的几点建议

(一)加大政策扶持力度,切实帮助企业排忧解难

2011 年以来,各级政府相继出台了减轻小微企业负担,扶持小微企业发展的政策,但从企业反馈的信息看,政策的扶持效力不显著。建议政府部门进一步加大扶持小微企业发展的政策力度:一是提高增值税和营业税起征点,扩大减免税种范围;二是督促金融机构多推出适合小微企业的金融产品,加快温州金改步伐,及时推广金改经验,增加专门服务小微企业的金融机构;三是进一步细化扶持政策的操作规则和配套措施,提高扶持政策的实施效果;四是加强对各项扶持政策的落实情况检查,杜绝人为的懈怠与推诿影响政策的落实效果。

(二)强化行政服务方式,营造良好的企业发展环境

各级政府进一步发挥行政服务的职能,营造良好的企业发展外部环境。一是进一步简化小微企业各类优惠政策、财政补贴、项目申报、业务办理等事项的程序;二是加强为企业在融资、招工、营销、创新等方面的信息咨询、发布、指导;三是积极搭建商业平台,组织各类展销会,为企业开拓国内外市场创造条件。

(三)积极引导企业转型升级

目前浙江小微工业企业发展模式仍属于粗放型经营,高投入低产出、低效益,没有生产速度就没有效益,这是不可持续的发展模式。各级政府要进一步加强对小微工业企业发展模式的引导,向高附加值、高技术含量、低消耗、低污染的产业发展,制定更加科学、细化、适合小微工业企业发展的产业政策,对符合浙江发展的产业、产品在政策、技术、资金等方面给予更大力度的支持,鼓励企业转型升级,强制污染环境或高耗低效的企业加快转型,促进浙江小微工业企业实现可持续发展。

(四)加强成本核算,开拓市场,增强企业活力和内生动力

成本上升加大了企业经营管理难度,需要企业进一步苦练内功。一是进一步加强企业管理,不断提高营销管理、财务管理、人力资源和物流管理等水平。二是积极创新经营模式,努力改变企业传统的“家族经营”“作坊式经营”的模式,逐步向现代企业管理制度发展。三是加强企业间的借鉴与学习,注重市场调研,贴近市场需求,生产适销对路产品,多渠道开拓市场,提高产品的竞争力和市场占有率。

工业调查处　陈丽丽

2012年浙江服务业小微企业监测调查报告

小微企业作为活跃市场经济的基本力量，在促进经济增长、增加税收、促进就业及社会和谐稳定等方面，发挥着越来越重要的作用，在经济社会发展中具有大企业无法替代的特殊的战略地位。为了更好地了解浙江服务业小微企业发展状况，国家统计局浙江调查总队对10个门类[①]、31个行业大类的3619家小微企业建立了统计监测制度。调查显示，2012年，浙江服务业小微企业主要分布在经济较为发达的杭州、宁波等地，以民营经济为主，经营状况良好。但劳动力成本和原材料成本上升较快，盈利压力较大。

一、小微企业基本情况

（一）区域分布与经济发达程度紧密关联，主要集中在杭宁温等地

从样本企业的地区分布看，杭州1040家，占28.7%，居首位，其次是宁波，584家，占16.1%，温州、绍兴和金华均在300家以上，分别占10.4%、8.7%和8.5%，以上五市合计占全省的72.4%。嘉兴和台州均在200家以上，分别有293家和222家。

（二）小微企业涉及面广，涵盖行业多，行业分布较为均匀

分门类看，交通运输、仓储和邮政业样本企业占22.9%，文化、体育和娱乐业，占16.4%，科学研究和技术服务业，占12.5%，信息传输、软件和信息技术服务业企业占8.8%，水利、环境和公共设施管理业企业占8.4%，房地产业企业占8.3%，租赁和商务服务业企业占7.8%，居民服务、修理和其他服务业企业占7.1%，卫生和社会工作服务业企业占4.6%，教育服务业企业占3.2%。

（三）企业性质以私营为主，占比达四成

按照注册类型分类，全省样本企业私营性质（包括私营独资、私营合伙、私营有限责任公司、私营股份有限公司）企业最多，占40.6%，国有集体性质（包

---

① 10大门类为：交通运输、仓储和邮政业，信息传输、软件和信息技术服务业，租赁和商务服务业，科学研究和技术服务业，水利、环境和公共设施管理业，居民服务、修理和其他服务业，教育，卫生和社会工作，文化、体育和娱乐业，房地产业（只含物业管理、中介服务业）。

括国有企业、集体企业、国有集体联营企业、国有联营企业、集体联营企业、国有独资公司)的企业占 7.5%,其他有限责任公司占 20.5%,外资企业较少。

(四)企业规模较小,主要处于发展阶段

浙江服务业小微企业规模普遍较小,以从业人员来看,2012 年,样本企业平均从业人员数为 16 人,其中从业人员在 10 人以下的占 49.6%,不到 5 人的占 23.1%,又是老板又是业务员的"一人公司"占 4.9%。从样本企业的成长性分布看,处于发展阶段的占 58.6%,创业阶段和成熟阶段的分别占 18.9%和 22.5%。

二、小微企业发展现状

(一)中央和省政府的一系列政策措施初显成效,三成企业享受到税收优惠政策

2011 年 10 月 12 日,国务院出台支持小型和微型企业发展的金融、财税政策 9 条措施,简称"国九条",浙江省也将小微企业发展作为贯彻全省实现现代化过程中的一项战略任务,积极落实扶持小微企业的税收优惠政策,在 2011 年提高增值税和营业税起征点、降低增值税适用税率、小微企业所得税等政策的基础上,2012 年继续加大优惠政策力度,这些政策在各地均得到较好落实。调查显示,2012 年,全省服务业小微企业主要执行营业税种,占 59.3%,有 30.1%的企业享受到税收优惠政策,享受税收全免的企业覆盖面达到 6.7%,仅有 13.1%的企业认为有关部门对企业的收费比 2011 年有所增加。

(二)总体经营状况良好,企业营业收入稳步增长

从经营状况看,2012 年全省服务业小微样本企业实现营业收入 86.3 亿元,户均营业收入 388.8 万元,与 2008 年的样本库相比,年均增长 9%。企业本期营业收入比上期增加的有 797 家,企业本期营业收入与上期持平的有 645 家,企业本期营业收入比上期减少的有 777 家。在调查的 9 大门类和 2 个中类中,卫生和社会工作门类有 45.6%的企业表示营业收入比 2011 年同期增加,居所有门类之首,而文化、体育和娱乐门类仅有 32.0%的企业表示营业收入比 2011 年同期增加,为所有门类最后。有 48.9%的企业认为市场需求是影响营业收入的主要因素。

(三)从信息化建设看,四成以上企业开展了企业信息化建设

随着电子商务的不断发展,服务业小微企业搭上信息化快车,不断提高信息化水平,对内着力实施信息化管理,使管理更加有序;提高工作效率,对外着力发展电子商务,降低营销费用,使产品推广的面更广;形成线下、线上同步销

售。调查显示,有43.3%的企业进行了信息化建设,其中36.6%的企业主要用于企业形象和产品信息发布,有11.0%的企业用于网上销售。

(四)从收益情况看,行业总体营业利润处于亏损状态,但仍有近六成企业实现盈利

2012年,服务业小微企业由于成本费用压力过大,致使全行业处于亏损状况,样本企业户均营业利润亏损13万元。但仍有57.9%的企业实现盈利,其中收益比2011年增加的占24.2%。在调查的十大门类中,居民服务、修理和其他服务业门类有68.8%的企业盈利,为所有门类之首。有46.8%的企业认为业务量影响企业盈利变动。

(五)从劳动力需求看,需求增加企业多于减少企业

2012年,有22.6%的企业劳动力需求增加,持平的占63.4%,劳动力需求增加的企业比需求减少的企业比重高8.6个百分点。分析劳动力需求影响因素,主要是经济效益和劳动力成本,认同率分别为26.8%和26.7%,另有16.9%企业认为订单变动对劳动力需求变动影响最大。

三、主要行业发展特点

(一)交通运输、仓储和邮政业:发展平稳

2012年,样本企业实现营业收入494.1万元,资产总计户均达1399.6万元,固定资产原价户均为1000万元。行业整体发展平稳,有34.6%的企业本年营业收入比上期增加,有61.2%的企业本年营业成本下降,有57.7%的企业实现盈利。从价格方面看,本期销售价格与上期持平的企业有302家,占有效样本企业的59.4%,价格上升的企业比价格下降的企业要少20家,有34.5%的企业表示劳动力成本是影响销售价格变动的主要因素。

(二)信息传输、软件和信息技术服务业:经营较为平稳

2012年,样本企业户均营业收入375.6万元,接近小微服务业的平均水平,有20.4%的企业经营状况较好,有24.1%的企业本年科研经费增加。企业获取新技术的途径多样化,有20.9%的企业通过联合开发获取新技术,有7.7%的企业通过技术成果转让,有26.5%的企业通过其他渠道获取新技术。

(三)租赁和商务服务业:发展状况不佳

2012年,户均样本企业实现营业收入680.2万元,营业收入比2011年持平和减少的企业占65.1%,行业营业利润整体亏损。企业对科技的投入和获取途径不多,95.3%的企业本年没有科研经费投入,95.3%的企业没有获得新技术的途径,63.4%的企业没有开展信息化建设。

(四)科学研究和技术服务业:经营状况较好

2012年,样本企业营业收入有所增加,营业成本减少,经营状况较好,户均营业收入为331.2万元,有38.8%的企业营业收入增加,有48.6%的企业营业成本下降,经营状况良好的企业占25.9%,一般的占53.6%,经营状况不佳的占20.5%。

(五)水利、环境和公共设施管理业:资金压力较大

2012年,企业资金压力较大,资产收益率低下。样本企业户均资产达到1.3亿元,户均营业收入仅为423.7万元,每百元资产获取的营业收入仅为3.3元。行业整体处于亏损状态,资金供应不足的问题较为突出,仅有9.8%的企业流动资金充足。企业资金紧张的原因一是融资难,反映融资困难的企业比融资容易的企业多出一倍;二是应收账款较多,有76.6%的企业有应收账款,其中应收账款增加的企业占23.9%。

(六)居民服务、修理和其他服务业:资产负债率高,大多处于发展及成熟阶段

2012年,样本企业户均固定资产达196.3万元,户均资产总计423.2万元,资产负债率为60.8%。调查显示,有21.5%的企业本年营业收入比2011年增加,持平的占32.3%,户均营业收入278.7万元。从企业基本情况看,新成立的初始创业阶段企业较少,处于发展阶段和成熟阶段的样本企业分别占54.8%和31.8%;享受到税收优惠政策的企业占21.7%,低于全省平均水平8.4个百分点,免税企业占4.5%。

(七)教育:营业收入增加

2012年,有30.6%的样本企业综合经营状况良好,有43.1%的样本企业经营收入增加,有68.1%的样本企业营业成本比上期减少,只有8.3%的企业营业成本比上期增加,有29.2%的样本企业经营收益增加,只有12.5%的样本企业亏损增加。影响企业收益变动的主要因素是业务量和成本费用,认同率分别为38.9%和29.2%。

(八)卫生和社会工作:近七成小微企业处于发展阶段

2012年,有69.9%的样本企业处于发展阶段,表明浙江卫生和社会工作小微企业正步入良好发展时期。资金需求、销售价格和劳动力需求均处于正常态势,分别有66.0%、65.0%和70.5%的样本企业表示本年度流动资金、销售价格和劳动力需求均与上期持平。有45.6%的样本企业经营收入增加,经营收入增加企业比经营收入减少的企业比重高19.4个百分点;有54.4%的样本企业营业成本比上期减少,营业成本减少的企业比经营收入增加的企业比

重高44.7个百分点。有22.3%的样本企业经营收益增加,收益增加企业比亏损增加企业的比重高4.8个百分点。

(九)文化、体育和娱乐业:发展良好

2012年,样本企业经营收入平稳增加,户均营业收入为304万元,有33.9%的样本企业认为影响经营收入增加的主要因素是市场需求;有51.5%的样本企业营业成本比上期减少,有27.8%的样本企业认为其影响因素是劳动力成本;有60.6%的样本企业实现盈利,只有15.7%的样本企业亏损增加,收益增加企业比亏损增加企业的比重高8.8个百分点。另外,较多企业反映劳动力成本是影响销售价格和营业成本变动的主要因素,业务量和成本费用是影响企业收益变动的主要因素。

(十)物业管理、房地产中介服务业:市场回暖,劳动力需求上升

2012年,样本企业户均固定资产达194.6万元,户均资产总计532.1万元,资产负债率为53.8%,但企业资金需求较低,有86.5%的企业没有融资行为。随着房地产市场的"回暖",房地产业劳动力需求加大,2012年,仅有14.1%的企业劳动力需求比2011年下降,有34.6%的企业营业收入比2011年增加,持平的占25.9%,户均营业收入245.9万元。

四、小微企业发展存在的困难及问题

浙江小微企业大多经营粗放,多数属于劳动力密集型产业,在市场竞争中处于弱势,缺少话语权。调查显示,小微企业普遍存在融资困难、原材料成本上涨、劳动力成本上升等重重难题。

(一)劳动力成本上升快、市场需求不足与招工难成为小微企业最突出问题

调查显示,在物价上涨、最低工资标准提高以及用工结构性紧张等多因素的共同推动下,劳动力成本进一步上升,企业生产成本压力较大。受国际大宗原材料价格波动及国内物价持续高位运行等因素影响,小微企业经营成本上升较快。在回答"企业当前面临的最突出问题"时,"用工成本上升""市场需求不足"和"招工难"的认同率分别为59.0%、37.7%和29.7%,第四位是"原材料成本上升快",认同率为25.5%。

(二)企业资金紧张,融资难问题依然突出

尽管各级加大了对小型微型企业财政信贷方面的支持,制定了部分意在鼓励满足小微企业融资需求的政策,但融资难、融资贵问题没有得到有效改善,能获得金融机构信贷支持的小微企业比例仍然很低。调查显示,2012年,全省有24.4%的企业反映存在资金紧张问题,有14.4%的企业反映存在融资难问题,企业流动资金比2011年充足的仅占12.5%,有75.9%的小微企业没

有产生融资行为，有融资行为的企业有16.7%是通过银行贷款，民间借贷的占8.2%。由于小微企业大多脱胎于个体经营，本身规模较小，实力不强，信用度也低，更因财务体制不健全、内部办理不规范而达不到银行贷款准入条件，在信贷规模受限条件下，小微企业获得银行信贷支持更难，难以全面满足小微企业的融资需求。

（三）先天不足，人才缺乏、管理方式落后等阻碍转型升级步伐

调查中发现，浙江小微企业大多处于产业链的低端，家庭经营较普遍，经济实力不强，工资报酬及社会地位偏低，难以吸引高端人才，创新能力不强。企业管理较为落后，甚至不少小微企业没有完善的管理制度，财务制度不健全，有的连会计账都没有，甚至不做成本核算。企业管理、企业文化、品牌经营、技术创新等方面都比较落后，缺乏远景规划，很难有序实现经营规模扩张和质的飞跃。

（四）研发创新意愿不强，八成企业没有科研经费投入

近几年，各级政府十分注重引导企业转型升级，转变生产发展模式，2012年出台了《浙江省人民政府办公厅关于促进小型微型企业再创新优势的若干意见》，重点发展高技术服务业小微企业，推动小微企业提高产业层次，增强自主创新能力，提高市场竞争力。但从浙江服务业小微企业目前生产经营情况看，效果还不明显。2012年，浙江服务业小微企业科研经费投入比2011年增加的仅占6.9%，减少及没有投入的占80.6%。

五、促进小微企业发展的一些建议

各级政府要十分重视小微企业的发展，尽快形成以政府为主导、企业商会或协会为桥梁、社会中介机构为依靠的社会资源广泛参与的多元化的小微企业社会化体系，加速小微企业健康发展。

（一）加大对小微企业扶持力度，切实将优惠政策落到实处

调查显示：在回答"贵企业对政府有关部门有何要求及建议"时，有62.8%的企业选择"加大政策扶持力度及落实力度"，也是认同率最高的选项。尽管近年来针对服务业小微企业发展面临的新情况新问题，从中央到浙江，加强组织领导，及时出台了一系列政策措施，尤其在积极扶持、加强引导、完善服务、鼓励创新等方面，出台了许多优惠措施，切实解决融资难、投资难、创新难、盈利难等问题，降低小微企业包袱，保障企业的生存空间，但各级政府部门还需加大力度，进一步完善和细化相关产业政策，切切实实将优惠政策宣传到企业、落实到企业。

(二)减免税费,切实减轻企业负担

调查显示,在回答“贵企业对政府有关部门有何要求及建议”时,有59.0%的企业选择“减免税费”,也是认同率居第二位的选项。近年来,浙江省政府制定出台促进小微企业发展的政策文件,加大财税扶持力度,着力规范公路通行费等依靠部门影响和行业垄断地位的项目收费,税收优惠额不断提高。但相关政府部门要完善结构性减税政策,并进一步加大降低税费率的力度,促使企业税费负担不断减轻。

(三)加强引导和市场开拓,提高市场竞争力

调查显示,在回答“贵企业对政府有关部门有何要求及建议”时,有28.7%的企业选择“加强引导及市场开拓”,也是认同率居第三位的选项。服务业小微企业要多渠道开拓市场,最大限度贴近市场需求,努力提高产品市场竞争力和占有率。

(四)完善公共服务体系,营造小微企业良好的发展环境

加大公共服务力度,进一步建立和完善小微企业公共服务平台,为企业提供融资担保、法律、规划评估等方面的服务,创建多元化的小微企业帮扶机制,搭建技术、信息、人才公共平台,营造浓厚的创业创新氛围,大力推动传统领域小微企业提升发展,创建小微企业人才培养基地,设立小微企业人才培训基金,经过培训,提升自律意识,不断提高管理技术。打破准入障碍,大力推动高技术服务业小微企业发展,推动企业转型和产业结构升级。

服务业调查处　丁建红

2012 年浙江城镇居民收入平稳增长、消费支出增长趋缓

2012 年，浙江省委、省政府深入贯彻落实科学发展观，大力实施“八八战略”和“创业富民、创新强省”总战略，紧紧围绕保持经济平稳较快发展和社会和谐稳定的目标，关注民生，城镇居民收入实现平稳增长，生活质量继续改善。

一、收入增速有所加快

2012 年浙江城镇居民人均家庭总收入 37995 元，比 2011 年增长 10.9%。其中人均可支配收入 34550 元，增长 11.6%，扣除价格因素，实际增长 9.2%，增幅比 2011 年提高 1.7 个百分点。从分季度人均可支配收入的名义增幅看，一季度、二季度、三季度和四季度分别增长 13.0%、9.2%、11.9% 和 10.9%（见表 1）。

（一）工资性收入平稳增长

2012 年城镇居民人均工资性收入 22385 元，比 2011 年增长 10.1%，增幅比 2011 年回落 0.9 个百分点。工资性收入占家庭总收入的比重为 58.9%，影响家庭总收入增长 6.0 个百分点，仍是收入增长的最重要因素，但季度收入增速呈回落态势，一季度、二季度、三季度和四季度增速分别为 11.7%、8.8%、8.8% 和 8.4%。

（二）经营净收入增幅回落

2012 年城镇居民人均经营净收入 4694 元，比 2011 年增长 7.1%，增幅比 2011 年回落 13.3 个百分点。经营净收入占家庭总收入的比重为 12.4%，影响家庭总收入增长 0.9 个百分点。

（三）财产性收入下降

2012 年城镇居民人均财产性收入 1465 元，比 2011 年下降 6.8%，占家庭总收入的比重为 3.9%，影响家庭总收入下降 0.3 个百分点。财产性收入中除出租房屋收入增长外，利息收入、股息及红利收入和其他投资收入均有所下降。全年股市的走低对财产性收入的增长带来了一定的影响。

（四）转移性收入快速增长

2012 年城镇居民人均转移性收入 9450 元，比 2011 年增长 18.5%，居四大类收入增幅之最。转移性收入占家庭总收入的比重为 24.9%，影响家庭总收入增长 4.3 个百分点。转移性收入的增长主要得益于城镇居民离退休金和养老金的大幅增长，2012 年城镇居民人均养老金或离退休金 7809 元，比 2011 年增长 26.0%，占转移性收入的比重高达 82.6%。我省通过提高养老金水平和离退休金标准等措施取得了较为明显的增收效应。

表 1　2012 年分季度收入及增幅

	一季度		二季度		三季度		四季度		全年	
	人均（元）	增长（%）	人均（元）	增长（%）	人均（元）	增长（%）	人均（元）	增长（%）	人均（元）	增长（%）
家庭总收入	12152	13.4	8344	9.2	8696	10.7	8745	8.6	37995	10.9
＃可支配收入	11269	13.0	7491	9.2	7879	11.9	7866	10.9	34550	11.6
（一）工资性收入	7255	11.7	4887	8.8	5022	8.8	5132	8.4	22385	10.1
（二）经营净收入	1386	0.5	1081	9.8	1089	11.9	1132	8.1	4694	7.1
（三）财产性收入	584	2.7	298	−11.4	294	−8.7	280	−19.1	1465	−6.8
（四）转移性收入	2927	28.6	2079	13.7	2291	17.9	2201	14.3	9450	18.5
＃养老金或离退休金	2100	32.7	1833	22.8	1929	25.2	1938	22.4	7809	26.0

（五）人均可支配收入中位数为 30613 元

2012 年城镇居民家庭人均可支配收入的中位数为 30613 元，比 2011 年增长 12.2%。人均可支配收入的中位数比人均可支配收入低 3937 元。收入在平均水平（34550 元）以下的家庭占 60.7%，比 2011 年减少 0.7 个百分点。收入低于中位数的家庭占 51.0%，比 2011 年减少 0.9 个百分点。

（六）城镇居民收入水平继续位居全国前列

2012 年浙江城镇居民人均可支配收入 34550 元，比全国平均水平的 24565 元高 9985 元。收入水平低于上海市（40188 元）和北京市（36469 元），高于广东省（30227 元）、江苏省（29677 元）、天津市（29626 元）、福建省（28055 元）和山东省（25755 元）。居全国 31 个省（区、市）第 3 位，省（区）第 1 位，这是自 2001 年以来连续第 12 年位居全国前列。

（七）低收入家庭收入增长较快，收入差距有所缩小

2012 年，占被调查家庭 20% 的城镇低收入户人均可支配收入 14035 元，比 2011 年增长 19.2%，增幅比全省平均水平高 7.6 个百分点。其中 20% 低

收入户的工资性收入增长 21.8%，占家庭总收入的比重达 60.7%，工资收入的增长是低收入家庭收入增长的主要原因。

从调查数据看，占调查家庭 20%的城镇高收入户人均可支配收入为 69091 元，20%低收入家庭的人均可支配收入为 14035 元，20%的高、低收入家庭人均收入的倍数由 2011 年的 5.31 倍缩小到 2012 年的 4.92 倍。10%的最高、最低收入家庭人均收入的倍数由 2011 年的 8.67 倍缩小到 2012 年 7.94 倍。

二、消费支出增长趋缓

2012 年城镇居民人均消费支出 21545 元，比 2011 年增长 5.4%，扣除价格因素，实际增长 3.1%，实际增幅比 2011 年低 5.5 个百分点。从分季情况看，一季度增长 11.3%，二季度增长 10.2%，三季度下降 0.3%，四季度增长 1.1%，季度增速回落明显。从八大类消费支出看，总体呈“六升二降”态势，但增幅与 2011 年相比，除交通和通信类外，其他七大类消费的增幅均出现不同程度的回落（见表 2）。

表 2　2012 年消费支出分类情况

指　标	2012 年（元）	2012 年比 2011 年增长（%）	2011 年比 2010 年增长（%）
消费支出	21545	5.4	14.4
1.食品	7552	6.9	15.5
2.衣着	2110	－1.4	18.7
3.居住	1552	2.2	7.1
4.家庭设备用品及服务	1161	4.7	21.1
5.医疗保健	1228	－1.7	20.8
6.交通和通信	4134	10.9	8.5
7.教育文化娱乐服务	2997	6.4	8.9
8.其他商品和服务	812	0.1	48.5

（一）食品支出平稳增长，恩格尔系数略有反弹

2012 年城镇居民人均食品支出 7552 元，比 2011 年增长 6.9%，影响消费支出增长 2.4 个百分点。增幅比 2011 年回落 8.6 个百分点。其中在外饮食支出 1963 元，增长 6.6%。恩格尔系数为 35.1%，比 2011 年提高 0.5 个百分点，食品价格的较快上涨是恩格尔系数提高的主要原因。

（二）交通及通信类支出增长较快

2012年城镇居民人均交通和通信支出4134元，比2011年增长10.9%，增幅比2011年提高2.4个百分点，影响消费支出增长2个百分点，是八大类支出中增长最快的。

（三）居住、家庭设备用品及服务、教育文化娱乐服务和其他商品及服务支出增长趋缓

2012年城镇居民人均居住支出1552元，比2011年增长2.2%，增幅比2011年回落4.9个百分点；家庭设备用品及服务支出1161元，增长4.7%，增幅回落16.4个百分点；教育文化娱乐服务支出2997元，增长6.4%，增幅回落2.5个百分点；其他商品及服务支出812元，增长0.1%，增幅回落较大。

（四）衣着和医疗保健支出下降

2012年城镇居民人均衣着支出2110元，比2011年下降1.4%；医疗保健支出1228元，下降1.7%。

三、生活质量继续改善

（一）交通消费支出五年翻番，汽车消费成为热点

2012年城镇居民人均交通支出为3048元，比2011年增长11.8%，其中交通工具的服务支出271元，增长23.7%，用于购买各类交通工具支出1370元，增长14.4%，车辆用燃料及零配件支出1154元，增长14.0%。与2007年相比，交通消费支出的增长幅度高达99.1%，增幅几近翻番。2012年末，平均每百户城镇居民家庭拥有家用汽车从2011年末的33.7辆增至36.5辆，比2007年增加22.7辆。由于家用汽车数量的不断增加，使城镇居民交通消费支出保持较快增长，成为近年来的消费热点。

（二）义务教育费负担减轻，对子女教育更加注重个性化

国家免除义务教育学杂费政策的实施，使居民义务教育费用不断下降。2012年城镇居民人均义务教育费用支出仅1.5元，比2011年下降41%。同时家长在教育方面更加注重孩子的个性化发展，也愿意花更多的钱用于子女的校外教育。为孩子请家教、送孩子上各种培训班的消费继续增长。2012年城镇居民家庭人均家教和培训班消费支出620元，同比增长17.0%。

（三）家庭信息化程度进一步提高，网络消费快速增长

2012年末，城镇居民家庭平均每百户家用电脑拥有量106.4台，比2011年增加3.2台，其中接入互联网的家用电脑占89.6%，比2011年提高1个百分点。此外，手机上网渐成时尚，2012年城镇居民平均每百户接入互联网的移动电话达53部，比2011年增加9部，增幅为20.5%。随着互联网的普及，家

庭网络消费也成为消费支出中重要的组成部分，网络消费进入了快速增长期，2012 年城镇居民人均通过互联网购买的商品及服务支出 230 元，比 2011 年增长 39.4%。

（四）旅游、健身支出不断增加，渐成居民消费常态

随着收入的稳步增长，人们对生活质量的追求也越来越高，外出旅游和健身活动已成为人们工作、学习之余放松身心的一种生活方式。2012 年城镇居民人均旅游花费 1054 元，比 2011 年增长 8.4%，其中参加各类旅行社的团体旅游支出 771 元，增长 15.0%，健身活动支出 25 元，增长 10.5%。

四、需要关注的问题

（一）物价上涨对低收入家庭生活影响较大

2012 年占城镇 10%的最低收入户人均消费支出 10444 元，占人均可支配收入的 96.2%，比全省平均水平的 62.4%高 33.8 个百分点。低收入家庭的绝大部分收入都用来应对家庭必要开支。而不断走高的物价水平，特别是食品价格的上涨使低收入家庭食品开支增加。2012 年 10%最低收入家庭恩格尔系数为 43.6%，比全省平均水平高出 8.5 个百分点，其中因食品价格上涨导致 10%最低收入家庭人均多支出 234 元。

（二）居民消费需求不足

近年来，城镇居民消费支出增速出现趋缓现象，2012 年人均可支配收入比 2007 年增长 67.9%，人均消费支出比 2007 年增长 52.9%，消费支出增幅比收入增幅低 15 个百分点。2012 年城镇居民平均消费倾向 62.4%，比 2007 年下降了 6.1 个百分点。与之相反，城镇居民的储蓄意愿较强，2012 年人均新增储蓄存款 6968 元，是 2007 年的 5.1 倍，年均增幅达 38.3%，储蓄额相当于当年家庭总收入的 18.3%。

住户调查一处　李新钊

2012年浙江农村居民收入稳定增长

2012年，在国内外经济发展较为困难的大环境下，浙江紧紧围绕建设“两富”现代化的目标，牢牢把握“稳中求进、转中求好”的工作基调，抑制住了年初经济增速下滑的势头，经济发展总体稳定，政府转移支付持续增加，民生进一步改善，农村居民收入保持稳定增长。

一、全省农村居民收入增长的主要特点

据对全省4700户农村居民家庭抽样调查，2012年全省农村居民人均纯收入14552元，比2011年增加1481元，增长11.3%，扣除价格因素影响，实际收入增长8.8%。人均纯收入高于全省平均水平的家庭占41.4%，低于平均水平的家庭占58.6%。2012年浙江农村居民收入增长主要有以下几个特点。

（一）收入名义和实际增速双双回落

2012年农村居民人均纯收入名义增速为11.3%，实际增速为8.8%，分别比2011年回落4.3和0.7个百分点（见图1）。名义增速高于2000—2011年年均增速0.8个百分点，但低于2005—2012年年均增速0.2个百分点；实际增速分别高于2000—2011年和2005—2012年年均增速0.8和0.6个百分点。因此，尽管2012年收入增速较2011年双双回落，但总体上仍处于较为稳定的增长区间。

（二）工资性收入是推动农村居民收入增长的主要动力

2012年浙江农村居民在各类企事业中从业或从事其他各种劳务活动获得的工资性收入人均7860元，比2011年增加981元，增长14.3%，占全部纯收入的比重为54.0%。工资性收入对纯收入的增长贡献率为66.3%，工资性收入增长拉动全部纯收入增长7.5个百分点。工资性收入是浙江农村居民收入的主要来源，更是收入增长的主要推动力。2009年下半年浙江经济回升以来，企业普遍加薪，即使在2012年总体经济不振的情况下，为了稳定人员、保证生产，大部分企业的工资增长机制依然存在，工资收入增长具有刚性。同时，部分从事家庭经营的劳动力因为总体经济形势不佳而转向务工，使工资性收入总额增加。此外，2012年浙江农村短工（如泥水匠木工等）劳务收入日薪水平

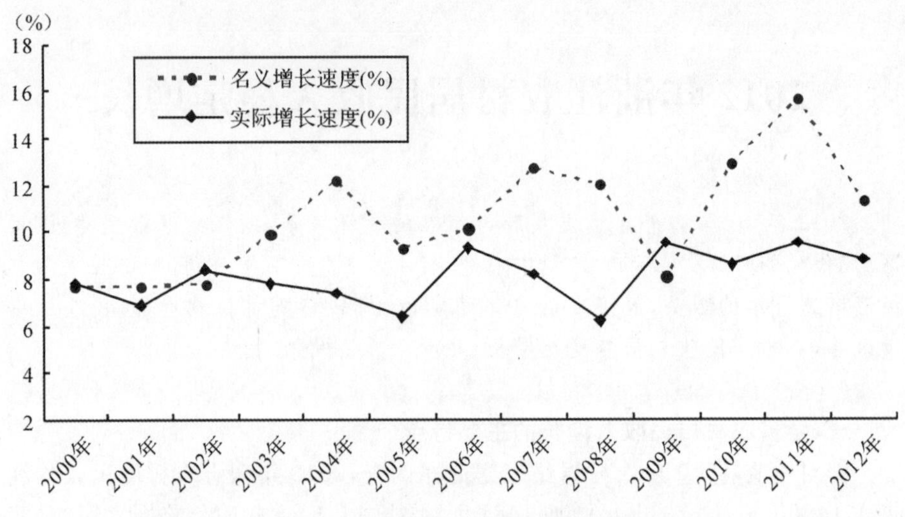

图1　2000—2012年浙江农村居民收入增长速度

明显提高，有一定技术含量的工种日收入已超200元，一定程度上也带动了工资性收入的增长。

(三)家庭经营第一产业收入两增两减

2012年浙江农村居民来自家庭经营的农林牧渔业第一产业纯收入人均2146元，同比减少1.7%，其中农业和渔业收入有不同程度增长，林业和牧业收入减少较多。2012年春季的持续阴雨及台风天气对种植业、林业的生产有所影响，使部分农产品产量减少，再加上柑橘、主要牧业产品价格走低，致使2012年农村居民从事农林牧渔业产品经营得到的收益难以增长。与此同时，农村居民在经营规模化、机械化的现代农业发展进程中，从事专业服务为其带来了更多的收益，2012年从事农林牧渔服务得到的收入同比大幅增长。

(四)家庭经营二、三产业收入增速回落

2012年，农村居民来自家庭经营的二、三产业收入人均3044元，同比增长13.2%，增速比2011年回落3.4个百分点，其中二产收入增速回落3.7个百分点，三产收入增速回落3.2个百分点。2012年年初，浙江经济延续了2011年下半年以来的下行趋势，工业增速明显回落，受此影响，以配套经营为主的农村家庭工业影响较大，二季度开始，浙江经济止跌趋稳、小幅回升，家庭经营工业状况略有好转，得到的收入增长也有所加快，但全年来看，仍差于2011年。2012年农村居民从事工业得到的收入人均833元，同比增长11.5%，比2011年回落3.8个百分点，回落幅度高于二产和三产。由于人工费、服务费等价格上涨，农村居民从事建筑业、交通运输邮电业、批零贸易餐饮业和社会服务业的收入均保持了较快的增长，增速均在14%以上。

（五）非经营性收入增长13.8%

2012年浙江农村居民获得的非经营性收入人均1502元，增加182元，增长13.8%。其中，财产性纯收入与2011年持平略减，转移性纯收入大幅增长。从增长的来源看，租金收入成为城乡接合部农民收入的重要来源之一，比2011年增长38.9%；随着农村社会保障面的扩大和保障水平的不断提高，农村居民的离退休金养老金收入人均437元，增长29.3%；农村居民得到的政府性转移支付大幅增长，如粮食直补、生产资料补贴等众多的扶农支农补贴收入人均达164元，增幅在50%以上。

二、各地农村居民收入增长情况

从各地开展的农村住户调查数据显示，2012年全省11个设区市的农村居民收入均保持了稳定增长（见表1）。从绝对额来看，杭州市、宁波市、嘉兴市、湖州市、绍兴市、舟山市的农村居民人均纯收入在1.5万元以上，最高的嘉兴市人均18636元，是最低的丽水市8855元的2.1倍。从增收速度看，11个设区市增速均比2011年有所回落，但增收速度仍在10%以上，保持了稳定增长的态势，其中丽水市的增幅达到13.4%，增收速度最快。

表1　2012年各地农村居民人均纯收入增长情况

	2012年（元）	2011年（元）	增长（%）
杭州市	17017	15245	11.6
宁波市	18475	16518	11.8
温州市	14719	13243	11.1
嘉兴市	18636	16707	11.5
湖州市	17188	15381	11.7
绍兴市	17706	15861	11.6
金华市	13286	11877	11.9
衢州市	10714	9635	11.2
舟山市	18601	16476	12.9
台州市	14567	13108	11.1
丽水市	8855	7809	13.4

三、农村居民增收中的主要问题

(一)收入持续快速增长难度不断加大

从浙江近几年农民收入增长的情况看,尽管绝对额仅次于上海、北京位居各省区之首,但收入增长速度仅高于上海市,位全国倒数第二。一方面,浙江农民收入已是全国平均水平的 1.8 倍,基数较大,每增长 1 个百分点,浙江农民人均需增收 145 元,而全国农民人均仅需增收 79 元,相差 66 元,浙江继续增长的难度明显大于其他省份。另一方面,浙江农民收入的 75%以上来自于非农经营收入,受总体经济发展的影响较大,这几年全球经济疲软、国内经济发展困难,对浙江农民增收造成了一定影响,2012 年增速趋缓也说明了这个问题。如何让浙江农民在高基数、低发展的转型时期,实现收入的持续快速增长,需要政府、农民共同作出努力。

(二)收入差距问题

虽然 2012 年浙江农村居民内部收入差距有所缩小,基尼系数由 2011 年的 0.3671 下降至 0.3635,但相比而言,2005—2012 年期间的基尼系数总体上明显高于前面的发展时期,这是各级政府部门需要引起重视和关注的一项重要工作。

住户调查二处　胡央娣

2012 年浙江农村居民消费支出增长趋缓

据对全省 47 个市、县(市、区)4700 户农村住户抽样调查,2012 年浙江农村居民人均生活消费支出 10208 元,比 2011 年增加 564 元,增长 5.8%。扣除价格因素,实际增长 3.5%,增速比 2011 年同期减少 5.4 个百分点,消费支出增长趋缓。

表 1 2012 年浙江农村居民生活消费分类数据表

指标名称	单位	2012 年	2011 年	比 2011 年增减(%)
生活消费支出	元	10208	9644	5.8
扣除物价因素后	元	9979	9644	3.5
#服务性支出	元	2926	2775	5.4
一、食品消费支出	元	3844	3629	5.9
二、衣着消费支出	元	721	669	7.7
三、居住消费支出	元	1768	1651	7.1
四、家庭设备、用品消费支出	元	560	528	6.0
五、交通和通信消费支出	元	1457	1262	15.5
六、文化教育.娱乐消费支出	元	881	831	6.0
七、医疗保健消费支出	元	739	851	-13.1
八、其他商品和服务消费支出	元	239	223	7.1

一、浙江农村居民生活消费特点

(一)食品支出增速下降,恩格尔系数上升

2012 年浙江农村居民食品支出为 3844 元,比 2011 年增加 214 元,增长 5.9%,增幅比 2011 年下降了 16.0 个百分点。恩格尔系数为 37.7%,比 2011 年上升 0.1 个百分点,是进入 21 世纪以来继 2004 年、2008 年、2011 年后的又一次上升。在食品消费中,用于谷物消费支出人均 362 元,增长 2.7%;蔬菜消费支出人均 338 元,增长 6.8%;肉、禽、蛋、奶和水产品支出人均 1320 元,增长 7.6%;烟、酒消费支出人均 595 元,增长 2.7%。在外饮食支出增长与食品消

费同步，人均551元，增长6.0%。

从消费的数量上看，除油脂类、蛋、奶、虾蟹贝类、藻类、水果等消费量增加外，其余食物消费量均有所减少。

（二）交通通信消费支出快速增长，手机和汽车消费增长最快

随着农村居民收入的不断增长，对出行、交流的要求不断提升，使交通通信支出成为八大类中增长最快的消费项目。2012年，农村居民交通通信支出人均1457元，比2011年增长15.5%，其中购买交通工具支出人均624元，增长14.7%，每百户家用汽车拥有量达15.2辆，比2011的13.4辆增长了13.2%。购买通信工具支出人均95.26元，增长46.4%。手机和汽车不仅购买量增加，并且由于手机升级换代和汽车档次提高使得购买的单价也在上升；受汽车、手机拥有量不断增加及汽柴油价格攀升的影响，燃料费支出增幅为14.8%，通信费支出增幅为16.8%。

（三）家庭拥有耐用品日渐增多，并向新颖高档发展

农村居民家庭拥有耐用消费品增加，生活变得更加殷实和丰富。洗衣机、电冰箱、彩电等耐用消费品在农村居民家庭不断普及，并逐渐向高档耐用品进军。2012年末农村居民平均每百户家庭拥有洗衣机、电冰箱和彩色电视机分别为72.5、95.3和171.7台，平均每百户拥有移动电话211.4只。同时，与传统耐用消费品相比较为新颖的设备也更多地步入农家。2012年末农村居民平均每百户家庭拥有吸尘器、微波炉、家用计算机为6.7台、35.2台和47.8台，分别比2011年末增加了22.1%、9.5%和10.4%。

（四）住房消费支出增加，居住条件改善

住房消费是农村居民消费的重点，2012年占总消费支出的17.0%。农村居民用于居住的消费支出人均1768元，比2011年增长了7.1%，在2012年房地产市场不景气的背景下，农村购房支出也大幅减少。其中主要是购买生活用房支出大幅减少，减少39.2%。

随着浙江农村经济的快速发展和新农村建设的不断推进，农村居民将更多的钱用于居住条件的改善，居住空间和居住品质都继续得到了提升。2012年农村居民人均居住面积为61.51平方米，其中98.1%都是钢筋混凝土和砖木结构的住房，有84.1%的家庭使用水冲式厕所，97.3%的家庭用上了自来水，81.4%的家庭厨房使用液化气，比重均比2011年有所提高。而居住的相关消费，如购买装修生活用房材料、水费、电费、燃料费分别增长51.4%、19.3%、14.5%、14.6%，呈现大幅增长的态势。

(五)农村居民家庭设备用品及服务支出增速回落

2012年农村居民用于家庭设备及服务消费支出560元,同比增长6.0%,增速较2011年同期下滑27.5个百分点。其中,购买日用品、床上用品、室内装饰品支出有所增长,但购建房支出、购买家庭机电设备支出明显减少。

(六)医疗保健消费支出有所减少,农村居民看病负担有所减轻

随着农村医疗保障水平的提高和药品价格的规范化管理,医疗费和药品费均有不同程度减少,农村居民看病负担有所减轻。农村居民用于医疗保健消费的支出739元,同比减少13.1%。

(七)消费领域不断拓宽,消费质量不断提高

在城市消费的示范作用下,农村居民的生活方式城镇化趋势明显,消费领域不断拓宽。物质消费由传统的满足吃、穿等最基本的消费向交通、通讯等现代消费转变,消费领域从物质消费为主逐步向文教娱乐、休闲旅游、医疗保健等精神消费拓展。农村居民把更多的钱用于文化教育、娱乐、休闲、旅游、医疗保健等各种消费,随着出行方便程度的大大提高,"花钱买方便、图享受"的居民越来越多。2012年农村居民服务性支出为人均2926元,比2011年增长5.4%,服务性消费占到了全部消费额的28.7%;旅游、体育、休闲娱乐服务消费支出人均220元,增长20.7%,大大超过农村居民服务性支出增幅。

二、浙江农村居民消费领域中存在两个不容忽视的问题

2012年浙江农村居民生活消费支出增加、生活水平改善是在收入增长的基础上实现的。由于收入的增加和城市消费的示范作用,农村居民的消费观念也在逐渐发生变化,消费结构进一步趋向合理。但也存在着两个不容忽视的问题。

(一)居民消费支出增长低迷,消费倾向下降

2012年农村居民人均生活消费支出10208元,同比增长5.8%,低于同年的收入增速5.5个百分点,扣除价格因素实际增长3.5%,实际增速比2011年回落5.4个百分点。

浙江农村居民消费支出从消费结构内部来看,构成生活成本支出的水费、电费、燃料费、通讯费等的支出增幅均在14%以上,远高于平均生活消费支出的增幅,与此同时,在各类消费品的购买数量方面,从食品到家庭设备、再到生活用房,大部分商品都有所减少。究其原因,主要还是农村居民在经济增速放缓的情况下,对收入预期不佳导致的当期消费压缩。

(二)食品支出比重过大,中低收入家庭受物价上涨影响依然较大

从目前居民消费价格总水平来看,当前的低通胀是建立在前两年物价持

续上涨基础上的，是物价总水平在 2011 年较高基数上继续再涨，是价格涨幅的回落而非实际价格的下降。尤其是与居民生活密切相关的食品价格依旧保持高位运行。2012 年农村居民恩格尔系数为 37.7%，比 2011 年同期提高了 0.1 个百分点，显示食品消费居高不下，仍是城乡居民消费的最主要部分。对中低收入家庭来说，“米袋子”“菜篮子”依旧沉重。

住户调查二处　金怡飞

2012 年浙江 CPI 走势分析

2012 年，面对国际国内经济形势复杂多变、发展遭遇较大困难的局面，浙江省委、省政府克难攻坚，着重处理好保持经济平稳较快发展、加快经济结构转型升级和管理通胀预期三者的关系，浙江居民消费价格总水平持续上涨的势头得以控制，自 6 月份起各月价格涨幅已回落到 2%以下的温和通胀区间。

一、CPI 明显低于 2011 年且涨势放缓

2012 年浙江省居民消费价格比 2011 年同期上涨 2.2%，涨幅比 2011 年的 5.4%回落 3.2 个百分点。其中食品类价格上涨 5.3%，服务项目价格上涨 1.2%，工业品价格上涨 0.5%。农业生产资料价格上涨 4.2%。

(一)月环比价格涨多跌少

从月环比价格看，全年 12 个月居民消费价格“6 涨 5 降 1 平”。在上涨的 6 个月中，1 月份受节日因素影响上涨 1.7%，7 月、8 月和 12 月份均上涨 0.5%，3 月和 9 月份分别上涨 0.3%和 0.2%。下降的 5 个月中，2 月份下降 0.2%，5 月份下降 0.4%，6 月份下降 0.7%，10 月份下降 0.4%，11 月份下降 0.2%。

(二)月同比价格涨幅前高后低

受上一年前低后高的价格走势影响，2012 年前 5 个月同比价格涨幅运行在 2.6%—4.6%相对较高区间。其中 1 月份上涨 4.6%，为全年峰值，2—5 月份分别上涨 2.7%、3.4%、2.9%和 2.6%。6 月份开始月度同比涨幅出现明显回落，重返“1 区间”，特别是 7 月份和 10 月份，月度同比涨幅均为 1.2%，创出近三年来的新低(见图 1)。

(三)食品类和居住类价格上涨是拉动居民消费价格总水平上升的主要原因

从调查的八大类居民商品和服务价格来看，呈现“六升二降”的态势。其中食品类价格上涨 5.3%，居住类价格上涨 1.6%，分别拉动居民消费价格总水平上升 1.6 和 0.3 个百分点，涨价贡献率分别为 69.3%和 14.8%(见表 1)。

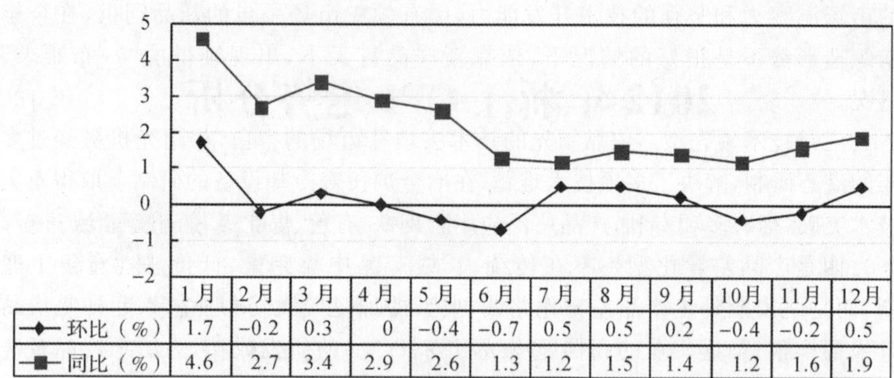

	1月	2月	3月	4月	5月	6月	7月	8月	9月	10月	11月	12月
—◆— 环比（%）	1.7	−0.2	0.3	0	−0.4	−0.7	0.5	0.5	0.2	−0.4	−0.2	0.5
—■— 同比（%）	4.6	2.7	3.4	2.9	2.6	1.3	1.2	1.5	1.4	1.2	1.6	1.9

图1　2012年各月浙江省居民消费价格环比、同比涨幅

表1　2012年浙江省居民消费价格分类指数及涨跌构成

项目	2011年=100	涨跌率(%)	对总指数涨跌构成(百分点)
居民消费价格总指数	102.2	2.2	2.2
一、食品	105.3	5.3	1.6
二、烟酒及用品	101.5	1.5	0.0
三、衣着	101.3	1.3	0.1
四、家庭设备用品及维修服务	102.5	2.5	0.1
五、医疗保健和个人用品	101.3	1.3	0.1
六、交通和通信	99.7	−0.3	0.0
七、娱乐教育文化用品及服务	99.4	−0.6	−0.1
八、居住	101.6	1.6	0.3

(四)CPI低于全国平均水平

2012年浙江居民消费价格比2011年同期上涨2.2%，涨幅比全国平均水平的2.6%低0.4个百分点，在全国31个省(区、市)中列第28位。在华东六省一市中列第6位，分别比上海、江西、江苏、福建和安徽低0.6、0.5、0.4、0.2和0.1个百分点，高于山东0.1个百分点。所调查的八大类消费品和服务项目价格走势也与全国有所差异(见表2)。其中涨幅低于全国的有衣着类、烟酒及用品类、医疗保健和个人用品类、居住类价格，分别低于全国1.8、1.4、0.7和0.5个百分点，交通和通信类价格降幅大于全国0.2个百分点，娱乐教育文化用品及服务类价格比全国低 1.1 个百分点，家庭设备用品及维修服务、食品类价格涨幅分别比全国高 0.6 和 0.5 个百分点。

表 2 2012 年浙江省居民消费价格分类累计指数与全国比较

	居民消费价格总指数	一、食品	二、烟酒及用品	三、衣着	四、家庭设备用品及维修服务	五、医疗保健和个人用品	六、交通和通信	七、娱乐教育文化用品及服务	八、居住
全国	102.6	104.8	102.9	103.1	101.9	102.0	99.9	100.5	102.1
浙江	102.2	105.3	101.5	101.3	102.5	101.3	99.7	99.4	101.6
差距	0.4	−0.5	1.4	1.8	−0.6	0.7	0.2	1.1	0.5

二、CPI 走势主要特点

(一)食品类价格普遍上涨，但涨幅明显低于 2011 年

2012 年浙江食品类消费价格同比上涨 5.3%，涨幅比 2011 年的 12.1%收窄 6.8 个百分点。所调查的 16 类食品有 15 类出现上涨。

1.粮、油价格持续上涨。在国家大幅度提高粮食最低收购价及粮食生产成本持续上涨等因素影响下，浙江粮价已经连续 7 年出现上涨。2012 年粮食价格上涨 3.7%，其中粮食制品价格上涨 5.6%，大米和面粉价格均上涨 3.1%，淀粉及制品价格上涨 3.6%。受原料提价、加工费用和物流成本增加影响，油脂价格上涨 3.7%，豆制品价格上涨 4.9%。

2.猪肉价格先跌后涨，牛、羊肉价格涨幅较大。由于 2011 年猪肉价格涨幅大，刺激了生猪养殖户积极性，导致 2012 年上半年生猪供大于求，价格逐月下降，8 月份开始止跌回升，但全年猪肉价格仍比 2011 年下降 5.1%。牛、羊肉价格受饲料、人工、场租和运输成本不断上升的影响，近 30 个月出现连续上涨，2012 年涨幅分别高达 25.3%和 14.2%。另外，2012 年禽类价格上涨 2.4%、加工肉禽制品价格上涨 7.6%，蛋价格下降 2.4%。

3.鲜菜、水产品价格大幅上涨。受上半年持续阴雨和夏季台风的影响，2012 年鲜菜价格大幅上涨 17.9%，但鲜瓜果价格较为平稳，上涨 1.8%。养殖和捕捞成本增加推高水产品价格，其中淡水鱼价格上涨 11.7%，海水鱼价格上涨 7.9%，虾蟹类价格上涨 6.6%。

4.在外用膳食品、调味品、食糖等食品价格涨势依然。受生产成本增加等因素影响，在外用膳、调味品、糖、茶及饮料、糕点饼干面包和液体乳及乳制品等食品价格分别上涨为 4.7%、4.3%、5.9%、6.6%、4.0%和 3.1%。

(二)成本提高推动服务项目价格上涨1.2%

受劳动力、物流、房租等要素成本上涨推动,2012年浙江服务项目价格同比上涨1.2%,所调查的58种服务项目中,价格上涨或持平的有53种。

1.家庭及个人服务类价格上涨明显。2012年家庭服务(保姆和钟点工)价格上涨了13.5%,洗车费价格上涨13.5%,快递费价格上涨10.0%,衣着加工、家庭设备加工维修、车辆修理和理发洗浴等个人服务价格分别上涨8.4%、7.2%、5.9%和2.4%。

2.运营成本上涨推动部分交通类服务项目价格上调。主要有出租车费上涨7.1%,长途车费上涨1.6%,短途车费上涨1.6%。

3.医疗保健、教育和租房价格均出现上涨。随着浙江医保综合改革在部分公立医院推开,医疗保健服务价格上涨0.7%。教育服务收费上涨0.5%,其中专业技能培训价格上涨8.7%,家教费上涨6.4%、学前教育价格上涨1.6%。另外健身活动价格上涨4.0%,有线电视收费价格上涨3.1%。房地产限购政策背景下,租房市场需求旺盛,推动全省私房房租价格上涨2.7%,公房房租价格上涨2.2%,自有住房价格上涨1.8%。

(三)工业品价格涨多跌少

1.部分工业品价格稳中趋升。如保健器具及用品价格上涨6.1%,清洁类化妆品价格上涨5.5%。家庭设备类耐用消费品价格维持上涨态势,其中家具、家庭设备和家庭日用杂品价格分别上涨1.8%、1.3%和1.5%。服装和衣着材料价格分别上涨1.6%和3.1%,烟酒类价格上涨1.5%,教材及参考书价格上涨1.9%,建房及装修材料价格上涨1.3%。

2.成品油、燃料价格持续上涨。2012年成品油政策性调价八次,四升四降,全年汽油、柴油价格分别上涨3.1%和3.3%。液化石油气、管道燃气和蜂窝煤价格分别上涨5.9%、1.2%和3.8%。

3.中西药品价格涨跌互现。受主产区减产及游资炒作等因素影响,中药材价格延续2009年底以来高位运行态势,价格与2011年同期相比仍保持7.1%的涨幅。受药品零差价销售政策逐步推广的影响,西药价格下降3.0%。

4.部分工业品在技术革新及市场过剩等因素影响下,价格继续下跌。如通信工具、文娱用耐用消费品和交通工具价格分别下降13.1%、6.7%和1.7%。

三、对当前价格走势的基本判断

(一)2012年以来物价调控效应逐渐显现,居民消费价格总水平涨幅收窄

2012年浙江在加快经济转型升级的同时,注重加强物价监管调控。主要

是建立基本蔬菜品种价格稳定长效机制，出台降低流通费用综合性实施方案，形成农副产品从田间地头到餐桌的低税收、低收费政策体系，进一步降低流通成本。同时，健全社会救助和保障标准与物价上涨挂钩的联动机制，切实保障困难群众生活，为稳增长、调结构、保民生提供良好的价格环境。此外，2012 年全球经济增长普遍疲弱，国际大宗商品价格上涨乏力，加上国内居民消费需求有所回落，导致 2012 年通胀压力减轻。

（二）展望 2013 年，价格形势面临诸多不确定性因素，通胀压力依然存在

从 2013 年形势看，存在着若干抑制价格上涨的因素，如工业领域的产能过剩将继续抑制价格向消费终端传导，国内粮食生产的“九连增”一定程度上为食品价格的稳定奠定了物质基础。此外，2013 年的 CPI 翘尾因素仅为 0.3 个百分点，比 2012 年低 0.3 个百分点。但推动 2013 年居民消费价格上涨的因素也很多，通胀压力依然存在。

1. 经济增速回升。2013 年我国经济工作重心从控制物价过快上涨转向保持经济平稳增长，宏观经济政策的年变化势必对 CPI 走势产生较大影响。随着国内经济逐步复苏，消费和投资增速加快将会增加价格上涨的压力。

2. 货币政策趋于宽松。年前召开的中央经济工作会议提出“要适当扩大社会融资总规模，保持贷款适度增加”。加上前几年我国货币投放过快，存量货币规模巨大，在经济增速回升的背景下，企业和居民资金活动将趋于活跃，由流动性充裕引发的物价反弹压力将明显大于 2012 年。

3. 输入型通胀压力有所增强。由于 2012 年欧美日等主要经济体开启了新一轮货币宽松浪潮，尤其是美联储接连推出第三轮、第四轮量化宽松货币政策（QE3、QE4），加上直接货币交易计划和资产购买计划，一方面有助于世界经济向好发展，另一方面将大幅增加全球货币流动性，可能通过贸易和资本流动渠道影响国内货币供给及大宗商品和资本价格，形成输入型通胀压力。

4. 成本推高物价因素继续存在。随着城镇化的快速发展，2013 年我国对能源和原材料等基础性产品将继续保持旺盛的需求，同时经济发展转型升级也将继续推高劳动力要素价格。此外，油、气、水等公共产品调价压力也可能在 2013 年释放。

消费价格调查处　李　波

2012 年浙江工业生产者价格走势分析及预测

2012 年，浙江工业生产者出厂价格同比由 2011 年上涨 5.0% 转为下降 2.7%，浙江工业生产者购进价格同比也由 2011 年上涨 8.3% 转为下降 3.3%。从各月走势看，工业生产者出厂价格和购进价格基本呈现前 8 个月同比降幅逐月扩大、9—12 月份同比降幅逐月缩小的态势。全年浙江工业生产者购进价格降幅大于出厂价格降幅 0.6 个百分点，工业生产者价格由一季度的“高进低出”转变为二、三、四季度“低进高出”的态势（见图 1）。

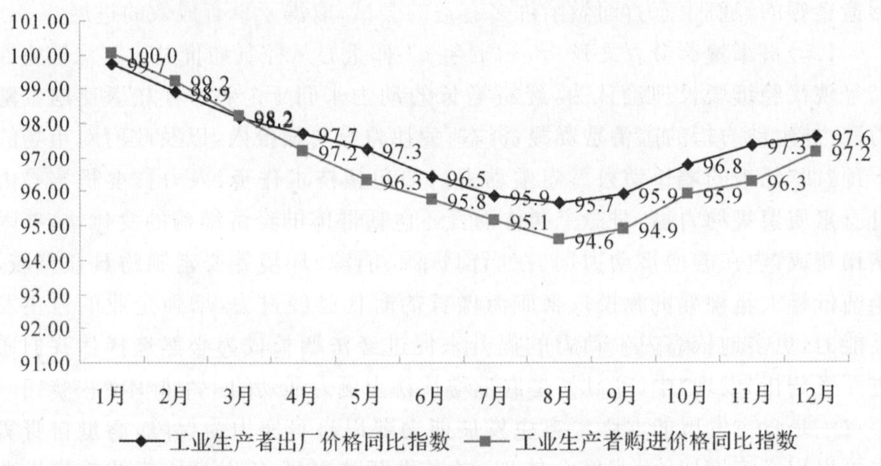

图 1　2012 年各月浙江工业生产者价格指数

一、工业生产者价格运行的特点

（一）生产资料类和生活资料类产品出厂价格“一升一降”

2012 年浙江生产资料类产品出厂价格与 2011 年相比下降 3.7%，其中采掘类产品出厂价格下降 0.5%，原料类产品出厂价格下降 4.2%，加工类产品出厂价格下降 3.6%。生活资料类产品出厂价格与 2011 年相比上涨 0.03%，其中食品类产品出厂价格上涨 0.9%，衣着类产品出厂价格上涨 1.1%，一般日用品类产品出厂价格下降 1.1%，耐用消费品类产品出厂价格下降 0.4%。

(二)十五个工业部门产品出厂价格"八升七降"

2012 年十五个工业部门产品出厂价格有升有降。七个工业部门产品出厂价格呈不同程度的下降,降幅居前三位的是:冶金工业、化学工业和建筑材料工业产品出厂价格同比分别下降 7.5%、6.4%和 6.0%,机械工业、纺织工业、文教艺术用品工业、造纸工业产品出厂价格降幅在 0.02%—3.4%之间;八个工业部门产品出厂价格呈不同程度的上涨,石油工业、电力工业、皮革工业、食品工业、煤炭及炼焦工业、森林工业、缝纫工业和其他工业产品出厂价格涨幅在 0.2%—3.3%之间(见图 2),2012 年石油工业产品出厂价格同比涨幅大幅回落 12.9 个百分点,仅上涨 2.1%。

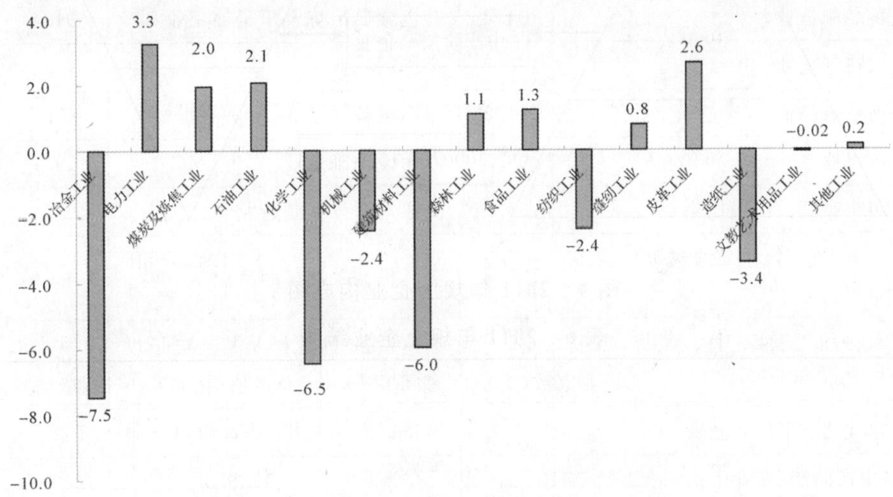

图 2　2012 年浙江省工业部门产品出厂价格涨跌幅(%)

(三)近六成工业大类行业产品出厂价格下降

与 2011 年相比,2012 年浙江 37 个工业大类行业有 21 个大类行业产品出厂价格呈不同程度下降,降幅居前三位的是:黑色金属矿采选业产品出厂价格同比下降 19.3%,化学纤维制造业产品出厂价格同比下降 13.1%,废弃资源废旧材料回收加工业产品出厂价格同比下降 18.9%;16 个大类行业产品出厂价格呈不同程度上涨,涨幅居前三位的是:非金属矿采选业、食品制造业和电力热力生产供应业产品出厂价格同比分别上涨 4.3%、4.2%和 3.3%。

表 1　2012 年浙江分行业工业生产者出厂价格指数

行业	指数	行业	指数
全部工业品	97.3	医药制造业	96.9
煤炭开采和洗选业	101.7	化学纤维制造业	86.9
黑色金属矿采选业	80.7	橡胶制品业	98.8
有色金属矿采选业	94.6	塑料制品业	98.6
非金属矿采选业	104.3	非金属矿物制品业	93.6
农副食品加工业	100.6	黑色金属冶炼及压延加工业	90.3
食品制造业	104.2	有色金属冶炼及压延加工业	91.4
饮料制造业	100.2	金属制品业	97.2
烟草制品业	101.5	通用设备制造业	98.5
纺织业	98.5	专用设备制造业	99.7
纺织服装、鞋、帽制造业	100.2	交通运输设备制造业	98.4
皮革、毛皮、羽毛（绒）及其制品业	102.8	电气机械及器材制造业	96.4
木材加工及木、竹、藤、棕、草制品业	101.6	通信设备、计算机及其他电子设备制造业	96.1
家具制造业	100.0	仪器仪表及文化、办公用机械制造业	97.0
造纸及纸制品业	96.6	工艺品及其他制造业	100.4
印刷业和记录媒介的复制	99.7	废弃资源和废旧材料回收加工业	81.1
文教体育用品制造业	100.1	电力、热力的生产和供应业	103.3
石油加工、炼焦及核燃料加工业	102.1	燃气生产和供应业	101.9
化学原料及化学制品制造业	92.6	水的生产和供应业	100.1

（四）工业生产者购进价格全面下降

2012 年浙江省工业生产者购进价格与 2011 年相比下降 3.3%，九大类工业生产者购进价格全面下降，降幅居前三位的是：黑色金属材料类、有色金属材料电线类和化工原料类价格同比分别下降 5.9%、7.4%和 4.6%，燃料动力类、建筑材料及非金属矿类、其他工业原材料及半成品类、农副产品类、纺织原料类和木材及纸浆类六大类购进价格降幅在 0.5%—3.1%之间。

二、工业生产者价格指数变动的主要原因分析

(一)主要行业产品出厂价格影响PPI的走势

从37个大类行业来看,2012年化学原料及化学制品业产品出厂价格与2011年相比下降7.4%,影响工业生产者出厂价格总水平下降0.5个百分点;化学纤维制造业产品出厂价格与2011年相比下降13.1%,影响工业生产者出厂价格总水平下降0.5个百分点;黑色金属冶炼及压延加工业产品出厂价格与2011年相比下降9.7%,影响工业生产者出厂价格总水平下降0.4个百分点;电气机械及器材制造业产品出厂价格与2011年相比下降3.6%,影响工业生产者出厂价格总水平下降0.3个百分点;有色金属冶炼及压延加工业产品出厂价格与2011年相比下降8.6%,影响工业生产者出厂价格总水平下降0.2个百分点;纺织业产品出厂价格与2011年相比下降1.5%,影响工业生产者出厂价格总水平下降0.2个百分点;电力热力生产和供应业产品出厂价格与2011年相比上涨3.3%,影响工业生产者出厂价格总水平上涨0.2个百分点。前六大行业产品出厂价格影响工业生产者出厂价格总指数下降2.1个百分点,是影响浙江工业生产者出厂价格指数下降的主要因素。

(二)市场供大于求影响PPI走低

世界经济的疲软和欧洲债务危机影响了国际需求,国内经济趋稳的基础还不够牢固,国际原油等能源价格处于高位震荡,供大于求的市场环境决定了即使在要素成本推动的压力下,资金密集型、劳动密集型制造业产品的价格也很难有大幅度的上涨,最多只是个别产品出现短期的调价或是恢复性的价格小幅回升。相比之下,对于企业间竞争引起的竞相降价,加之部分行业的产能过剩,市场的反应更迅速,产品价格的降幅也往往较大,供大于求的市场格局影响工业生产者出厂价格走低。

(三)生产成本的下跌拉动PPI下行

2012年浙江省工业生产者购进价格与2011年相比下降3.3%,分月来看,除1月份工业生产者购进价格同比上涨0.04%外,2—12月份工业生产者购进价格各月同比降幅在0.8%—5.4%之间,其中有色金属材料及电线类购进价格各月降幅在4.1%—11.8%之间。生产成本的下跌拉动工业生产者出厂价格的下降。

三、2013年浙江省工业生产者出厂价格走势预测

(一)推动工业生产者出厂价格上涨的主要因素

一是发达国家出台经济刺激措施,美联储采取第三次量化宽松政策,全球进入新一轮货币宽松期,中东北非地区地缘政治局势紧张等引起国际大宗商

品价格上涨的主要因素依旧存在，从而带动相关产业链生产资料价格的上涨。二是国内经济政策效应将逐步显现。完善促进消费的政策措施，着力扩大内需，调动民间投资积极性的“新非公 36 条”细则，提高经济增长的稳定性和可持续性，增强消费对经济增长的拉动作用；稳定和完善出口政策，支持企业积极开拓市场，通过《关于促进外贸稳定增长的若干意见》等措施。内外市场需求拉动工业生产者出厂价格的上涨。三是能源和劳动力成本大幅上升，融资成本居高不下，工业生产者出厂价格上行的压力也在增加。

（二）抑制工业生产者出厂价格上涨的主要因素

一是全球经济维持低迷增长将抑制国际市场原油、铁矿石、铜等主要大宗商品价格的上涨。二是市场总需求仍面临一定下行压力，企业生产能力利用不足，从目前的供给看，中低端传统制造行业的产能过剩仍会制约产品价格的上升。三是全球经济增长放缓，市场需求疲软状况在短时间内仍难以逆转，人民币升值对低附加值劳动密集型出口企业的影响较大，对上游行业产品的需求减少从而影响工业生产者出厂价格的上涨。

综上所述，2013 年我国将继续实施积极的财政政策和稳健的货币政策，根据经济运行中出现的新情况、新问题，有针对性地加强和改善宏观调控，加大预调微调的力度，扩大内需，稳定外需，促进经济持续健康发展；另外，受发达国家债务危机拖累，世界经济增长缓慢，国际政治经济环境依然复杂的影响，预计 2013 年一季度浙江工业生产者出厂价格总指数将维持 2011 年的负增长态势。

生产投资价格调查处　李莉

2012年浙江固定资产投资价格变动简析

2012年浙江固定资产投资价格同比下降0.8%，价格指数与2011年相比回落了8.3个百分点。具体来看，一季度浙江固定资产投资价格同比上涨1.4%，二季度开始下跌，下跌0.2%，三季度降到一个谷底，跌幅为2.4%，四季度跌幅趋缓，为1.9%。

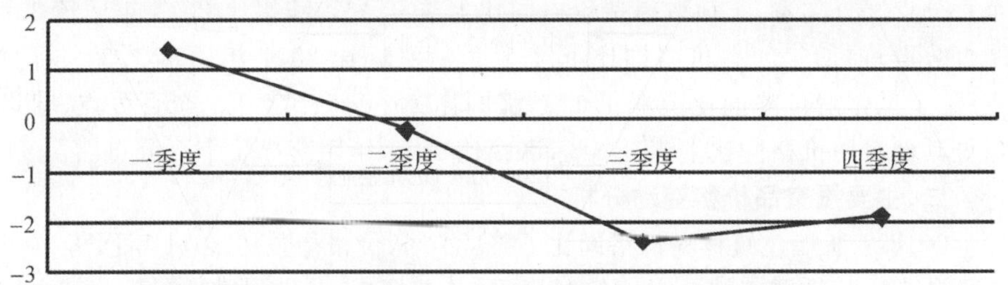

图1　2012年各季度浙江固定资产投资价格涨跌幅(%)

一、固定资产投资价格变动的主要特点

(一)建筑安装、装饰工程价格下降1.4%

与2011年相比，2012年构成固定资产投资实体的建筑安装、装饰工程价格下降1.4%，价格指数比2011年回落了12.9个百分点。具体来看，一季度浙江建安价格同比上涨2.1%，二季度下降0.6%，三季度下降3.9%，四季度下降3.3%。

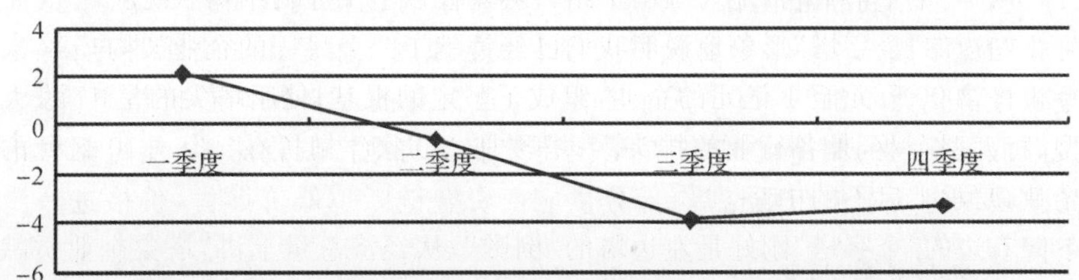

图2　2012年各季度浙江建筑安装、装饰工程价格涨跌幅(%)

在建安工程费中，人工费价格继续保持上涨之势，但涨幅略有缩小，与上年相比上涨10.9%，涨幅比2011年缩小4.6个百分点，其中工程管理人员人

工费同比上涨8.3%,工程技术人员人工费同比上涨9.7%,普通工人人工费同比上涨11.7%;材料费价格同比下降5.0%,价格指数比2011年回落了16.3个百分点;机械使用费价格同比上涨3.2%,涨幅比2011年回落了2.1个百分点。

(二)设备、工器具购置价格下降

2012年浙江设备、工器具购置价格同比下降1.5%,价格指数比2011年回落3.1个百分点。

(三)其他费用投资价格同比上涨1.5%

2012年浙江其他费用投资价格同比上涨1.5%,涨幅比2011年回落1.6个百分点。分类看,土地取得费价格同比上涨0.4%,涨幅比2011年回落1.4个百分点;前期工程费价格同比上涨1.1%,涨幅比2011年回落1.3个百分点;施工工作费价格同比上涨1.1%,涨幅比2011年回落0.9个百分点;建设单位其他费用价格同比上涨3.3%,涨幅比2011年回落3.1个百分点。

二、主要投资品价格变动分析

2012年浙江建筑材料价格同比下降5.0%,价格指数比2011年回落16.3个百分点。从被调查的七大建筑材料看,价格呈"五涨二跌"的态势。其中钢材价格同比下降9.3%,水泥价格同比下降8.1%。上涨的分别是木材价格同比上涨3.2%,地方建筑材料价格同比上涨1.2%,化工材料价格同比上涨2.6%,电料价格同比上涨0.2%,其他材料价格同比上涨1.5%,但与2011年相比,涨幅均出现不同程度的回落。

(一)钢材、水泥价格下跌幅度较大

2012年浙江建筑用钢材价格同比下降9.3%,价格指数比2011年回落20.4个百分点。其中螺纹钢价格同比下跌10.2%,大型钢材价格同比下跌6.1%,中型钢材价格同比下跌6.3%,小型钢材价格同比下跌6.8%,钢筋价格同比下跌9.2%。钢材价格大幅下跌的原因主要是市场需求不足:一是世界经济仍然不景气,市场需求不足,导致钢材的原料铁矿石价格下降,直接降低了钢材的制造成本;二是国内建筑业受房地产调控影响,使得钢材市场呈现供过于求的市场格局,部分供应商资金链断裂低价抛售,价格进一步下降。

2012年浙江水泥价格同比下降8.1%,价格指数比上年回落23.3个百分点。水泥价格下跌主要有两方面原因:一是房地产调控带来的房地产工程量减少和因政府土地出让收入减少,使得政府工程施工减缓导致对水泥的需求大幅度减少;二是上年水泥价格高位运行使得基期价格较高。

由于钢材和水泥在建筑安装工程中的重要地位，两者成为影响全省固定资产投资价格总水平走低的主动力。

（二）木材、地方建筑材料、化工材料、电料和其他材料价格涨势趋缓

木材、地方建筑材料、化工材料、电料和其他材料作为建筑装修的主要材料，虽然也受到了房地产市场调控的冲击，但2012年它们的价格仍然保持了一定幅度的上涨。但与2011年相比，涨幅均出现不同程度的回落。

与2011年相比，2012年浙江木材价格上涨3.2%，涨幅比上年回落4.7个百分点；地方建筑材料价格上涨1.2%，涨幅比上年回落10.3个百分点；化工材料价格上涨2.6%，涨幅比上年回落5.0个百分点；电料价格上涨0.2%，涨幅比上年回落7.9个百分点；其他材料价格同比上涨1.5%，涨幅比上年回落3.7个百分点。

这五个大类材料价格能保持小幅度的上涨，一是高企的劳动力成本对其价格的支撑。近几年来，劳动力成本不断提高，企业用工成本的增加最终转移到产品价格中。二是受工业，尤其是制造业的需求影响。虽然2012年中国下调了GDP的增长目标，但是从三、四季度的经济形势来看，超额完成GDP增长7.5%这一目标的问题不大。受此影响，市场对这五大材料的需求仍然维持在一个较大的高度。

三、2013年一季度浙江固定资产投资价格走势预测

（一）国际国内环境都存在着一些影响投资价格走高的因素

从国际环境看，虽然各国央行将继续推行新一轮的量化宽松货币政策，但是发达国家经济复苏或者反弹的潜力有限，新兴市场潜在增速仍将整体下移；尤其是欧元区国家，主权债务的危机日趋严重。所以，外需的拉动依然有限。

从国内环境看，政府采取了一系列的措施来刺激经济增长，各地加快了一些重大项目的审批步伐，这些重大项目将对2013年一季度的经济增长注入较强的动力，会在一定程度上推动投资品价格的回升。2012年三、四季度房地产销售市场有所回暖，房地产公司拿地的积极性也在提高，但是政府仍不断重申继续严格调控房地产市场和房地产价格。再加上一季度是中国传统节日春节的所在区间，随着年底结算和部分工人返乡过节的影响，相当一部分项目将存在开工不足甚至停工的状况，从而影响对投资品的需求。

（二）新一轮的城镇化建设将推动市场对投资品的需求

城镇化建设是中国经济建设当前乃至未来几十年的重点之一，尤其是十八大后，日益被提升到一个相当的高度。李克强指出，中国已进入中等收入国家行列，但发展还很不平衡，尤其是城乡差距量大面广，差距就是潜力，未来几

十年最大的发展潜力在城镇化。他在湖北考察时提出，将制定全国城镇化规划，推进工业化、城镇化和农业现代化“三化并举”。在城市房地产调控政策依然较严的形势下，新一轮的工业化、城镇化建设无疑是推动市场经济发展的强大动力。市场对投资品的需求将推动浙江固定资产投资价格的回升。

（三）主要建筑材料钢材、水泥价格走出谷底

受建筑市场需求不旺及基期价格较高影响，2012 年以来，钢材和水泥的价格一直呈下降态势。但是从 2012 年四季度的数据来看，钢材价格跌幅比三季度缩小了 1.6 个百分点，水泥价格跌幅比三季度缩小了 1.2 个百分点，显示走出谷底迹象。这两大建筑主材价格的回升将推动浙江固定资产投资价格的回升。

（四）国际原油价格对浙江固定资产投资价格影响较大

受中东、北非地区局势影响，2012 年国际原油价格波动较大，但是总体来讲还是上涨的。2013 年一季度北半球的寒冷季节尚未过去，对原油的需求仍然比较旺盛，这也将推动与建筑相关的燃料及化工产品价格上涨。

（五）劳动力成本高企成为推动浙江固定资产投资价格的重要因素

2012 年四个季度人工费均保持了两位数的涨幅，由于 2012 年材料费同比下降 5.0%，实际上人工费已成为支撑浙江固定资产投资价格的一个相当重要的因素。随着一季度春节的来临，部分建筑项目赶工和建筑工人返乡的矛盾，使建筑企业不得不提高工资来留住工人，劳动力成本将继续高企。

综合以上分析，预计 2013 年一季度浙江固定资产投资价格降幅将进一步趋缓。

生产投资价格调查处　朱章勇

2012年浙江省农资价格走势分析

农业生产资料价格的变动，直接关系到农业增效、农民增收和农村经济发展的可持续性。近年来，各级党委和政府始终将解决“三农”问题作为当前工作的重中之重，制定出台一系列强农惠农富农政策，稳定增加涉农补贴规模，着力加大现代农业投入力度，大幅度增加农村社会事业发展支出。然而受到劳动力、原材料和能源、土地等要素成本共同推升的影响，农资价格出现持续上涨，不仅降低了国家惠农政策的实效，加重了农民的负担，也在一定程度上挫伤了农民生产积极性，降低了农产品的有效供给，成为影响全社会物价上涨的原因之一。

近三年来浙江农资价格总水平呈现持续上涨态势，2010年涨幅为2.9%，2011年涨幅为10.8%，2012年涨幅为4.2%。

一、2012年浙江农资价格总体走势

2012年浙江省农资价格上涨4.2%，涨幅比2011年(上涨10.8%)收窄6.6个百分点。

(一)月环比价格涨多跌少

从2012年月环比指数来看，全年12个月农资价格“八升四降”，涨跌幅度区间为-0.5%—1.2%。上涨的8个月中，2—5月份连续4个月出现上涨，涨幅分别为0.8%、0.4%、0.8%和0.3%；7—9月份又连续3个月出现上涨，涨幅分别为0.5%、0.9%和1.2%；12月份再度上涨0.2%。下降的4个月中，1月份下降0.1%，6月份下降0.2%，10月份下降0.2%，11月份下降0.5%。总体来看上涨的月份数量多、涨幅大，季节性特征表现不明显。

(二)月同比价格前三季度高位回落，年底又出现回升

从月同比指数来看，2011年前低后高的价格走势对2012年的翘尾影响集中在上半年，2012年前5个月同比价格涨幅运行在5.1%—8.2%相对较高区间。其中1月份上涨8.2%，为全年峰值；2—5月份同比价格逐月回落，涨幅分别为7.7%、6.9%、6.4%和5.1%；6月份开始，浙江农资价格同比涨幅出现明显回落，7—9月份连续三个月处于“1区间”，9月份1.4%的涨幅创出近三年来的新低。10—12月价格再度出现回升，同比涨幅分别为2.1%、3.1和4.1%。

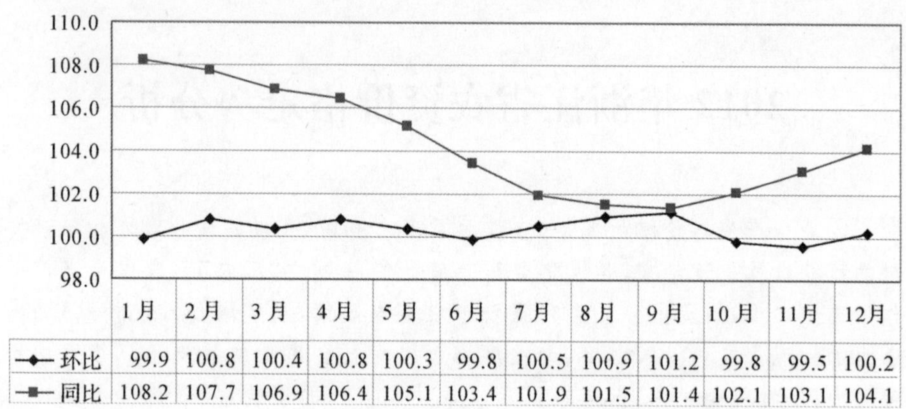

图 1　2012 年各月浙江省农业生产资料价格环比、同比指数

二、分类价格走势及运行特点

所调查的十大类农资商品和农业生产服务价格，呈现“九升一降”的格局。价格上涨的类别有：农业生产服务价格上涨 11.0%，涨幅居首；饲料价格上涨 7.6%；半机械化农具价格上涨 4.1%；化肥价格上涨 3.5%；农用机油价格上涨 3.2%；农用手工工具价格上涨 3.1%；其他农业生产资料价格上涨 1.5%；机械化农具价格上涨 1.3%；农药及农药器械价格上涨 0.4%。下降的类别：仔猪价格下降 10.5%。饲料、农业生产服务和化肥价格上涨分别拉动农资价格总水平上升 2.4、1.7 和 0.7 个百分点，涨价贡献率达 46.3%、32.3% 和 14.5%，成为影响农资价格上升的前三位因素。

表 1　2012 年浙江省农业生产资料价格分类指数及涨跌构成

项目	价格指数（2011 年＝100）	涨跌率（%）	对总指数涨跌构成（百分点）
农业生产资料	104.2	4.2	4.2
一、农用手工工具	103.1	3.1	0.0
二、饲料	107.6	7.6	2.4
三、畜产品	89.5	−10.5	−0.9
四、半机械化农具	104.1	4.1	0.0
五、机械化农具	101.3	1.3	0.0
六、化学肥料	103.5	3.5	0.7

续表

项目	价格指数 (2011 年=100)	涨跌率(%)	对总指数涨跌构成(百分点)
七、农药及农药器械	100.4	0.4	0.0
八、农用机油	103.2	3.2	0.1
九、其他农业生产资料	101.5	1.5	0.1
十、农业生产服务	111.0	11.0	1.7

2012 年浙江农资价格运行的主要特点如下。

(一)劳动力、成品油等要素成本推升农业服务价格

在各级政府落实提高最低工资水平、增加群众劳动性收入的同时,也推动了农业用工价格水涨船高,特别是农忙季节,农村劳动力出现了短缺,农业用工价格大幅上涨。以萧山、临海两地调查数据为例,2012 年农业用工价格分别从年初的 90 元/人·天和 80 元/人·天,上涨到 7 月份的 110 元/人·天和 100 元/人·天。劳动力成本提升加上成品油涨价的共同作用,农业机械作业价格的涨势更强。同样,两地的机械割稻费价格,分别从年初的 110 元//亩和 90元/亩,上涨到 7 月份的 150 元//亩和 120 元/亩。2012 年浙江农业生产服务价格上涨 11.0%,为农资价格中涨幅最高的类别,其中农业用工价格上涨 16.3%、机械作业费价格上涨 9.6%、农业用电价格上涨 5.6%、排灌费价格上涨 1.5%。

(二)饲料、化肥价格涨势较强,农药价格相对平稳

由于浙江粮食价格自 2006 年起已经连续 7 年出现上涨,影响饲料价格居高不下。2012 年全省饲料价格上涨 7.6%,其中混合饲料价格上涨 6.9%,其他饲料价格上涨 8.8%。全省化肥价格在 2011 年大幅上涨 13.4%的基础上,2012 年继续上涨 3.5%,浙江比较依赖进口的复合肥和钾肥价格分别上涨 6.6%和 3.2%,另外磷肥和氮肥价格分别上涨 2.7%和 2.5%。

(三)农用工具价格普遍上涨,仔猪价格低于 2011 年

生产成本上升推动浙江农用手工工具、机械化和半机械化农具普遍上涨。由于 2012 年猪肉价格比 2011 年下降了 5.1%,生猪养殖效益较差,需求低迷影响仔猪价格下降 10.5%。另外农用种子价格上涨 2.1%,农用薄膜价格下降 1.3%。

三、2013 年浙江省农资价格走势展望

2013 年春耕将近,农资价格走势成为关注焦点。虽然有生产成本、运输费

用增加等因素支撑，但鉴于国产氮肥、磷肥产能增加，2013 年春耕期间化肥市场供应总体充裕。据行业数据，到 2012 年底，我国合成氨、尿素产能（实物量）将达到 6730 万和 7130 万吨，尿素产能过剩约 1800 万吨；磷肥行业 2012 年底产能（折纯）达到 2360 万吨，超过国内需求 1000 多万吨。加上 2012 年 11 月后化肥出口进入高关税期，预计 2013 年春耕化肥价格总体平稳，市场供应有保障。国内钾肥自给率已达 50%，但每年仍有 500 万吨供需缺口，价格仍然会受到国际市场影响。近期国产大豆价格高位运行，豆粕价格也水涨船高，预计饲料价格仍有一定上涨空间，应引起关注。农药和农用种子价格受原料成本和需求增加的影响，呈现稳中有升的可能性较大。农用薄膜价格受国际原油价格和化工产品回暖因素影响，预计出现回升态势。

据测算，2012 年浙江农资价格上涨对 2013 年产生的翘尾因素影响为 1.6 百分点，成为一定的助涨因素。同时 2013 年国内宏观经济企稳回暖趋向明显，将会进一步刺激有效需求增加。加之上游原料价格、能源价格和人工费用成本存在上涨预期，预计 2013 年浙江农业生产资料价格将继续运行在上涨通道。

四、保持农业生产资料价格平稳运行的政策建议

近三年以粮食、肉禽、水产品、鲜菜鲜果为主的农产品价格持续攀升，农资价格也未停下上涨的脚步。农产品涨价给农民带来的效益，很大部分被种养殖成本上升所削弱。因此，应当进一步加强全省农资市场的监管，拓宽流通渠道的建设，做好农资价格的监测预警，采取切实手段平抑农资价格过快上涨，配合粮食直补、农资补贴等惠农政策，尽量降低农业生产成本，提高农业收益，增强浙江的粮食安全，提高平抑市场价格波动的能力。

（一）千方百计降低农产品流通成本

近年来，种养殖成本刚性上涨是不争的事实，平抑农资价格不能放松警惕。流通成本已成为农民增收的掣肘。蔬菜种植、生猪养殖行业中流通环节多，中间费用多，已严重影响了农民增收。当前推行农超对接、产销直供等新型流通方式，推进区域中心批发市场建设，减少流通环节，规范中间商利润已刻不容缓。

（二）增强化肥价格调控能力，完善化肥储备制度，维持化肥价格稳定

提高化肥淡季储备数量，在现有储备制度的基础上，逐步建立中央和地方两级商业储备制度以及运用储备平抑价格的应急调控机制，兼顾农民生产和化肥企业两方面的利益。加大对化肥生产企业的资格审查，加快淘汰落后产能的步伐。

（三）实行农资价格最高限价或实行差率控制的价格干预措施

加大对农资生产单位出厂价格和流通环节差率的检查力度，对违反价格政策乱涨价、乱收费的行为，依法从严处理。整顿和规范农资市场，坚决打击囤积炒作行为，有效抵制假冒伪劣农资混进市场，稳定农资价格。提高生产和流通企业的监测和巡视力度，加强价格信息预警和发布，正确引导广大农户对农业生产资料的消费预期。

消费价格调查处　李　波

专题研究

如何看人均 GDP 超 1 万美元

——对浙江经济发展阶段的认识

2012 年，浙江生产总值 34606 亿元，按美元兑人民币年均汇率 1∶6.3125 计算，约合 5482 亿美元；按年均常住人口 5470 万人计算，人均 GDP 约合 10022 美元。人均 GDP 超 1 万美元，表明浙江经济发展站上了新的平台，向着"两富"现代化迈出了坚实一步，为实现"两富"现代化提供坚实的经济基础。人均 GDP 达到 1 万美元，从地域发展阶段看意味着什么？笔者谈一些粗浅的认识。

一、人均 GDP 达到 1 万美元来之不易

浙江人均 GDP 跨入上千美元门槛是 1996 年，自新中国成立以来花了 47 年时间；人均 GDP 从上千美元达到上万美元水平，只经历了 16 年。而世界平均水平从上千美元上升到上万美元花了 38 年(从 1973 年到 2011 年)，新加坡和韩国均用了 18 年，陷入中等收入陷阱的拉美国家用时较长，如墨西哥花了 37 年。

虽然人均 GDP 并不等同于人均 GNI，GNI 是从收入角度衡量经济总量，而 GDP 是从生产角度衡量经济总量。但人均 GDP 与人均 GNI 有着紧密的联系，从省一级角度看，可以理解为 GNI 等于 GDP 与来自省外以及国外的净要素收入之和。虽然省域级别并不测算 GNI，我们依然可以参考世界银行关于高低收入国家的分类标准(见表 1)。按照 2000 年划分标准，2012 年浙江进入高收入国家和地区行列，即使是按照最新的 2010 年划分标准，也已经跨入上中等收入国家和地区，并基本接近高收入门槛。若按购买力平价计算，浙江省则早在 2006 年就达到 1 万美元的人均水平。根据 UBS(瑞士银行)世界区域经济调查机构公布的中国截至 2006 年 3 月中国大陆各省区按购买力平价的人均国民收入显示，浙江人均 GNI 为 12355 美元，是中国大陆最富裕的省份。

表 1　世界银行分类标准(人均 GNI 美元)

	1990 年	2000 年	2010 年
低收入	＜＝610	＜＝755	＜＝1005
下中等收入	611—2465	756—2995	1006—3975
上中等收入	2466—7620	2996—9265	3976—12275
高收入	＞7620	＞9265	＞12275

(一)人均发展水平的快速提升,主要来自于浙江经济持续保持快速增长

浙江经济快速增长的过程中,1997 年和 2008 年的两次金融危机给经济发展带来了较大的压力,人均 GDP 的提高并非一帆风顺。从 1979 年以来的 33 年发展历程看,浙江经济年均增长 12.7%,其间经历了 3 个发展周期。第一个周期是从封闭走向开放,时间段为 1979—1992 年,经济总量从 157.75 亿元增加到 1375.7 亿元,年均增长 12.6%,把握住了短缺经济时期的先发优势。第二个周期是高速发展阶段,时间段为 1993—2001 年,经济总量从 1925.9 亿元增加到 6898.3 亿元,年均增长 13.7%。借助邓小平南方讲话的春风,乘势而为加快发展,比上一个周期加快 1.1 个百分点。其间,1997 年亚洲金融危机带来了一定影响,但是影响程度并不深,经济增长速度虽有所回落,但仍保持两位数的增长。第三个周期是进入全球化阶段,时间段为 2002 年以来,浙江经济总量从 8003.7 亿元增加到 2012 年的 34606 亿元,年均增长 11.9%。其间,2008 年的国际金融危机带来了巨大冲击,虽然 2008 年当年经济增速 10.1% 仅比 1998 年的 10.2%低了 0.1 个百分点,但在全球化背景下,经济危机的影响是具备蝴蝶效应的,是被放大的,持续时间更长,影响程度更深。特别是浙江经济对外依存度高,金融危机影响以前的 2007 年对外依存度达到了 71.7%,其中出口依存度为 52.0%。因此,世界经济的变化将更加深刻地影响到浙江经济的复苏速度。从 2008 年后的四年时间来看,除了 2010 年经济增速是两位数的增长速度外,其他 3 个年份增速均只有一位数。可以说,在经历了两次危机影响后,浙江还能用较短的时间达到人均 GDP 上万美元,是非常不容易的。

(二)人均发展水平的提升快慢与人口发展速度密切相关

据第六次全国人口普查资料,2010 年浙江常住人口中,省外人口为 1182.4 万人,占 21.7%,2001—2010 年十年间净增加 813.5 万人,几乎相当于一个海南省人口(867.1 万人)。外来人口在为浙江创造 GDP 的同时,也摊薄

了人均 GDP。若按照户籍人口计算,2012 年人均 GDP 将达到 11444 美元,更接近高收入国家标准。同时,观察流入人口与流出人口的受教育程度,发现省外流入人口的平均受教育年限比流出省外人口低了 1.0 年。其中,高中及以上文化程度比重低了 15.6 个百分点,流入人口的受教育程度明显低于流出省外人口。在知识创造财富的时代,可以说这样的人口净流入状况对提高浙江人均 GDP 水平起到的作用并非都是积极的。

(三)人民币兑美元升值为实现人均 GDP 上万美元提供有利条件

折合美元计算的人均 GDP 必须考虑汇率变化因素,且人民币对美元升值因素影响不可小觑。1979 年以来,美元兑人民币年均汇率从 1985 年的 1∶2.94到 1994 年贬值为 1∶8.62。2000 年汇改以来,人民币兑美元升值逐年加快,2012 年已增值到 1∶6.31。若按汇改前 2000 年的汇率(8.28)计算,2012 年浙江人均 GDP 为 7641 美元。也就是说,人民币升值直接增加人均 GDP2381 美元,占比高达 23.8%。

因此,美元计价的人均 GDP 是一个非常综合的指标,不仅包含经济发展的成果,也是人口变迁等社会发展的综合反映,同时也包含国际汇率变动影响。

二、人均 GDP1 万美元意味着什么

通常来说,人均 GDP 水平的高低反映了当前地区经济发展阶段的定位。人均 GDP 达到 1 万美元,对于一个国家或地区,表示该地区已基本完成工业化。在 20 世纪 80 年代,世界上主要发达国家和地区先后达到人均 GDP1 万美元水平。人均 GDP1 万美元发展阶段后主要发达国家和国际大都市的经济社会均有趋同的发展轨迹:从生产为主向消费为主转变,从工业为主向服务业为主转变,从劳动密集型向知识密集型转变(胡鞍钢)。对于一个省来说,浙江省已经达到人均 GDP1 万美元,基本接近高收入发达国家行列,可以说当前是工业化已经基本完成,正加速进入后工业化时代,将加快由工业为主向服务业为主、生产为主向消费为主、劳动密集型向知识密集型转变的步伐。

表-2 主要发达国家和地区人均 GDP 和人均 GNI 分别达到 1 万美元的起始年份

	人均 GDP	人均 GNI	购买力平价人均 GNI
美国	1978 年	1978 年	1980 年以前
日本	1981 年	1980 年	1982 年
英国	1986 年	1987 年	1983 年

续表

	人均 GDP	人均 GNI	购买力平价人均 GNI
法国	1979 年	1979 年	1981 年
德国	1986 年	1979 年	1981 年
新加坡	1989 年	1989 年	1984 年
韩国	1995 年	1995 年	1993 年
中国香港	1988 年	1988 年	1984 年

数据来源：世界银行数据库

当前，浙江“退二进三”、投资消费协调拉动经济增长格局基本形成。2012年，第三产业比重达到45.2%，虽然仍低于二产50.5%的比重，但与二产之间的差距正在不断缩小。三产对经济增长的贡献率已达到51.1%，超过二产3.4个百分点。经济增长正由主要依靠投资出口拉动向消费、投资、出口协调拉动转变。按支出法计算，除2008年，近十年来资本形成总额和最终消费合计占GDP的92%—96%，且消费率和投资率比重相差不到3个百分点(除2000—2002年)。内需对经济增长的拉动作用明显增强。2012年，社会消费品零售总额13546亿元，相当于GDP的39.1%，人均消费品零售总额为2.5万元。人均GDP上万美元后，三产比重提高速度将进一步加快，居民消费结构将发生显著变化，消费层次将由基本生存型向发展型转变，生活品质将进一步提高。

随着产业重新布局、产业结构调整优化，要素资源的流动配置也将相应发生变化，其中，资本的流动变化最为显著。在工业化后期，经济发展进入资本经济阶段，对外投资增加，跨国经营增多，利用国际资源创造财富的能力增强。从浙江外来资本看，外商投资始于1980年，大量涌入在20世纪90年代，时间上与发达国家在20世纪80年代末人均GDP跨入上万美元时期、从工业转向服务业的时期相对接。1984—2012年，浙江利用外商直接投资累计1117亿美元。世界500强在浙投资建厂增多，引资规模持续扩大。至2012年底，累计批准154家世界500强投资企业443个，投资总额223.5亿美元，合同外资87.4亿美元。2012年，全省平均单个项目合同外资规模1319万美元；新批总投资1000万美元以上项目615个，投资总额365.5亿美元，合同外资198.1亿美元，分别占总数的38.5%、99.7%、94.0%。因此，处于工业化后期的浙江经济，走出去步伐也明显加速。近十年浙江累计对外投资141亿美元，年均增速达到54.2%。2012年，全省经审批和核准的境外企业和机构共计634家，投资总额47.5亿美元，增长27.2%，其中中方投资额为38.9亿美元。对外投资合作由单个项目建设逐步向区域化、集群式模式稳步发展。境外经贸合作区建设取得阶段性进展，跨国并购成为对外投资新亮点，2012年，并购项目63个，并购额7.1亿美元；增资项目112个，增资额12.5亿美元。

浙商资本经济的理念十分强烈，从上市公司的数量和市值规模可以得到印证。2012年，全省在境内的上市公司已达246家。其中，新上市23家，23家上市公司实现再融资，合计融资300.5亿元。境内上市公司和中小企业板上市公司家数均居全国第二。

虽然浙江人均GDP跨入1万美元大关，接近高等收入国家水平，但仍需警惕掉入"中等收入陷阱"。特别是在当前国际经济走向不明确、国内经济中速发展的背景下，如果不能顺利实现发展战略和发展方式的转变，将导致新的增长动力特别是内生动力不足，经济长期停滞不前，社会经济快速发展中积聚的问题会集中爆发。

三、人均GDP1万美元下发展的不平衡性

人均GDP上万美元并不能完全代表一个地区的发展水平，特别是居民人均实际拥有的收入水平。2012年，城乡居民收入分别为34550和14552元，换算成美元，则为5473和2305美元，分别仅相当于人均GDP的54.6%和23.0%。因此，在光鲜的数据下，对其含金量要有客观的认识，才不会沾沾自喜。

(一)区域发展差距大

浙江的空间环境决定了生产GDP只能在一个狭小的地域里。按照空间布局，优化发展和重点发展的陆域面积大约3万平方公里，仅占陆地面积的29%。区域发展差距较大，2012年，11个设区市人均GDP上万美元的有杭州、宁波、嘉兴、绍兴、舟山5个市。人均GDP最低的温州市仅为最高的杭州市的44.8%。26个欠发达县(市、区)和山区面积较大的地区，经济发展困难仍较多。2007年确定的111万户低收入农户人均纯收入从2007年的不到2500元增加到2012年的6260元，与全省农村居民人均纯收入相比差距依然较大，仅有平均水平的43%。

(二)城市化水平还不够集约

浙江是实施城市化较早的省份。1998年，第十次党代会提出"不失时机地加快推进城市化进程"；2006年，省委省政府出台了《关于进一步加强城市工作走新型城市化道路的意见》；2011年，《浙江省城镇体系规划(2011—2020)》被批准实施，明确了建设杭州、宁波、温州、金华—义乌四大都市圈的目标。国际

经验表明，人均 GDP 在 1 千美元以上，城市化率达到 30%时，城市化进程将会加速推进，当城市化率超过 70%，城市化进程停滞或有下降趋势。浙江自 1996 年跨入人均 GDP1 千美元门槛，城市化率从 1995 年的 32.6%迅速上升到 2012 年的 63.2%，年均提高 1.8 个百分点，仍处于相对较快的发展阶段。但浙江的城市化表现在地理空间上是低集聚、高分散的城市化[①]，表现在人口结构上是松散的、流动的城市化，表现在社会结构和地域文化上是无凝聚力的、脆弱的城市化。这样的城市化格局是不稳固的，与真正意义上的城市化是有差距的。当前反映城市化水平的数据主要表现于人口的集聚，外来人口流入是推高浙江城市化的重要因素，净流入的人口基本在城市参加生产劳动、经营和生活。如果外来人口本地化和农民市民化问题不得到根本解决，不增强城市产业功能，加快地域文化建设，让外来人口和农民在城市内落地生根，找到自己的价值以及归属感，未来实施新型城市化任务依然十分艰巨。

（三）消费率不高

随着工业化进程的推进，消费率呈现从高到低、再由低到高并趋于相对稳定的∪型变化趋势。从近 30 多年来看，消费率最高为 1981 年的 65.98%，最低为 2008 年的 45.8%。自 1993 年以来，浙江消费率和投资率变化相对稳定，除 2000—2002 年消费率增长较快，其余年份消费率均在 45%—49%之间波动。目前来看，浙江的消费率还处于∪形的底部、水平相对偏低的阶段。虽然从人均 GDP 上万美元角度看，浙江基本接近高收入发展国家行列，但是从消费率水平来看，与国内其他省份相比，浙江的消费率不算高。2011 年，浙江消费率为 46.5%，投资率仍达 45.6%，消费率不仅低于上海、广东、安徽、江西等地，也低于全国平均水平(49.1%)。与 20 世纪 80 年代主要发达国家和地区跨入人均 GDP 上万美元时的消费率相比，也是偏低很多(见表 3)。

表 3　主要国家和地区消费率水平(%)

	1980 年	1990 年	2000 年	2010 年	2011 年
美国	80.2	83.7	83.3	88.7	88.9
日本	68.9	66.6	73.4	79.0	81.1
英国	79.9	81.9	84.2	87.0	86.7

① 吴可人：《提升都市区及中心城市功能的思路与对策》，《改革与发展研究》2013 年 1 月 16 日。

续表

	1980年	1990年	2000年	2010年	2011年
法国	78.1	79.2	79.1	82.9	82.2
德国	79.5	76.9	77.4	76.9	76.7
新加坡	62.0	54.9	54.0	49.5	50.9
韩国	76.1	63.6	66.6	67.9	68.5
中国香港	65.7	64.3	68.0	70.7	72.6

数据来源：世界银行数据库

(四)公共服务水平低

人均GDP上万美元，公共服务水平却没有同步发展，特别是社会保障、医疗服务和老龄化服务能力。多数公共服务制度覆盖基本完成，但整体服务水平还远远不够。如农村五保和城镇“三无”对象的集中供养基本实现全覆盖，农村养老保险实现制度全覆盖，重度残疾人托(安)养率也已经达到80%以上。但是，2012年全省城镇和农村低保对象标准金额分别为477元/月和350元/月，均低于城镇居民10%和农村居民20%最低收入户的生活性消费支出水平；城乡居民社会养老保险基础养老金最低标准调整到80元/月，但对于无收入的老年人来说也是杯水车薪。医疗服务水平低，且城市农村之间医疗资源严重不平衡。2012年，每千人医院床位数为3.21张，低于中高等收入国家3.67张(2009年)的平均水平。农村居民特别是低收入农村居民医疗保健方面的支出比重依然较高，2012年低收入农户的医疗保健支出费用在食品支出之外，列第2位，占全部生活性消费支出的13.3%。浙江老年抚养比偏高，2012年为12.79%，高于中高等收入国家11.53%(2011年)的水平。养老负担特别是社会养老的比重以后还会继续增加。观察发达国家老年扶养比水平，经济发展水平越高、平均期望寿命越长，相对而言老年扶养比重越高。2011年，美国老年扶养比为19.96%，英国为25.57%，日本为36.93%，韩国为15.89%。当前以“居家养老为主、机构养老为辅”的社会养老模式进一步增加了年轻劳动力的家庭负担，在一定程度上是社会效率的损失。

四、新平台下加快发展的思考

干好“一三五”，实现“四翻番”，全面建成小康社会和“两富”现代化的目标已经明确。从四个翻番来分析，人均GDP翻番的难度相对较大。2012年，浙江人均GDP比2011年增长7.7%，增速比2011年提高0.5个百分点，但仍低于前十年(2002—2011年)年均增速2.9个百分点。“前有标兵，后有追兵”，标兵越来越远、追兵逐渐赶超，江苏和内蒙古人均 GDP 分别于 1999 年和 2012 年超过浙江，且浙江与江苏的差距在逐年扩大。因此，即使浙江已经站上人均 GDP1 万美元的新平台，经济社会发展的压力依然不小。

未来一个时期，世界经济发展低速、需求减弱、发展不平衡不可持续可能常态化、长期化。同时，我国经济发展从整体上也已经从高速发展转向中速发展、就业相对充分、核心 CPI 适度的发展态势。在此发展环境下，浙江经济发展如何转型，实现高质量的科学发展，值得认真思考，笔者认为需要做好“四个强化”。

1. 工业产业选择的地域性优势必须强化。也就是说，浙江制造产业的优势产业和优势发展的地域必须明确，按照“国家四大战略举措”的布局，未来可形成的优势产业是什么，重点是必须加快具有产品设计研发优势地位产业的发展。

2. 城市化的产业基础必须强化。没有产业基础的人口集聚是脆弱的、无序的。引导服务业有序发展，从制造密集型转向服务密集型发展，确保劳动力的充分就业，推动服务型经济发展。

3. 公共服务的统筹性必须强化。现代化的重要标志是公共服务统筹公平均等。当前，浙江公共服务均等化的理念已经形成，并作为“全面小康六大行动计划”实施，从制度覆盖层面已经迈出了一大步，但城乡统筹差异还很大，社会保障、医疗保险等群众最关心的领域，保障水平还比较低，教育、环保、食品安全、公共安全等民生问题还需要花大力气规范治理。

4. 去除行政界线、推动区域发展的体制机制必须强化。行政区划不应成为区域发展的障碍和产业重叠的理由，也不应成为区域竞争的代价，应当以产业集聚发展为重，形成品牌推动经济发展，提高浙江产品的话语权和竞争优势，使浙江成为科学发展和转型发展的引领区、示范区。

综合处　王美福　冯淑娟

2012年浙、苏、粤、闽、鲁五省农民收入与消费比较分析

2012年，在国内外经济发展较为困难的大环境下，浙江农村居民收入和消费继续保持稳定增长。同样，东部沿海其他地区农村居民的收入与生活消费水平也在较高的起点上保持了较快增长，但不同省份之间农村居民收入与消费水平仍有较大差距，结构差异较为明显。本文对2012年浙、苏、粤、闽、鲁五省农村居民人均纯收入与生活消费水平比较分析，希望对促进浙江农村居民增收、提高生活质量有所启发。

一、收入水平的比较

(一)浙江省农村居民收入最高，福建省增速列五省之首

2012年，浙江省农村居民人均纯收入达14552元，连续28年位居全国省区第一，比江苏、广东、福建、山东分别多出2350元、4009元、4585元、5106元。从纯收入增速看，2010年浙江、江苏、广东、福建、山东五省均超过10%，分别为11.3%、12.9%、12.5%、13.5%和13.2%，浙江增速位居五省之末。

表1 2012年五省农村居民人均纯收入比较

省份	浙江		江苏		广东		福建		山东	
	收入(元)	增速(%)	收入(元)	增速(%)	收入(元)	增速(%)	收入(元)	增速(%)	收入(元)	增速(%)
人均纯收入	14552	11.3	12202	12.9	10543	12.5	9967	13.5	9446	13.2
(一)工资性收入	7860	14.3	6475	12.7	6804	16.2	4475	15.0	4383	18.0
(二)家庭经营收入	5190	6.5	4181	10.6	2566	2.7	4571	11.6	4234	7.6
1.家庭二、三产业收入	3044	13.2	1810	11.5	849	22.4	1666	19.2	1105	11.6
(三)财产性纯收入	546	-1.3	562	18.0	557	13.5	320	9.7	257	4.4
(四)转移性纯收入	956	24.7	984	22.9	616	16.5	602	19.7	572	28.4

(二)浙江省农村居民家庭经营收入最高，家庭经营二、三产业收入一枝独秀

2012年，浙江省农村居民来自家庭经营的纯收入人均达到5190元，江苏、

广东、福建、山东分别为 4181 元、2566 元、4571 元和 4234 元，仅这一项收入浙江比其他四省分别高出 1009 元、2624 元、619 元和 956 元。但从增速看，浙江的增速只位列五省的第四位，与第一位的福建省差 5.1 个百分点，增速比 2011 年明显放缓。从家庭经营收入结构看，浙江家庭经营收入中二、三产业收入一枝独秀，与其他四省差距极为明显，分别多 1234 元、2195 元、1378 元和 1939 元。从数据上印证了浙江省农村中小企业发展对农民增收的极大促进作用。

（三）浙江省工资性收入最高，山东增速列五省之首

工资性收入一直是农村居民收入增长的主要推动力。从增速来看，五省农村居民工资性收入保持了快速增长的态势，增速均达到 12%以上，山东省位居第一，增速达 18.0%，浙江位居第四，增速为 14.3%。从工资性收入的贡献率来看，分别为 54%、53%、65%、45%、46%，广东省贡献率最高，浙江次之。从绝对额来看，浙江省农村居民人均工资性收入达 7860 元，在五省中绝对领先，江苏省和广东省的工资性收入均超过 6400 元，差距不大，属第二梯队，而福建省和山东省农村居民的工资性收入在 5000 元以下，属第三梯队。

（四）五省非经营性收入差异明显

农村居民的非经营性收入包括财产性和转移性收入两部分，其中财产性收入包含利息、土地征用补偿、租金等收入，转移性收入包含农村外部亲友赠送、退休金、非常住人口寄带回等收入。在财产性收入上，五省增速差距较大，浙江增速位列五省之末，为－1.3%，江苏位列五省之首，增幅达 18.0%。在转移性收入上，五省增速均较快，其中浙江、江苏、山东增速均超过 20%。随着非经营性收入在农村居民增收中的地位越来越突出，各省的表现也有区别，2012 年江苏农村居民非经营性纯收入占纯收入的比重达 12.7%，广东为 11.1%，浙江为 10.3%，福建和山东分别为 9.3%和 8.8%，差距比较明显。

二、生活消费水平比较

（一）五省农村居民生活质量差距大，山东增速居首

2012 年数据显示，浙、苏、粤、闽、鲁五省农村居民人均生活消费支出分别为 10208 元、8655 元、7459 元、7402 元和 6776 元，生活消费水平最高的浙江省是最低的山东省的 1.5 倍，折射出其中生活质量的差距。但山东增速居首，达到 14.8%，比浙江高 9 个百分点，势头强劲，浙江增速位居五省之末。

表 2　2012 年五省农村居民生活消费水平比较

省份	浙江		江苏		广东		福建		山东	
	消费（元）	增速（%）	消费（元）	增速（%）	消费（元）	增速（%）	消费（元）	增速（%）	消费（元）	增速（%）
生活消费支出	10208	5.8	8655	12.5	7459	10.9	7402	13.2	6776	14.8
(一)食品消费支出	3844	5.9	3233	9.3	3659	10.8	3403	12.2	2322	10.2
(二)衣着消费支出	721	7.7	463	13.6	320	15.2	471	19.2	455	13.7
(三)居住消费支出	1768	7.1	1481	12.3	1196	2.0	1165	12.8	1400	24.2
(四)家庭设备、用品消费支出	560	6.0	472	14.6	379	25.6	426	19.5	406	—1.4
(五)交通和通讯消费支出	1457	15.5	1088	18.7	760	11.4	795	9.1	938	24.5
(六)文化教育、娱乐消费支出	881	6.0	1210	13.6	467	15.5	565	11.7	501	3.8
(七)医疗保健消费支出	739	—13.1	511	15.1	447	12.0	386	18.5	635	25.0
(八)其他商品和服务消费支出	239	7.1	196	14.6	233	23.6	193	15.9	120	8.3

(二)浙江农村居民在居住消费上花钱最多，比重山东居首

居住条件是衡量居民生活质量的重要标志，2012 年浙、苏、粤、闽、鲁五省农村居民居住消费支出(包括房屋购买、装修以及水电燃料等服务性支出)分别为 1768 元、1481 元、1196 元、1165 元和 1400 元；居住消费支出占生活消费总支出的比重分别为 17.3%、17.1%、16.0%、15.7%和 20.7%。相比其他四省，浙江农村居民在居住上舍得花钱。

(三)山东最重视医疗保健，浙江增速居五省之末

医疗保健消费是衡量农村居民健康生活的重要指标。2012 年山东农村居民人均用于医疗保健的消费支出为 635 元，占生活消费总支出的 9.4%，比重位居五省之首，显示出山东农村居民对医疗保健的重视。浙江、江苏、广东、福建四省农村居民人均用于医疗保健的消费支出分别为 739 元、511 元、447 元和 386 元，占生活消费支出的比重分别为 7.2%、5.9%、6.0%和 5.2%。从增速看，同样山东位居首位，增幅达到 25.0%，势头强劲。浙江位居末位，为—13.1%。

(四)江苏最重文教娱乐，广东增速居五省之首

文化教育和娱乐支出是衡量农村居民精神文化生活的重要指标。2012 年

江苏农村居民人均用于文教娱乐用品及服务的消费支出为 1210 元，占生活消费总支出的 14.0%，是五省中唯一占比超过 10%的省份，显示出江苏农村居民对文教娱乐的重视。浙江、广东、福建、山东四省农村居民人均用于文教娱乐用品及服务的消费支出分别为 881 元、467 元、565 元和 501 元，占生活消费支出的比重分别为 8.6%、6.3%、7.6% 和 7.4%。但从增速看，广东为 15.5%，位居首位，比最后一位的山东高 11.7 个百分点，势头强劲。

三、几点启发

（一）加大扶持中小企业力度，拓宽农民就业渠道

浙江农村居民工资性收入占纯收入的比重为 54.0%，是农村居民收入增长的主要推动力，因此应将促进农村居民就业放在十分重要的地位，并保证农村居民能就业、就好业，为农村居民工资性收入的稳定增长提供保证。

（二）继续做大家庭二、三产业这块蛋糕

浙江农村居民家庭经营二、三产业覆盖面广、总量大，是全国其他省市无法比拟的，在浙江农村居民增收中发挥了重要的作用。各级政府及有关部门应高度重视农村二、三产业的发展，将其纳入新农村建设的整体规划中，全面规划、合理布局、提高效能，优化农村创业环境，扶持产业技术创新，进一步提升农村二、三产业的发展。

（三）提高收入预期，促进消费增长

从 2012 年五省的调查数据看，除山东省以外的四个省份，其生活消费支出的增速均低于当年的收入增速，山东省农村居民消费支出增速比浙江高 5.5 个百分点，可见浙江确实需要在消费上下功夫，以消费增长来促进收入的增长。2012 年总体经济形势不佳的大环境下，浙江农村居民的消费需求受收入预期、消费习惯、消费环境等因素制约，增速下滑明显。因此，要提高收入预期、改善农村消费环境，使农村居民有钱花、敢花钱，从而达到消费与收入的同步增长。

住户调查二处　周众帏

解惑低通胀与低价格

2012年7月,浙江居民消费价格同比上涨1.2%,CPI创下2009年12月以来32个月的新低。与此同时,大众面对醒目的媒体大标题,而对照身边天天拎着的"菜篮子""米袋子"的价格并没减轻的反差,对CPI的质疑声再起:CPI是否不准确?CPI究竟含有多少水分?本着既想为CPI正名,更想让CPI真正成为大众的良师益友,本文从三方面对CPI进行解惑。

一、解惑一:低通胀不是低价格

(一)低通胀时代的来临

面对2012年以来国际国内经济增速普遍回落的形势,2012年我国央行已连续两次下调存款准备金率,贷款利率有条件的下浮政策等,均预示着我国货币政策转向适度宽松的预期在上升。从衡量通货膨胀最重要的指标CPI角度看,浙江7月CPI创下32个月来新低,价格总水平比2011年同期上涨1.2%,CPI已持续四个月涨幅回落至3%以内,政府的宏观调控目标也从防通胀转向稳增长,充分体现我国经济正在逐渐迈进低通胀时代。

(二)低通胀不是低价格

从目前居民消费价格总水平看,当前的低通胀是建立在前两年物价持续上涨、许多农产品价格连续创历史新高的基数上的,是指价格总水平在2011年较高基数上再涨1.2%,但价格涨幅回落到30多个月来的新低,而非价格从高位下降。尤其与居民生活密切相关的食品价格,7月比2011年同期仍上涨2.9%。因此,低通胀与低价格并不是一回事。

(三)食品价格涨声依旧

当你仔细观察CPI数据,看看近两年CPI中的"米袋子""菜篮子"价格上涨幅度,或许就会与大众有同感了。浙江7月份物价水平与2010年比,粮食价格上涨15.7%,其中大米价格上涨14.9%,面粉价格上涨12.5%;猪肉价格上涨17.7%,禽类价格上涨10.3%,蛋价格上涨10.3%,水产品价格上涨25.1%,鲜菜价格上涨16.2%,一年半时间,主要食品价格涨幅均超10%,而水产品价格涨幅更是超过25%。难怪大众感受的"米袋子""菜篮子"的沉重,尤其对中低收入家庭来说,"米袋子""菜篮子"作为家庭的刚性需求,占家庭总消费支出比重又较高，因此更使低收入家庭承受着难以承受之重，也促使各级政府近两年不断启动对低保家庭因物价上涨进行的动态补贴。

二、解惑二：CPI 涨幅为何低于食品价格涨幅

CPI 的构成可划分为三大块：工业品价格、服务项目价格和食品价格，以 2012 年 7 月浙江 CPI 数据为例，居民消费价格总水平上涨 1.2%，其中食品价格上涨 2.9%，服务项目价格上涨 1.5%，而工业品价格却是下降 0.3%。

（一）食品价格上涨高居首位

综观世界各国的 CPI，若都以这三大块划分分类指数，近年来，大多数国家都出现食品价格涨幅高居首位的格局。所不同的是发达国家因食品占 CPI 的权重相对发展中国家较小，因而也是造成 CPI 相对较低的原因。而发展中国家，由于食品权重较高，其 CPI 也会明显高于发达国家。伴随着世界人口持续增长，国际市场上以粮食为主导的农产品价格持续上涨，虽有我国连续多年粮食生产丰收的支撑，也难抑制国内粮价步步走高。民以食为天，粮价走高必带出相关农产品价格上涨格局，食品价格上涨或将成为长期性趋势。

（二）服务项目价格稳中略涨

伴随着我国劳动力成本持续上扬及居民生活水平的不断提高，服务项目中以各类家庭服务、维修服务、旅游、租金等为主的服务项目价格涨势强劲。以 2010 年价格作为基期，浙江 2012 年 7 月家庭服务价格上涨了 33.6%，旅游收费上涨 12.3%，住房房租上涨 9.5%。但同时占服务项目中比重较大的教育、医疗服务等价格相对平稳，与 2010 年比，2012 年 7 月全省教育费下降 0.2%，医疗服务费用仅上涨 1.0%，有效抑制了全省服务项目价格进一步升温。

（三）工业品价格重回跌势

工业品价格在持续上涨两年多后，2012 年 6 月开始，同比价格重回跌势。浙江 7 月工业品价格比 2011 年同期下降 0.4%。一是经济增速逐季回落下的供过于求市场格局，使大部分工业品价格难言提价。二是国际大宗商品价格回落，带动如国内钢铁等价格持续走低，在生产成本下降推动下，带来价格回落。三是技术进步带来的生产效率提高，支撑部分高新技术产品价格持续走低。

三、解惑三：你的生活如何跑赢 CPI

（一）家庭收入增幅是否超过 CPI

从世界各国经济发展轨迹看，CPI 保持在适当的通胀水平（3%左右），GDP 保持一定的增速，居民家庭收入保持较快增长速度（或较低的全社会失业率），且后两个增速均超过通胀率，是一国经济健康可持续发展的良好状态。从这个基调出发，过去一年你的生活是否跑赢CPI可作个简单评判，首先看你的家庭收入（包括工资、财产性收入或投资收益等）的增速是否超过通胀率；其次可看作为评判一个家庭生活质量的重要指标——恩格尔系数（食品支出占家庭总消费支出的比重）是否在下降。

（二）价格总水平从长期趋势看呈上涨走势

从近二十年浙江CPI数据看，年度之间价格总水平出现下降的仅为五年（1998年、1999年、2001年、2002年、2009年），而大部分年度价格总水平都出现上涨，因此，无论低通胀或高通胀，CPI出现上扬的概率一般会大大高于下降概率。如果你既跑赢了CPI，生活质量又在稳步提高，那就不必太在乎2012年花100元钱能从菜场拎回多少食品，而感叹五年前能买回更多的食品了。因为CPI还可告诉你另外一组数据，与2005年比，购买轿车价格大约下降22%，购买电脑价格约下降32%，购买电视机价格约降一半多。既然价格总水平长期看是呈上涨趋势，我们更应该关注的是自己的收入增幅是否跑赢CPI，而非对绝对价格作过多比较。

消费价格调查处　叶飞霞

十年上涨路　今夕始回归

——浙江住宅销售价格走势、影响及对策研究

浙江作为我国改革开放的先行地区和民营经济比较发达的省份，已经成为我国经济增长最快的地区之一，房价急剧上涨，房地产市场交易异常活跃，形成业界所谓的“浙江现象”，对经济增长和财政收入贡献很大。但房价的过快上涨，给经济的可持续发展、人民群众的安居乐业、社会的和谐构建，都造成了一定的阻碍。2003 年以来，在一系列的房地产宏观调控政策下，2012 年上半年浙江住宅销售价格出现明显下跌。但进入 7 月，杭州等部分城市住宅销售价格出现反弹，未来房价走势增加了不确定性。因此如何进一步让房价合理回归，以实现百姓的安居梦，是当前政府亟待解决的问题。

一、2002 年以来浙江住宅销售价格走势及特点

（一）2002—2011 年浙江住宅销售价格一路上涨，2012 年上半年出现下跌

国家统计局浙江调查总队统计数据显示，除最近的 2012 年上半年住宅销售价格有所下跌外，全省 2002—2011 年各年度销售价格与上年比均出现不同程度的上涨。具体看，2002—2011 年各年浙江新建住宅销售价格与上年比涨幅分别为 8.4％、12.5％、16.4％、9.6％、3.1％、9.4％、9.3％、3.7％、15.3％、2.8％，2012 年上半年同比下跌 6.7％；2002—2011 年各年浙江二手住宅销售价格与上年比涨幅分别为 25.1％、17.7％、16.2％、5.9％、1.5％、7.7％、6.2％、3.1％、7.9％、1.7％，2012 年上半年同比下跌 7.2％。

（二）浙江住宅销售价格波动具有周期性

2002 年以来，浙江住宅销售价格呈周期性变化。从图 1 可以看出，浙江房地产市场火爆期分别为 2002—2004 年、2007—2008 年和 2010 年，而市场低迷期分别为 2006 年、2009 年和 2012 年上半年。分项目看，新建住宅销售价格涨幅最高点为 2004 年，涨幅为 16.4％，二手住宅销售价格涨幅最高点为 2002 年，涨幅为 25.1％；最低点均为 2012 年上半年，新建住宅销售价格跌幅为 6.7％，二手住宅销售价格跌幅为 7.2％。

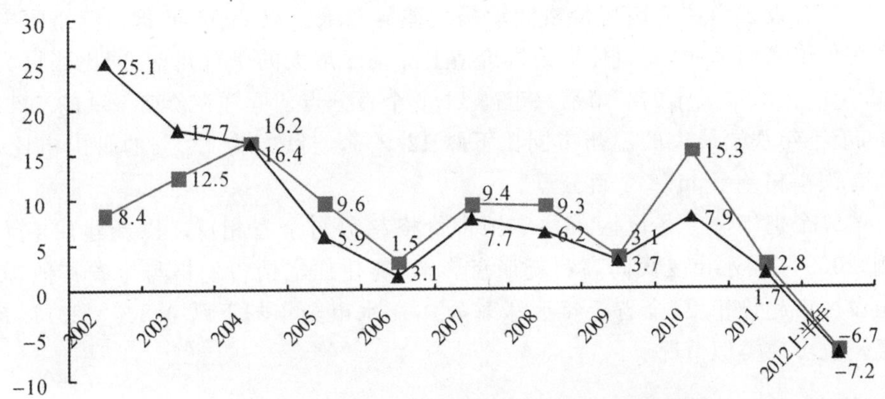

图1 2002—2012年上半年浙江住宅销售价格涨跌幅(%)

(三)新建住宅和二手住宅的销售价格涨跌幅度,随着市场化程度的提高出现轮换

2002—2003年房地产市场发展初期,二手住宅市场在价格和成交上比新建住宅表现活跃,2002—2003年新建住宅销售价格涨幅比同期二手住宅销售价格涨幅分别低了16.7和5.2个百分点;随着住房制度改革的不断深入,浙江新建住宅市场的不断发展,2004年以后,新建住宅在价格上表现强势,销售价格涨幅开始高于同期二手住宅销售价格涨幅,2004—2011年分别比二手住宅销售价格涨幅高0.2、3.7、1.6、1.7、3.1、0.6、7.4、1.1个百分点,2012年上半年比二手住宅销售价格跌幅低0.5个百分点。

表1 2002—2012年上半年住宅销售价格波动幅度比较(%)

年份	2002	2003	2004	2005	2006	2007	2008	2009	2010	2011	2012上半年
新建住宅销售价格	8.4	12.5	16.4	9.6	3.1	9.4	9.3	3.7	15.3	2.8	−6.7
二手住宅销售价格	25.1	17.7	16.2	5.9	1.5	7.7	6.2	3.1	7.9	1.7	−7.2
两者差值	−16.7	−5.2	0.2	3.7	1.6	1.7	3.1	0.6	7.4	1.1	0.5

(四)住宅销售价格的地域性波动特征明显

全省各地社会经济发展不均衡,导致房地产行业的地域性很强,在价格上的表现,就是不同设区市住宅销售价格波动幅度差异较大,个别市甚至出现相反趋势。

1. 各设区市住宅销售价格波动幅度差异较大。以 2002 年浙江新建住宅销售价格涨幅为例，新建住宅销售价格上涨幅度最大的是台州市，同比涨幅为 12.3%，比涨幅最小的城市嘉兴市高 11.3 个百分点。同样在价格下跌的 2012 年，上半年跌幅最大的温州市同比下跌 12.2%，与跌幅为 1.0%的舟山市比，两者跌幅相差了 11.2 个百分点。

2. 个别年份一些设区市住宅销售价格趋势与全省相反。以新建住宅为例，2009 年丽水市受民间高利贷崩盘影响，新建住宅销售价格与全省其他 10 个设区市趋势相反，全省全年上涨 3.7%，丽水市全年却下跌 0.8%。2011 年温州也出现类似情况。

表 2　2002—2012 年上半年全省及各设区市新建住宅销售价格涨幅表(%)

年份 地区	2002	2003	2004	2005	2006	2007	2008	2009	2010	2011	2012 上半年
全省	8.4	12.5	16.4	9.6	3.1	9.4	9.3	3.7	15.3	2.8	−6.7
杭州市	7.5	6.1	12.9	9.7	3.2	8.3	9.9	2.1	11.4	0.6	−8.0
宁波市	11.7	16.2	14.8	6.3	2.5	10.5	12.7	5.7	9.2	1.5	−5.6
温州市	5.4	8.1	18.3	9.4	0.9	8.5	8.5	3.5	15.8	−0.6	−12.2
嘉兴市	1.0	7.5	28.6	8.0	3.6	5.1	7.4	6.7	25.4	1.7	−4.2
湖州市	7.2	23.6	29.1	12.0	3.8	5.0	3.5	2.1	16.1	4.9	−3.8
绍兴市	9.5	20.0	24.5	7.1	4.6	8.8	6.0	4.9	22.5	2.1	−3.9
金华市	10.0	9.9	14.1	3.6	0.6	1.3	7.3	6.7	16.6	3.7	−4.8
衢州市	6.9	13.1	31.9	9.8	3.7	3.7	8.1	3.1	14.9	4.5	−5.7
舟山市	10.2	16.9	24.0	14.9	2.7	17.6	15.1	5.0	17.4	6.3	−1.0
台州市	12.3	8.3	3.8	4.3	2.3	5.4	6.7	2.6	18.5	4.4	−4.9
丽水市	11.6	23.3	24.5	12.7	12.3	20.9	10.8	−0.8	1.5	3.1	−5.7

(五)杭州、宁波等主要城市价格波动幅度大于全国其他重点城市

近年来，浙江省房地产市场随着城市化的加快步入上升通道，特别是房改政策出台后，浙江房地产市场启动明显领先于其他省市，市场价格波动幅度超过其他省市，杭州和宁波成为全国房地产市场价格的敏感地区。从表 3 看，杭州和宁波房价涨幅在全国排名靠前，其中宁波在 2002 年和 2009 年、杭州在 2005 年，其房价涨幅均列全国第一位；2012 年上半年房价下跌，在表 3 的 10

个全国重点城市中，杭州和宁波跌幅列第一、第二位，在全国房地产市场中的“排头兵”地位非常明显。

表 3　全国重点城市房屋销售价格涨跌幅比较

地区＼年份	2002	2003	2004	2005	2006	2007	2008	2009	2010	2011	2012 上半年
北京	0.3	0.3	3.7	6.7	8.8	11.4	9.5	1.4	11.5	2.9	－0.7
上海	7.3	20.1	15.9	9.7	－1.3	3.4	5.9	0.8	7.3	2.2	－0.8
南京	3.0	9.8	15.3	8.1	4.3	6.6	2.7	1.0	7.6	1.3	－2.3
杭州	6.9	6.1	11.7	9.7	2.6	7.3	8.6	2.8	10.3	0.6	－6.1
宁波	16.4	16.6	13.9	6.2	2.2	8.6	9.2	3.4	5.7	1.5	－4.5
合肥	4.0	4.1	5.6	6.2	1.3	1.8	8.4	0.0	8.7	2.5	－0.9
福州	1.1	1.1	3.6	4.4	6.7	6.8	3.9	0.2	3.3	3.7	－0.2
厦门	3.0	2.8	7.3	8.0	7.0	7.0	2.7	0.2	5.7	5.7	－0.4
广州	－0.4	－0.7	2.7	4.7	6.2	6.6	－0.2	0.2	5.4	4.4	－0.5
深圳	0.4	2.2	4.6	7.2	12.3	16.3	－1.9	0.8	10.4	3.9	－1.0

注：2011 年和 2012 年上半年为新建住宅销售价格涨跌幅度

二、浙江住宅销售价格变动原因分析

（一）经济增长是住宅销售价格趋势性上涨的决定因素

浙江社会、经济各方面发展良好，浙江生产总值从 2002 年的 7796 亿元到 2011 年的 32000.1 亿元，增长了 3.1 倍；全省城市化水平从 2001 年 42％提高到 2011 年的 62.3％，十一年间提高了 20.3 个百分点。随着浙江经济的增长，城市化、工业化进程的不断加快，城市新区建设和旧城改造规模不断升级，对城市交通、通讯、电力、信息、市政等基础设施的建设不断加强，使城市教育、卫生、文化、体育等社会事业得到长足发展，提高了城市品位和社会经济发展的承载力以及对外吸引力，给房地产价格的上涨提供了空间。

（二）宏观政策对房地产市场价格的变化产生重要影响

中央政府自上世纪 90 年代以来，根据房地产市场运行态势和运行环境的变化，共进行了三轮房地产市场宏观调控，对住宅销售价格运行产生了重要的影响。

1. 1993—1995 年针对经济过热进行的紧缩调控政策，楼市暴跌。1992 年邓小平同志南方讲话以后，中国市场经济快速发展。但由于政府对市场经济管理经验不足，缺乏实践经验，导致全国经济严重过热。房地产价格猛涨，房地产开发投资猛增，土地供给失控，高中档楼盘开发过多，企业开发行为不规范，房地产市场经济秩序混乱。针对此轮房地产过热状况，国家主要通过经济手段和行政手段来调控。经济手段是收紧财政支出，央行采取加息措施紧缩银根。行政手段是强调国有银行一律不准对房地产开发进行贷款，以压缩固定资产投资规模。通过此轮房地产宏观调控政策，基本达到了房地产投资退热的预期目标，1997 年房地产价格猛涨势头得到遏止，开发企业和房地产市场秩序得到整顿。同时也需注意到，由于调控手段不成熟，没有考虑房地产产品内部不同品种或不同建设阶段对于贷款需要的实际情况，实行房地产贷款一刀切，造成许多项目的“烂尾”，房地产市场出现一些混乱。

2. 1998—2002 年实施扩张性房地产宏观调控政策，房价明显上涨。1997 年爆发的东南亚金融危机，使国内外宏观经济环境发生了根本性变化，对房地产的投资和需求产生了严重的抑制，房地产需求明显下降，市场出现疲软。国家开始以激活住宅市场为目标的第二轮房地产宏观调控，出台了一系列扩大内需政策，加大房地产开发投资，1998 年全省完成房地产开发投资 226.7 亿元，比 1997 年增长了 5.3%，占全社会投资比重的 12.3%；开展个人消费信贷业务，降低房屋交易费用，推动住宅需求的提升；进行货币化住房改革，实现住房商品化、市场化。通过一系列的政策，浙江房地产市场复苏，房价大幅度上涨，2002 年全省房屋销售价格比上年上涨 11.3%，其中二手住宅涨幅高达 25.1%。

3. 2003 年以来针对房价过快上涨进行第三轮房地产市场宏观调控，房价随之起伏。2003 年 4 月，中国人民银行下发《关于进一步加强房地产信贷业务管理的通知》(121 号文)，运用提高首付、限制购买第二套住房贷款等货币政策工具，来实现信贷结构规模调控和防范金融风险的目的；在土地供给方面，2003 年 7 月国务院发文严格控制土地供给，2004 年 3 月国土资源部、监察部又联合发文要求各地杜绝协议出让土地、彻查开发区与大型项目用地，紧缩严控土地供给。从实际效果看，此轮宏观调控并未达到预期效果，土地交易价格和房屋销售价格齐飞，2003 年和 2004 年浙江省土地交易价格与上年相比分别上涨 21.4%和 19.7%，房屋销售价格与上年相比分别上涨 12.7%和 15.2%。

2005 年 3 月，国务院办公厅颁布《关于切实稳定住房价格的通知》，要求各地区各部门把解决房地产投资规模过大、房价上涨过快等问题，作为当前加强宏观调控的一项重要任务。同年 4 月，建设部等七部委提出《关于做好稳定住房价格工作的意见》，对营业税征收的内容及细则出台时间作出了规定，并限制“期房”的转让。第二阶段的宏观调控政策有效打击了炒房者的热情，市场成交量萎缩明显，房屋销售价格涨幅大幅度回落。2005 年浙江省房屋销售价格与上年相比上涨 8.4%，比 2004 年回落了 6.8 个百分点，稳定住房价格目的初步达到。但以大面积高档住宅为主的市场房屋供应结构未得到根本改变，房屋销售价格仍处于高位。

2006 年 4 月，中国人民银行再次上调银行贷款利率，开启了第三阶段房地产宏观调控的序幕。2006 年 5 月，国务院总理温家宝主持召开国务院常务会议，提出了以调整住房供应结构、调节房价为目标的六项措施。7 至 9 月，住房结构比例、个人所得税征收、外汇管理、土地督察制度、房地产交易秩序等一系列后续细则措施陆续出台，房地产市场开发投资实现平稳增长，住宅开发结构得到一定改善，房地产市场价格涨幅放缓，2009 年浙江省新建住宅销售价格与上年相比上涨 3.7%，比 2008 年回落了 5.6 个百分点。但全球金融危机的爆发，打乱了此阶段的调控步骤。2008 年底央行宣布“双率”齐降，货币政策从“从紧”向“适度宽松”转变，导致楼市迅速由低迷转变为亢奋，房价大幅度上涨，2010 年达到顶峰，新建住宅销售价格比上年上涨 15.3%。

2010 年，以稳定房价为主的房地产调控到了关键时刻。4 月国务院发布了《国务院关于坚决遏制部分城市房价过快上涨的通知》，被称为“史上最严厉的调控政策”。2011 年 1 月，国务院总理温家宝主持召开国务院常务会议，并发布房地产市场调控“新国八条”，要求各地 2011 年第一季度要公布房价控制目标；增加公共租赁住房供应；住房不足 5 年转手按销售款全额征税；二套房首付款比例提至 60%；土地两年不开工要收回使用权；暂停省会城市居民购第三套房；未完成调控目标政府将被问责。全国限购城市从 2010 年的不足 20 个大幅增加到 2011 年近 50 个，浙江 11 个设区市中就有杭州、宁波、温州、绍兴、金华、衢州、舟山、台州等 8 个市实施了住房限购政策。在此轮房地产调控政策的严厉打击下，“限购”“限价”“限贷”等政策的不断升级，2012 年上半年，新建住宅销售价格同比下跌 6.7%。

（三）住宅市场供需不平衡，是价格长期趋势性上涨的重要原因

浙江社会保障机制有了很大的改善，但人们的工作、生活以及子女教育仍与居住地房产证等户口构成条件密切相关，只能将房产作为个人财产积累和生活保障，因此对住房产生了巨大的需求，导致了浙江市场住房需求巨大、但包括保障房在内的普通住宅有效供给不足的矛盾。我们利用统计年鉴数据大体测算浙江省住宅市场的供给和需求。假设：2001 年年底浙江省城镇居民住

房问题基本得到解决，2001 年及以前住宅的供应总量正好满足市场需求，不存在租房需求；那么 2002—2010 年全省非农业人口住房需求总量等于 2001 年人口改善住房条件所需的面积与 2002—2010 年期间新增城镇人口自住所需面积之和，为 30599.4 万平方米；但浙江住房资源有限，2002—2011 年全省住宅销售面积（消费者购房均用于自住）仅为 27659.8 万平方米，市场供给缺口高达 2909.6 万平方米。

（四）投机投资需求旺盛增加了房价上涨速度

当前银行利率偏低，2002 年活期存款年利率为 0.72%，2012 年 7 月份活期存款年利率 0.35%，利率降了 0.37 个百分点；中国人民银行为稳定人民币对美元汇率发行等量的人民币，市场流动性泛滥，2002 年广义货币供应量（M2）余额为 16.96 万亿元，到 2012 年 6 月末余额为 92.50 万亿元，增长了 4.5 倍，导致市场上流动性货币过剩。加上当前投融资渠道不畅，如上证指数从 2002 年的 1518.08 到 2012 年 8 月 2113.07，仅上涨 0.39%。大量流动性资金自然而然流入利润较高的房地产业，造成了房地产投资过热，房价一直居高不下。

（五）银行信贷规模直接影响房地产价格

房地产业是资金密集型产业，银行信贷对房地产业的影响非常大。从图 2 看，2002—2003 年、2006 年和 2009 年三个时期金融机构贷款增速加快，房地产开发商从银行获取大量的信贷资金，导致房地产开发商在房价高企时“捂盘”“捂地”，另一方面购房者也从银行信贷中得到更多资金的支持，都直接推动了房价的进一步上涨，2002—2004 年、2007 年和 2010 年三个时期新建住宅价格涨幅明显加大。

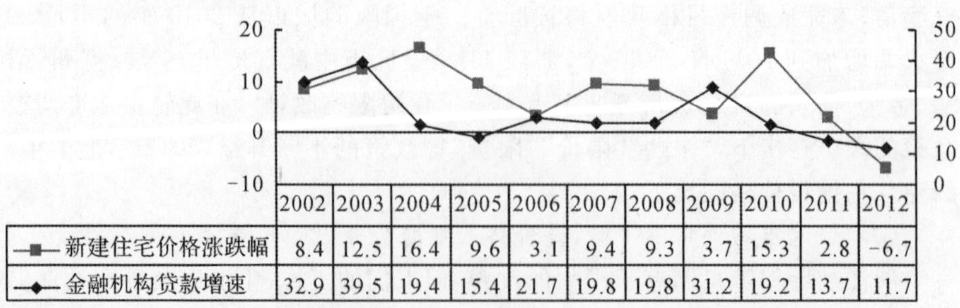

	2002	2003	2004	2005	2006	2007	2008	2009	2010	2011	2012
新建住宅价格涨跌幅	8.4	12.5	16.4	9.6	3.1	9.4	9.3	3.7	15.3	2.8	-6.7
金融机构贷款增速	32.9	39.5	19.4	15.4	21.7	19.8	19.8	31.2	19.2	13.7	11.7

图 2　2002—2012 上半年浙江新建住宅价格涨幅与金融机构贷款增速（%）

与之相反，2004—2005 年、2007—2008 年、2010—2012 年上半年三个时期金融机构贷款增速放缓，房地产开发商资金链紧张，企业“回笼”资金压力陡增，购房者按揭贷款难度增大，观望行为增多，市场成交开始低迷，2005—2006年、2008—2009年、2011年房价涨幅开始回落，2012年上半年房价甚至出现下跌。

（六）供需双方的心理预期是影响房价波动的重要因素

住房需求者和住房供给者（房地产开发商和炒房者）的乐观预期推动了房价的上涨。在浙江经济快速增长阶段，房地产开发商对未来的预期增强，会相应地增加房地产市场的供给量，同时也会提高房地产开发成本的预算，甚至会不计成本，以较高的价格拿地，从而无形中推高土地交易价格。而另一方面由于土地交易价格的过快上涨，会产生"面粉贵过面包"现象，使该区域商品房价格随之上涨。同时，随着经济的增长，企业和居民手中的资金也随之增加，2002年金融机构人民币各项存款余额为11242.84亿元，2011年达到了59727.91亿元，增长了4.31倍，促使消费者会对自身未来的收入做出乐观的估计，承受住房的消费能力也相对提高，加上对未来的房地产市场有足够信心，都会促使消费者提前消费，从而放大了房地产的有效需求，促使房地产价格的上升。

反之，住房需求者和住房供给者（房地产开发商和炒房者）的悲观预期会推动房价的下跌。2011年底和2012年上半年，受调控并未松懈、市场价格调整尚未达预期等因素共同影响，市场双方交易主体预期比较悲观，开发商预感到"寒冷冬天"的来临，楼盘采取"以量换价"销售策略；购房者则持币观望，甚至放弃购房计划，都成为2012年上半年房价下跌的重要原因。

三、房价合理回归的必要性

（一）房价过快上涨，居民经济压力增加，抑制居民其他消费

2002—2011年，浙江房价一路上涨，2003年、2004年和2010年涨幅甚至超过两位数。高企的房价严重制约了住房消费市场主体的刚性需求和改善性需求的消费行为。根据浙江城镇居民人均住房建筑面积总价和城镇居民家庭人均可支配收入比计算，浙江省房价与收入比从2002年的5：1，增加到2011年的12：1。就是说，2002年原先5年不吃不喝才能买到人均住房面积，到2011年则需要12年，普通百姓要享受人均住房水平需要承受的购房压力明显加大，绝大多数人不得不节衣缩食，放弃其他方面应有的花费。目前支撑房地产发展的一个重要因素是我国的独生子女结构的社会形态，多数年轻夫妇购房并不是仅靠自己的收入，而是包括他们父母的收入和积蓄，相当于两代人供一套房子。而这势必影响四位老人的养老和医疗，对家庭的未来造成巨大的影响，从长远来看，这对国家经济的危害相当大。

（二）房价过快上涨，社会贫富差距进一步拉大，直接影响到社会稳定

2012 年 5 月胡润研究院发布的《2012 胡润长三角地区财富报告》称"炒房者"占总人数比例 15%。这部分人是从早期便开始用自有资金投资房地产市场，并随着房地产市场的不断发展而收获丰厚，房产投资占他们总投资的 65% 左右，自住房产价值占比 20%左右，他们基本都拥有数套房产。房价持续快速上涨直接影响到社会财富的再分配，仅对部分住房投资者具有财富效应，大多数居民都不免陷入紧缩日常开支的境地，低收入居民彻底丧失了购买自有住房的希望。房地产价格的快速上涨，加剧了中国的贫富差距。

（三）房价过快上涨，影响城市化进程，不利于人口流动

2004 年起，在浙江不断上演的民工荒，与房价的过快上涨密切相关。据《中国证券报》报道，2010 年在浙江的外来务工人员，居住出租屋的比例已经占到总数的 86.37%，居住方面的消费开支在生活成本中占了很大部分。随着房价的过快上涨，当地居住的成本增加，相关的日常消费也随之增加，使务工人员最低生活保障线上升速度，远超过许多外来务工人员工资增长速度，外来务工人员收不抵支，只能选择回乡务农或者去其他低生活成本省份寻找工作机会。

（四）房价过快上涨，不利于城市竞争力的提高

房价过快上涨，将推高城市商务成本，推高企业用人成本，推高创业成本，造成人才外流，企业迁移。在一定程度上影响外资投入和出口的竞争力。同时，由于高昂的房价加大了居住成本，也阻碍了优秀人才向大城市的聚集，从而不利于城市经济的长期发展，降低城市的综合竞争力。

课题负责人　蒋晓红
课题组成员　沈健芬　李　莉
金伟刚　朱章勇
课题执笔人　金伟刚

参考文献：

[1]苏晓洲.房地产宏观调控政策不断，地方财政寻求转型[N].经济参考报.

[2]张浩.2003—2006 年房地产宏观调控政策走向大事记[J].中国不动产杂志，2006(6).

[3]陈多长.浙江省房地产业健康发展研究[M].北京：中国社会科学出版社，2008.

[4]萧薇，唐焱.政策对房地产价格影响分析[J].经济研究导刊，2009(02).

[5]沈悦.房地产价格与宏观经济的关系研究[M].北京:中国水利水电出版社,2006.

[6]任正委.人口因素对房地产市场需求的影响——兼论中国房地产业的刚性需求[J].商场现代化,2008(17).

[7]张永岳.房地产经济学[M].北京:高等教育出版社出版,2005.

[8]吕品,郑莉锋.房地产业的关联效应和波及效应——基于浙江省投入产出表的实证分析[J].科学决策,2012(2).

[9]浙江省统计局,国家统计局浙江调查总队.浙江统计年鉴[M].北京:中国统计出版社,2002—2011.

浙江城镇居民文化消费研究

浙江文化产业起步早，文化消费需求旺盛，增长速度快，市场潜力巨大。统计显示，近年来浙江文化产业的增幅远超同期GDP增幅，对经济增长的贡献率一路走高。"十一五"时期浙江文化产业增加值年均增长19.0%，高出同期GDP现价增幅3.4个百分点。预计2011年浙江文化产业增加值超过1200亿元，占GDP的比重超过3.8%。因此，把握好浙江居民的文化消费动态，因势利导，能更好地促进浙江经济社会发展。

一、浙江城镇居民文化消费现状

浙江经济快速发展，社会建设逐步完善，社会凝聚力与日俱增，文化产业发展提速，文化体制改革不断深化，"文化大省"建设成效显著，为浙江居民的文化消费奠定了坚实基础。

(一)浙江城镇居民文化消费总量逐年增加

根据国家统计局浙江调查总队对全省4450户城镇居民抽样调查(以下简称全省城镇居民抽样调查)结果显示，随着城镇居民收入和消费水平的不断提高，居民用于教育文化娱乐服务方面的支出也不断攀升。2000—2011年浙江城镇居民年人均可支配收入从9279元增加到30971元，年均增长11.6%；年人均消费性支出从7020元增加到20437元，年均增长为10.2%；年人均教育文化娱乐服务支出从917元增加到2816元，年均增长10.7%，比城镇居民消费性支出增速快0.5个百分点。从分项情况看，城镇居民用于文化娱乐用品、文化娱乐服务和教育方面的支出均有较大幅度的增加(详见表1)。

表1 2000—2011年浙江城镇居民人均收入、消费性支出、文教娱乐支出情况(元)

年　度	2000年	2005年	2006年	2007年	2008年	2009年	2010年	2011年
人均可支配收入	9279	16294	18265	20574	22727	24611	27359	30971
人均消费性支出	7020	12254	13349	14091	15158	16683	17858	20437
人均教育文化娱乐服务支出	917	1850	1946	2158	2196	2295	2586	2816
1.文化娱乐用品	367	412	449	465	438	471	530	551

续表

年　度	2000年	2005年	2006年	2007年	2008年	2009年	2010年	2011年
2.文化娱乐服务	128	465	445	495	579	643	822	933
3.教育	490	973	1053	1198	1179	1181	1234	1333

1.家庭文化娱乐用品逐年增加。近年来，浙江城镇居民家庭文化耐用消费品的拥有量明显增加，据全省城镇居民抽样调查显示，2011年浙江城镇居民文化娱乐用品人均支出551元，比2005年增长33.7%。年末每百户城镇居民拥有彩色电视机184.8台，比2005年末增长3.5%，比2000年末增长32.8%；摄像机9.9架，比2005年末增长90.4%，比2000年末增长3.5倍。

2.文化娱乐服务消费较快增长。浙江城镇居民文化娱乐服务方面的支出从2005年的465元增加到2011年的933元，增长1.0倍。其中参观游览人均支出78元，比2005年增长1.1倍；团体旅游人均消费670元，增长1.0倍；其他文娱活动、健身活动和文娱用品修理服务费也分别增加95.2%、78.1%和68.2%。遍布全省的文化休闲游览、实景演出、主题公园等新的文化消费方式也得到长足发展。

影视方面，截至2010年末，浙江共有电影放映单位136个，全年放映场次69万场，观众人数达2021万人次，放映收入达71450万元；省市级电视台12座，电视节目共计115套，电视发射台及转播台共98座，电视节目播出时间712130小时，电视人口覆盖率已达99.4%，有线电视入户率为74.1%；省市级广播电台12座，广播节目套数107套，广播人口综合覆盖率99.17%，全年公共广播节目播出时间709854小时。

平面媒体和公益设施方面，截至2010年末，浙江报纸出版印刷325048万份，杂志出版印刷7201万册，图书出版印刷28179万册。全省共有公共图书馆97家，藏书3761万册；博物馆100个；艺术表演团体70个；群众艺术馆和文化馆(站)1612个，举办展览7380个，组织文艺活动36619次，举办培训班次数18539次。全省文化事业机构总计2234个，从业人员23416人。

3.居民教育备受重视。2011年浙江城镇居民在教育方面人均消费1333元，比2005年增长37.0%，占文化娱乐服务消费的47.3%。其中增幅较大的有培训班费人均420元，增长2.3倍；家教费人均110元，增长2.1倍；托幼费人均150元，增长82.9%。

教育科研方面投入和支出从2000年到2010年也逐步增长，其中高等学校科技活动机构数从430个增加到471个；从事科技活动的人员从28555人增加到 56822 人，增幅近 1 倍；科研经费拨入总额从 81153 万元增加到 596839 万元，增幅达 6.4 倍之多，其中政府拨款占 58.4%；经费支出从 74714 万元增加到 539237 万元，增幅为 6.2 倍。

截至 2010 年末，浙江高等学校合计 80 所，教职员工数 79785 人，投入科研课题经费 346706 万元；技术学校 68 所，中等职业技术学校 358 所，普通中学 2314 所，小学 4000 所，学龄儿童入学率 99.99%，幼儿园 9863 所。

（二）浙江城镇居民文化消费结构逐步改善

根据世界主要国家和地区的经济发展历程和居民消费结构演变的历史经验，当城镇居民恩格尔系数小于 40%的时候，就预示着城镇居民消费结构开始进入以住房消费、文化消费、交通和通信消费为主要标志的升级换代。

1. 教育文化娱乐服务支出比重上升。对比 2000 年与 2011 年，浙江省城镇居民八大类消费性支出占比呈现“三升五降”的态势。食品支出 12 年间比重由 39.2%下降到 34.6%，降幅达 4.6 个百分点；居住、家庭设备用品及服务、医疗保健、其他商品和服务支出比重分别下降 1.1、4.0、1.6 和 1.1 个百分点；而衣着、交通通信和教育文化娱乐服务支出比重则分别上升了 2.4、9.3 和 0.7 个百分点（详见表 2）。

表 2　浙江城镇居民家庭消费性支出结构对比表

	2011 年（元）	占比（%）	2000 年（元）	占比（%）
人均消费性支出合计	20437	100.00	7020	100.00
1. 食品	7066	34.6	2752	39.2
2. 衣着	2139	10.5	570	8.1
3. 居住	1518	7.4	600	8.5
4. 家庭设备用品服务	1109	5.4	662	9.4
5. 医疗保健	1249	6.1	541	7.7
6. 交通和通信	3728	18.2	623	8.9
7. 娱乐教育文化	2816	13.8	917	13.1
8. 其他商品和服务	812	4.0	354	5.1

2. 浙江居民文化消费结构逐步改善。第六次全国人口普查资料显示，浙江省人口文化素质显著提升。6 周岁以上人口中 9.9%具有大专以上文化程度，14.3%具有高中文化程度，38.8%具有初中文化程度。教育的长足发展，

为居民丰富文化娱乐生活、完善文化消费结构奠定了良好的基础。

社会经济的快速发展，推动文化教育娱乐消费方式向现代化、自主化方式转换。浙江城镇居民文娱消费升级换代，外出旅游受到青睐，2011 年全省城镇居民每百人旅游 81.8 次，人均花费 972 元；娱乐用品购置升级换代，从购买普通彩电演变成液晶、3D 电视，从往年购买台式电脑升级成笔记本电脑、平板电脑；网络成为居民文化消费的亮点，至 2011 年末，浙江城镇居民家庭每百户拥有家用电脑 104 台，比 2005 年末增长 74.2%，比 2000 年末增长 6.4 倍之多；接入互联网的计算机每百户 92 台，增长 1.0 倍；接入互联网的移动电话每百户 44 部，增长 6.6 倍。2011 年浙江城镇居民人均上网费用 176 元，互联网购物人均花费 165 元，便捷的网络消费已成为人们生活不可或缺的组成部分。

浙江城镇居民日常文化消费方式丰富多彩，业余活动有看电视、翻阅书报杂志、看电影、上网、锻炼身体、假日短途郊游、长假团体旅游等。居民的文化消费已经打破以往传统单一、层次偏低的模式，向多元化、高层次发展。居民除了单纯休闲娱乐外，还增加了学习充电、强身健体、旅游观光等有益项目，这样的文化消费更加健康、文明、富有活力。

二、浙江城镇居民文化消费中存在的主要问题及原因分析

尽管浙江省城镇居民文化消费水平不断提高，文化消费层次不断提升，但居民文化消费中还存在一些不足的方面，与迅速增长的文化产业相比，浙江居民文化消费增长明显滞后，文化消费结构不尽合理。2006—2011 年浙江城镇居民教育文化娱乐服务支出年均增长 7.3%，比同期全省文化产业增加值年均增速慢 11.7 个百分点。

(一)城镇居民文化消费总量增加面临四大障碍

由于受多种因素影响，浙江城镇居民文化消费总量的增加仍面临诸多困难，突出表现在城镇居民文化消费总量增长后劲不足、中低收入地区和群体文化消费总量提高有难度、社会保障等后顾之忧较大以及文化基础设施和机构还不能充分满足居民日益增加的文化消费需求等四大障碍。

1. 城镇居民文化消费总量的提高后劲不足。有研究表明，当人均 GDP 超过 3000 美元的时候，文化消费会快速增长；当人均 GDP 接近或超过 5000 美元时，文化消费则会进入“井喷时代”。浙江省人均 GDP 已于 2005 年超过 3000 美元，2008 年人均 GDP 已超过了 5000 美元，2011 年人均 GDP 已超过 9000 美元，但城镇居民文化消费并未出现快速增长，更未进入“井喷时代”，最主要的原因是浙江城镇居民收入增幅长期以来低于 GDP 增长速度。据全省城镇居民抽样调查资料显示，2001—2011 年城镇居民人均可支配收入年均名

义增长 11.6%，实际增长 9.5%，而 GDP 年均实际增长 12.1%，比城镇居民人均可支配收入实际增幅高 2.6 个百分点。从不同年份看(见图 1)，2001 年至 2011 年十一年中，人均可支配收入无论是名义增长还是实际增长，均分别有 8 年的增幅低于 GDP，其中有两年实际增幅比 GDP 增幅低 6.0 个百分点以上。由于人均可支配收入增幅长期以来低于 GDP 增幅，居民文化消费能力的提高受到了较大限制，文化产品和服务也未能及时转化为居民消费，如果今后这种局面没有明显改善，居民文化消费大幅增长或总量明显增加的后劲仍将不足。

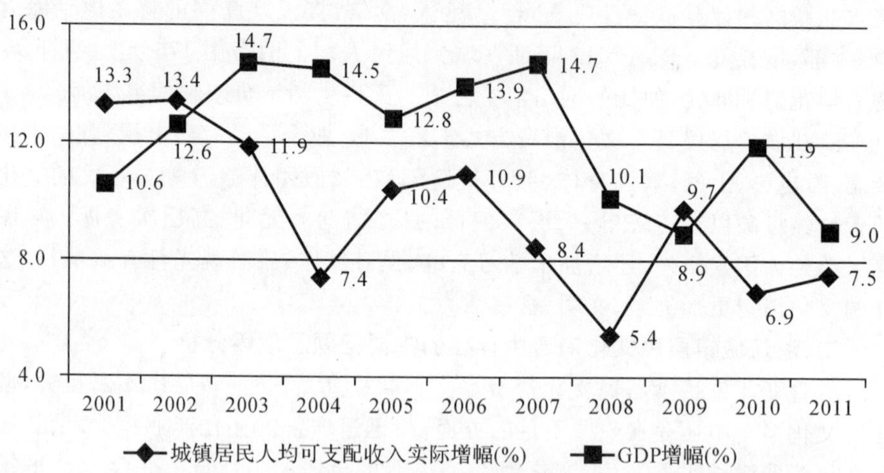

图 1　2001—2011 年浙江城镇居民人均可支配收入与 GDP 增幅比较

2. 低收入地区和群体提高文化消费总量的能力有限。一是部分地区文化消费总量相对较低，进一步提高消费的能力相对有限。据全省城镇居民抽样调查结果显示，在全省 11 个地级市中，2011 年人均文化消费支出在 2500 元以上的有 7 个市，在 3000 元以上的有 3 个市，在 4000 元以上的仅有 1 个市，为 4204 元；有 4 个市在 2500 元以下，最低的仅为 1951 元，人均文化消费支出最高是最低的 2.15 倍，最低比最高的低 2253 元。由于部分地区文化消费支出相对较低，必将会影响到全省文化消费总量的提高。而部分地区文化消费支出相对较低的最主要原因与收入差距密切相关。2011 年人均文化消费支出超过 3000 元的 3 个城市年人均可支配收入均排在全省 11 市的前四位，年人均文化消费支出在 2500 元以下的 4 个城市年人均可支配收入均排在全省 11 个市的后六位。

二是中低收入家庭文化消费总量相对较低，进一步提高消费总量有难度。

按可支配收入五等份分组后，2011 年 20%高收入家庭人均文化消费支出已经达到 5284 元，20%最低收入家庭仅为 1383 元，只相当于 20%高收入家庭的 26.2%。2011 年浙江省城镇居民文化消费总量中，20%较高和 20%高收入家庭占五成多，其他 60%中低收入家庭仅占四成多，特别是 20%低收入家庭只占 10.9%。中低收入家庭文化消费支出总量相对较低的主要原因之一仍是收入水平相对较低所致。一方面体现在高低收入户人均可支配收入差距相对较高，2011 年浙江省城镇居民中 20%高收入户人均可支配收入已达到 62536 元，而 20%最低收入家庭人均可支配收入仅为 11774 元，最高是最低的 5.31 倍；另一方面体现在中低收入家庭可支配收入所占的份额相对较低，2011 年 60%中低收入家庭可支配收入总额仅占全部城镇居民家庭可支配收入总额的 40.7%，而 20%较高和 20%高收入家庭所占份额则接近六成。

3.医疗、养老、住房等负担重，文化消费后顾之忧多。医疗、养老、住房等负担较重在很大程度上抑制了城镇居民文化消费需求的实现。浙江省同全国一样，在由计划经济向市场经济体制过渡过程中，城镇居民一些原来由国家统包的诸如医保、养老、住房等一系列社会福利制度改革逐步推进，个人负担比例明显提高，但个人收入并没有相应地大幅度增加，社会保障也不够完善，导致居民保障支出增加，在很大程度上抑制了城镇居民文化消费特别是文化娱乐消费的增加。

4.文化基础设施和机构还不能充分满足居民日益增加的文化消费需求。一是电影放映单位迅速减少。2010 年已经由 2000 年的 2129 个减少到 136 个，按 2010 年人口普查公布的常住人口 5442.69 万人(以下简称人普常住人口)计算，每百万人仅拥有不足 2.5 个电影放映单位。二是群众艺术馆、文化馆(站)相对较少。据 2011 年浙江省国民经济和社会发展统计公报(以下简称 2011 年浙江省统计公报)显示，2011 年浙江省群众艺术馆、文化馆(站)为 1612 个，不仅比 2000 年的 1932 个减少了 320 个，下降了近两成，而且按 2011 年常住人口计算，每 3 万人还不足 1 个群众艺术馆[文化馆(站)]，特别是群众艺术馆更是少之又少，从 2005 年至 2010 年均为 12 个，全省 11 个地级市平均每个市只有 1 个多，对城镇居民参与群众性文化生活将产生较大的制约作用。三是图书馆不足，且图书馆阅览室座席数较少。据 2011 年浙江省统计公报资料显示，2011 年浙江省拥有公共图书馆 97 个，公共图书馆阅览室座席数为 3.5 万个，按人普常住人口计算，每百万人仅拥有 1.78 个公共图书馆，每万人仅拥有 6.4 个阅览室座席。四是文化消费基础设施和单位主要集中在市中心或主城区，难以满足县(市)城镇居民文化消费需求。比如到 2009 年全省 58 个县级城市中只有19个建有多厅影院。再以杭州2010年文化基础设施和单位分布情况为例,除文化站数量市区占48.2%以外,其他文化基础设施和单位分布在市区的均超过六成,其中剧场、剧团、博物馆和展览馆均超过八成,特别是展览馆只有1个,坐落在杭州市,剧场五县(市)只有临安有1个,贫困县淳安县1个剧团都没有(详见表3)。

表3 杭州市2010年主要文化设施及单位分布情况表

	全市	市区	五县(市)	市区所占比例(%)
剧 场	12	11	1	91.7
剧 团	21	17	4	81.0
文化馆	13	8	5	61.5
文化站	199	96	103	48.2
图书馆	16	11	5	68.8
博物馆	65	54	11	83.1
展览馆	1	1	0	100.0

(二)居民文化消费品质提升面临四大难点

提升浙江城镇居民文化生活品质面临的困难既错综复杂、又多种多样,其中较高档次的文化产品和服务供给结构不尽合理、从事较高层次文化活动的门槛相对较高、群众性文化发展面临的瓶颈较多和文化消费环境有待于净化等是较为突出的四大难点。

1.较高档次的文化产品和服务供给结构不尽合理。随着浙江城镇居民收入水平的不断提高,文化消费需求结构也发生了深刻变化,文化消费由过去的结构单一、低层次消费逐步向多样化、高层次转变,但由于创新不够,当前文化产品生产与市场需求之间没有真正接轨,文化产品的价格虚高和市场的不规范使文化消费市场没有真正满足消费者的个性需求,造成了目前浙江文化产品供求结构性矛盾较为突出。主要体现在:历史性题材的文化产品仍然相对较多,与现实生活密切相关的产品较少;适合成年人看的情感作品仍然相对较多,适合青少年看的益智动画作品相对较少;武打方面的作品仍然相对较多,反映模范人物和事迹的作品相对较少;国外或省外引进作品仍然相对较多,具有浙江特色的作品相对较少;电视剧产品仍然相对较多,而文化演出和音乐会供给相对较少;电视广告播放时间越来越长,综艺益智节目播放时间越来越短。据浙江省2011年年鉴资料显示,2010年与2005年相比,广告节目播放时间增加了46.8%，而综艺益智节目播放时间则下降了1.5%。

2.从事较高层次文化活动的门槛相对较高。看电影、看演出和欣赏音乐以及外出旅游等是较高层次的文化活动，也是城乡居民比较喜欢的文化活动，但由于上述文化活动的门槛相对较高，居民参与上述三项活动的机会相对较少。一是看电影、演出和欣赏音乐的价格较高，居民自费看电影、演出和欣赏音乐的相对较少。据对杭州市城乡居民家庭抽样调查资料显示，近两年，城乡居民中有六成多没有自费到电影院看过电影，有八成多没有到剧院看过演出，有九成多没有到音乐厅欣赏过音乐会。二是受时间和经济条件所限，旅游消费受到一定的影响。据杭州市2010年“五一”节和2011年春节对市区城镇居民家庭旅游意向调查资料显示，“五一”节和春节期间有外出旅游的家庭均只占两成左右，不出游家庭中均有18%以上的家庭表示不出游的主要原因是经济条件不允许。

3.群众性文化发展面临诸多瓶颈。群众文化从广义上讲是人类社会进程中所创造的物质财富和精神财富的总和，是指在人们职业外，自我参与、自我娱乐、自我开发的社会性文化。是以人民群众为主体，以自娱自教为主导，以满足自身精神生活需要为目的，以文化娱乐活动为主要内容的社会历史现象。群众文化的主体为群众，客体为活动，是居民从被动文化消费向主动创造和享受文化的升级。随着居民收入水平的提高和提升自身文化素养愿望的加强，对群众文化需求越来越高，但浙江进一步发展群众性文化面临较多瓶颈，其中最突出地体现在以下两个方面：一是缺场所，有些人唱歌、跳舞不得不乘车到很远的大公园或休闲广场去；二是群众文化事业机构越来越少，不利于对全省群众文化活动的组织、辅导、指导和研究。2010年与2000年相比，群众文化事业机构减少了320个，文化事业机构减少的最主要原因是缺少资金支撑和从事群众文化事业的人员越来越少，高层次人才更是稀缺。

4.文化消费环境有待于净化。一是网络文化消费环境。网络经济的快速发展给文化消费带来前所未有的便利，但网络消费环境仍存在一定的隐患，比如虚假信息较多，一些网站存在淫秽信息，部分网站提供的带有赌博性和极具刺激性的游戏容易让人上瘾，从而误入歧途。二是文化出版物消费环境。一方面体现在侵权、盗版的出版物情况屡见不鲜，另一方面个别出版物印刷低劣、没有出版单位，内容庸俗。三是庸俗的文化消费方式依然存在。主要体现在通过文化形式进行赌博的情况还较多。例如，打牌、打麻将本来是一种大众喜闻乐见的文化消费形式，但通过这两种文化消费形式进行赌博的情况仍然较多，不仅通过纸牌和麻将进行赌博，而且在网络上通过两种形式赌博的情况也日益增多。上述不健康的文化环境产生的主要原因:一是文化消费的法制建设,特别是网络和文化出版物出版法制建设还不十分健全;二是文化市场管理机制不健全,三是个别居民低俗的文化消费理念和习惯还根深蒂固,需要加强引导。

三、提升浙江城镇居民文化消费水平的对策建议

根据浙江城镇居民文化消费中存在的问题,结合浙江实际情况,我们认为进一步提升浙江城镇居民文化消费水平应重点从提高城镇居民文化消费总量和提升文化消费质量两方面入手,二者相辅相成,缺一不可。

(一)提高收入,强化保障,增加投入,努力为提高城镇居民文化消费总量奠定基础

(二)深化改革,提高素养,优化供给,切实为提高城镇居民文化消费质量创造条件

课题负责人 洪 玉
课题组成员 殷柏尧 李新钊 邵 震
黄 程 盛 飞(总队)
冯显芝(杭州调查队)
章 勤(绍兴调查队)
执 笔 人 殷柏尧 冯显芝 章 勤 盛 飞

浙江低收入农户致贫原因及增收对策研究

低收入农户是实现全面小康社会的短板，是保障和改善民生问题所要关注的特殊群体。2008年，浙江开始实施“低收入群众增收行动计划”(2008—2012年)。现阶段，又适时提出了“低收入农户收入倍增计划”(2013—2017年)。本文利用“低收入农户奔小康工程”统计监测调查资料，结合扶贫工作政策，在监测反映低收入农户奔小康工程实施成效的基础上，分析我省低收入农户家庭特点和生活状况，深入解剖低收入农户致贫原因和增收途径，提出促进低收入农户增收的对策，以期为省委、省政府实施以“低收入农户收入倍增计划”为核心的农村扶贫工作提供决策参考。

一、低收入农户的分布状况

低收入农户是指相对于中高收入农户而言收入处于较低水平的农村住户家庭，它是一个相对的、变动的概念，在不同地域、不同阶段有不同的标准。在2008—2012年期间实施的“低收入农户奔小康工程”，我省对低收入农户的界定是2007年家庭人均纯收入低于2500元的农户。根据2013—2017年新一轮扶贫工作的要求，我省低收入农户标准为家庭人均纯收入低于4600元(2010年不变价)的农户。2007年，全省农村家庭人均纯收入低于2500元的低收入农户约有111万户，人口约271万人，主要分布于浙西南山区(详见表1)。

表1　2007年全省低收入农户分布结构(%)

地　区	户数比重	人口比重
杭州	5.1	5.0
宁波	6.4	5.3
温州	18.9	19.7
嘉兴	1.7	1.5
湖州	2.7	2.5
绍兴	3.5	2.5

续表

地　区	户数比重	人口比重
金华	15.6	13.4
衢州	15.4	19.1
舟山	0.7	0.5
台州	16.2	16.1
丽水	13.9	14.4
总计	100.0	100.0

二、低收入农户增收状况分析

“低收入农户奔小康工程”统计监测调查[①]（以下简称“监测调查”）资料显示：到 2012 年，全省低收入农户人均纯收入达到 6260 元，家庭人均纯收入达到 4000 元及以上的比重达到 79.4％（“低保”农户除外），全省“低收入农户奔小康工程”增收目标全面完成。

（一）收入差距缩小，收入增长的持续性增强

1. 低收入农户持续增收。“低收入农户奔小康工程”主要是通过政府、企事业单位、社会等多种形式的帮扶，全面形成先富带后富，共同奔小康的良好氛围。五年来，我省低收入农户收入持续快速增长，人均纯收入逐年增加。2009 年，我省低收入农户人均纯收入为 3622 元，2010 年为 4239 元，2011 年达到 5298 元。2012 年提高到 6260 元，比 2011 年增长 18.2％，扣除价格因素，实际增长 15.0％。近三年来，我省低收入农户人均纯收入年均递增 20％。

2. 低收入农户普遍增收。监测调查显示，2010 年，40 个调查县（市、区）中有一半县（市、区）的低收入农户人均纯收入达到 4000 元以上；2011 年，40 个调查县（市、区）低收入农户人均纯收入全部超过 4000 元，其中人均纯收入超过 5000 元的有 19 个；到 2012 年，40 个调查县（市、区）低收入农户人均纯收入全部超过 5000 元，其中人均纯收入在 5000 元—6000 元之间的有 22 个，6000 元—7000 元之间的有 11 个，7000 元—8000 元之间的有 5 个，8000 元以上的有 2 个。

① “低收入农户奔小康工程”统计监测调查始于 2010 年底，2009 年、2010 年采用回忆式调查，2011 年、2012 年采用低收入农户账本登记调查。

3.家庭人均纯收入超4000元("低保"农户除外)的目标全面实现。2012年,我省低收入农户家庭人均纯收入达到4000元及以上的比重达到78.8%,若"低保"农户除外,这一比重为79.4%,超过目标任务近10个百分点。40个调查县(市、区)全部超过70%的省定目标,其中超过75%的有25个县(市、区)。

4.低收入农户与农村居民收入差距逐年缩小。全省低收入农户与农村居民人均纯收入的相对差距由2009年的1:2.76、2010年的1:2.67、2011年的1:2.47,下降到2012年的1:2.32,收入的相对差距逐年缩小。

(二)有效的帮扶举措是促使低收入农户增收的主要原因

我省实施的"低收入农户奔小康工程",主要是通过产业开发、培训就业、社会救助覆盖等帮扶措施,促进低收入农户增收。

1.对低收入农户的帮扶措施不断强化。低收入农户在享受普惠政策外,还享受着针对低收入农户的各种帮扶措施。监测数据显示(见表2),2012年,我省低收入农户实际享受免费培训、减免管理费、扶贫小额贷款、"一户一策一干部"及其他帮扶措施的家庭户比重为35.9%,比2011年提高7.3个百分点,比2010年提高11.3个百分点。各项帮扶措施的比重与2010年相比,除享受扶贫小额贷款下降外,其他帮扶措施都有不同程度的提高。其中,参加免费培训的户占10%,提高2.8个百分点;享受减免管理费的户占4.1%,提高3个百分点;享受"一户一策一干部"的户占17.1%,提高6.4个百分点;享受其他帮扶措施的户占17.6%,比2011年提高9个百分点。

表2 近三年低收入农户享受帮扶措施情况(%)

	2010年	2011年	2012年
享受帮扶措施的家庭户	24.6	28.6	35.9
1.享受免费培训	7.2	8.5	10.0
2.享受减免管理费	1.1	3.6	4.1
3.享受扶贫小额贷款	3.8	3.3	3.6
4.享受"一户一策一干部"	10.7	13.4	17.1
5.享受其他帮扶措施	8.6	12.0	17.6

2.各项帮扶措施促进低收入农户增收渠道多元化。"培训就业帮扶"促进了低收入农户劳动力转移就业,工资性收入较快增长。行动计划实施以来,各级政府加强对低收入农户劳动力的技能培训、就业服务和就业帮扶,促进低收

入农户劳动力外出务工和经商，加快增收。2012 年，人均工资性收入为 2996 元，比 2011 年增长 19.4%；占 47.9%，比 2011 年提高 0.5 个百分点。其中，在本乡镇地域内劳动得到收入为 1462 元，比 2011 年增加 268 元，增长 22.4%；离开本乡镇地域劳动得到收入为 1506 元，比 2011 年增加 214 元，增长 16.7%。2009—2012 年，人均工资性收入增加 1099 元，年均递增 16.5%，对增收的贡献率为 41.7%。

“产业开发帮扶”拓宽了低收入农户增收渠道，家庭经营纯收入持续增长。2012 年，低收入农户家庭经营纯收入为 1657 元，比 2011 年增长 7.6%，对增收的贡献率为 12.1%；与 2009 年相比，增长 49.1%，年递增 14.3%。三大产业的经营纯收入均有不同程度的增长，2012 年人均第一产业经营纯收入为 1022 元，比 2009 年增长 37.9%，年均递增 11.3%，对增收的贡献率为 10.7%；人均第二产业经营纯收入为 301 元，比 2009 年增长 1.37 倍，年递增 33.3%，对增收的贡献率为 6.6%；人均第三产业经营纯收入为 334 元，比 2009 年增长 37.4%，对增收的贡献率为 3.4%。在二、三产业经营纯收入中，来料加工收入达到人均 129 元，比 2009 年增长 81.7%，年递增 22.0%，对增收的贡献率为 2.2%；批发零售、住宿餐饮、服务业纯收入和交通运输邮电业纯收入，分别为 169 元和 71 元，每年递增 22.1%和 13.0%。

“社会救助覆盖”提高了低收入农户保障水平，转移性收入快速增长。2012 年，低收入农户人均转移性收入 1557 元，比 2011 年增加 360 元，增长 30.1%；与 2009 年相比，增加 984 元，增长 1.72 倍，年均递增 39.5%，对增收的贡献率为 37.3%。转移性收入增长较快，除居民收入提高后，赡养老人、赠送低收入亲友等民间帮扶因素增加外，主要得益于各级政府加大了社会保障和各种补贴力度。一是在 2010 年春节前夕，向全省 60 周岁以上城乡老年居民首次发放了每月不低于 60 元的基础养老金；2011 年下半年起，各地提高了标准，从原来的每人每月发放 60 元增加到 80 元，80 周岁以上老人再增加 30 元高龄补贴；2012 年，一些经济发达的县（市、区）在此基础上又增加不少于 20 元的基础养老金。2012 年，我省低收入农户离退休金和养老金（包括领取新型农村养老保险）收入人均达到 479 元，比 2011 年增长 51.1%，比 2009 年增长 3.28 倍，年均递增 62.3%，对增收的贡献率达到 13.9%。二是各级政府的扶贫力度加大，发放的救济金、扶贫款及其他来自政府的补贴收入增加，人均为 373 元，比 2011 年增长 16.6%；比 2009 年增加 202 元，增长 1.18 倍，年均递增 29.7%，对增收的贡献率达到 7.7%。

表3　2009—2012年全省低收入农户人均纯收入增长情况

	2009年	2010年	2011年	2012年	2012年比2011年增长(%)	2012年比2009年增加	增加贡献率(%)	三年平均递增(%)
人均纯收入(元)	3622	4239	5298	6260	18.2	2638	100.0	20.0
一、工资性收入(元)	1897	2202	2509	2996	19.4	1099	41.7	16.5
二、家庭经营纯收入(元)	1111	1210	1540	1657	7.6	546	20.7	14.3
1.第一产业纯收入(元)	741	807	992	1022	3	281	10.7	11.3
2.第二产业纯收入(元)	127	138	233	301	29.2	174	6.6	33.3
#来料加工收入(元)	71	77	106	129	21.7	58	2.2	22.0
3.第三产业纯收入(元)	243	265	315	334	6	91	3.4	11.2
#交通运输邮电业纯收入(元)	39	44	61	71	16.4	32	1.2	22.1
批发零售业、住宿餐饮业、服务业纯收入(元)	117	126	149	169	13.4	52	2.0	13.0
三、转移性收入(元)	573	776	1197	1557	30.1	984	37.3	39.5
#1.离(退)休金、养老金(含新型农村养老保险)(元)	112	257	317	479	51.1	367	13.9	62.3
2.救济金、扶贫款及其他来自政府的补贴收入(元)	171	201	320	373	16.6	202	7.7	29.7
四、财产性收入(元)	42	51	52	50	−3.8	8	0.3	6.0

3."特别扶持政策"推动重点欠发达县低收入农户同步增收。实施"低收入群众增收行动计划",重点对26个欠发达县(市、区)和台州市黄岩区、金华市婺城区、兰溪市的2000个"低收入农户集中村"进行扶持[下称"29个欠发达县(市、区)"①]。2012年,29个欠发达县(市、区)的低收入农户人均纯收入为6023元,比2009年增长17.6%,年均递增19.7%,递增幅度比全省所有调查县(市、区)仅低0.3个百分点,基本达到同步增长。其中,从2011年起,对全省经济发展最落后、生态保护任务最繁重、地理位置最偏远的泰顺、文成、开

① 即26个欠发达县(市、区):淳安县、永嘉县、平阳县、苍南县、文成县、泰顺县、武义县、磐安县、柯城区、衢江区、江山市、常山县、开化县、龙游县、三门县、天台县、仙居县、莲都区、龙泉市、青田县、云和县、庆元县、缙云县、遂昌县、松阳县、景宁县,以及"低收入集中村"较多的黄岩区、婺城区、兰溪市3个区(市)。

化、松阳、庆元、景宁和磐安、衢江、常山、龙泉、云和、遂昌等 12 个县(市、区)加大财政专项转移支付力度,实施三年特别扶持,以加快低收入农户脱贫致富的速度。2012 年,12 个特别扶持县(市)低收入农户人均纯收入为 5708 元,比 2009 年增长 67.4%,年均递增 18.7%,递增幅度比全省所有调查县(市、区)低 1.3 个百分点,但高于同期全省农村居民年均递增(13.3%)5.4 个百分点。

三、低收入农户持续增收面临的困难和问题

(一)低收入农户致贫因素依然存在

地处偏僻山区、交通不便,是造成地方经济发展迟缓的重要原因,也是我省低收入农户形成集中村的客观因素。此外,家庭成员年老体弱、残疾生病等家庭结构特征和子女教育负担重等也是低收入农户致贫的重要因素。

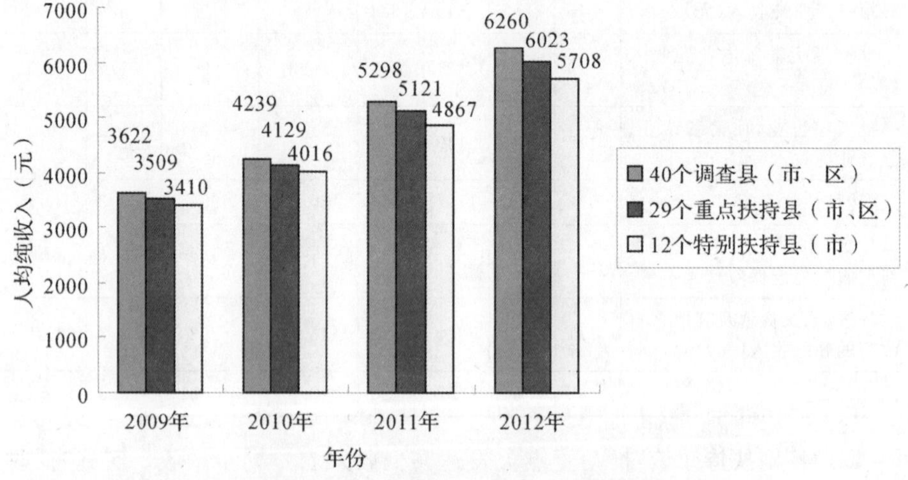

2009—2012 年低收入农户人均纯收入

1. 老年人口比重高。近年来,我省农村居民家庭结构逐渐微型化,从 2007 年户均人口 3.54 人下降到 2012 年的 3.29 人,减少 0.25 人。这一现象主要是不同年代的人生活习惯不同,造成子女成家后大多独立单过。监测调查资料显示,2012 年,我省低收入农户的户均家庭常住人口为 2.54 人,其中,1 人户占 27.8%,2 人户占 29.7%,两者合计比全省农村住户高 35 个百分点;60 岁以上的老年人口占到三分之一(33%),多半为 1—2 人的老人户。老年人口比重高,在 11 个非欠发达县(市)[①]尤为明显,达 43.5%;29 个欠发达县(市、

① 11 个县(市)为宁海县、瑞安市、乐清市、嵊州市、新昌县、浦江县、东阳市、永康市、温岭市、临海市、玉环县。

区)60岁以上的老年人占比为30.6%。在农村,老年人一旦失去劳动能力,则获取收入的途径就极其狭窄,这是造成低收入农户收入偏低的主要因素。

2.残疾生病者居多。家庭成员年老体弱或有人残疾、长期生病,既减少了劳动力,又需要看病、吃药花费大量的医疗费和药费,必定会影响家庭收入增长。低收入农户因病致贫因素占相当的比例,2012年我省低收入农户身体健康的人口占67.3%,特别是11个非欠发达县(市)低收入农户的健康率只有51.8%,近一半的人口存在着残疾或长期生病状况。全省低收入农户存在年老体弱的占18%,残疾及长期有病的占14.1%,这两项指标在11个非欠发达县(市)分别达到24.2%和22.8%。

3.子女上学负担重。我省低收入农户家庭中,未满16周岁的人口占9.7%,其中,29个欠发达县(市、区)占10.2%。这些人口中绝大多数为在校学生或学前教育儿童,虽然目前小学、初中九年实行义务制教育,不需交纳学杂费,但学生在学习期间所花的生活费用及辅助教材,对一个经济收入来源较少的家庭来说,仍然是一笔不菲的支出,幼儿园则是一视同仁的。

4.一产就业人口多。俗话说"无工不富",但浙西南因为交通不便,山村少有工业生产,且有的地区为保护生态坏境,限制发展工业,因此,低收入农户从业人员行业分布以一产为主。2012年,40个调查县(市、区)从事第一产业的劳动者占47.2%,29个欠发达县(市、区)的比重更大,为49.6%。而浙江耕地面积少,人均仅为0.55亩,29个欠发达县(市、区)基本地处山区,以山地居多,可耕作的土地缺乏,生产出来的农产品又因为交通不便,离城镇较远,难以及时出售。因此,靠农业增收非常困难。

(二)低收入农户生活负担仍然较重

2012年,我省低收入农户人均生活消费支出为4896元,比2011年增加659元,增长15.6%;占纯收入的78.2%,比2011年下降1.8个百分点。

一是低收入农户吃穿住行全面增长,消费质量提高较快。2012年,我省低收入农户人均食品消费支出为2345元,比2011年增长19.2%;人均衣着消费支出为335元,增长30.9%;人均居住消费支出为573元,增长20.1%;人均交通和通信消费支出为289元,增长17.5%。

二是低收入农户的膳食结构改善,食品营养提高。虽然低收入农户的恩格尔系数(食品消费支出占生活消费的比重,为47.9%)比2011年提高1.5个百分点,但食品消费增长结构改善。2012年,人均肉、禽、蛋、奶及制品支出500元,比2011年增加88元,增长21.4%;烟酒支出314元,增加63元,增长25.1%;蔬菜及制品消费支出274元,增加49元,增长22.0%;水产品及制品支出 148 元，增加 35 元，增长 31.2%。此外，食用油支出 116 元，在外饮食支出 244 元，分别比 2011 年增长 18.9%和 20.2%。

三是医疗支出和文化教育消费始终是低收入农户生活的两大负担。医疗保健支出是低收入农户的第一个大负担。因病致贫是低收入农户致贫的重要因素，也因此使医疗保健消费支出居食品消费支出后成为第二大类的消费支出。2012 年，我省低收入农户人均医疗保健消费支出 653 元，比 2011 年增加 16 元，增长 2.5%，占生活消费支出的 13.3%，比 2011 年下降 1.7 个百分点。其中，药品和医疗费支出为 632 元，占医疗保健消费支出的 96.8%，保健用品及保健服务费支出 21 元，仅占医疗保健消费支出的 3.2%。教育费用支出是低收入农户另一个大负担。对于低收入农户来说，支付学生的生活费、小学初中的教育费用和高中、大学(专)的学杂费，仍有较大压力。2012 年，我省低收入农户用于文化教育、娱乐消费支出人均 428 元；比 2011 年增长 1.4%，其中教育服务费为 374 元，与 2011 年基本持平，占生活消费支出的 7.6%，支出绝对额虽然比全省农村居民少 91 元，但所占比重却高出 3 个百分点。

表 4　2012 年全省低收入农户与农村居民人均生活消费支出比较

	全省低收入农户			全省农村居民		
	金额(元)	比重(%)	比 2011 年增长(%)	金额(元)	比重(%)	比 2011 年增长(%)
生活消费支出	4896	100.0	15.6	10208.21	100.0	5.8
一、食品消费支出	2345	47.9	19.2	3843.55	37.7	5.9
#蔬菜及制品	274	5.6	22.0	337.72	3.3	6.8
肉、禽、蛋、奶及制品	500	10.2	21.3	881.09	8.6	4.7
水产品及制品	148	3.0	31.2	438.90	4.3	14.1
烟、酒	314	6.4	25.1	595.23	5.8	2.7
二、衣着消费支出	335	6.8	30.9	720.63	7.1	7.7
三、居住消费支出	573	11.7	20.2	1768.21	17.3	7.1
四、家庭设备、用品消费支出	185	3.8	18.6	559.71	5.5	6.0
五、交通和通信消费支出	289	5.9	17.2	1457.04	14.3	15.5
六、文化教育、娱乐消费支出	428	8.7	1.4	880.70	8.6	6.0
#教育服务费	374	7.6	−0.3	464.76	4.6	4.3
七、医疗保健消费支出	653	13.3	2.5	739.30	7.2	−13.1

续表

	全省低收入农户			全省农村居民		
	金额（元）	比重（%）	比 2011 年增长（%）	金额（元）	比重（%）	比 2011 年增长（%）
#医疗保健用品	216	4.4	10.9	218.32	2.1	−8.2
医疗保健服务费	436	8.9	−1.2	520.98	5.1	−15.0
八、其他商品和服务消费支出	89	1.8	15.0	239.07	2.3	7.1

四、加强扶贫工作的建议

2013—2017 年新一轮扶贫工作，省委、省政府将推出“低收入农户收入倍增计划”。为实现这一计划，各地要把全面、协调和可持续的发展观落到实处，将扶贫工作作为解决民生问题、社会和谐发展的重要内容，采取更有针对性的帮扶措施，使各项扶持政策和扶贫措施落到实处。

第一，把扶贫工作与城镇化结合起来，充分借助城镇化过程解决贫困问题。比如，利用城镇化加快贫困地区劳动力转移，将低收入农户中的劳动力组织起来开发就业岗位，可由家政服务公司组织贫困地区劳动力与社区结对，以实现劳动就业供求方的有效匹配。

第二，切实区分扶贫与救济人口，实行分类扶贫。低收入农户老弱病残人口比重高、劳动力缺乏的特点表明，在这一人群中有相当部分人难以通过自身努力解决贫困问题，属社会救济对象。因此，我们要将这一人群细分为帮扶人口和救济人口，采取不同的扶贫政策。对帮扶人口，可以以自身的劳动付出，通过收入的初次分配解决增收问题。而对救济人口，应通过强化再分配的力度，包括地区之间的转移支付、阶层之间的转移支付，加快社会保障制度的建设实现。同时，推广社会责任运行，借助政策引导让更多人和团体参与慈善公益事业，发挥好第三次分配在扶贫济困中的作用。另外，也可尝试对农村孤寡老人的集体养老模式，在有条件的地区分区块建立农村养老院，以社会救济的方式解决这部分贫困人口的生活问题。

第三，解决致贫的根源问题。贫困可分为相对贫困与绝对贫困。相对贫困永远存在，没有健全的社会保障体系，绝对贫困也是不可避免的。因此，从长远的角度考虑，必须解决好致贫的根源问题。一方面，要在继续实施重点欠发达县特别扶持计划、山海协作产业园区建设等各项扶贫措施的同时，采取更有针对性的扶贫手段。另一方面，应当加快社会保障制度建设步伐。这个保障体系可以是低水平的社会保障体系，但必须是一个没有漏洞的网络，不能让一部分人因为陷入生活困境而失去希望。此外，要继续完善社会救助制度，切实帮助低收入农户克服因自身弱势所造成的贫困。

课题负责人　沈　强
课题组成员　胡永芳　戴联英　韦宇洁
执　笔　人　戴联英

浙江企业新生代外来工问题调查报告

本报告所指的“新生代外来工”是指1980年以后出生、非本地户籍①的外来务工人员。与老一代外来工相比,新生代外来工在外出动因、心理定位、身份认同、价值取向和职业选择等方面都发生了根本性变化。他们基本上来自农村,但对农业生产不熟悉,对农村生活渐趋陌生,正在从“亦工亦农”向“全职工人”转变,从“候鸟式”的城乡双向流动向单一的栖居城市转变,从单纯的谋求生存向追求城市化的生活方式转变。

为全面了解浙江企业新生代外来工的工作和生活现状,我们于2012年6月,选择余杭区、绍兴县和青田县三地,以随机方式抽选60多家企业,对受雇于当地工业企业的一线外来工进行问卷调查。本文的研究对象是新生代外来工,但为了便于比较分析,我们调查样本包括1980年以前出生的外来工(以下称为老一代外来工)。本次调查共发放调查问卷618份,收回618份,同时还对部分企业管理人员及新生代外来工代表进行了访谈。在调查和收集现有资料的基础上,形成此报告。

一、新生代外来工的基本特征

在本次调查的618份样本当中,1980年以前出生的外来工占32.5%,1980年以后出生的占67.5%,其中20世纪80年代出生的占54.3%,90年代出生的占13.2%(见图1)。据国家统计局的农民工监测调查,农村从业劳动力中,1980年以前和以后出生的分别占73.6%和26.4%②。这表明,与农村从业劳动力相比,外出劳动力的年龄构成更加年轻,并成为浙江企业外来工的主要力量。

(一)男性多于女性,90%为非独生子女

调查资料显示,新生代外来工中的男性比例为55.8%,女性比例为44.2%。从家庭情况看,本人为独生子女的占10.1%,有1个兄弟姐妹的占

① 本文的“非本地户籍”仅指务工者户籍不在本县(区)地域内。

② 王萍萍、张毅等:《新生代农民工的数量、结构和特点》,http://www.stats.gov.cn/tifx/fxbg/t20110310_402710032.htm,2011-03-11。

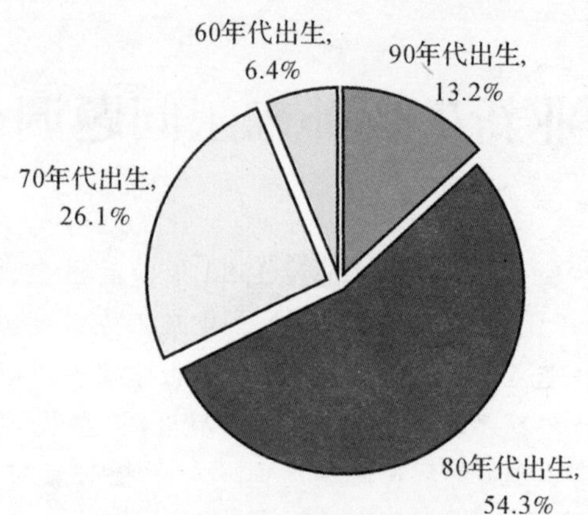

图 1　企业外来工的年龄构成

53.4%,2 个的占 25.8%,3 个及以上的占 9.7%。因此,90%的新生代外来工来自非独生子女家庭。

(二)受教育程度较高,已婚比重低于乡村同龄人

调查表明,新生代外来工受教育程度明显高于乡村同龄人和老一代外来工。新生代外来工平均受教育年限为 10.78 年,虽然比城市同龄人低 1.71 年,但分别比乡村同龄人和老一代外来工高 1.23 年和 1.40 年。超过 95%的新生代外来工接受过九年制义务教育,小学及以下文化程度只占 4.8%,初中文化程度占 54.0%,高中文化程度占 23.6%,17.6%的人拥有大专及以上学历。而老一代外来工中,高中及以上学历的只占 28.6%,比新生代外来工低 12.6 个百分点;初中文化程度占 52.2%,与新生代外来工较为接近;小学及以下文化程度占 19.2%,比新生代外来工高 14.4 个百分点。与乡村同龄人比,新生代外来工的受教育程度明显较高(见表 1)。

表 1　外来工受教育程度比较

	未上过学(%)	小学(%)	初中(%)	高中(%)	大专及以上(%)	平均受教育年限(年)
新生代外来工	0.2	4.6	54.0	23.6	17.6	10.78
老一代外来工	2.0	17.2	52.2	23.2	5.4	9.38
城市同龄人口	0.1	2.2	29.5	29.9	38.2	12.49
乡村同龄人口	1.1	11.7	62.9	18.0	6.4	9.55

新生代外来工平均年龄为 27 岁,已婚(包括离异和丧偶)占 56.3%,未婚占 43.7%。其中 20 世纪 80 年代出生的外来工实际年龄 23—32 岁,已经进入了婚龄,但他们中 33.1%的人未婚,其中男性外来工未婚比重 40.9%,女性外来工为 23.3%。根据全国第六次人口普查资料,乡村 23—32 岁人口中,未婚占 26.6%,其中男性人口未婚比重 33.7%,女性人口为 19.5%,城市同龄未婚人口比重为 38.0%(见表 2)。数据对比显示,新生代外来工面临的婚姻压力虽然低于城市同龄人,但明显大于乡村同龄人,三分之一的外来工要在今后几年内解决从恋爱、结婚、生育到子女上学等一系列人生问题,这是我们考察新生代外来工问题不可忽略的方面。

表 2　80 年代出生外来工未婚比重与全国比较

	全部未婚人口比重	男性未婚人口比重	女性未婚人口比重
80 年代出生外来工(%)	33.1	40.9	23.3
城市同龄人(%)	38.0	44.6	31.5
乡村同龄人(%)	26.6	33.7	19.5
外来工与乡村同龄人差异(百分点)	6.5	7.2	3.8

(三)主要来自中西部地区,"移民化"倾向较为明显

新生代外来工户籍地遍布全国 20 多个省区,来自中西部地区的占 80%以上。其中比重超过 5%的分别是安徽(26.0%)、浙江(10.8%)、河南(10.4%)、江西(8.2%)、贵州(7.0%)、湖北(6.7%)、四川(5.8%)和湖南(5.3%)等 8 个省份(见图 2)。

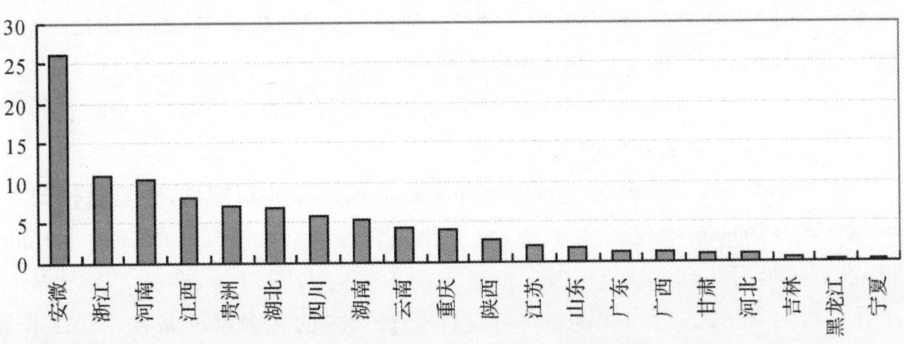

图 2　外来工的户籍所在地构成(%)

尽管半数以上外来工老家仍有耕地，但新生代外来工多数没有太多的务农经历，他们只是在上学假期帮助家里干些农活，基本没有什么务农常识，多数是直接从校门出来就进城打工。调查表明，39.2%的新生代外来工已在当地工作3年以上，来当地1—3年的占38.3%，一年以下的占13.5%。在回答“将来打算”时，只有1%的人表示回家务农，回答继续留在城市打工或者创业的占56.4%，回答回家创业的占25.1%。当问及“您是否想在当地安家”时，35.6%的人表示希望在当地安家或已在当地安家，32.4%的人暂时没有考虑过，只有30.5%的人表示不想在当地安家。

从已婚的外来工看，夫妻双方在当地务工的占90%，同时子女也在身边的占到52.6%。无论是新生代外来工还是老一代外来工，这两组数据基本接近。调查还表明，外来工平时很少回家，大多只是每年春节回老家探亲一次。这说明外来工更愿意选择全家外出，基本脱离了农业生产和农村生活，“移民化”倾向较为明显。

（四）务工不再以谋生为主要目的，工作追求稳定

调查资料显示，新生代外来工的父辈有68.0%外出打过工，其中有六成已返乡。与他们的父辈不同，新生代外来工把学技术、开阔眼界作为工作的重要目的，他们希望自己有更广阔的发展空间。在回答“工作的主要目的”时，新生代外来工选择“赚钱养家”占61.5%，而老一代外来工此项选择比重高达90.6%，选择“积累经验”“为自身生活”和“开阔眼界”的新生代外来工比重分别为58.3%、40.5%和35.4%，分别比老一代外来工高23.8、19.3和12.2个百分点。

由于新生代外来工大多以自我生存发展为中心，他们找工作考虑的首要因素是企业“工作环境好”（64.9%）和“福利待遇高”（64.1%），然后才是“收入高”（58.3%），还有36.1%的人选择了“企业关心职工”，23.1%的人选择了“工作轻松”（见图3），可见新生代外来工就业已不仅仅是为了挣钱，越来越多的人更注重生活的品质和良好的企业文化。

调查结果还显示，大多数新生代外来工追求工作的稳定性，频繁跳槽的人不多。在受访的新生代外来工中，自去年1月至2012年6月的一年半时间里，没有更换过工作的占71.2%，换过1次工作的占21.1%，换过2次及以上工作的仅占7.8%。对下一步的打算，只有12.0%的人表示准备换一份工作，80%以上的人近期没有换工作的打算，其中37.3%的人明确表示会继续做这份工作。

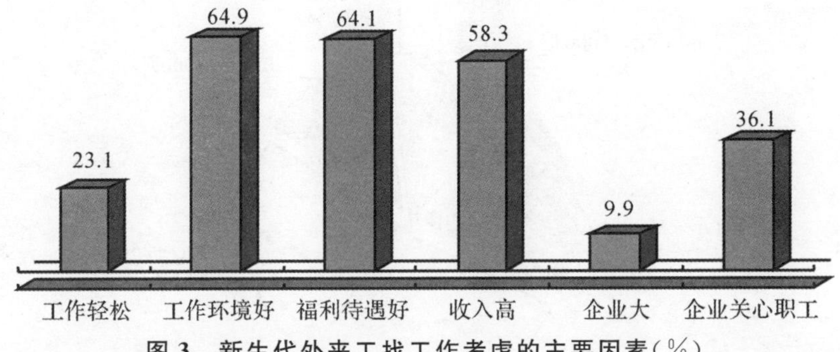

图3 新生代外来工找工作考虑的主要因素(%)

二、新生代外来工生存现状

由于社会、职业、市场和体制之间的转变不同步，新生代外来工成为特殊的社会群体。与城市劳动者相比，他们在收入水平、福利待遇、权益保障和社会保障等方面都存在差距。

(一)总体生存压力较大，收入满意度不高

调查表明，新生代外来工主要在民营企业中从事劳动密集型工作，技术含量普遍不高。尽管近几年来收入水平不断增加，但由于生活成本的逐步攀升，以及消费观念与城市居民的趋同性，新生代外来工对收入的满意度普遍不高。

1.月收入低于当地城镇在岗职工。调查数据显示，企业外来工上半年月收入多数集中在2000元—3000元之间。在收入数据分组中，月收入1500元以下的占2.5%，1501元—2000元的占13.2%，2001元—2500元的占24.6%，2501元—3000元的占27.2%，3001元—4000元的占20.1%，4001元—5000元的占9.1%，5000元以上的占3.3%(见图4)，依此测算的外来工月平均收入2850元左右，明显低于当地城镇单位在岗职工月均工资，据调查地统计局统计，2012年上半年余杭区、青田县和绍兴县城镇在岗职工月平均工资分别为4665元、4157元和3746元。

2.不同特征外来工收入水平存在差异。调查数据显示，不同年龄、不同性别外来工收入存在一定的差异(见表3)。从年龄特征看，新生代外来工平均月收入2780元左右，比老一代外来工月收入(3000元左右)低7.3%。新生代外来工月收入3000元以上的只占27.2%，比老一代外来工低15.9个百分点，月收入2500元以下的占42.3%，比老一代外来工高6.1个百分点。新老外来工收入差距主要是资历不同而形成的职业层次差距。从性别特征看，男性外来工月收入3100元左右，比女性高26.5%，这不能完全以性别歧视来解释，由于

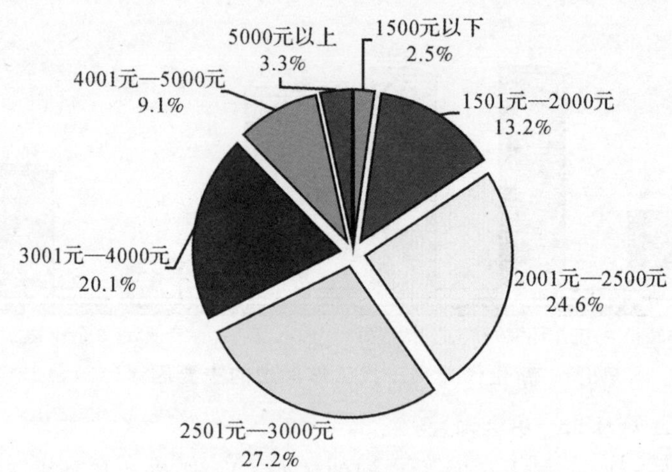

图 4　企业外来工的收入分布

大多已婚外来工是全家一起打工，女性外来工还要照顾家庭，实际就业时间较少，获得的报酬远远不如男性外来工。

表 3　不同特征外来工的收入水平分布

	老一代外来工	新生代外来工	男性外来工	女性外来工
平均月收入(元)	3000	2780	3100	2450
各组收入比重(%)				
1500 元以下	4.0	1.7	2.2	2.9
1501 元—2000 元	12.4	13.6	7.8	21.7
2001 元—2500 元	19.8	27.0	19.1	32.5
2501 元—3000 元	20.8	30.4	25.6	30.0
3001 元—4000 元	26.2	17.0	26.4	10.4
4001 元—5000 元	12.4	7.5	13.5	2.5
5000 元以上	4.5	2.7	5.4	0.0

3. 对收入满意度不高。新生代外来工的总体收入低于当地水平，这在问卷调查中得到普遍认同。在回答“自己收入与本地人比较属于什么水平”时，48.5%的新生代外来工表示属于中等水平，认为属于较低水平的占 33.0%，分别比老一代外来工高 3.5 和 3.3 个百分点。由于收入偏低，新生代外来工中，只有 25.5%的人对自己的收入表示“满意”或“比较满意”，而老一代外来工的

满意度为38.1%。相比实际收入，新老外来工的满意度差距更大，说明新生代外来工对收入的心理预期更高。

4.生活消费主要用于吃和住。调查数据显示，新生代外来工平均每月日常支出1480元左右，老一代外来工1625元左右。57.4%的新生代外来工平均月支出在1000元—2000元之间，低于1000元的占25.0%，高于2000元的占17.6%。从支出最多的三项看，新生代外来工选择最多的分别是“伙食费”(81.3%)、“房租水电”(46.6%)和“电话费、上网费”(33.5%)，其他分别是“朋友交往应酬”(30.1%)、“子女教育”(29.1%)和“寄回老家”(26.9%)。与老一代外来工比较看，除基本的生活开支外，新生代外来工用于“电话、上网费”和“朋友应酬”比重较高，老一代外来工在“子女教育”“医疗费”和“寄回老家”方面的开支较大。

(二)居住条件有所改善

在外来工生存条件中，居住是仅次于吃的第二大需求。从本次调查结果看，新生代外来工中的50.5%居住在企业提供的宿舍中，10.0%居住在企业的租住房中。总体来看，企业外来工的居住条件比前些年有所改善，特别是一些规模较大的企业，较为重视外来工的居住问题，为外来工免费提供带卫生设施的集体宿舍(一般是6至8人合住一个房间)，部分企业还为长期在企业务工的夫妻职工提供单间，或给予一定的租房补助。而一些小企业或未建集体宿舍楼的企业只能在厂区外为务工者租用民房，居住面积较小，条件也相对较差。除企业提供住房外，还有36.2%的新生代外来工自己租房，其中已婚的外来工自己租房的比例达到38.2%，这从另一个方面说明他们对精神、情感和家庭归宿的更强需求。此外，新生代外来工在务工地自建房和购买商品房的只占2.5%，因此，如果新生代农民工想在当地定居下来，住房问题将是一个重要的制约因素。

(三)劳动合同签订率较高，加班现象较为普遍

1.劳动合同签订率较高。1998年《劳动合同法》实施后，外来工维权意识明显提高，加上前几年企业用工趋紧，书面签订劳动合同情况大为改善。本次受访的新生代外来工有90.2%的人与企业签订了劳动合同，没有签订劳动合同的仅有9.8%。在问到“能否按月领到工资”时，96.1%的受访对象表示“可以”，仅有3.9%的表示每月只能领到生活费。

2.职工社会保险参保率地区差异较大。除了签订书面劳动合同外，外来工还参加各种职工保险。调查数据显示，企业新生代外来工参加养老保险、工伤保险、医疗保险、失业保险和生育保险的比例分别为64.9%、75.3%、63.2%、45.0%和43.1%，另外有33.4%的人享有带薪休假，32.7%的人有病假工资，22.8%的人有产假工资。除了工伤保险外，新生代外来工的其他社会

保险参保率均高于老一代外来工。但全省各地外来工的社会保障覆盖率差异较大,从本次调查的余杭、绍兴和青田三地的数据来看,余杭区的各项保险参与率最高,青田县明显偏低(见图 5)。

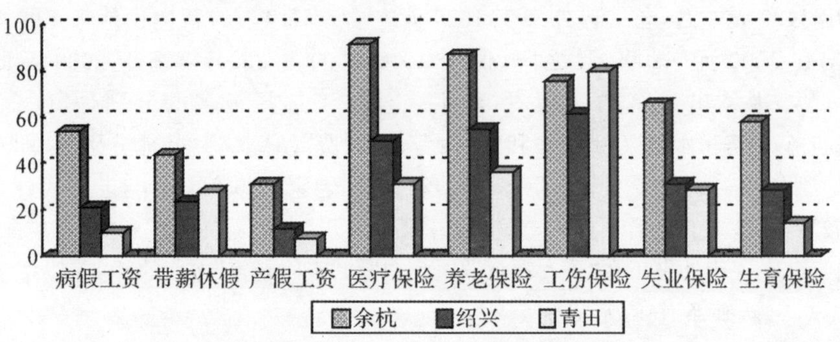

图 5　三地新生代外来工职工社会保障参与情况(%)

3. 加班现象较为普遍。通过对企业的走访发现,大多数民营工业企业以计件方式支付劳动报酬。固定工资的计酬方式只占三成左右。企业为了提高生产率,工人为了增加收入,双方都愿意延长工作时间。在受访的外来工中,平时有加班情况的占 84.0%,其中"有时加班"的占 55.6%,"经常加班"的占 28.4%。从每天工作时间上看,只有 20.9% 的人工作不超过 8 小时,有 46.2%的工作 8—10 小时,22.1%的人工作 10—12 小时,10.7%的人工作 12 小时以上。对于加班是否有补偿问题,74.8%的人表示有加班工资,7.1%的人表示有补休,没有任何补偿的只占 7.8%。由于大部分加班有补偿,因此多数人对加班并不抵触,在问及"加班是否自愿"时,有 64.2%的人表示"自愿加班",有 27.1%的人表示"有时自愿",明确表示"不愿加班"的只有 8.7%。我们从访谈中还了解到,虽然大部分外来工在节假日加班享受过加班工资,但距离"法定节假日加班费是平时 3 倍"的要求还有较大差距。

(四)维权意识较强

与老一代外来工相比,新生代外来工受教育程度较高,维权意识较强。当自身利益受损时,很少会像老一代外来工那样忍气吞声,具有一定法律知识的他们能够通过合法的渠道维护自身的利益。调查结果显示,当利益受损害时,新生代外来工选择忍耐的仅占 8.5%。维权方式选择最多的是"向单位领导反映"(33.6%),其次是"寻求法律援助"(24.7%),第三是"向媒体反映"(12.4%),另外选择"直接辞掉工作"和"向政府部门投诉"分别占 11.7%和 7.5%。对于法律援助途径,新生代外来工知道最多的是"电话热线"

(50.6%)、“法律援助机构”(47.0%)和“政府相关部门”(40.0%),对于工会、妇联等社会团体,以及街道、居委会等设立的人民调解委员会等法律援助机构,新生代外来工知道的较少。

(五)业余生活以上网和逛街为主

新生代外来工的受教育程度较高,他们对文化精神生活也有着较强的需求。他们的业余时间除了在家休息以外,活动内容比老一代外来工更丰富。调查数据显示,新生代外来工选择业余时间“逛街购物”“上网聊天、玩游戏”“朋友聚会”“看书学习”和“旅游”的分别占42.4%、37.4%、33.7%、24.6%和5.5%,分别比老一代外来工高9.9、24.1、5.1、4.9和0.1个百分点。其中男性外来工上网聊天、玩游戏的占44.2%,女性外来工逛街购物的占59.6%。我们在走访企业中也发现,目前一些大的企业都有一定的活动场所,如篮球场、职工活动室、读书室、健身房和网吧等,免费提供给员工使用。但一些地方相对偏僻的企业,交通不便,周边娱乐设施缺乏,企业又没有自己的活动场所,外来工的业余生活比较单调。

(六)关注自身利益,渴求身份认同

新生代外来工作为城市边缘的低收入群体,更关注与自身利益相关的民生问题。本次问卷调查中所列出的当前十大热点问题中,新生代外来工关注度最高的是物价上涨问题(88.0%),其次是食品安全问题(55.6%),房地产调控、贫富差距和经济增长等问题也有较高的关注度,关注度分别为49.0%、38.3%和34.1%(见图6)。在回答最需要政府帮助解决的问题时,新生代外来工回答最多的四个问题分别是:改善生活和工作条件(44.8%)、遇到特殊困难时享受政府救济(44.6%)、享受本地人待遇(34.5%)和解决子女进城上学(28.4%)。在外来工的意见建议中,对解决子女上学、享受休假、增加福利和控制物价等问题有较高的呼声。

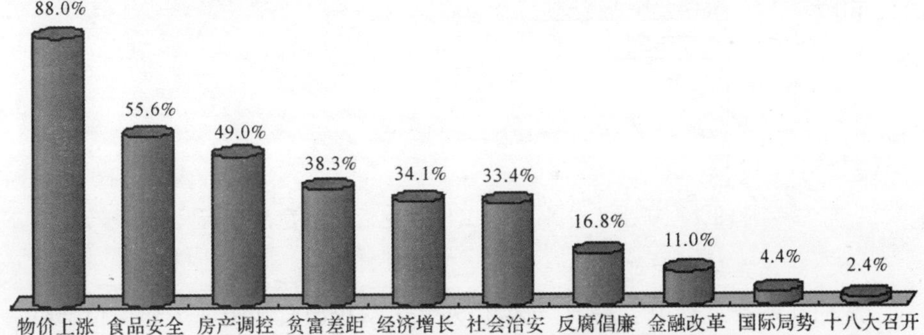

图6 新生代外来工对社会热点问题的关注度

新生代外来工来自农村,户籍身份是农民,但他们从校门到厂门的短暂历程、从学生到工人的角色转换,决定了他们在情感上已疏远了农村。问卷调查中,当问及“您认为什么称呼更适合您”时,有 41.2%的人选择“新市民”,38.0%的人选择“外来工”,选择“农民工”的仅有 18.3%。可见,新生代外来工渴求融入城市生活,渴求城市身份认同。

三、新生代外来工面临的主要问题

与传统外来工相比,新生代外来工的就业和生活环境都有了很大的改善,他们有了更高的收入,更舒适的居所,更好的工作环境。但在城乡二元格局没有彻底改变之前,他们有着与传统外来工类似的社会境遇。同时,由于他们具有不同于传统农民工的新特征和新诉求,他们面临的问题又有其特殊性。

(一)生活成本太高

新生代外来工的收入水平虽然高于乡村同龄人,但远低于当地职工收入。为了应对赡养父母、看病求医、子女上学和婚丧嫁娶等大笔支出,平时消费较为节俭,平均每月还有 1000 多元的积蓄。但由于城市生活的高昂成本,加上物价不断上涨,新生代外来工普遍感到生活压力较大。在回答“您目前最不满意的是什么”时,排名前三位的分别是“生活成本太高”(66.5%)、“工资待遇太低”(29.2%)和“看病贵、看病难”(28.7%)。此外,“小孩上学难”“工作太苦太累”和“工作环境太差”等也是部分新生代外来工最不满意的,分别占 20.2%、20.0%和 12.3%(见图 7)。

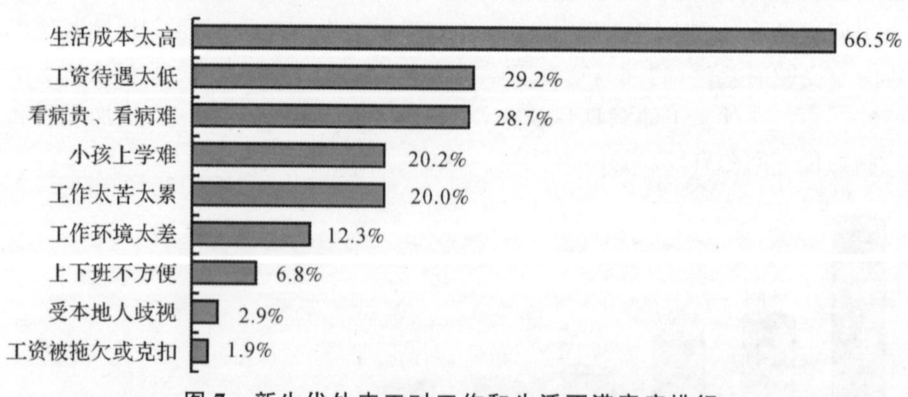

图 7 新生代外来工对工作和生活不满意度排行

(二)缺乏正规的职业技能培训

我们在调查过程中了解到,新生代外来工从校门直接走向工作岗位,除了部分毕业于职业学校外,大多没有接受过任何就业培训指导,就业方向盲目。

尽管很多人抱着开阔眼界、学习技术的目的工作，但他们并不知道自己最适合做什么。而在实际工作中，他们获得正规的技能培训的机会又非常少。在问到"是否接受过工作技能培训"时，29.5%的人表示没有接受过培训，另外70.5%虽然接受过培训，但其中的七成左右是进入企业后参加的基础性培训，职业技能不高。真正自己出钱参加正规技能培训的只占二成左右，参加由政府出钱组织培训的不到5%。专业技能的缺乏，导致新生代外来工职业发展目标不明确，不利于其人力资本的积累和企业用工的稳定。

（三）劳动权益受损情况时有发生

随着我国劳动就业市场的不断规范，外来工的社会地位逐步提高，多数劳动者的权益得到有效保障。调查资料表明，新生代外来工中，有55.4%的人表示没遇到过自身劳动权益受损的情况。但仍有超过四成的人表示劳动权益受到过侵害，其中15.6%的人表示企业随意加班加点，14.5%的人表示企业加班不给或少给补贴，11.1%的人表示企业拖欠或变相克扣工资，还有9.9%的人表示企业没有给职工提供劳动保护。

（四）融入城市难度较大

新生代外来工的根在农村，由于长期受城市生活方式的影响，他们的生活习惯已经和城市居民接近，对农村和农业的依恋在减退，对城市的"向心力"逐步增强，不愿甚至无法回归农村。调查表明，35.6%的人希望在当地安家或已在当地安家，32.4%的人暂时没有考虑过，只有30.5%的人表示不想在当地安家。不在当地安家的人中，有八成以上表示回家乡创业，表示将来回家务农的只占1%。但是由于大多数外来工缺乏必要的专业技能和进入正规就业市场的本领，在城市中无法实现真正立足，同时城市高昂的生活成本，加上户籍制度的限制，这些有形无形的门槛，都将成为他们融入城市的制约因素。目前已婚的新生代外来工大多在务工地就业和定居，随着年龄的增长，他们中越来越多的人将步入育龄阶段，与此相伴，子女教育和社会保障等问题，也必将越来越成为他们不得不面对的现实性和紧迫性问题。

课题负责人　张祖民
课题组成员　张祖民　王　寒（总队综合处）
　　　　　　蔡志祥　刘利华（余杭调查队）
　　　　　　徐建江　刘　弘（绍兴县调查队）
　　　　　　洪祖荣　徐向艳（青田调查队）
课题执笔人　张祖民　王　寒

浙江工业企业融资景气指数变化研究[①]

企业融资是企业从自身生产经营现状出发，根据企业未来经营与发展策略的需要，通过一定的渠道和方式，筹集生产经营所需资金的过程。国家统计局浙江调查总队开展的企业景气调查，系统反映了浙江企业生产经营各个方面的景气情况，其中的融资景气指数反映了企业融资的状况。本文运用浙江2004年以来近十年的工业企业融资景气指数的调查结果，对浙江工业企业融资景气指数变化与宏观经济政策、企业规模、行业特点之间的关系进行实证分析和相关性分析，找出企业融资难的原因以及破解企业融资难的相关政策建议。

一、浙江工业企业融资景气指数实证分析

（一）企业融资状况分析

在企业景气调查中，我们通过企业融资状况、企业流动资金状况和企业货款拖欠状况三个指标来反映资金状况，来判断企业融资需求大小和融资状况好坏。三个指标中，企业融资状况是反映企业融资景气度的直接指标，流动资金状况是反映企业短期资金紧张程度的指标，企业货款拖欠状况是反映企业资金周转快慢的指标，三者之间相互影响、相互关联，直接对企业生产经营产生作用。

1. 工业企业融资景气指数变动分析

对浙江2004至2011年工业企业融资景气指数变化进行分析发现（见图1），其总体走势明显存在周期波动性，最高到达120.2点较为景气区间，最低到达95.9点微弱不景气区间，整体波动较大，并呈现明显的五个阶段。

第一个阶段从2004年一季度到2004年三季度，历时半年的指数快速下降期。这一时期由于部分行业投资过热，国家实施了一系列调控政策，通过提高存款准备金率、提高利率等手段，社会资金流动性过多的局面得到控制，工业增加值和国内生产总值增幅平稳回落。基于调控的结果，工业融资景气指数回落至临界点。

---

① 主要数据来源：《浙江统计年鉴》和中国人民银行网站。

第二个阶段从 2004 年三季度到 2007 年二季度，历时近三年的指数持续上升期。这一时期国家延续了稳健的货币政策，来收紧流动性，以抑制房价和物价的过快增长。通过控制货币信贷，防止通货膨胀，宏观经济处于逐步回升的态势，同时资本市场经历了股权分置改革后带来的繁荣期，从而企业融资环境持续走好。

第三个阶段从 2007 年二季度到 2008 年四季度，历时一年半的指数快速下降期。这一时期房地产和虚拟经济活跃，资金大量脱离实体经济，宏观经济从抑制房地产过热到迎来全球金融危机，经济增速从高点快速下降，工业增速甚至一度出现负增长，工业企业融资环境遇到了短暂的寒冬。

第四个阶段从 2008 年四季度到 2010 年三季度，历时近两年的指数恢复期。这一时期随着国家经济刺激计划出台，经济快速恢复，企业融资环境得到很大改善，但随后也带来各种要素价格的快速上涨，如土地、原材料、劳动力成本等等，使得企业融资效率降低，指数进入盘整期。

第五个阶段从 2010 年三季度到 2011 年四季度，历时一年的指数快速下降期。这一时期国家宏观调控继续实施，特别是针对房地产价格的调控效果逐步显现，而同时经济二次探底又初露端倪，企业融资难问题逐步成为热议话题。

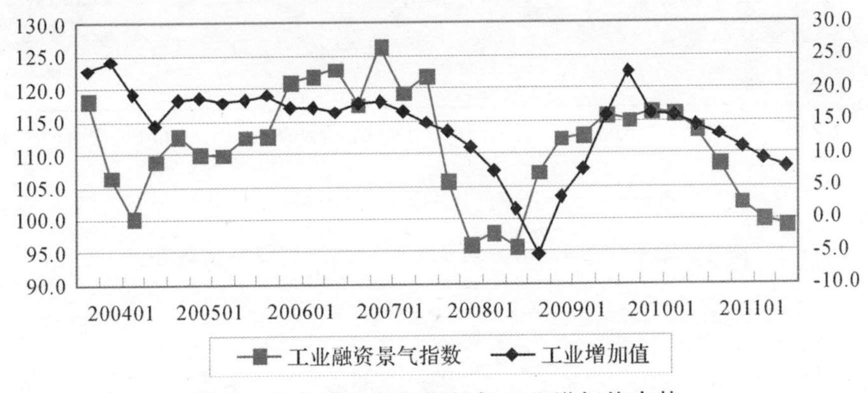

图 1 工业融资景气指数与工业增加值走势

2. 工业企业融资状况与流动资金状况、货款拖欠状况的关系

作为反映企业资金需求和融资状况的景气调查指标，企业融资状况与企业流动资金状况和企业货款拖欠状况有着一定的相关关系，主要体现在三个方面：一是企业流动资金状况直接影响企业融资需求。当企业流动资金出现短缺时，往往会有短期融资需求，这也是当前众多企业面临的最为主要和频繁的融资需求原因。二是企业货款拖欠状况对企业流动资金状况产生影响。企

业面临的货款拖欠是产生流动资金短缺的一个重要方面，企业间相互拖欠形成“三角债”会使流动资金短缺蔓延和放大。三是企业融资状况对企业流动资金状况也产生影响。当前企业融资目的很大一部分是为了解决流动资金不足，因此融资状况的好坏直接影响流动资金状况的好坏。

我们对 2004 至 2011 年工业企业融资景气指数、流动资金景气指数和货款拖欠景气指数的走势进行比较（见图 2），可以看出融资景气指数与流动资金景气指数整体走势一致，流动资金景气度平均水平要高于融资景气指数。货款拖欠景气指数的波动性较大，有着明显的季节因素影响，而且从历年走势看，货款拖欠景气度呈逐步下降趋势，这说明企业间货款拖欠程度在逐步加深。我们进一步把三个指数进行三阶移动平均值计算，从而得到新的走势图（图 3），从中可以看出，新的货款拖欠移动平均指数的季节性影响得到了消除，其指数数值整体低于融资和流动资金景气指数，波动周期与其他两个指数基本一致，滞后于融资景气指数。

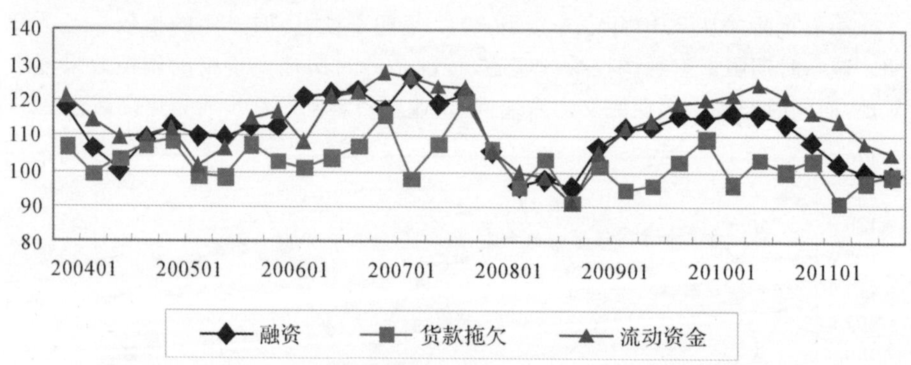

图 2　工业企业融资、流动资金和货款拖欠景气指数走势

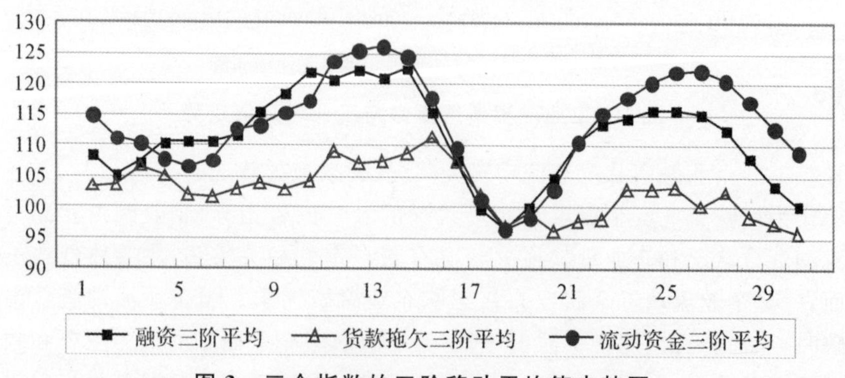

图 3　三个指数的三阶移动平均值走势图

(二)行业融资景气指数分析

根据《国民经济行业分类(GB/T4754—2002)》,工业包括采矿业,制造业,电力、热力、燃气及水生产和供应业三个门类,其中采矿业包括6个行业大类,制造业包括30个行业大类,电力、热力、燃气及水生产和供应业包括3个行业大类。工业行业间融资景气指数差异较大,以2011年四季度数据为例,全部工业融资景气指数为99.0,从分行业门类看,景气度最高的是电力、热力、燃气及水生产和供应业,融资景气指数为118.4,制造业其次,为98.3,采掘业最低,为66.7;从制造业的主要行业看,产值占比最高的前四大行业中,纺织业融资景气指数为93.1,电器机械及器材制造业为100.4,通用设备制造业为109.2,化学原料及化学制品制造业为95.5;从制造业各行业中类看,融资景气指数最高的五个行业分别是烟草制品业150.0,饮料制造业148.5,工艺品及其他制造业125.0,皮革、毛皮、羽毛(绒)及其制造业121.1,家具制造业111.1,最低的五个行业分别是农副食品加工业77.5,黑色金属冶炼及压延加工业77.0,造纸及纸制品业73.9,纺织服装、鞋、帽制造业64.5,木材加工及木、竹、藤等制品业50.0(见表1、表2)。

从工业分行业情况可以看出,2011年浙江以制造业为代表的整体工业企业融资景气度一直走低,到四季度仅为99.0,低于景气临界点。随着国家对资产泡沫和通胀的抑制,信贷一度出现紧张的局面,民间借贷逐步活跃,但这没能改变以纺织业为代表的传统制造业融资状况不佳的局面。从长期来看,传统劳动密集型行业、低附加值行业和高污染行业融资景气度处于相对较低,垄断经营企业、高附加值企业及新兴产业融资景气度相对较高。

表1 2011年浙江工业企业融资景气指数分行业情况

全部工业	99.0
1.采掘业	66.7
2.制造业	98.3
其中:纺织业	93.1
电器机械及器材制造业	100.4
通用设备制造业	109.2
化学原料及化学制品制造业	95.5
3.电力、热力、燃气及水生产和供应业	118.4

表 2　2011 年浙江制造业融资景气指数最高和最低的五个行业

制造业中融资景气指数最高的五个行业		制造业中融资景气指数最低的五个行业	
1. 烟草制品业	150.0	1. 农副食品加工业	77.5
2. 饮料制造业	148.5	2. 黑色金属冶炼及压延加工业	77.0
3. 工艺品及其他制造业	125.0	3. 造纸及纸制品业	73.9
4. 皮革、毛皮、羽毛(绒)及其制造业	121.1	4. 纺织服装、鞋、帽制造业	64.5
5. 家具制造业	111.1	5. 木材加工及木、竹、藤等制品业	50.0

(三)不同规模工业企业融资景气指数分析

不同规模的企业,因其整体实力的差异,融资需求和融资能力往往也有很大差异,从而使得企业融资景气度也产生差异。根据历年数据,我们把浙江 2004 至 2011 年一至四季度共 32 季工业企业融资景气指数根据规模分成大型、中型和小型企业进行对比分析。大型企业融资景气度明显好于中小型企业。首先,大型企业融资景气指数高于中小型企业。大、中、小型企业八年的融资景气指数均值分别为 124.7、103.1、97.5,大型企业融资景气指数均值比中、小型企业分别高 21.6 点、27.2 点。即使在 2008 年企业融资总体不景气状况下,大型企业融资景气指数也处于景气区间,四个季度分别为 124.4、115.5、108.2、106.2,而同期中、小企业融资景气指数均处于不景气区间。其次,从企业融资景气指数处于景气周期的时间长度分析,大型企业也明显好于中小型企业。八年中大型企业融资景气指数始终处于景气区间;而中、小型企业分别有十四、十七季处于不景气区间,处于景气区间的比例分别为 56.3%、46.9%。从浙江工业企业融资难度看,小型企业的融资状况最为困难,中型企业居次。显然,大型企业从总体上来说,企业融资难的问题并不显得突出,企业融资难主要存在于众多的中小企业中。由此可以发现以下特征。

一是大型企业融资景气度明显高于中、小型企业,各期指数始终位于景气临界点之上;

二是中、小型企业融资景气度在金融危机前差异不明显,二者互有高低;

三是金融危机后中型企业融资景气度高于小企业,二者呈现明显分化走势。

不同规模工业企业融资景气指数的不同走势,说明规模大小直接影响企业获取外部资金的能力。大型企业融资能力强,中小型企业融资能力弱,而近年来小型企业的相对融资能力处于不断下降的状态,这也与广大中小企业,特别是小型企业面临生产成本上升、生产效益下降、企业流动资金周转困难、融资难、融资成本高的现实相符。

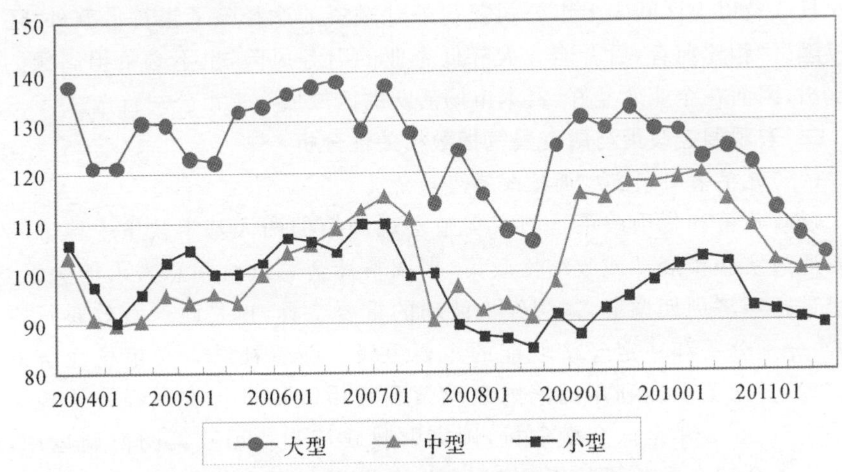

图4 大、中、小型工业企业融资景气指数走势

(四)上市公司融资景气指数分析

与一般公司相比,上市公司最大的特点在于可利用证券市场进行筹资,广泛地吸收社会上的闲散资金,从而迅速扩大企业规模,增强产品的竞争力和市场占有率,因此上市公司相比一般公司,具有先天的融资便捷和融资低成本优势。

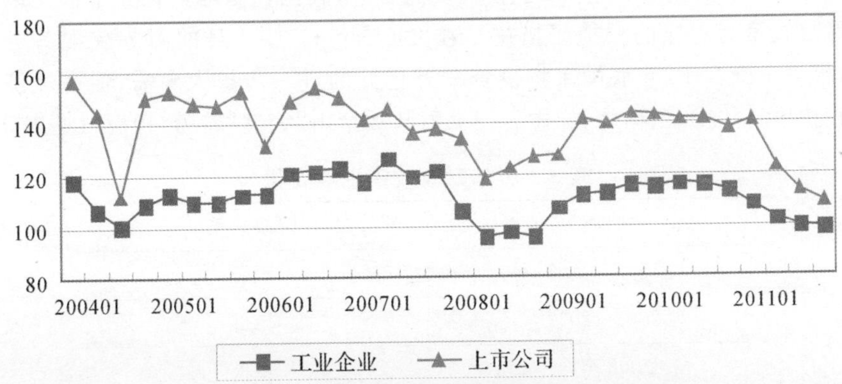

图5 工业企业和上市公司融资景气指数走势

根据历年数据,我们把浙江2004至2011年一至四季度共32季工业企业融资景气指数和工业上市公司融资景气指数进行对比分析可以发现,上市公司整体融资景气指数远高于同期工业企业融资景气指数，景气指数前者高出后者平均 26.6 点，除了 2011 年四季度指数低于 110 点，其他各期均在 110 的相对景气及以上区间。上市公司获得外部融资的途径除了银行借款外，还有股权融资，相比前者，后者能大大降低企业的财务风险，也不必负担高额的利息支出，因而在企业效益好、资本市场活跃的区域成为上市公司首选。

二、宏观调控政策与融资景气指数相关性分析

(一)近年来国家宏观调控政策变动情况

财政政策和货币政策是国家实施宏观调控的两大基本政策手段。二者主要通过实施扩展性或收缩性政策，来调整社会总供给和总需求的关系，是国家进行经济周期调节、减缓经济波动的重要工具，也是政府有效履行资源配置、分配公平和稳定经济职能的主要手段。随着社会主义市场经济的日益完善，我国更多地利用国家财政政策和货币政策进行宏观经济调控。特别是应对 2008 年全球金融危机，国家财政政策和货币政策的协调运用，成功化解了全球金融危机的影响，并率先在世界范围内使我国经济得到了有效的恢复。

1. 财政政策的主要变化

1998 年，为应对亚洲金融风暴和国内特大洪水等灾害，国家实行积极的财政政策。至 2004 年，随着国内社会投资明显加快，经济充满活力，财政政策由“积极”转为“稳健”。2008 年源于美国的次级贷款金融危机逐步演变为全球金融危机，对我国经济发展带来了较大负面影响，我国在国际上首先采取了以积极财政政策为主导的一揽子措施。在 2008 年 11 月 5 日的国务院常务会议上，提出了到 2010 年底国家将投资 4 万亿元的进一步扩大内需、促进经济平稳较快增长的 10 项措施，标志着国家财政政策由“稳健”转为“积极”(见表 3)。

表 3　历年财政政策主要变化

时间	财政政策
1998—2003	积极
2004—2007	稳健
2008 至今	积极

2. 货币政策的主要变化

1993—1998 年国家执行的是“适度从紧”的货币政策。1998 年底，为配合国家财政政策的变化，开始实行“稳健”的货币政策。

2007年6月,针对经济运行中呈现的信贷投资过快和通货膨胀等现象,货币政策由“稳健”转为“适度从紧”,并在年底进一步调整为“从紧”,其内涵,一是中国人民银行通过货币政策工具减少货币供应量,控制信贷规模过快增长;二是严格限制对高能耗、高污染和产能过剩行业中落后企业贷款投放,加大对“三农”、中小企业、节能环保和自主创新等薄弱环节的支持。

2008年上半年的财政、货币政策取得了明显成效,经济过热的现象得到遏制,物价增长也回落至比较合理的水平。此时,我国经济遭受国际金融风暴的侵袭,经济出现下滑,为提升经济,9月份起连续5次下调存贷款利率,连续3次降低存款准备金率。年底与财政政策的大转向相适应,货币政策由“从紧”转为“适度宽松”。为贯彻双积极的货币政策与财政政策,中国人民银行为此提出了五大措施:一是及时向金融机构提供流动性支持,确保金融系统流动性;二是保持货币资金合理增长;三是配合积极的财政政策,鼓励金融机构加大对重点工程、中小企业、三农、灾后重建、就业等信贷支持;四是进一步发挥债券市场的融资功能;五是进一步发挥中央银行金融服务。

经过两年积极的财政、货币政策,我国经济率先走出世界金融危机的影响,但在过度宽松的货币政策下,带来了以房地产为主的资产泡沫和通胀高企的经济运行新矛盾。2010年底,国家又适时调整货币政策,由“适度宽松”回归“稳健”(见表4)。

表4　历年货币政策主要变化

时间	货币政策
1993—1997	适度从紧
1998—2007	稳健
2007.6.13	适度从紧
2007.12.5	从紧
2008.11.5	适度宽松
2010.12.3	稳健

由于财政政策和货币政策各有其局限性,以及各自所采用手段的特点对国民经济产生的影响不同,因此,在进行宏观调控时,必须将两者有机地协调起来,搭配运用,才能有效实现预期政策目标。从近年来我国政策取向上看,财政政策体现了稳重性,货币政策体现了更多的灵活性。货币政策能针对不同经济发展阶段的不同特点,运用多种货币政策工具,通过掌握调控的节奏和

力度，来取得预期目标。通过财政政策和货币政策的密切配合、合理运用，来保证国民经济的平稳发展。

(二)浙江工业企业融资景气指数与货币政策相关性分析

1. 工业企业融资景气指数变动趋势与货币政策变化的同步性

2007年以来我国的货币政策发生了两次从宽松到收紧的政策转向过程。相应地从浙江工业企业融资景气指数来看，同期其走势也有两次走弱的过程。通过比较两者的变化可以发现，浙江工业企业融资景气指数变动与货币政策变化在时间点上体现了高度一致性。

第一次，货币政策在2007年年中由“稳健”转为“适度从紧”，并在年底进一步调整为“从紧”，到2008年底开始货币政策发生转向，货币政策经历了一个“从紧”到“宽松”的过程。相应地，浙江工业企业融资景气指数是在2007年二季度达到126.4的高点，从下半年起走低，并在2008年二季度进入不景气区间，为96.0，之后一直徘徊在不景气区间，并在四季度创下95.7的低点，从2009年一季度开始，在积极宽松的货币政策影响下，企业融资景气指数重新回到景气区间，走势为走低、回升的过程，这与货币政策从紧、宽松变化在时间上极为吻合。

第二次，2010年底货币政策由“适度宽松”转为“稳健”，货币政策是一个收紧的变化。相应地，浙江工业企业融资景气指数在2010年二季度创下过去三年的高点116.1，从四季度起开始逐季走低，分别为113.6、108.5、102.5、99.9、99.0，企业融资景气指数的下降与货币政策收紧在时间上也极为吻合。

由此可见，通过比较2007年以来企业融资景气指数变动趋势与货币政策变化情况，两者变动趋势基本一致，并在时间点上体现了高度的同步性。

2. 工业企业融资景气指数与存款准备金率的相关性

近年来，我国货币政策的变化，较多地采用调整存款准备金率、存贷款利率等金融工具。中央银行通过调整存款准备金率，可以影响金融机构的信贷扩张能力，从而间接调控货币供应量。提高存款准备金率可以相应地减缓货币信贷增长，减少货币流通量，保持国民经济健康、协调发展。

对2007年以来我国金融机构季末存款准备金率同浙江工业企业融资景气指数进行同步相关系数分析，可以发现两者具有较高的相关性。分别通过对大型、中小型金融机构季末存款准备金率与工业企业融资景气指数进行简单线性相关分析，通过相关系数r来判断企业融资景气指数与存款准备金率的联系紧密程度(见表5)。

相关系数r的取值范围在-1和$+1$之间。一般地，$|r|\geqslant 0.8$时，两者为

高度相关;0.5≤|r|<0.8 时,为中度相关;|r|<0.3 时,可视为不相关。r 为正值表明正相关,r 为负值为负相关。

表 5 工业企业融资景气指数与存款准备金率相关系数

年度	季度	工业企业融资景气指数	大型金融机构季末存款准备金率	中小型金融机构季末存款准备金率
2007	1	117.5	0.100	0.100
	2	126.4	0.115	0.115
	3	119.3	0.125	0.125
	4	121.9	0.145	0.145
2008	1	105.8	0.155	0.155
	2	96.0	0.175	0.175
	3	97.8	0.175	0.165
	4	95.7	0.155	0.135
2009	1	107.1	0.155	0.135
	2	112.3	0.155	0.135
	3	112.7	0.155	0.135
	4	115.8	0.155	0.135
2010	1	115.1	0.165	0.135
	2	116.4	0.170	0.135
	3	116.1	0.170	0.135
	4	113.6	0.185	0.150
2011	1	108.5	0.200	0.165
	2	102.5	0.215	0.180
	3	99.9	0.215	0.180
	4	99.0	0.210	0.175
相关系数 r	—	—	−0.630	−0.730

计算结果表明,大型、中小型金融机构季末存款准备金率与工业企业融资景气指数的相关系数分别为−0.63 和−0.73,均呈负中度相关关系。表明存款准备金率越高,工业企业融资景气指数越低,反之亦然。比较而言,中小型

金融机构季末存款准备金率与工业企业融资景气指数的相关程度要高于大型金融机构季末存款准备金率与工业企业融资景气指数的相关程度。

三、简短的结论

分析浙江工业企业融资景气指数变化特点可以看出，宏观经济政策的变化、企业的规模、行业的性质与企业的融资状况都较为相关。因此，影响企业融资的主要因素，既有政策性因素，也有结构性因素；既有企业自身的因素，也有市场环境的因素；既有金融体系不健全的问题，也有企业信用体系不健全的问题。总的来看，难点是金融改革和中小企业的融资。

课题负责人　沈国良
课题组成员　储小华　黄庆平
蒋　怡　张　炬（总队统计监测处）
彭上升　蒋燕青　朱朝晖（绍兴调查队）
金　辉　蒋理贵（金华调查队）
课题执笔人　黄庆平　蒋理贵　朱朝晖

参考文献：

[1]戚少成．企业景气调查与分析[M]．北京：中国统计出版社，2004.

[2]浙江调查总队．浙江企业景气指数与宏观经济波动关系的实证分析[M]//金汝斌，梁普明．2010 解读浙江经济．杭州：浙江工商大学出版社，2011.

[3]巴曙松．中国金融大未来[M]．北京：华文出版社，2010.

[4]金歌．金融风暴下的中国[M]．北京：中国社会科学出版社，2009.

浙江农村金融问题研究

——基于浙江两百家种植和养殖大户问卷调查

农业是国民经济中最基本的物质生产部门，农村金融体系的创新和发展对农村经济增长起着至关重要的作用，它通过为农户专业化生产、农村基础建设、农户生产生活安全保障提供金融支持，有效促进农村经济发展。为深入研究如何通过提升农村金融服务，实现发展农村经济、解决“三农”问题，国家统计局浙江调查总队在余杭、富阳、鄞州、宁海、瑞安、永嘉、桐乡、海宁、长兴、诸暨、嵊州、东阳、金华、衢州、临海、龙泉、青田等17个县(市、区)中抽选100家种植大户和100家养殖大户进行了金融服务需求状况调查(以下简称两百家种养大户调查)，旨在发现浙江农村金融发展中存在的问题，并从农村金融需求角度出发找出解决农村金融与经济发展的不匹配性，试图探寻消除农村金融发展对经济发展抑制的途径。

一、浙江农村金融的发展现状

(一)浙江农村金融发展的基本状况

目前，浙江农村金融组织体系基本形成，直接服务农业生产的主要信贷机构是农村合作金融机构(包括农村信用社和农村合作银行等)。农村布点最广泛的正规金融机构主要有农村信用社、邮政储蓄银行等。非正式金融组织主要有小额贷款公司和担保公司。农业银行和农业发展银行等农业性政策银行在农村设置的机构越来越少，对农村的金融服务职能弱化。如据人行杭州中心行统计，截至2011年末，浙江县(市、区)(不包括萧山、余杭、鄞州以外的市辖区)范围内的金融服务网点为7550个，其中：中国农业银行和农业发展银行1014个(农发行仅占46个)，占比为13.4%，而且多设置于城区；农村信用社1363个，占比为18.1%，侧重于服务乡镇。邮政储蓄银行主要为外出人员汇兑、储蓄等提供金融服务。农村信用社在浙江农村金融筹资的角色中具有绝对的优势，占有主导甚至“垄断”的地位。据有关资料统计[①]，近年

① 由于人民银行统计指标的调整，2010年开始取消农业贷款等指标，2011年开始取消农业存款等指标，故本文中有关资料的引用到2009年或2010年。

农村信用社农业存贷款占全部金融机构农业存贷款的九成以上，呈现“一枝独秀”局面。

（二）浙江农村金融需求依然旺盛

农村经济的迅速发展和农民收入的大幅提高，带动了浙江农村金融需求规模的急剧扩张。从金融机构对农业和乡镇企业的贷款规模和增长来看，浙江省各类金融机构对农业贷款和对乡镇企业贷款合计额 2009 年分别为 1847.38 亿元和 2240.83 亿元，分别比 2000 年增长 9.17 倍和 2 倍，年均分别递增 29.4％和 13.0％（见图 1）。可以看出，浙江农村金融的现实需求极其旺盛，规模增长迅速。从对两百家种养大户调查结果看，74.6％的大户反映目前存在资金困难，有贷款意愿的占 73.6％，在生产经营过程中遇到最大问题是资金不足的也占 72.6％，远远高于其他因素。从需要的资金量来看，需求额度在 20 万元以上的户数居多，占 52.8％，其中 50 万元以上的占 24.4％，10 万—20 万元的占 17.9％，5 万—10 万元的占 14.4％，5 万元以下的占 6％。资金需求周转期相对较短，希望使用资金周转期在 2 年的占 31.8％，1 年的占 30.3％，3 年以上的占 26.9％，1 年以下的占 10.9％。

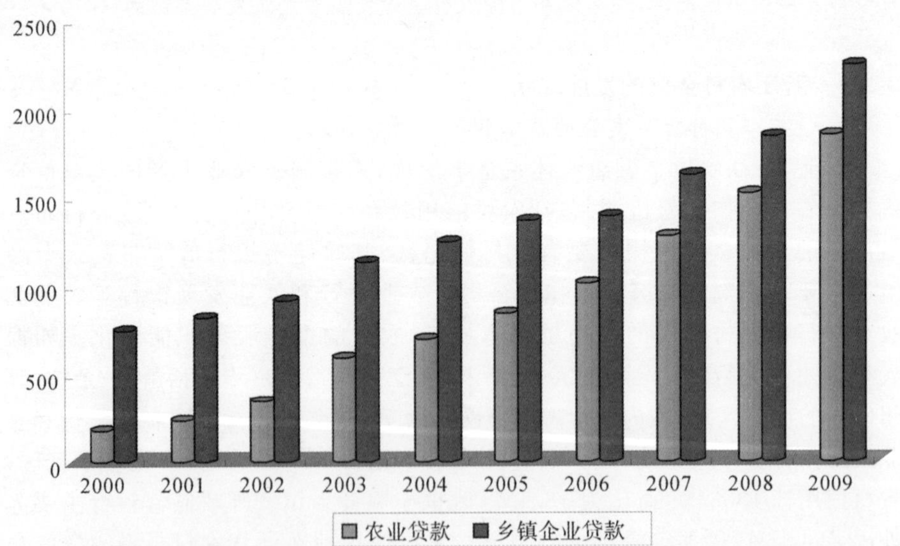

图 1　2000—2009 年浙江金融机构农业贷款及乡镇企业贷款年末余额（亿元）

（三）民间非金融组织正在发挥重要作用

浙江民间资本充裕，2011 年末，城乡居民人民币储蓄存款余额达 23470.25 亿元，比 2000 年增长 5.5 倍。据有关机构估算，浙江全省民间融资规模在1300亿—1500亿元之间。在两百家种养大户调查中，在解决生产资金不足方面，虽然有59.7%的大户选择向金融机构贷款，但选择向亲戚朋友借款的占到31.3%，通过民间借贷的占7.5%，向典当行融资的占0.5%。民间非金融组织所占份额不小，作用也不可小觑。

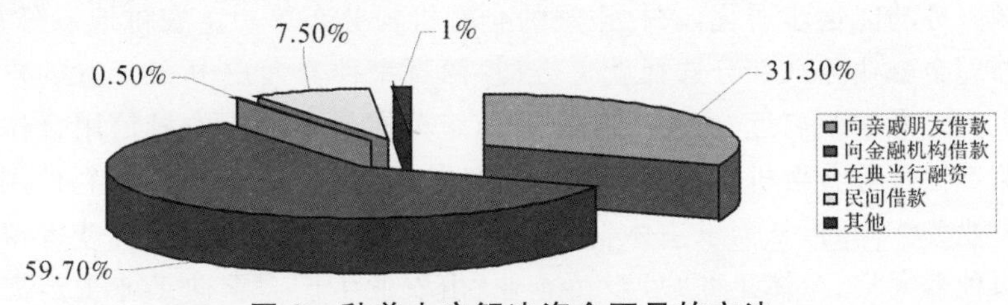

图2 种养大户解决资金不足的方法

（四）浙江农村金融发展与农民收入具有高度正相关效应

我们通过选取农村存款和农村贷款两项金融指标与农民收入（农民人均纯收入）指标进行相关性分析，利用2000—2009年的资料得出两者的相关系数分别为0.9707为0.9969，相关程度很高。由此可以看出，浙江农村金融发展水平是影响农民收入的一个重要因素，特别是对农民的家庭经营收入和财产性收入的影响更大。而且，这种高相关性具有双向调节作用，如果农村金融发展与农村经济发展相适应，则会大大促进农民收入的增加，反之，则有可能起到抑制作用。

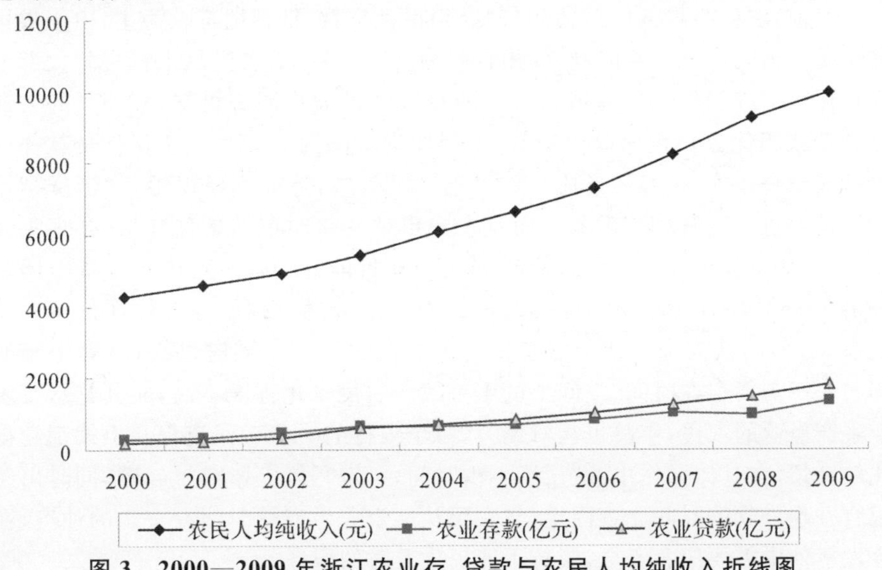

图3 2000—2009年浙江农业存、贷款与农民人均纯收入折线图

二、调查反映的当前农村金融中存在的主要问题

(一)农村金融机构单一与需求多元化之间的矛盾突出

目前虽然已经形成较健全的农村金融组织体系,但由于各个银行定向不同,商业银行基本撤出了乡镇一级的经营领域,农业发展银行和农业银行的农村金融服务功能逐步弱化,农村正规的金融机构分布单一。农村地域分布广,农民办理金融业务大部分选择就近方便,两百家种养大户中 68.5%的户选择金融机构是考虑距离近、方便。而在乡镇级分布最广的是农村信用合作社和邮政储蓄银行等金融机构。两百家种养大户中 94%的户选择在农村信用社办理金融业务。同时,从需求主体看,农村金融需求已经从农民个体或者单一农户转向种养大户、个体工商户、乡镇企业,由农业生产需求向工业生产需求转变。农民去银行不仅仅是办理存取款等基本业务,更需要从银行争取融资及其他金融服务。邮政储蓄银行网点虽然在农村分布广泛,但服务重吸存和汇兑,贷款业务薄弱。两百家种养大户去银行办理存取款业务的有 88%,办理申请贷款业务的有 40%,认为贷款难不能满足要求的占 23%。据统计,从 2000 年到 2009 年间,全省农村信用社发放的农业贷款占到全部农业贷款的比重在 93%到 99%之间。浙江农村金融服务呈现以农村信用社为主的单一化趋势,但农村信用社支持"三农"经济主力军的作用发挥有限,"一社支三农"的局面难以支撑。

(二)正规金融部门门槛高,农村金融贷款满足率低

目前,农村金融部门以信用贷款、担保性贷款、抵押性贷款为主,由于农民住房及土地的集体性质限制,信用贷款额度往往较低,农民从银行贷款大部分靠担保公司或担保人担保取得。从两百家种养大户调查可知,33.8%的人通过亲友或担保公司担保取得贷款,抵押性贷款仅占 18.5%。担保性贷款往往会造成户户相连,很容易形成"多米诺骨牌"效应,造成不仅仅银行"惜贷""慎贷",担保也出现"慎保"现象。而且农户申请贷款时审核条件严格、办理手续复杂,形成贷款难局面。两百家种养大户在目前的经营过程中存在资金困难的占 74.6%,有贷款意愿的占 73.6%;对当地金融机构服务总体评价不满意的占 31.8%,认为贷款难不能满足需求的占 23.0%。同时,农村金融手续繁琐与农民需要存在时间、空间上的不一致。农民文化程度不高,尤其是从事农业生产经营的农民,年龄也相对偏大,对于银行的一些工作流程和手续都觉得比较麻烦,在具体操作中,耽误了不少时间,一定程度上影响了经营,同时由于银行办理贷款的时间比较固定,与农民从事农业生产的时间有一定的冲突,在突发事件中需要应急资金,银行不能提供及时的服务。

（三）农村金融信贷产品与农民的需求不匹配

伴随农业生产需求不断增加的同时农业生产成本也在不断上涨，农村金融需求旺盛，加上农业生产比较效益低，农民更需要贷款周期长、利率低的金融服务。而当前大多数金融产品，利率普遍较高，贷款年限短，农民迫切希望金融机构能提供扶持农业生产的低息或贴息贷款，以缓解生产经营中的资金压力。两百家种养大户中54.7%的户认为目前个人和中小企业贷款的利率水平偏高，37.3%的户认为担保公司收费过高难以承受；有76.6%的大户在经营过程中得到银行支持，但享受过财政贴息贷款的仅占26.8%。金融机构高利率、高担保费用与农业的低收益率不匹配。同时，据种养殖大户反映农药、化肥、柴油、饲料等农资价格高企，资金的需求也越来越大，但贷款额度并没有水涨船高。种粮大户的生产资金需求主要在上半年，但上半年贷款控制太紧，制约了种粮大户正常的生产或扩大再生产，农业贷款的及时性有待提高。

（四）金融机构贷款“锦上添花”的居多，“雪中送炭”较少

金融机构的企业化经营首先要求利益保障，对于发展前景好、收益可期的项目，银行会主动为其服务。但农业本身的弱质性容易造成农业收益的不确定性，涉农信贷的风险性往往比较高，同时农村市场化程度低，农户未能及时充分了解市场需求与价格信息，农产品的大部分利润被中间商赚取，一定程度削弱了农户的还款能力，银行对农业项目“惜贷”“慎贷”现象较为普遍。农业银行、农业发展银行对涉农业务支持力度偏小，其过分追求商业化经营，逐渐远离农村中小客户，对农村经济的支持作用日渐减弱。加上涉农贷款通常额度较小，导致银行机构风险管理上缺乏必要的创新，银行机构涉农贷款风险管理滞后，针对农业项目的担保机制仍需完善。

（五）金融知识普及率低，农民金融意识普遍较弱

薄弱的农村金融知识是农村金融服务工作广泛开展的一大障碍。目前各家银行虽然通过各种形式开展了农村金融知识宣传普及工作，但是由于文化程度和观念意识等限制，成效远远达不到预期。在两百家种养大户调查中，对我国金融体系了解的仅占18.4%，对农村金融业务了解的仅占15.4%，对农村小额担保贷款政策了解的仅占22.9%，对目前金融支持农业发展政策了解的仅占21.5%。由于宣传的不到位导致国家的一些支持创业的惠农政策不被广大农户及时了解，国家的一些贴息政策受理、审核、发放不及时，从而不能享受。同时也造成农村资金需求和国家政策调整不同步，国家惠农政策与农村金融机构信贷投入脱钩现象仍然存在。令人更为担忧的是，由于不少农户文

化知识水平普遍较低，又对金融知识缺乏深入了解，金融信用意识缺失，往往不能及时归还贷款和利息，对后续申请贷款造成很大影响。

（六）民间融资高风险与需求旺盛的矛盾突出

由于从正式金融机构得到所需求的资金支持较难，就必然会转向民间金融。“私人钱庄”、集资甚至高利贷等民间金融形式在各地都不同程度地存在，在经济发达的县市尤为活跃。从调查情况看。两百家种养大户中，有近 60% 的户认为解决资金不足的最便捷渠道是向金融机构借款，40% 的户则认为通过向亲戚朋友借款、在典当行融资及民间借贷等方式更为便捷。民间金融在很大程度上承担了农村经济发展所需的资金融通作用，但由于没有规范制度保障而存在着较大的金融风险。农村民间金融活动依赖于一些约定俗成的非正式规模运作，缺乏制度规范，一旦规模扩大，就容易失控，导致风险暴露。民间金融的风险一方面来自其本身的不规范性，另一方面，民间借贷的利率普遍较高，风险被放大。在高利率的利益驱动下，部分正规金融机构的资金通过转贷赚取利差收益而流向民间金融市场，进一步放大了民间金融规模和风险。

三、一些地方近年来在发展农村金融服务方面的积极探索

（一）树立金融品牌意识，支农服务有新举

如青田县通过逐步推进“金融强县”，做大做强小额农户信用贷款、农户联保贷款、文明信用农户贷款等传统信贷品牌，种养大户对农村金融服务体系现状比较满意。永嘉县乌牛街道推广“强龙兴龙”“贷惠捷”“彩虹助业”等支农品牌，帮扶农户致富，其中“强龙兴龙”贷款余额达 1550 万元。

（二）借势发展及制度创新，惠农服务有特色

龙泉市兰巨乡埔坪村借全国首批全国贫困村村级发展互助资金试点的契机，盘活农村闲散资金，依靠自然条件优势大力发展茶叶生产，促进农民增收，农民人均纯收入从 2005 年的 3126 元提高到 2011 年的 7053 元，仅茶叶一项就人均增收近 3000 元。衢州莲花信用社推出“阳光信贷”服务，改变了农户对信用社贷款难、门难进的传统看法。余杭农村合作银行推出林权抵押、专业合作社社贷通贷款、丰收小额贷款卡、丰收创业卡、农村青年创业贷款、农村住房改造贷款、扶贫小额贴息贷款、村民一日贷款、物权通贷款等创举。东阳农村信用联社建立“支农联系户”制度，要求每位信贷人员建立“支农联系户”不少于 5 户。金华着重推广丰收小额贷款卡业务，利用其“一次授信、随借随还、循环使用”等功能，减少了农业贷款手续，截至 2011 年底，共发放小额贷款卡 9302 张，金额 54215 万元。临海市湖星村镇银行面向农户和小微企业，覆盖生产、消费、建房，金融产品有特色，手续方便，效率高，受到农户青睐。

（三）创新金融服务形式，解决抵押难问题

如宁海县通过组织对村民进行评估，符合条件的以“抱团”的形式进行信用联保贷款解决生产规模较小的种植户和养殖户资金需求。瑞安市马屿镇汇民农村资金互助社是浙江省七个农村资金互助社之一，由梅屿蔬菜专业合作社、荆谷白银豆专业合作社和篁社索面专业合作社的698户社员组成，旨在一定范围内缓解社员资金短缺，解决农村社员抵押难、贷款难问题。嵊州市为减轻种植大户资金压力，采取先送农资上门、收获后再还钱。诸暨市设立村级金融服务小组，农户申请贷款可以通过金融服务小组推荐，大大简化了贷款手续，缩短了办贷时间，提高了办事效率。

四、对发展浙江农村金融的几点思考

（一）拓宽融资渠道，加大对农业产业的资金供给

目前，浙江农村金融贷款数量不足的原因主要有：一是商业性金融机构提供农村金融服务的动力不足；二是农业发展银行和农业银行作为提供农村金融服务的政策性金融机构，对于农业发展的支持力度逐渐萎缩。为此，首先应激励各金融机构设立农村网点。地方政府就各类银行机构县域网点布局、存贷比、服务方式、网点用房以及税收优惠、财政补贴等应出台相关政策，明确激励约束措施，引导鼓励银行机构设立农村网点，引导鼓励信贷资金流向农村。其次，农发行、农业银行继续担负起支农惠农的职责与业务，巩固并优化支农服务。发挥其与农村信用社相比所具有的资金雄厚、信贷能力强、服务质量高等优势，分清各自业务的主次，根据自身的资金特点合理支持农业产业化的发展。再次，农村合作金融机构尤其是信用社根据自身分布面广、资金规模小等特点，继续重点做好农村小额贷款业务，创新设计一套适合浙江的金融工具。同时，放开农信社小额贷款的利率，制定一套能够促进农户和小企业还款，减少信贷风险的贷款期限还款制度。最后，除了原有的信用社体系外，在规范的前提下，可以创办一些“资金互助合作社”或“小额信贷机构”，以适应当地经济特点和需要。

（二）加大农村金融服务宣传，创新农村金融服务产品

目前，大部分农民对银行的认识仅限于存取款，一旦出现资金困难等情况首先不会想到向银行贷款，而是向亲戚朋友借款。一方面是因为银行贷款条件过高、抵押担保条件不足（农村集体房产不能抵押、土地经营权不能抵押），另一方面是对国家的金融惠农政策不了解，出现由于政策宣传不足执行力不够，导致政策支持难以到位的情况。两百家种养大户调查中，认为有必要宣传和普及农村金融知识的占99.5%，其中认为非常必要的占55.7%。在宣传方

式上建议进入村社区进行宣传的占比最高为 58.7%，其次的开展金融专题讲座，占 37.3%，通过印发金融小册子进行宣传占到 34.3%，网络宣传和金融知识读本宣传分别占 26.9%和 18.9%。希望政府和各级金融机构要加强各项惠农政策及农村金融知识的宣传力度。通过宣传进村社，开展专题讲座及借助电视、网络、广播、报纸等媒介等途径加强金融知识宣传，使得广大农村住户对国家、地方的各项政策及基础金融知识理解程度得到提升。

（三）健全农村信用贷款配套设施

正规金融机构贷款管理规范，如果条件允许，大部分种养大户更加倾向于向银行等金融机构贷款。但现在的农业贷款手续比较复杂，尤其是抵押、担保等硬性要求对种养大户来说比较困难，办事效率较低。第一，简化农业贷款手续。第二，利用财政手段，适当调节农业信贷利率。第三，变被动服务为主动服务。农忙季节适当调整工作及服务时间或为农民上门服务，甚至可以农资先送货上门，收获后再还钱，减轻农民资金压力。第四，提高信用贷款额度，并可以重复使用此额度，能够做到随用随贷。第五，延长贷款周期，完善还款转贷方式与方法，减轻他们转贷时的资金压力。同时，完善农村金融服务外部环境，推动农村正式担保机制的健全完善。建议政府引导，市场化运作，将财政资金的直接分配和补贴转变为担保基金方式，为农户、个体户、企业贷款提供担保。

（四）规范民间金融活动

民间金融弥补了正规金融的信贷缺陷，作用不容忽视。浙江民间资本充裕，这是民间资本提供农村金融服务的有利条件。首先，要积极鼓励各种经济主体兴办农村金融组织，如农村小额信贷组织、中小型民营银行。其次，在现有农村金融机构产权改革过程中，允许民间资本入股，将民间资本纳入规范的金融体系范畴。民营资本进入农村金融领域不仅能够增加农村金融资金的供给，增加农村金融供给资金来源，而且也将增强农村金融市场竞争活力，有助于构建竞争性的农村金融体系。再次，建立农村产业化互助基金，促进产业化发展。互助基金机构建立的方式由产业化龙头企业发起，按投资份额组建资金，同时允许一定比例的民间资金进入。基金的作用主要投资于农业产业化的短期、高流动性后的市场，既有利于支持农业产业的发展，也可以从中获取一定的利润。

（五）建立合理的信用防范措施，提高信贷质量

农业是高风险的弱质产业，农民是弱势群体，农户难以应付频发的自然灾害。如果大多数的农业风险由商业性金融机构承担，无疑会影响商业银行提

供农村金融服务的积极性。首先,完善现有的农村信用管理体系。继续加强农户信用评级制度,为信贷提供评估信息,扩大信用贷款面及额度。其次,建立信用防范措施,由政府出资承担担保人角色,架起农户与银行之间的信用桥梁。再次,建立与农村信贷相适应的保险机制,发挥保险对农业的资金补偿作用。组建政策性农业保险机构,专门从事农业政策性保险业务,或委托农业政策银行、商业保险公司开办农业保险业务。

课题组成员 吴红卫 章公雨 刘小宁
汪月娇 许 洁
课题执笔人 刘小宁

浙江国有投资和民间投资协同发展研究

本文在对改革开放以来浙江国有投资和民间投资发展历程、结构变动等情况进行了详尽分析，以1980—2011年数据为基础，利用向量自回归模型研究方法，系统分析了浙江国有投资、民间投资与经济发展是否存在长期均衡关系，三者之间的动态影响效应等问题。通过研究，得出以下结论：浙江国有投资、民间投资对经济发展均存在正向影响，但民间投资更易受到经济波动的冲击，短期内国有投资对经济发展的作用大于民间投资；国有投资对民间投资也存在正向作用，不会产生所谓的“挤出效应”，但民间投资对国有投资的影响相对较弱，实现二者协同发展还存在一些问题和困难。

一、浙江国有投资和民间投资的发展历程分析

改革开放以前，国有投资在相当长的时间内都是固定资产投资的主导力量。由于当时浙江没有被列为投资重点地区，国家对浙江投资支持力度有限，投资规模相对较小，1950－1978年浙江累计固定资产投资仅125亿元。随着改革开放基本国策的确立和市场化程度的逐步提高，使民间投资的加快发展具备了合适的体制和机制条件，国有投资和民间投资在经济发展中的地位与作用发生了巨大变化，具体表现为国有投资逐渐转向、民间投资快速成长的发展特征。

(一)国有投资和民间投资规模均呈现快速发展的态势

改革开放以来，浙江固定资产投资、国有投资和民间投资绝对规模呈现递增发展态势。1980－1992年呈现一个缓慢递增的过程，1992年以后呈现加速发展的态势。2011年，浙江生产总值32319亿元，1979—2011年年均增长12.8%；固定资产投资14077亿元，年均增长21.7%。其中，民间投资、国有投资分别为8513亿元和4449亿元，占固定资产投资的比重分别为60.5%和31.6%，2004—2011年年均增长分别为19.9%和12.1%。

(二)国有投资和民间投资相对规模呈不同的变动趋势

改革开放以来，浙江国有投资占固定资产投资比重总体呈逐步下降趋势，由改革开放初期的50%左右下降到2011年的31.6%；民间投资占比略有上升且长时间在55%－60%的区间波动，2003年以来民间投资呈明显递增趋

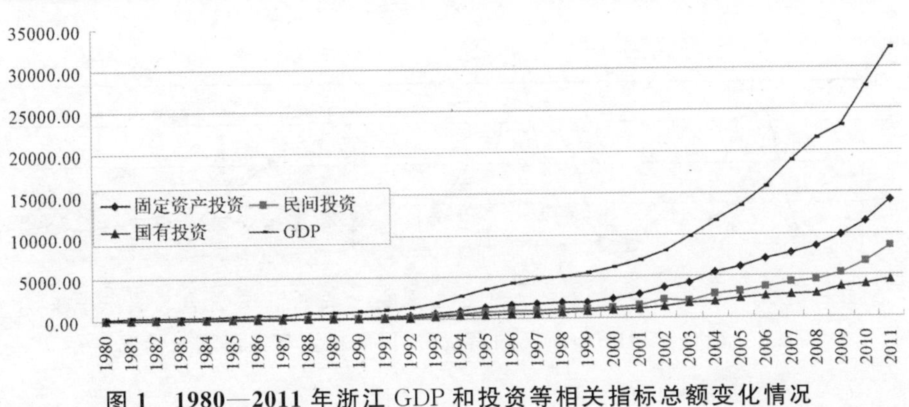

图 1　1980—2011 年浙江 GDP 和投资等相关指标总额变化情况

势，其占比由 47.5%上升到 2011 年的 60.5%，提高了 13 个百分点。而全国国有投资的比重从 1978 年的 85.4%下降到 2011 年的 35.6%，呈现明显下降态势；民间投资比重由 1978 年的 14.6%提高到 2011 年的 58.2%。改革开放以来全国民间投资的发展速度要远远快于浙江，民间投资对经济发展的作用不断突出，已成为经济发展的主导力量。

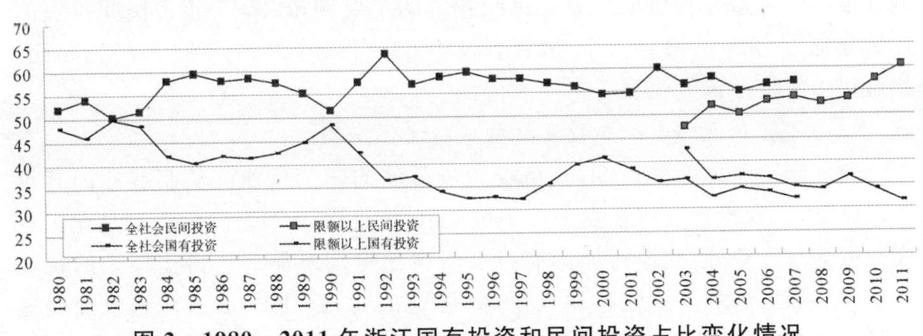

图 2　1980—2011 年浙江国有投资和民间投资占比变化情况

（三）国有投资、民间投资与经济发展的周期性波动相一致

30 多年来浙江民间投资、国有投资和 GDP 增长走势的周期起伏基本相同，民间投资与 GDP、国有投资与 GDP 增速的相关系数分别为 0.7646 和 0.7364，呈现显著相关的特征。但民间投资和国有投资的波动幅度明显大于 GDP 的波动幅度，也表明在一定程度上民间投资和国有投资高于同期 GDP 的增长速度。

二、国有投资和民间投资结构变动情况分析

近年来，浙江投资结构不断优化调整。国有投资从一些领域逐步退出，民间投资涉足面不断加大，已基本涵盖国民经济的各个领域。

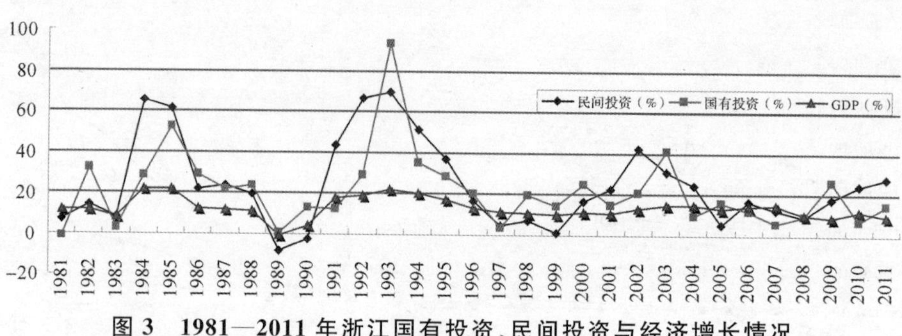

图 3　1981—2011 年浙江国有投资、民间投资与经济增长情况

（一）国有投资和民间投资产业结构变动情况

从产业结构看，国有投资主要集中于第一、三产业，这些产业大多与国计民生密切相关（详见附表 1）。2011 年，第一、二、三产业中国有投资占比均比 2004 年明显下降，国有投资基本集中在第三产业，所占比重超过 80%，且呈现进一步上升态势，第二产业国有投资出现明显倒退现象，第一产业所占比重不足 1%。民间投资主要集中于第二、三产业，第一产业中的投资规模和所占比例都很小。制造业和房地产业是民间投资的主要领域，2011 年占民间投资的比重分别为 43.0%和 46.4%，两者合计为 89.4%，与 2004 年的 87.7%相比，相对集中的特征依然明显。

（二）国有和民间制造业投资结构不断优化发展

浙江制造业是开放程度高、市场竞争激烈的一个行业。从制造业国有投资占比看，国有投资逐步在竞争性领域退出（详见附表 2）。除烟草制品业国有投资占绝对优势外，其他行业国有投资所占比重均不显著。占比较大的行业还有石油加工炼焦及核燃料加工业，但是与 2004 年相比，所占比重已经明显下降。在 30 个行业大类中，与 2004 年相比有 22 个行业国有投资比重出现下降，其中降幅较大的有饮料制造业、造纸及纸制品业等行业。国有投资在家具制造业、文教体育用品制造业已完全退出，在食品制造业、化学纤维制造业等行业也已接近完全退出。国有投资在交通运输设备制造业、化学原料及化学制品制造业、烟草制品业等行业占比相对较大，分别为 17.2%、15.2%和 10.5%。

从制造业民间投资占比看，浙江制造业民间投资结构趋于优化，民间制造业投资占全部制造业投资的比重也由 2004 年的 70.3%提高到 2011 年的 80.7%。在制造业内部，除烟草制品业民间投资还没有涉及外，其他 29 个行业均已进入，其中有 10 个行业民间投资占各自行业投资的比重超过 85%，仅石油加工炼焦及核燃料加工业所占比重低于60%。与2004年相比大部分行业民间投资所占比重均有提高,这表明我省制造业领域对民间开放程度很高,市场经济特征非常明显。2011年,电气机械及器材制造业民间投资总量超越传统优势行业纺织业,排在民间投资行业大类的首位,比重为12.6%。2011年,装备制造业民间投资比重为49.4%,与2004年相比提高13.6个百分点。其中,通用设备制造业、交通运输设备制造业、电气机械及器材制造业等技术含量较高的行业中,民间投资所占比重均超过10%。非金属矿物制品业、化学纤维制造业、黑色金属冶炼及压延加工业等涉及"两高"行业投资中比重均有所降低,非金属矿物制品业下降尤为明显。总的来说,民间制造业投资结构不断优化发展。

(三)国有和民间服务业投资结构继续优化调整

从国有服务业投资内部结构变动情况看(详见附表3),信息传输计算机服务和软件业、科学研究技术服务和地质勘查业、水利环境和公共设施管理业、卫生社会保障和社会福利业等行业国有投资占同行业固定资产投资的比重明显提高,2011年占比均超过70%。批发和零售业、住宿和餐饮业国有投资占同行业固定资产投资的比重则均低丁20%。交通运输仓储和邮政业、房地产业、水利环境和公共设施管理业等行业国有投资占全部国有投资的比重相对较高,分别为21.0%、20.1%和24.4%,其他各个行业均在10%以下,有5个行业类别占比小于1%。

除国际组织外,其余14个服务行业中均出现民间投资的身影。房地产业、批发和零售业、住宿和餐饮业、居民服务和其他服务业等行业民间投资占比超过60%。与2004年相比,批发和零售业、租赁和商务服务业、居民服务和其他服务业、文化体育娱乐业、公共管理和社会组织等行业民间投资比重明显提高,房地产业民间投资一枝独大,交通运输仓储和邮政业民间投资占比有所下降。

三、国有投资和民间投资协同发展的实证分析

本文采用基于向量自回归(VAR)模型的分析框架,对国有投资、民间投资和经济发展等变量进行格兰杰因果关系检验、脉冲响应函数和方差分解等方面的研究,揭示变量间的相互影响和内在作用。由于篇幅所限,VAR模型的详细叙述见相关参考文献。所使用的样本数据为1980—2011年的浙江年度统计数据,根据历年《浙江统计年鉴》及相关资料整理得到。

(一)数据变量的初步分析和相关检验(略)

(二)实证分析(略)

(三)实证研究结论

一、通过对 1980－2011 年国有投资、民间投资和 GDP 年度数据进行单位根检验和协整检验,结果表明国有投资、民间投资和 GDP 经过一阶差分变换后都是平稳序列,可以建立 VAR 模型,并且国有投资、民间投资与 GDP 之间存在着长期稳定关系,且目前阶段国有投资和民间投资均对经济增长产生明显推动作用。

二、格兰杰因果关系检验结果表明,国有投资、民间投资和 GDP 之间均互为格兰杰因果关系;国有投资是民间投资的格兰杰原因,但民间投资并不是国有投资的格兰杰原因。这表明国有投资和民间投资都是拉动我国经济增长的动力,经济的进一步发展反过来又会刺激国有投资和民间投资规模的扩大。国有投资对民间投资具有明显带动作用,但是民间投资对国有投资产生的影响并不明显。故要进一步认识到国有投资对民间投资的重要影响,采取必要措施促进二者协同发展。

三、脉冲响应函数分析结果表明,GDP 增长对来自国有投资和民间投资的冲击均具有正向响应,但短期内 GDP 对来自国有投资的冲击响应要比来自民间投资的冲击响应更为显著,对经济增长的推动作用更大。在应对经济危机过程中,要充分发挥国有投资对刺激经济复苏的带动作用。国有投资对民间投资正向作用明显,但是民间投资对国有投资的影响随着时间逐步减弱,和上述格兰杰因果关系检验的结论基本一致。

四、方差分解结果表明,除了自身变动冲击之外,民间投资更容易受 GDP 增长变动的影响,国有投资的影响相对要小一些;GDP 受民间投资的影响程度要大于国有投资,受其自身影响程度最大;国有投资则更容易受自身因素和 GDP 变动的影响,民间投资则相对较小。所以,要充分发挥国有投资和民间投资协同拉动经济增长的协同效应,保持地区经济平稳较快发展。

四、促进国有投资和民间投资协同发展的对策建议

随着经济发展方式的加快转变,浙江国有投资逐渐转向,民间投资稳步发展,市场经济特征愈加明显。但通过研究也发现国有投资与民间投资在协同发展中也存在着一些问题,针对这些问题并结合发达国家的经验给出国有投资和民间投资协同发展的对策建议。

(一)正确把握两者关系,促进协调发展

国有投资与民间投资都是拉动浙江经济增长的重要因素。国有投资是民间投资的基础和主导,有了交通、能源、通信等基础设施和发展环境的改善,民间投资才能跟进来,它为经济增长创造了基础性的条件。民间投资是国有投

资的有益补充和延伸，民间投资方向主要在于竞争性部门，它的增长是创造国民收入、实现经济持续增长和跨越式发展的条件。随着经济社会发展方式转变加快，民间投资的作用会越来越大。今后投资调整的方向应放到保持适度增长的同时，把重点放在投资结构优化调整，合理协调投资内部结构，促进国有投资和民间投资的协同发展上来。

（二）优化调整国有投资，促进对民间投资的带动和引导

现阶段，浙江国有投资还占据十分重要的位置。国有投资在短期内对经济增长具有重要作用，尤其是当民间投资一时间很难发生改变的情况下，可以充分利用政府投资的作用来弥补民间投资的不足。要突出国有投资重点，切实优化结构，努力提高投资效率；加大对民生工程的投入力度，增强消费能力，是扩大内需、促进发展的重要方向；加大对能够促进结构调整、实现产业升级领域的投入力度，推动发展方式转变；加大公共教育、工作培训等人力资本投资，进一步提高劳动生产效率和经济增长质量。从长期看，国有投资要逐步退出，并能引导和带动民间投资的发展，这是今后需要解决的重要问题。

（三）拓宽民营企业投资领域和方式

随着“新 36 条”及其一系列政策措施的出台，我国民营企业进入不同投资领域的准入问题在政策层面得到了一定程度的解决。从浙江两年多以来具体实施情况来看，还存在不少问题。要进一步加快垄断行业改革，切实放宽民间资本进入领域。尽快清理和修订限制民间投资市场准入的法规和政策性规定，完善权益保护政策，引导国有投资有序退出一般竞争性领域，让利于民间投资，引导民间资本加大投入。在拓宽投资方式方面，我省民营企业可以广泛采取多种方式实现投资行为，实现企业发展和社会进步的“双赢”局面。

（四）构建多层次融资体系，重点解决民间投资融资难问题

中小企业是民间投资的重要主体，融资难问题是其面临的主要问题。地方政府应当推进金融创新，建立能够适应民间投资发展需要的多层次金融体系。一是努力提高我省民间资本的组织化程度，可以适度放宽民间资本组建区域性银行、投资公司、租赁公司、资产管理公司、基金等方面的市场准入管制。二是制定并完善鼓励民间投资的信贷政策。国有商业银行应完善机构设置，增强服务意识，增加贷款种类和贷款抵押物种类，适当提高现有资产抵押率。三是构建民营企业信用担保体系。国家应尽快制定中小企业信用担保制度，设立中小企业信用担保基金，建立中小企业信用评级、贷款担保和再担保机构，建立起为民营企业服务的多种类型的信用担保体系。

课题组负责人　竺　园
课 题 组 成 员　郁志君　沙培锋
　　　　　　　　杨士鹏
执　　　　　笔　杨士鹏

参考文献：

[1]浙江省统计局.浙江省统计年鉴2012[M].北京:中国统计出版社,2012.

[2]马拴友.财政政策与经济增长[M].北京:经济科学出版社,2003.

[3][美]古扎拉蒂.计量经济学[M].北京:中国人民大学出版社,2002.

[4]孙敬水.计量经济学[M].北京:清华大学出版社,2004.

[5]易丹辉.数据分析与EVIEWS应用[M].北京:中国统计出版社,2002.

[6]单月鸿,王松林,杨旭鹍.论金融危机新形势下我国民间投资对经济的影响力[J].中国科技博览,2010(8).

[7]蒲祖河.民间投资与产业结构优化升级研究:温州个案分析[J].经济社会体制比较,2008(1).

[8]冯邦彦,林啸.浙江民间投资的比较分析[J].新金融,2011(3).

[9]应雄.民间投资:浙江经济率先回升的关键[J].浙江经济,2009(12).

[10]刘剑,胡跃红.财政政策与长期经济增长[J].上海经济研究,2004(9).

[11]郭庆旺,贾俊雪.财政投资的经济增长效应:实证分析[J].财贸经济,2005(4).

[12]王剑,张会清.民间投资:历史考察、近期动态与趋势判断[J].经济与管理研究,2009(10).

[13]钞小静,任保平.经济转型、民间投资成长与政府投资转向[J].经济科学,2008(2).

[14]国务院发展研究中心宏观经济研究部.政府与民间投资的现状与趋势[R].北京:国务院发展研究中心内部报告,2009.

附　录

附表1　2004、2011年浙江国有和民间投资分三次产业比重情况（%）

	各产业国有投资占同产业固定资产投资比重		各产业国有投资占国有投资比重		各产业民间投资占同产业固定资产投资比重		各产业民间投资占民间投资比重	
	2004	2011	2004	2011	2004	2011	2004	2011
投资总计	36.3	31.6	100.00	100.00	52.00	60.5	100.00	100.00
第一产业	59.6	42.6	0.52	0.93	35.3	57.1	0.21	0.65
第二产业	20.1	15.1	24.94	17.69	61.5	71.9	53.37	44.11
第三产业	49.7	41.3	74.55	81.39	44.3	53.7	46.41	55.24

附表2　2004、2011年浙江国有和民间制造业投资比重变动情况（%）

	各行业国有投资占同行业投资比重		各行业民间投资占同行业投资比重		各行业国有投资占国有投资比重		各行业民间投资占民间投资比重	
	2004	2011	2004	2011	2004	2011	2004	2011
制造业	7.94	4.43	70.29	80.69	100.00	100.00	100.00	100.00
农副食品加工业	9.13	7.62	81.33	85.62	1.17	1.96	1.17	1.21
食品制造业	5.35	0.35	63	67.67	0.66	0.06	0.88	0.68
饮料制造业	30.42	2.49	69.43	76.75	3.22	0.43	0.83	0.72
烟草制品业	85.86	99.91	0	0	0.99	10.49	0	0
纺织业	2.31	1.15	76.87	89.14	4.27	2.49	16.06	10.62
纺织服装鞋帽制造业	2.21	4.01	69.17	75.25	1.18	2.18	4.16	2.24
皮革毛皮羽毛（绒）及其制品业	6.91	4.94	70.16	76.82	1.83	1.4	2.1	1.19
木材加工及木竹藤棕草制品业	3.27	2.99	85.32	91.68	0.5	0.83	1.49	1.39
家具制造业	6.89	0	46.62	85.91	1.52	0	1.16	1.64
造纸及纸制品业	34.34	0.34	54.88	85.7	15.97	0.21	2.88	2.95
印刷业和记录媒介的复制	1.45	2.81	93.71	90.85	0.24	0.62	1.78	1.1

续表

	各行业国有投资占同行业投资比重		各行业民间投资占同行业投资比重		各行业国有投资占国有投资比重		各行业民间投资占民间投资比重	
	2004	2011	2004	2011	2004	2011	2004	2011
文教体育用品制造业	2.1	0	67.46	85.6	0.29	0	1.07	1.11
石油加工炼焦及核燃料加工业	90.52	33.78	5.89	51.33	9.63	3.78	0.07	0.31
化学原料及化学制品制造业	16.54	9.3	59.08	63.23	14.17	15.2	5.72	5.67
医药制造业	15.25	4.2	71.62	73.64	4.4	1.93	2.34	1.86
化学纤维制造业	0.51	0.16	59.59	81.26	0.25	0.1	3.25	2.71
橡胶制品业	12.25	17.24	48.82	57.22	1.43	4.92	0.64	0.9
塑料制品业	1.83	0.29	80.04	85.32	1	0.25	4.98	4.06
非金属矿物制品业	4.26	3.34	78.28	83.01	3.69	3.27	7.65	4.46
黑色金属冶炼及压延加工业	14.62	12.53	33	80.82	7.72	5.23	1.97	1.85
有色金属冶炼及压延加工业	8.25	5.4	66.93	81.67	1.36	1.71	1.25	1.42
金属制品业	2.47	1.02	85.58	90.78	1.57	1.51	6.13	7.39
通用设备制造业	7.22	2.47	80.69	83.96	5.75	5.58	7.26	10.4
专用设备制造业	4.14	3.05	78.64	81.77	1.84	3.1	3.95	4.55
交通运输设备制造业	6.37	7.37	81.13	78.68	4.86	17.16	7	10.05
电气机械及器材制造业	4.93	1.64	75.74	83.67	4.22	4.52	7.32	12.62
通信设备计算机及其他电子设备制造业	5.42	4.21	53.73	72.28	2.74	3.58	3.07	3.37
仪器仪表及文化办公用机械制造业	1.21	2.36	82.92	78.26	0.14	0.55	1.06	1
工艺品及其他制造业	11.17	13.57	74.4	79.18	3.39	6.69	2.55	2.14
废弃资源和废旧材料回收加工工业	0	3.69	35.15	93.62	0	0.26	0.2	0.36

附表 3　2004、2011 年浙江国有和民间分行业投资比重情况(%)

	各行业国有投资占同行业投资比重		各行业民间投资占同行业投资比重		各行业国有投资占国有投资比重		各行业民间投资占民间投资比重	
	2004	2011	2004	2011	2004	2011	2004	2011
总计	36.34	31.6	51.99	60.47	100.00	100.00	100.00	100.00
农林牧渔业	59.55	42.57	35.34	57.05	0.52	0.93	0.21	0.65
采矿业	10.09	7.26	83	91.69	0.05	0.04	0.31	0.27
制造业	7.94	4.43	70.29	80.69	8.04	4.52	49.72	43.02
电力燃气及水的生产和供应	75.44	90.2	19.81	8.97	16.57	12.58	3.04	0.65
建筑业	49.12	63.05	76.98	36.31	0.28	0.55	0.3	0.17
交通运输仓储和邮政业	85.45	84.6	12.99	13.04	21.41	20.97	2.28	1.69
信息传输和计算机服务和软件业	77.68	88.37	3.13	6.26	4.19	2.75	0.12	0.1
批发和零售业	30.24	11.74	64.38	74.74	0.67	0.6	1	1.98
住宿和餐饮业	13.12	19.51	62.32	67.95	0.21	0.72	0.69	1.31
金融业	87.07	50.82	12.93	46.62	0.31	0.29	0.03	0.14
房地产业	14.64	17.26	75.35	76.24	10.57	20.11	38.03	46.43
租赁和商务服务业	58.75	42.6	42.64	54.21	1.08	1.15	0.55	0.77
科学研究技术服务和地质勘查业	51.94	71.26	39.06	23.75	0.2	0.8	0.11	0.14
水利环境和公共设施管理业	86.57	90.86	13.54	8.99	23.07	24.38	2.52	1.26
居民服务和其他服务业	74.29	60.83	25.42	39.17	0.74	0.31	0.18	0.1
教育	92.39	89.06	7.79	10.54	5.81	3	0.34	0.19
卫生社会保障和社会福利业	80.56	84.19	20.09	15.65	1.35	1.8	0.23	0.17
文化体育和娱乐业	84.21	71.22	13.23	26.12	1.5	1.85	0.17	0.35
公共管理和社会组织	94.48	69.76	6.83	30.24	3.44	2.66	0.17	0.6

附表 4　协整方程残差序列 vecm 的平稳性检验结果

ADF 检验统计量	1%	显著性水平	－4.309824
	5%	显著性水平	－3.574244
	10%	显著性水平	－3.221728

附表 5　变量 DLNGDP 的方差分解

Period	S. E.	DLNGDP	DLNGY	DLNMJ
1	0.039832	100.00	0.00	0.00
2	0.04937	91.33077	2.162707	6.506521
3	0.050554	87.29799	3.386939	9.315072
4	0.051141	87.2541	3.592172	9.153732
5	0.051411	87.29119	3.564834	9.143976
6	0.051453	87.14842	3.635646	9.215934
7	0.05149	87.16014	3.63425	9.205612
8	0.051503	87.1521	3.635346	9.212556
9	0.051505	87.14666	3.637203	9.216137
10	0.051507	87.14725	3.63723	9.215524

附表 6　变量 DLNGY 的方差分解

Period	S. E.	DLNGDP	DLNGY	DLNMJ
1	0.109718	31.10542	68.89458	0
2	0.127068	27.42736	51.47695	21.09569
3	0.131128	31.69141	48.45283	19.85576
4	0.133094	30.7624	49.77209	19.46552
5	0.134173	31.38256	48.99595	19.62149
6	0.134438	31.27205	48.89993	19.82802
7	0.13447	31.27381	48.89675	19.82944
8	0.134495	31.26984	48.88612	19.84404
9	0.134501	31.27537	48.88132	19.84331
10	0.134505	31.27416	48.88306	19.84278

附表 7　变量 DLNGY 的方差分解

Period	S. E.	DLNGDP	DLNGY	DLNMJ
1	0.16119	57.48224	2.852222	39.66554
2	0.173306	61.01154	4.509751	34.47871
3	0.178888	57.60985	7.217857	35.1723
4	0.180369	58.1572	7.194867	34.64794
5	0.180743	57.95693	7.173274	34.86979
6	0.180758	57.96362	7.172137	34.86425
7	0.180818	57.97499	7.179805	34.84521
8	0.180834	57.97737	7.183457	34.83917
9	0.180844	57.97522	7.185494	34.83928
10	0.180847	57.97629	7.185755	34.83795

浙江物流业发展研究[①]

物流业作为支撑国民经济的基础性和综合性产业，其发展越来越得到全社会的广泛关注，我国甚至将物流业列入国家重点规划振兴的十大产业之列。浙江作为我国一个经济相对发达的地区，经济发展和产业结构调整升级更离不开物流业的发展。为了使浙江省现代物流业健康快速地发展，必须正确认识物流业存在的问题、机遇和挑战，并采取一定的措施，使浙江物流业向更加理性、健康的方向发展。

一、浙江物流业的发展现状

（一）产业规模持续扩大，企业队伍不断壮大

近年来，浙江物流业规模持续扩大，在国民经济和服务业中的地位明显提升。2011 年，全省物流业增加值为 3070 亿元，比 2010 年增长 12.7%，在 GDP 中的比重达到 9.6%。

2011 年全省物流法人单位共 1.3 万家，物流企业成长迅速，规模不断扩大，涌现了一批在全国具有龙头地位或示范性的企业，3A 级以上物流企业 139 家，占全国总数的 11.0%。越来越多的物流企业从原来提供单一的运输仓储服务向提供全方位、多层次、一体化服务转变，从简单的承揽物流业务向根据客户需要开发专业物流服务转变。

（二）基础设施逐步完善，交通运输能力快速提高

在各级政府的高度重视下，物流基础设施建设成效显著，全省四通八达的交通运输网络已基本形成。2011 年末，全省铁路营业里程达到 1765 公里，是 2000 年的 1.48 倍；公路通车里程达到 11.2 万余公里，是 2000 年的 2.67 倍，其中高速公路通车里程 3500 公里，是 2000 年的 5.58 倍。

全省水路船舶运力达到 20153 艘，运力总规模突破 2000 万载重吨，其中海运运力达到 1721 万载重吨，居全国各省（市）第一。沿海港口泊位达到 1082 个，拥有生产性泊位 1075 个，万吨级以上 98 个。另有杭州港、湖州港、嘉兴内

① 主要数据来源：《浙江统计摘要 2012》《中国统计年鉴 2011》。

河港等7个内河重点港口，内河航道通航里程达到9750公里。全省水路年货物综合通过能力8.3亿吨，其中内河年通过能力3.02亿吨。

全省7个机场开通航班239个，其中境外45个，成为国内继北京、上海、广州外唯一辐射欧洲、非洲、大洋洲和亚洲四大洲航线网络的省份。萧山机场二期竣工后，机场候机楼总面积将达到37万平方米，停机位115个，将成为全国为数不多的双跑道机场之一，可以起降包括空中客车A380在内的各类先进机型。目前杭州萧山国际机场在“千万客流”级别上遇到的容量饱和等问题将迎刃而解。

(三)物流运输成绩斐然，港口优势尤其显著

2011年，全省完成货物周转量8627亿吨公里，完成货物运输量18.6亿吨，其中铁路货运量为0.42亿吨，公路货运量为10.87亿吨，水路货运量为7.29亿吨。

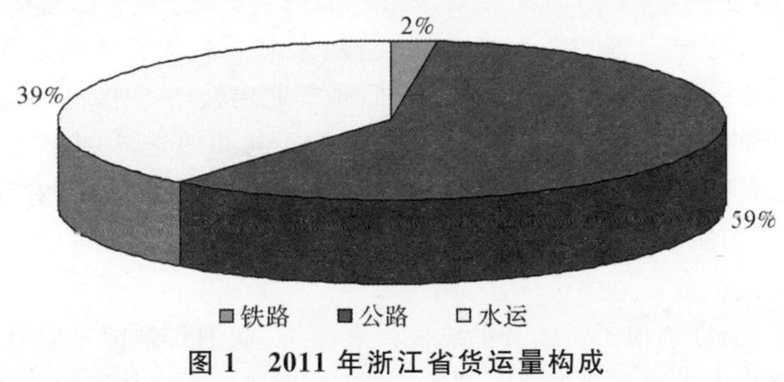

图1　2011年浙江省货运量构成

全省港口完成货物吞吐量12.24亿吨，同比增长13.1%，其中内河港口货物吞吐量为3.6亿吨，沿海港口货物吞吐量达到8.67亿吨，仅宁波—舟山港就完成货物吞吐量6.9亿吨，继续保持全球港口首位。完成集装箱吞吐量1583.6万标箱，其中宁波—舟山港完成集装箱吞吐量1472万标箱，占93%。

(四)物流园区建设各具特色，已渐成体系

物流园区是基础设施的一种，它有别于企业自用型的物流中心，是具有经济开发性质的物流功能区域。随着物流企业快速增加和政府的规划引导，专业从事物流服务的企业和物流密集型工商企业在一定区域集聚，形成物流园区，通常具有一个或多个配送中心，经营仓储、运输等业务，同时还包括与之配套的信息、咨询、维修、综合服务等业务。

截止到2009年底，浙江全省拥有物流园区45个，占全国9.5%，居第一位。规划或在建的交通物流园区12个，以及一批物流中心和货运站。目前，以交通设施导向型、货源地导向型、城市生产生活配套服务导向型为主要类型的较为完善的浙江省现代物流基地体系正在形成。

(五)信息化建设取得显著进展,管理水平有所提高

物流的管理系统、操作流程、信息反馈系统都要求信息化、电子化和一体化。建立网络化的物流信息系统,需要在内部网和外部网中确立良好的信息处理和传输系统,使客户、收货人与各仓储、运输公司等做好准备,使商品在各种运输方式和各个阶段之间无缝对接,快速流动。

浙江省政府非常重视物流信息化建设。一是相继建成一批硬件设施。目前建成项目有 1 个数据管理中心、2 个数据交换服务器。二是着力推进软件和流程建设。物流信息系统的建设正在快速推进,2010 年 1 月 1 日,浙江向全国正式推出一期工程——LOGINK1000,为全国提供物流代码、通用软件、数据交换三项服务。计划到 2015 年,在全国部署 30 个数据交换服务器,推出 20 个通用软件,连接 30 个国内主流物流信息服务商。此外,浙江省的物流公共信息平台将参与中日韩物流信息互联,组建东北亚物流服务信息服务网络。其他在建的项目有国际集装箱、物流园区管理等通用软件,中国电信物流商务领航,对国内仓储、货代、运输等 15 个主流软件进行接口改造,逐步推出一批标准化软件。在流程建设方面,目前信用中心、车辆中心、跟踪中心等正在建设中。

二、与国内主要省(市)物流发展的比较分析

(一)物流综合实力评价

为了客观、准确地了解浙江的物流发展实力,我们对全国主要省(市)的物流发展综合实力进行多指标综合评价,并进行排名。本文从物流供需规模、物流基础设施、物流社会效益、物流人力资源 4 个方面 7 个指标构建物流发展综合实力评价指标体系,指标体系的构成见表 1。

表 1　物流发展综合实力评价指标体系

目标层	一级指标		二级指标	
物流发展综合实力	F_1	物流供需规模	X_{11}	工业增加值
			X_{12}	社会消费品零售额
			X_{13}	进出口总额
			X_{14}	全社会货运周转量
	F_2	物流基础设施	X_2	全社会货运量
	F_3	物流社会效益	X_3	交通运输、仓储及邮政业增加值
	F_4	物流人力资源	X_4	交通运输、仓储及邮政业就业人数

评价结果(如下表)表明:

表 2　国内主要省(市)物流发展综合实力测算结果

地区	F	F'_1	F'_2	F'_3	F'_4	F_1	工业增加值(亿元)	社会消费品零售额(亿元)	进出口总额(万美元)	全社会货物周转量(亿吨公里)	全社会货运量(亿吨)	交通运输、仓储及邮政业增加值(亿元)	交通运输、仓储和邮政业就业人数(万人)
							X_{11}	X_{12}	X_{13}	X_{14}	$F_2=X_2$	$F_3=X_3$	$F_4=X_4$
北京	2.195	1.183	0.284	1.362	1.536	1.901	2764	6229	3017	877	2.18	712	6.15
天津	1.749	0.841	0.523	1.120	1.004	1.351	4411	2860	821	10065	4.00	585	4.02
河北	5.069	1.410	2.047	3.340	3.287	2.266	9554	6822	421	8071	15.66	1746	13.16
辽宁	4.238	1.445	2.071	1.773	3.143	2.322	8789	6888	807	9029	15.85	927	12.59
黑龙江	2.413	0.714	0.775	0.898	2.387	1.148	4608	4039	255	1826	5.93	469	9.56
上海	3.483	1.849	1.140	1.596	2.355	2.972	6536	6071	3690	18918	8.73	834	9.43
江苏	6.733	3.180	2.340	3.383	4.511	5.111	19278	13607	4658	5590	17.90	1768	18.06
浙江	4.862	2.188	2.235	2.060	3.211	3.517	12658	10163	2535	7117	17.10	1077	12.86
福建	2.871	1.081	0.864	1.667	2.095	1.737	6398	5310	1088	2977	6.61	871	8.39
山东	7.485	2.962	3.938	3.771	4.271	4.760	18861	14620	1892	11833	30.13	1971	17.10
河南	4.553	1.609	2.653	1.671	3.140	2.586	11951	8004	178	7203	20.30	873	12.57
湖北	3.258	1.134	1.221	1.442	2.672	1.822	6727	7014	259	3097	9.34	754	10.70
广东	7.126	4.127	2.514	3.492	4.102	6.632	21463	17458	7849	5711	19.23	1825	16.42
四川	3.504	1.143	1.755	1.098	2.963	1.838	7431	6810	327	1808	13.43	574	11.86

注:表中 7 个指标的数据均为 2010 年数据,交通运输、仓储和邮政业就业人数为第六次人口普查抽样调查长表数据。

浙江省综合实力位居前列，名列第五。从测算结果来看，浙江省综合得分为 4.862 分，14 个国内主要省（市）物流发展综合实力得分最高的是山东省，得分为 7.485 分，其次是广东省，得分为 7.126 分，第三是江苏省，得分为 6.733 分，浙江省排在河北省（5.069 分）之后，居第五位。

从物流供需规模看，浙江位居第四。浙江省物流供需规模得分为 2.188 分，广东省得分遥遥领先，得分高达 4.127 分，其次是江苏省和山东省，得分分别为 3.180 分和 2.962 分。从物流基础设施、物流社会效益和物流人力资源得分看，浙江均居第五位，得分分别为 2.235 分、2.060 分和 3.211 分。

与广东省、江苏省和山东省相比，浙江省 4 个一级指标均处于落后位置，尤其是山东省的物流基础设施和物流社会效益得分均居首位。浙江省与河北省的物流发展综合实力差距较小。虽在物流供需规模方面得分远高于河北，但在物流社会效益方面，浙江与河北的差距较大，浙江的交通运输、仓储及邮政业增加值仅占河北的 62%，主要原因在于河北优越的地理位置，其是进出北京市和天津市的必经之路，区域优势造就了发达的物流。

（二）物流发展综合实力与 GDP 的关系

为了更深入地分析物流业与经济发展的关系，我们对 14 个省（市）的 GDP 与物流发展综合实力得分进行相关分析和回归分析。根据测算，14 个省（市）的 GDP 与物流发展综合实力得分相关系数达到 0.956，属于高度相关。由此可知，GDP 与物流发展综合实力存在着很强的正相关性。下面我们对 GDP 和物流发展综合实力得分做线性回归分析，得到数学模型：

$$Y = 6106.4X - 3467.3, R^2 = 0.9146, F = 128.52$$

从回归结果来看，拟合系数 R^2 为 0.9146，说明模型拟合效果非常理想。同时，统计量 $F = 128.52$，对应置信水平 $P = 9.09 \times 10^{-8} < 0.0001$，说明回归方程非常显著。

由此可以推论出，GDP 随物流发展综合实力的增强而增加，物流发展综合实力得分每增加 0.1 个点，GDP 可以增加 611 亿元。同时，我们从 GDP 与物流发展综合实力得分的散点图和回归拟合曲线（见图 2）发现，浙江处在回归线的上方，这种情况一方面说明浙江的物流效率比较高，物流对国民经济的贡献较大；另一方面说明相对经济总量来说，物流还不够发达，还有较大的发展空间。

三、浙江物流业发展存在的问题

（一）港口物流面临上海港的竞争压力

一方面，港口腹地上存在差距。浙江和上海同处长江流域下游，港口腹地

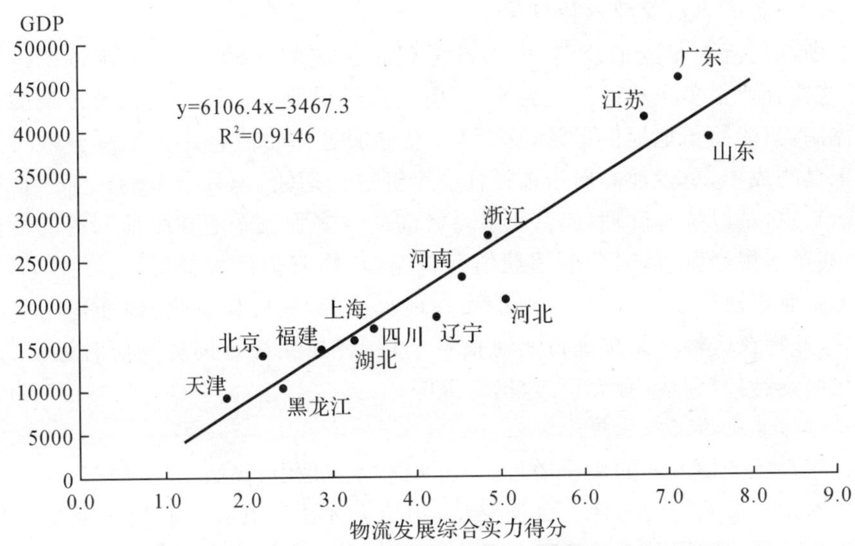

图 2 GDP 与物流发展综合实力的散点图和回归模型

重叠，竞争不可避免。但上海以及上海港的腹地要优于浙江沿海港口，上海港有经济发达的江苏做后盾，长江流域的安徽、湖北、湖南、重庆等区域为上海港提供了充足的货源保障，而浙江港口的腹地主要是浙江本地、江西、安徽等区域，腹地范围还不够宽广。另一方面，港口条件上优势不明显。自从舟山洋山港并入上海港后，上海没有深水港的历史从此结束，洋山港能容纳一万标箱集装箱船的停泊，成为上海建设国际航运中心的重要战略基地。上海港在港口方面和经济腹地方面的优势使其作为国际航运中心的地位不可动摇。

(二)物流基础设施配套略显滞后

虽然浙江省的物流基础设施和装备条件已有较大的发展和改善，但与物流产业的发展要求相比，与发达国家及物流产业发展较好的省份的物流水平相比，仍然有较大的差距，这在相当程度上影响着浙江省物流效率的提高，不利于物流产业的快速健康发展。一是运输设施的区域布局不均衡，浙江省东部沿海较发达(如杭州、宁波)，而中西南部的交通设施比较落后(如衢州、丽水)；其次，各种运输方式之间尚未形成合理分工，使得各种运输方式不能合理地发挥各自的优势。二是与上海和江苏相比，高速公路和铁路密度差距明显。每百平方公里高速公路里程数分别相当于上海和江苏的 26.6%和 83.8%，每百平方公里铁路里程数分别相当于上海和江苏的 25.6%和 93.0%。

（三）物流市场管理亟待规范

浙江物流企业数量众多，但大部分仍是传统的仓储、运输企业转型过来的，这些企业很多虽然已经改名换姓，但仍然沿用原有的设施设备及传统的管理体制，只能简单地提供运输（送货）和仓储服务。物流企业为了减少购买运输工具的成本，更多地倾向于选择社会车辆进行运输，但社会车辆相对于自有车辆来说，难以统筹管理，经营风险系数高。许多物流企业在眼前利益的驱使下，甚至违规经营，运输车辆超载情况普遍，货物安全性大打折扣。绝大部分物流企业规模很小，由于技术力量和管理水平低，实施信息化、标准化的难度很大，货物在运输中无法进行实时信息反馈，客户无法查询货物何时运出、此时在何方、何时到达，有无遗漏、损坏等等。

（四）专业物流人才较为缺乏

随着浙江物流业的快速增长，物流人才特别是中、高级物流管理人才和工程技术人才匮乏的问题将会更加突出，物流人才匮乏在一定程度上制约了先进科技手段的应用和企业管理水平的提升。虽有不少学校已开设了物流的相关专业，可是其培养的大学生与社会上的人才需求却无法对接，于是造成了大学毕业生就业难、物流专业化人才缺口大的尴尬局面。

（五）物流发展体制和组织方式不够完善

从目前的体制来看，浙江的交通基础设施建设处于一个诸侯割据的状态，而物流发展恰恰是一项系统工程，涉及工业、商贸、铁路、交通、航空、国土等部门，与此同时，物流发展配套的投融资、产权转让、市场准入等体制还不够完善，地方城市发展总体规划、土地利用规划、城市交通总体规划等与物流规划难以有效对接，使得物流中心与城市规划、交通规划脱节。在物流需求方面，尽管近几年来对第三方物流的认识已有较大提高，但相当多企业仍保留着大而全或小而全的经营组织方式，从原材料采购到产品销售过程中的一系列物流活动，主要依靠企业内部组织的自我服务完成，大量潜在的物流需求还不能转化为有效的市场需求。这种以自我服务为主的物流活动模式在一定程度上影响物流企业的创新动力和专业化服务能力的提升。

（六）对外运输形势堪忧

受欧债危机影响，欧盟对华进口萎靡不振，多家国际航运公司无奈退出欧洲航线，但是全球海运运力依然过剩，海运价格急剧下跌，目前，中国沿海几乎所有国际航运公司均处于亏损状态。作为全球经济景气度最重要的指标之一的波罗的海综合运费指数（简称 BDI），目前已跌入低谷。在货运需求增长乏力的同时，货主自建船队进一步分食了货运市场的蛋糕，加剧了市场竞争。海运业是一个复杂的物流体系，从生产厂家、货代公司、集卡运输、仓储企业、码头作业、海上航运、船代公司等各个环节，环环紧扣，利益相关，牵一发而动全身。

四、促进浙江物流业发展的对策建议

物流业是国民经济发展的动脉和基础产业，又是资金密集的产业，是基础设施相对集中的产业，需要政府的正确引导和大力支持，但它的营运主体是企业，运营的机制要靠市场，政府的职能主要是为物流业的发展创造政策环境，规范物流市场。

（一）转变理念，大力发展第三方物流

（二）因势利导，组建若干大型物流企业

（三）依托优势，大力发展港口物流

（四）构筑网络，完善基础设施建设

（五）强化保障，提高物流人才素质

（六）政府主导，统筹规划物流布局

（七）健全制度和信用体系，加大市场改革和管理力度

课题负责人　陈　敏
课题组成员　何　荆　丁建红
　　　　　　尚国强　徐　涓（总队服务业处）
　　　　　　曹桂芝　颜海彬（台州调查队）
　　　　　　佘　林　虞旭伟（舟山调查队）
执　笔　人　颜海彬　尚国强

参考文献：

[1]应伟．浙江现代物流发展策略研究[J]．商业文化（学术版），2011(05)．

[2]冯华，胡娟．基于主成分分析的区域物流能力研究[J]．商业经济，2009(10)．

[3]吕璞，徐丰伟．基于主成分分析的城市物流发展评价[J]．大连交通大学学报，2012(1)．

[4]浙江省统计局课题组．浙江省物流业发展状况研究[J]．统计科学与实践，2011(2)．

[5]何晓群．多元统计分析（第二版）[M]．北京：中国人民大学出版社，2008．

[6]高慧璇．实用统计方法与 SAS 系统[M]．北京：北京大学出版社，2006．

[7]浙江省人民政府．浙江省“十二五”物流业发展规划，2011．

[8]浙江省交通运输厅．浙江省交通物流基地布局规划，2009．

[9]浙江省统计局．浙江省第十二次党代会以来经济社会发展成就[EB/OL]．(2012-12-11)[2012-06-21]http://www.zj.stats.gov.cn/col/col281/index.html．

浙江省小微企业发展情况研究

浙江是中小企业大省，小微企业是我省国民经济和社会发展的重要力量，是浙商企业家创业成长的主要平台，在吸纳就业、增加城乡居民收入、科技创新、促进经济平稳较快发展和社会和谐稳定等方面更发挥着重要的无可替代的作用。但近年来，小微企业的发展遇到了复杂多变的国内外经济环境和原材料、人工、资金、用地、用电及人民币升值等各种要素成本上扬的影响，出口受阻，生产经营难度加大。10月份以来，中央和省委、省政府及时出台了一系列化解小微企业困境的政策措施，减税让利，提振企业信心，并已取得了一定成效。近日国务院常务会议研究部署了进一步支持小型和微型企业健康发展的政策措施，对我省小微企业发展具有重大意义。

一、小微企业的基本情况

（一）小微企业的地位作用

1.小微企业数量占绝对比重。根据统计上大中小微企业划分标准，截至2012年1月末，我省小微企业有56.93万家，占企业总数的97.0%。其中，小型和微型企业分别为13.6万和43.33万家，分别占23.2%和73.8%。从产业分布看，小微企业多数分布于二、三产业（详见表1）。其中，小型企业逾六成为二产企业，在三次产业中比重分别为3.8%、65.0%和31.1%；微型企业半数为三产企业，在三次产业中比重分别为2.4%、47.3%和50.3%。从行业分布看，小微企业七成以上分布于制造业、批发和零售业两大传统行业（详见表2）。小型企业中，制造业企业数量最多，为8.36万家，占61.5%；其次为批发和零售业1.83万家，占13.4%。微型企业中，制造业、批发和零售业企业分别有18.84万和12.38万家，分别占43.5%和28.6%。

表 1　2012 年 1 月末小微企业在三次产业中的分布

	合计	一产		二产		三产	
		个数	比重(%)	个数	比重(%)	个数	比重(%)
合计	569315	15595	2.7	293418	51.5	260302	45.7
小型企业	136035	5237	3.8	88465	65.0	42333	31.1
微型企业	433280	10358	2.4	204953	47.3	217969	50.3

表 2　2012 年 1 月末小微企业行业分布

	合计	小型		微型	
		个数	比重	个数	比重
合计	569315	136035	100	433280	100
农、林、牧、渔业	15595	5237	3.8	10358	2.4
采矿业	1380	453	0.3	927	0.2
制造业	272031	83641	61.5	188390	43.5
电力、燃气及水的生产和供应业	3677	613	0.5	3064	0.7
建筑业	16330	3758	2.8	12572	2.9
交通运输、仓储和邮政业	12171	2271	1.7	9900	2.3
信息传输、计算机服务和软件业	15238	1575	1.2	13663	3.2
批发和零售业	142095	18287	13.4	123808	28.6
住宿和餐饮业	7049	3306	2.4	3743	0.9
房地产业	14735	2392	1.8	12343	2.8
租赁和商务服务业	42726	5692	4.2	37034	8.5
科学研究、技术服务和地质勘查业	13802	4021	3	9781	2.3
水利、环境和公共设施管理业	2495	1132	0.8	1363	0.3
居民服务和其他服务业	6839	2296	1.7	4543	1
教育	0	0	0	0	0
卫生、社会保障和社会福利业	70	19	0	51	0
文化、体育和娱乐业	3082	1342	1	1740	0.4
公共管理和社会组织	0	0	0	0	0

2. 小微企业在国民经济中占有重要地位。我省小微企业数量在绝大多数行业中均占绝对比重。其中，租赁和商务服务业比重最高，为99.7%，采矿业、信息传输、计算机服务和软件业、居民服务和其他服务业、科学研究、技术服务和地质勘查业、制造业、交通运输、仓储和邮政业、批发和零售业、电力、燃气及水的生产和供应业、文化、体育和娱乐业、水利、环境和公共设施管理业、农、林、牧、渔业、住宿和餐饮业等行业，小微企业数量占全部企业数量的90%以上，建筑业、房地产业比重略低，分别为89.7%和89.6%，卫生、社会保障和社会福利业等行业比重较低，占全行业企业总数不到10%。

3. 小微企业是就业的重要渠道。小微企业在扩大就业、促进再就业中发挥了重要作用。截至2012年1月末，小微企业共吸纳就业（注：就业人员是按名录库数据统计，与企业现有人数可能有差异）1178.5万人，占同口径所有企业的55.5%。其中，小型和微型企业分别吸纳就业811万和367.5万人，分别占38.2%和17.3%。

4. 小微企业是经济发展和科技创新的重要力量。在工业总产值中小微企业占到一半以上。2011年，在全部工业总产值中，规模以上小型企业约占31.2%，规模以下工业（部分小微企业和个体工业单位）约占25.1%，共占56.3%。在规模以上工业中，小型企业的科技活动经费支出比2011年增长31.2%，增速比大中型企业高14.6个百分点；小型企业的固定资产投资增长12%，增速比大中型企业高10.3个百分点。据法人单位统计年报数据，2010年，我省小微企业主营业务收入4.6万亿元，占全部企业的43.2%。其中，小型和微型企业主营业务收入分别为3.8万亿和0.8万亿元，分别占35.7%和7.5%。第一产业、工业和第三产业中，小微企业主营业务收入占比均在40%左右；建筑业主营业务收入占比较低，为12.9%。

5. 小微企业经济总量在全国保持领先。“十一五”期间，我省小微企业中的规模以下工业主要经济总量指标保持全国第一。2010年，工业单位数、工业总产值、资产总计、从业人员数分别为83.9万家、12504亿元、6586.7亿元、663.3万人，分别占全国的13.4%、18.5%、15.1%和13.5%，均居全国各省（区、市）的首位，单位数的比重比居第2位的河南省高1.7个百分点，工业总产值、资产总计和从业人员数比居第2位的广东省分别高7.2、6.0和0.9个百分点。

（二）小微企业的特征

总体来看，浙江小微企业“低、小、散”的格局未有根本改变，表现为企业规模小、产业层次低、产品档次低、利润率低、竞争力弱，多数企业处于产业链和价值链的末端，少有定价权，抵御各种风险的能力较弱。每次遇到世界经济波动、外部需求减弱和国内宏观调控力度加大的情况，浙江小微企业往往首当其冲受到影响，经济增速率先回落。

1.企业规模相对小型化。我省小微企业规模不断扩大，但平均规模相对小型化的状况依然明显。我省规模以上工业户均总产值相对于全国水平从二十一世纪初的87%左右下降到目前的58%左右。2010年[①]，我省规模以上工业小型企业户均总产值0.4亿元，比2006年仅增长25.6%，增幅低于大中型企业5.4个百分点。

2.投入产出效益水平低。我省小微企业存在产业层次低、产品档次低、技术含量小、市场定位不高、自主开发能力弱等长期积累的问题，产品具有明显的区域块状特色，技术雷同，企业缺乏核心竞争力，品牌意识较弱，比较优势不明显，使得生产经营普遍具有低价格、低技术、低收益、低附加值等特征，直接制约了其投入产出效益水平的提高。根据成本费用调查，2010年我省规模以上工业中，小型企业增加值率仅为17.3%，分别低于大型企业和中型企业3.4和3.2个百分点。2011年，规模以上小型企业主营业务收入利润率仅为4.9%，分别低于大型企业和中型企业1.7和1.5个百分点。

3.产业结构转型升级较慢。从工业看，传统制造业仍是浙江小微企业的支柱行业。2011年，在规模以上工业小型企业中，纺织、电气机械及器材制造、通用设备制造、化学原料、金属制品业五大行业占了近一半，总产值分别占12.6%、8.7%、8.5%、8.4%和5.0%，共占43.2%；规模以下工业中，纺织业、通用设备制造业、金属制品业、塑料制品业、纺织服装鞋帽制造业五大行业占了一半，总产值分别占18.9%、11.4%、6.7%、6.4%和5.9%，共占49.3%。微型企业主多数比较注重近期利益，小富即安，缺乏创新的实力和胆识，缺乏产品转型和技术革新的动力，遇到世界经济波动、外部需求减弱和国内宏观调控力度加大时，多数企业通过收缩生产规避风险；在经济好转订单增加时又多以增加劳动力投入来扩大生产。装备制造业等新兴产业虽然发展较快，企业家数量不断增加，但发展水平仍未达到质的飞跃。2011年，我省规模以上工业企业中，小型企业装备制造业企业达到1.1万家，占小型企业的39.1%；实现工业总产值7640.8亿元，占小型企业的32.9%；户均产值为小型企业平均水平的84.1%。

---

① 因2011年规模以上工业统计标准提高至主营业务收入为2000万元，为保持可比性，该处使用2006年和2010年主营业务收入500万以上企业数据进行对比。

二、小微企业的发展情况和困难

2011 年以来，世界经济复苏进程减缓和国家宏观调控力度加大，这两个因素叠加对经济发展的累积效应加大，小型企业首当其冲受到影响，全国小型企业 PMI 指数 5 月份开始连续 8 个月位于收缩区间，与全部企业 PMI 指数出现回升趋势相反，9 月份低至 45.3%，10 月份回升到 49.7%，仍处于收缩区间，12 月为 48.7%。我省小型企业也一样，复杂多变的国内外经济环境和原材料、人工、资金、用地、用电及人民币升值等导致各种要素成本上扬，对中小企业形成了严峻考验，企业出口受阻，生产经营难度加大，直接影响到全省经济走势。

2011 年，我省规模以上工业企业中，小型企业增加值和利润总额分别为 4372.1 亿和 1081.7 亿元，比 2011 年分别增长 11.4% 和 11.2%，增速比规模以上工业分别高 0.5 和 1.3 个百分点（详见表 3），出口交货值 4163.3 亿元，增长 16.0%，增速比规模以上工业高 3.7 个百分点，但与前两年相比，增速回落幅度较大，下半年小型企业工业增加值、出口交货值、利润月度增速和融资景气指数等指标已接近 2008 年下半年国际金融危机影响较严重时期的水平。

1. 主要经济总量增速大幅回落，企业景气回落。2011 年，规模以上小型企业工业增加值、利润增速分别比 2011 年回落 8.6 和 52.7 个百分点，出口交货值增速回落 15.8 个百分点，出口占销售产值的比重为 18.4%，比大型和中型企业分别低 1.9 和 3.4 个百分点，比 2010 年下降 1 个百分点。尤其是三季度呈加速回落态势，月度增速进入个位数增长区间甚至负增长，工业增加值增速从年初（1—2 月）的 13.5% 回落到 10、11 月份的 8.3%；出口交货值增速从 18.6 回落到 11 月份的 8.6%；利润增速从 1—2 月的 36% 增长高位快速回落到 9 月的负增长（－2.5%），11 月份最低（－14.4%），利润下滑的幅度大于生产和出口下滑的幅度。9 月末，停产的小型企业有 409 家，占全部小型企业的比重为 1.5%。据企业景气调查，小型企业的企业家信心指数和景气指数明显回落，四季度分别为 107.8 和 111.9，已接近 100 的景气临界点，创 2009 年二季度以来的新低，比全部调查企业分别低 5.2 和 14.1 点。据四季度对规模以下工业的抽样调查，认为生产经营状况“好”或“很好”的企业占 23.4%，认为“一般”的占 63.6%，认为“差”或“很差”的占 13%。剩余订单余额增幅大幅回落。2011 年末，规模以下工业企业剩余订单余额为 438.5 亿元，比 2011 年增长 8.9%，增幅比 6 月末和 9 月末分别下降 15 和 13.6 个百分点。

2. 融资难、融资贵，对小型企业资金链产生不利影响。据企业景气调查，2011 年，小型企业融资景气指数处于“不景气”区间，四个季度分别为 92、

92.7、91.2和89.5，四季度比全部企业低5点，与2008年三、四季度国际金融危机影响最严重时期(91.8和88.2)基本相当。小微企业在贷款时大多面临利率上浮、存贷挂钩、附加手续费、搭售理财产品等要求，再加上担保、中介等其他费用，导致中小企业的银行融资成本大幅上升。2011年，小型企业利息净支出374亿元，占规模以上工业企业的45.2%，相当于同期银行贷款余额的6.7%，远高于大中型企业的5.2%；小型企业利息净支出增长47.2%，远高于大中型企业32%的增速。规模以下工业企业资金紧张的比重达38%，其中很紧张(缺口在20%以上)的占7.1%。部分企业为维持生产，只能选择民间借贷来调剂资金余缺，从而加剧了企业的经营成本与风险，企业资金链紧绷甚至断裂的风险显现，三季度出现少数企业主集中出走的现象。

3.税负重、成本高、利润率低。2011年，规模以上工业小型企业主营业务税金及附加比2011年增长32.1%，远高于大中型企业的22.8%，比同期主营业务收入增速高11.9个百分点；主营业务成本占收入的比重为87.4%，比大、中型企业分别高出3.3和2.1个百分点；主营业务收入利润率4.9%，比上年年下降0.4个百分点，明显低于大中型企业(详见表3)。规模以下工业企业主营业务收入营业利润率为4.95%，其中营业利润率在10%以上的企业数占16.3%，在5%—10%之间的占24.6%，在0—5%之间的占49.8%，亏损企业占9.4%；每百元资产实现营业利润仅为5.58元。随着实体经济受要素制约趋紧和各类成本上涨影响，在资金运作高利润回报的利益驱动下，一些企业寻求外迁和对外投资，在本地扩大生产和投资的意愿减弱，参与房产、矿产、期货和股权股票投资增多。

表3　2011年规模以上工业主要经济指标

指标	增加值		利润总额		主营业务收入		主营业务成本		主营业务收入利润率	
	亿元	增速	亿元	增速	亿元	增速	亿元	增速	%	提高百分点
总计	10878	10.9	3080	9.9	53071	18.8	45603	19.5	5.8	−0.4
大型	2135	11.7	649	11.1	9821	20.7	8259	22.2	6.6	−0.6
中型	4371	10.0	1350	8.2	21006	16.6	17910	17.3	6.4	−0.5
小型	4372	11.4	1082	11.2	22244	20.1	19434	20.5	4.9	−0.4

4.招工难、“用工荒”和外来人口集聚快并存。受生产周期性变化影响，经济回暖即现招工难已成为常态。特别是每年春节前后，不少小微企业出现“用工荒”、用工成本提高等问题。据2011年四季度规模以下工业企业抽样调查，

认为“劳动力成本上升快”是当前首要突出问题的企业比重达 30.8%。同时，由于小微企业大多是技术含量不高的劳动力密集型企业，需要大量的低端普工，又使我省人口迅速集聚，这也是浙江外来人口净增加最快、劳动人口受教育年限低的主要原因。据“六普”资料显示，2010 年，我省常住人口中省外流入人口为 1182 万人，占全部常住人口的 21.7%，即每 5 个常住人口中就有 1 人以上来自省外，与 2000 年相比，增加了 813 万人，约相当于新流入了一个海南省(867.1 万)的人口，增幅高达 2.2 倍，占比提高 13.8 个百分点。省外流入人口以初中及以下学历人口为主，占 84.8%；15—39 岁的中青年文盲人口中，省外流入人口占 46.2%。

由于我省小企业比重大，经济下行趋势比全国严峻。一至四季度，我省 GDP 累计增速分别为 10.4%、9.9%、9.5%、9.0%，同比分别回落 4.6、1.8、3.0、2.9 个百分点，下行趋势比较明显。GDP 增速与全国相比，从 2010 年一季度高于 3.1 个百分点回落到 2011 年全年低于 0.2 个百分点，居各省市区的倒数第三。

10 月份以来，中央和浙江省委、省政府及时出台了一系列政策措施，化解中小微企业困境，提振企业信心。一是着力缓解中小企业融资难。设立 10 亿元省级财政中小企业再担保资金，引导金融机构加强对小微企业支持，落实差异化信贷政策措施。进一步完善小微企业贷款风险补偿机制，充分发挥融资性担保公司对小微企业的增信作用，积极推动有条件的小微企业境内外上市融资，鼓励支持小微企业发行集合票据“抱团”融资，大力拓宽融资渠道，有效缓解企业融资难和资金使用成本高的问题。加快推动金融创新，引导民间资本合理流向，积极鼓励民间资本参与小微企业担保机构、小额贷款公司等发展，加快完善中小企业融资担保体系，努力形成多元化融资格局。办好“浙融会”，推进成长型小微企业与国内外投融资机构的对接等。二是努力减轻企业负担，优化企业发展环境。清理取消 31 项涉企行政事业性收费，减免符合转型升级要求的小微困难企业相关税费，实行社会保险“五缓四减三补贴”政策。深化“服务企业、服务基层”专项行动，帮助企业破解用电难、用地难等要素瓶颈制约。坚持治乱和减负相结合，开展以“五项治理”和“三查”为重点的企业减负活动。通过优化中小企业政策环境、服务环境和融资环境，重点培育扶持一批创业型、创新型、外向型、配套型、品牌型小微企业，形成了促进我省小微企业加快创业创新、转型发展的良好环境。

随着这些政策措施的贯彻落实，对推动小微企业平稳健康发展发挥了重要作用。资金紧张状况略有缓解。四季度，我省规模以上工业企业中，小型企业新增贷款余额199.1亿元，占规模以上工业的54.5%，比前三季度提高11.6个百分点，亏损面有所下降。12月末，我省规模以上工业企业中，小型企业亏损面为10.6%，比9月末缩小2.2个百分点，生产和利润增速快速回落的态势有所遏制。12月份，规模以上小型企业工业增加值增长9.2%，比前2个月回升0.9个百分点；利润增速从9—11月连续3个月的降势转为增长0.7%，生产形势正在逐步趋于稳定。

但总体来说，小微企业的生产经营状况仍不太如人意，生产和利润增速延续回落态势。四季度，我省规模以上工业企业中，小型企业增加值和利润总额同比分别增长8.6%和-6.3%，增幅比前三季度分别回落3.2和27.6个百分点。

三、对策建议

近日召开的国务院常务会议研究部署了进一步支持小型和微型企业健康发展的对策，要求认真落实国务院2011年10月12日常务会议确定的各项财税和金融支持政策，确定了完善财税支持政策；努力缓解融资困难；加快技术改造，提高装备水平，提升创新能力；加强服务和管理等政策措施，还提出了建立和完善小型微型企业分类统计调查、监测分析和定期发布制度，对小微企业健康发展具有重大意义。从我省实际看，要尽快落实国务院和我省进一步支持小微企业健康发展的各项政策措施，应从以下几方面加大工作力度。

1.积极实施三大国家战略及国家级的有关综合改革试点。以此作为现阶段浙江经济新的发展契机，进一步争取发展政策，尽快做出战略性布局，出台具体实施方案，有序、有效、持续性地推进落实，降低准入门槛，破除影响民间投资的体制障碍，鼓励支持小微企业进入发展。

2.采取有效措施，防止小微企业生产下滑。当前国际国内形势错综复杂，各种矛盾问题相互交织叠加，影响经济增长的不确定性因素增多，不能排除继续下行的风险。因此，要采取切实有效的措施，着力破解民营企业小微企业"融资难""投资难""创新难"和"盈利难"，保持经济稳定增长。一是要保持清醒头脑，增强忧患意识，加大政府协调，提高政策措施的针对性和有效性。二是努力缓解融资困难。抓紧实施中小企业金融服务中心和民间财富管理中心建设行动计划，创建温州国家金融综合改革试验区，推进丽水农村金融综合改革试点，规范发展民间融资，积极争取信贷投放增量，创新金融产品和信贷模式，提高小微企业贷款比例，降低企业实际融资成本，强化对小微企业健康发展的金融支撑。三是进一步加快重大税制改革，比照2008年的做法，尽快出台和落实减轻企业负担和让利于企业、服务于企业的政策措施，提振企业信心，帮助企业改善生存环境和生产经营环境。四是要做好煤电油运、土地供应、信贷支持等各项要素的保障工作，努力缓解各种要素制约。五是要帮助企业赴省内外、境内外参展，千方百计保订单、保出口，努力拓展营销网络和省外、国外市场。

3. 加快结构调整和转型升级。当前经济形势下，正是推进结构调整、淘汰落后产能、转变发展方式的有利时机。因此，要充分利用目前宏观偏紧等环境，以此作为倒逼机制，加快改变传统的发展方式，改变浙江经济长期处于国际国内产业分工价值链末端的不利处境，扶持引导小微企业向"专、精、特、优"发展，形成一批科技型、成长型企业。根据现阶段我省的实际情况，关键要加快传统制造业的改造提升，把传统制造业的转型升级落实到龙头企业和产业集群的转型发展上，特别是要支持龙头企业向制定行业标准、创建品牌、掌握议价权发展，以此带动面上千家万户相关小微企业转型升级。要有选择地推进战略性新兴产业的培育和发展。要以优化产业结构、提高产业素质、增强竞争力为主要目标，通过组织创新、科技创新、市场创新、品牌创新和建立供应链及分销网络，转向产业链上较高层次，着力提高产品质量，降低消耗，减少污染，降低成本，提高附加值。

4. 加强行政服务和管理力度，推动民营经济大发展大提升。政府要加强引导、服务、管理和考核，努力为民营企业和小微企业发展提供充足的阳光、空气、土壤、雨露和水分，坚定不移地推进民营企业和小微企业大发展大提升，使小微企业成为企业家创业成长的主要平台。完善扶持实体经济的政策措施，鼓励支持小微企业加大实体经济投入，坚守实业，做强主业，夯实立身之本，加快集聚天下浙商的巨大能量，合力共推浙江继续走在科学发展前列。

课题组负责人　金汝斌
课 题 组 成 员　王美福　傅吉青　王继章
徐　璐　凌　艳
执　　　笔　傅吉青

浙江小微企业资金现状与发展策略研究

2011年以来,资金问题成为浙江小微企业生存与发展面临的最突出问题。由于资金紧张,部分企业生产经营出现困难,个别企业甚至出现资金链断裂、企业主跑路的现象,对经济发展和社会稳定产生一定的影响。党和国家领导人几次来浙江调研小微企业的发展情况,对小微企业面临的问题和困难十分关注。本文通过问卷调查,收集浙江小微企业资金状况及融资情况的相关资料,进行了深入分析,从小微企业融资环境的外部制约因素和小微企业自身发展情况分析出现资金问题的根源所在,并从政策层面、金融体制以及企业自身建设等方面提出加强政策引导、完善金融体系、提升企业融资能力等意见和建议。

小型微型工业企业(以下简称小微企业)在增加就业、促进经济增长、科技创新与社会和谐稳定等方面具有不可替代的作用,对国民经济和社会发展具有重要的战略意义。改革开放以来,浙江经济从民营经济、小微企业起步,迅速发展成为经济大省。2011年以来,国际国内经济环境复杂多变,国外市场萎缩、国内经济下行压力加大。受融资困难、成本上升等多重因素影响,以浙江温州为代表的部分小微企业出现资金困难、发展停滞等问题,成为政府和社会关注的焦点。国家统计局浙江调查总队近期开展了小微企业资金情况问卷调查,对小微企业资金来源、资金运转、融资情况等方面进行深入研究,旨在为政府部门缓解小微企业融资困难提供有价值的参考依据。

一、浙江小微企业资金与发展的关系

资金是企业的血脉,是维持企业生产经营活动正常进行的前提和保障。企业的生产经营过程实质上就是资金的流转过程,在资金的良性循环中,企业可以得到健康的发展,并不断成长;同时在这种良性运动中,资金才能保存价值并使原有的价值得到增值。

(一)调查样本情况

根据2011年7月工业和信息化部、国家统计局、国家发展和改革委员会、财政部等四部门联合发布的新的企业规模划型标准,对于工业企业,从业人员

300 人及以上，且营业收入 2000 万元及以上的为中型企业；从业人员 20 人及以上，且营业收入 300 万元及以上的为小型企业；从业人员 20 人以下或营业收入 300 万元以下的为微型企业。依据上述规定，可以将小微企业定义为：从业人员 300 人以下或主营业务收入 2000 万元以下的工业企业。

2012 年 6—7 月，浙江调查总队在温州、湖州、衢州等市开展了小微企业资金情况问卷调查。调查对象为企业负责人，调查内容主要包含企业资金来源、资金投向、资金运转、资金缺口、融资情况等等。调查样本共 350 家企业，其中小型企业 198 家，占 56.6%，微型企业 152 家，占 43.4%。

（二）资金与小微企业的发展关系

1. 自有资金是小微企业创业资金的主要来源。浙江的小微企业多数从家庭工业发展而来，很多小微企业仍然保留着家庭经营的模式，业主的自有资金成为创办企业启动资金的主要来源。从调查情况看，创业资金来源为业主自有资金的小微企业占 42.5%，从银行贷款的占 23.9%，合伙人参股的占 14.4%，从亲戚朋友处借款的占 13.2%，民间借款的占 5.9%。

2. 注册资本高的小微企业成长性更好。注册资本是企业的信用基础，对于企业债权人来说，能够作为债务清偿担保的，往往是企业的全部资产，而企业全部资产的多少在很大程度上取决于企业注册资本。因此，注册资本往往是企业实力的保证，是企业取得社会信赖的重要基础和条件。从调查情况看，小微企业的注册资本在 100 万元以下的占 35.0%，100 万元—1000 万元的占 43.3%，1000 万元—3000 万元的占 12.0%，3000 万元以上的占 9.7%。从企业规模看，小型企业的平均注册资本为 1688.20 万元，而微型企业的平均注册资本为 634.30 万元。从企业 2011 年主营业务收入看，主营业务收入 300 万元以下的企业平均注册资本为 108.60 万元，300 万—2000 万元企业平均注册资本为 314.38 万元，而 2000 万元以上企业平均注册资本为 2771.75 万元。注册资本高的企业，其成长性更好。

3. 小微企业平均总资产超 3000 万元。企业总资产是指企业拥有或控制的全部资产，包括企业的流动资产、固定资产、无形资产等。企业总资产是企业历年经营的积累，是企业经营实力的体现，是企业发展的成果。从调查情况看，浙江小微企业 2011 年末的平均资产总额为 3666.49 万元，其中，小型企业的年末资产总额平均为 5296.69 万元，微型企业的年末资产总额平均为 1542.94 万元。

4. 产品销售资金是小微企业流动资金的主要来源。企业的资产总额主要包括固定资产和流动资产。流动资产指企业可以在一个营业周期内变现或者运用的资产，其每一次周转可以产生营业收入及创造利润。周转速度快，会相对节约流动资产，等于相对扩大资产投入，增强企业盈利能力；而延缓周转速度，需要补充流动资产参加周转，形成资金浪费，降低企业盈利能力。流动资金是企业在生产经营过程中占用在流动资产上的资金，在流动资金不足时，企业往往通过负债来缓解，合理的负债可以帮助企业扩大生产，提高盈利能力。从调查情况看，目前企业生产资金的主要来源中，42.1%的小微企业依靠产品销售取得资金的周转，而通过各种形式负债筹集资金的小微企业比例达49.8%，其中向银行贷款的小微企业比例为25.1%，向亲戚朋友借款的比例为11.1%，向民间借款的比例为6.1%。

二、浙江小微企业资金现状

(一)小微企业创业资金投向及资金缺口情况

1.小微企业创业资金主要投向设备和原材料。在创办初期，小微企业的资金投向主要是添置设备和购买原材料，这两项支出占资金投入的52.2%，在土地和厂房方面的支出比例为31.5%。尽管浙江的土地价格很高，但是由于很多小微企业从家庭工业起步，利用自有土地、厂房进行生产的较多；还有一些企业租用厂房，因此支出比例较低。另外，企业创业资金在产品研发方面的投入较少，只有3.1%。

表1　小微企业创业资金投入比例(%)

	购买(租用)土地	购买(建造/租用)厂房	购买(租用)设备	购买原材料	产品研发	支付员工工资
小型企业	13.3	20.5	24.8	26.3	3.1	9.6
微型企业	11.4	17.1	25.9	27.8	3.2	11.2
合计	12.5	19.0	25.3	26.9	3.1	10.3

2.小微企业资金缺口情况较大。在企业步入发展轨道以后，对资金的需求逐渐放大。调查显示，2012年以来62.0%的小微企业出现资金紧张，其中资金缺口在50%以上的小微企业占8.0%。小型企业由于生产规模更大，资金需求更多，资金紧张情况比微型企业更为突出，有11.1%的小型企业资金缺口在50%以上，比微型企业高7.2个百分点。

表 2　小微企业资金紧张情况(%)

	资金紧张企业比例			资金基本正常企业比例	资金宽裕企业比例
	缺口在 50%以上	缺口在 20%—50%	缺口在 20%以下		
小型企业	11.1	20.2	32.8	30.8	5.1
微型企业	3.9	23.0	32.2	35.5	5.3
合计	8.0	21.4	32.6	32.9	5.1

3. 资金紧张导致小微企业收缩生产规模。调查显示,小微企业资金紧张最主要的三个原因,一是生产要素成本上升,二是企业生产经营利润下降,三是企业销售款回笼困难。资金紧张制约了企业的发展,企业产能不能充分发挥,调查显示,如果企业资金宽裕,有 28.6%的企业生产会比现在增长 30%以上,43.4%的企业生产会比现在增长 10%—30%,另有 28.0%的企业生产会比现在增长 10%以下。

(二)小微企业的融资渠道与融资需求

1. 金融机构是小微企业融资的主渠道。从融资渠道看,金融机构是小微企业融资的主渠道。调查显示,小微企业向四大国有银行融资的比例为 38.6%,向其他商业银行融资的比例为 38.0%,向本地小额贷款公司融资的比例为 7.2%。在非金融机构融资方面,小微企业向企业主亲戚朋友借款的比例为 29.4%,向民间借贷的比例为 19.9%。

2. 拥有银行信用等级的小微企业较少。企业信用等级评定是指商业银行为保证银行信用的安全性、流动性和效益性,按照统一的财务与非财务指标体系和标准,以偿债能力为核心,对企业的经营状况和资信状况进行综合评价和信用等级确定。调查显示,小微企业中拥有银行信用等级的不多,占比只有 21.8%,其中,AAA 级企业比例为 7.7%,AA 级企业比例为 8.9%,A 级企业比例为 5.2%。从规模看,小型企业拥有银行信用等级的比例为 31.3%,微型企业只有 9.2%。

3. 小微企业融资需求较高。调查显示,2012 年以来有 60.6%的小微企业有融资需求,其中,融资需求在 50 万—100 万元之间的最多,比例为 14.3%,其次是融资需求在 300 万元以上的企业,比例为 13.1%。企业规模与企业融资需求有直接的关联,小型企业的融资需求明显高于微型企业,21.2%的小型企业融资需求在 300 万元以上,而微型企业的这一比例只有 2.6%。

表 3 2012 年以来小微企业不同融资需求比例(%)

	不同融资需求的企业比例					没有融资需求企业比例
	300 万元以上	200—300 万元	100—200 万元	50—100 万元	50 万元以下	
小型企业	21.2	11.6	11.6	12.6	5.6	37.4
微型企业	2.6	8.6	11.8	16.4	18.4	42.1
合计	13.1	10.3	11.7	14.3	11.1	39.4

4. 订单减少是企业融资需求下降的最主要原因。调查显示，2012 年以来没有融资需求的小微企业中，有 26.9%的企业是因自身资金宽裕而没有融资需求，其他企业未进行对外融资的主要原因，一是企业订单减少，从而资金需求减少；二是企业规模太小，没有多少资产，金融机构不会放贷。另外，贷款附加条件太多、融资的实际成本高、融资利率较高、手续繁琐等，也是小微企业未对外融资的原因。

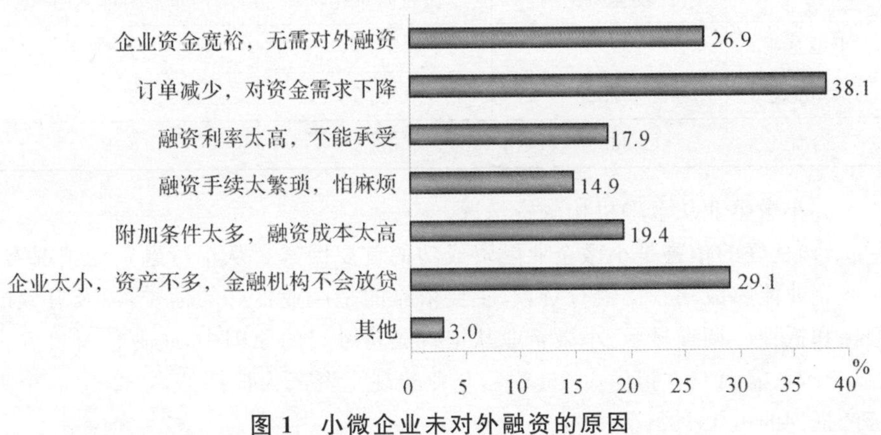

图 1 小微企业未对外融资的原因

(三)融资情况

1. 多数小微企业融资成本上升。调查显示，2012 年以来 69.4%的小微企业融资成本上升，上升幅度在 10%—30%之间的企业最多，比例为 35.1%；上升幅度在 10%以下的企业比例为 31.7%。从企业规模看，融资成本上升的小型企业比例为 73.2%，比微型企业高 8.7 个百分点，其中融资成本上升幅度在 10%以上的企业，小型企业比微型企业高 10.9 个百分点。

表 4　2012 年以来小微企业融资成本上升情况(%)

	上升 30%以上企业比例	上升 10%—30%企业比例	上升 10%以下企业比例	没有上升企业比例
小型企业	2.5	39.9	30.8	26.8
微型企业	2.6	28.9	32.9	35.5
合计	2.6	35.1	31.7	30.6

2. 多数小微企业认为从银行贷款比较困难。调查显示,66.1%的小微企业认为从银行贷款比较困难,其中认为非常困难的企业比例为 8.1%。从企业规模看,微型企业比小型企业更为困难,有 13.2%的微型企业认为从银行贷款非常困难,比小型企业高 9.1 个百分点;59.6%的微型企业认为从银行贷款比较困难,比小型企业高 2.9 个百分点。

表 5　小微企业银行贷款难易程度(%)

	比较容易比例	比较困难比例	非常困难比例
小型企业	39.2	56.7	4.1
微型企业	27.2	59.6	13.2
合计	33.9	58.0	8.1

3. 小微企业从金融机构融资情况。

(1)良好的信誉是小微企业融资成功的首要因素。从银行融资的情况看,小微企业能够成功获得银行贷款,主要依靠的是企业良好的信誉,以及有效的担保和抵押。调查显示,小微企业从银行成功融资的原因中,企业信誉良好占 31.9%,依靠第三方担保占 26.9%,企业非现金资产为抵押的占 22.8%,个人资产抵押的占 19.3%。

(2)部分小微企业融资需要支付额外成本。除了支付正常的贷款利息,部分小微企业在从银行贷款时,还被要求支付一些附加费用。调查显示,有 31.4%的小微企业在银行贷款时支付了附加费用,其中,25.4%的企业支付的附加费用相当于贷款利率的 20%以内,另有 6.0%的企业支付的附加费用相当于贷款利率的 20%以上。

(3)无有效资产抵押是小微企业融资不成功的主要原因。调查显示,77.8%的小微企业向银行申请过贷款,其中 58.7%的小微企业遭遇过银行贷款不成功的情况。从企业贷款不成功的原因看,无有效资产抵押是最主要的

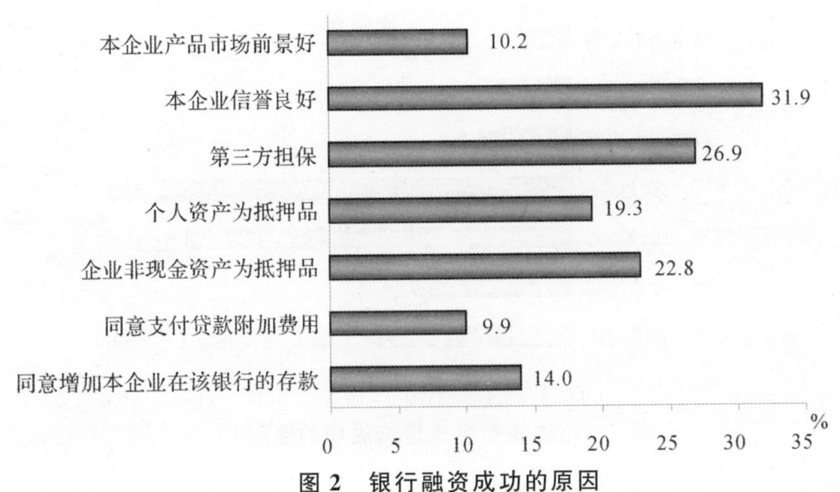

图 2 银行融资成功的原因

原因，比例为 19.8%；其次是没有合适的担保人，比例为 14.4%。另外，贷款手续复杂、审批时间过长、银行贷款额度不足等也是主要的原因。

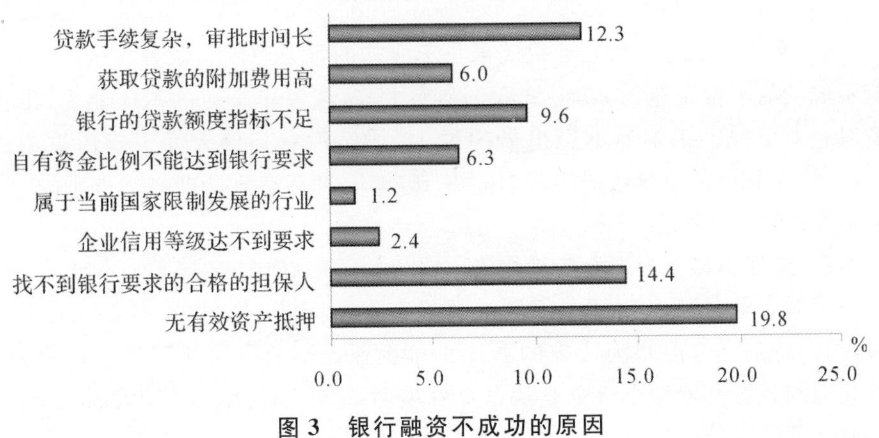

图 3 银行融资不成功的原因

4. 小微企业民间借贷情况。

(1)企业信誉是民间借贷成功的首要因素。由于银行贷款困难，民间借贷成为浙江小微企业发展的重要资金来源，浙江也成为全国民间资金最活跃的省份。除了看重企业信誉以外，与银行借贷看重担保和抵押不同，民间借贷更看重亲情友情。调查显示，小微企业民间借款成功的原因，第一是企业信誉好；第二是朋友间借款，比较放心；第三是亲戚间借款，比较放心。

(2)民间借贷利率普遍高于同期银行贷款利率。由于资金的稀缺性，民间

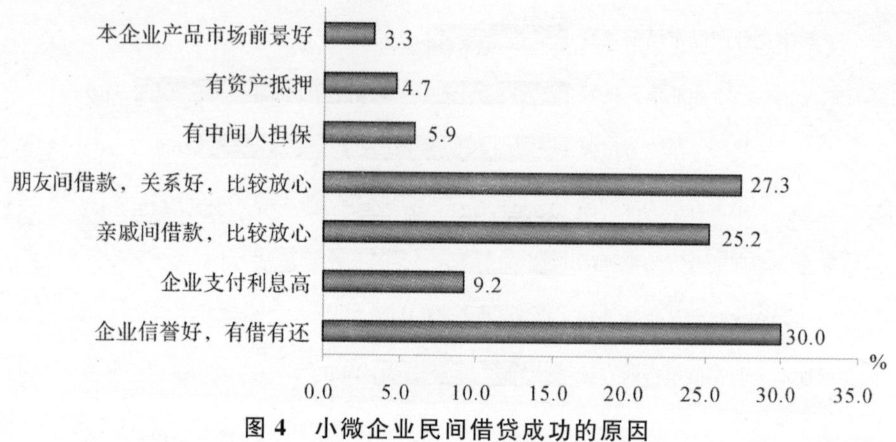

图 4　小微企业民间借贷成功的原因

借贷利率往往高于同期的银行贷款利率，调查显示，向民间融资的小微企业中，51.8%的企业民间贷款利率为银行同期贷款利率的 1—2 倍，19.1%的企业为 2—3 倍，9.6%的企业为 3 倍以上。只有 19.5%的企业融资利率不超过银行同期贷款利率。

(3)利率太高是小微企业民间借贷不成功的主要原因。调查显示，民间借贷不成功的小微企业，46.2%是由于利率太高，超过了企业的承受能力；出借方对企业信誉不了解而不愿出借的占 16.9%，没有担保人而不能借款的占 13.1%，企业产品市场状况不理想的占 10.0%，没有有效抵押物的占 10.0%，其他原因占 3.8%。

三、浙江小微企业资金问题根源

小微企业的资金问题是国际上普遍存在的问题，在 2008 年金融危机以后，国内特别是以温州为代表的浙江小微企业面临着资金不足的发展瓶颈。从我国的金融制度和小微企业的自身发展两个角度看，小微企业的资金问题既有外部因素的制约，也有自身发展不足的影响。

(一)外部因素约束

1. 金融体系制约。我国目前商业银行的业务流程、制度体系和金融服务绝大部分是按照规范、成熟的大中型企业的经营管理方式来设置的，不符合广大小微企业融资需求的特点。小微企业的融资需求多用于流动资金，具有规模小、时间急、频率快的特点，目前国有商业银行实行集约化经营管理体制后，强化了贷款审批、发放等各个环节的责任，特别是上收了县级基层银行的贷款审批权，而小微企业大部分集中在区县市及农村地区，贷款需要基层银行逐级上报审批，造成小微企业申请贷款审批时间长、银行授信程序复杂。同时，在贷款申请与发放上，商业银行对大中型企业与小微企业用的是同一套评级系统和贷款申请流程，针对大中型企业形成的客户评价标准体系，很多指标小微企业难以提供，事实上构成了对小微企业的信用歧视，导致小微企业难以获取银行贷款。

2. 银行经营机制约束。商业银行的本质特征决定其要追求利润最大化，越大规模的贷款，其分摊成本越小，银行从中获利就越大。大中型企业的信贷规模大，并且往往派生大量的中间业务，成为各商业银行优先放贷的目标。相反，小微企业贷款笔数多、单笔数额小、维护成本高，受资产规模限制，也不可能像大中型企业那样给银行带来大量的存款、结算、中间业务等综合收益。虽然按照现行政策，商业银行对小微企业贷款可以上浮利率，但是上浮以后对小微企业贷款的综合成本仍然很高。在开展大中型企业和小微企业金融业务存在较大利润差异的情况下，各商业银行都将市场定位于大行业、大企业，经营机构更愿意将业务重点放在拓展和维护大客户的工作上，为小微企业融资而开发的新产品或金融衍生工具不仅品种少，而且大多是点到为止，难以满足小微企业要求的融资需求。

3. 银行难以获取企业信息。由于小微企业多数是从家庭工业发展而来，企业主个人在企业发展中的作用非常大，普遍存在企业管理人才缺乏、企业制度不健全的现象，影响企业的费用核算、成本分析；加上企业为了自身利益不愿露富、不愿泄露有关债权债务等方面的商业机密，更有甚者为了规避税费或争取优惠政策而有意不真实反映企业经营和财务状况。财务报表不能真实反映企业生产经营活动，给银行信贷管理工作造成极大的困难，导致银行无法确定是否给予企业信贷支持。而银行方面由于小微企业征信平台构建不完善，难以得到全面完整的信用信息，对小微企业信贷资金使用监督困难，影响了银行业对小微企业的资金投入。

4. 直接融资渠道不畅。在资本市场上，企业直接融资的渠道是通过公开的证券发行。由于证券市场尚处于成长阶段，具有明显的不稳定性，政府对此实施了严格的监管，企业发行股票上市融资的要求非常高，小微企业要进入证券市场的难度非常大。目前证券市场的创业板、中小企业板主要面向科技含量高、成长性快的高新技术中小企业开放，但由于门槛和各种限制条件，远不能满足小微企业的融资需求。而且浙江小微企业大多为传统制造业，难以达到进入资本市场的门槛。

（二）内部因素影响

1.小微企业自身发展不足。由于小微企业大多从农村家庭工业发展而来，规模较小，企业经营者缺乏现代企业经营管理的理论和实践，企业员工多为农村转移劳动力，科技素质较低，技术工人缺乏，产业特点以传统制造业为主，产品以为大企业配套或周边市场供货为主，企业获取市场信息能力较弱，产品较为单一，市场竞争力不足，容易被市场淘汰，受宏观调控的影响较大，在经济下行时容易陷入危机，市场风险较大。企业生存期较短，每年都有不少新的企业诞生，也有不少企业关闭。小微企业生产经营的不确定性和较高的倒闭率，使外部出资者特别是金融机构面临着较大的风险，从而不愿向小微企业提供资金。

2.小微企业普遍缺乏担保与抵押。按照金融机构对贷款发放的要求，担保和抵押是最重要的条件。小微企业自身规模小，固定资产少，实力不够雄厚，其资产主要是厂房和机器设备，难以提供符合条件的抵押物品。一方面小微企业如果需要融资的话，一般只能用房产和机器设备作抵押，这些抵押物品的抵押率较低；另一方面如果通过担保公司担保融资，担保公司必须提供反担保，无疑是提高了小微企业融资担保的门槛，降低了小微企业的融资能力，制约金融机构对小微企业的信贷投入。调查也显示，无有效资产抵押是企业难以从金融机构获取资金的最主要原因。

3.部分小微企业信用观念缺乏。小微企业的内部治理结构和控制机制不健全，少数人或个别人控制企业的现象比较普遍，存在法人资产与自然人资产没有严格区分的现象，当企业经营发生困难时，抽逃企业资产的现象时有发生，而且很难控制，贷款的偿还得不到保证。一些小微企业信用观念薄弱，采用种种方法逃废银行债务，影响小微企业的整体形象，也挫伤了商业银行对小微企业资金支持的积极性。由于我国公众的信用制度尚未建立，金融机构不能准确判断企业经营者信用状况，在对小微企业放贷时面临较高的风险，迫使金融机构忽视健康成长的小微企业的合理融资需求。

课题负责人　严勤芳

课题组成员　王继章　吴　磊　陈丽丽　邢田华（总队工业处）

柯向伟　徐　俊　朱承志（温州调查队）

杜方林　胡　勤　秦立俊（湖州调查队）

张良军　黄国忠（衢州调查队）

浙江水产品加工业现状调查与发展研究

水产品加工业是浙江传统产业，也是发展海洋经济的重要支柱产业。本文通过对全省水产品加工业的重点调研，反映浙江水产品加工业发展平稳，尤其龙头企业优势突出，并有效带动浙江渔业捕捞和养殖业发展。但企业成本上升、海洋渔业资源枯竭、用工难、融资难、低水平同质化竞争等问题不容忽视。建议政府和有关部门减轻企业负担，进一步促进养殖业发展，强化海洋渔业资源保护；加大对水产品加工技术创新的支持力度，完善质量安全控制体系。企业要提升核心竞争力，提高品牌意识，加强技术和装备改造，发展精深加工，促进高附加值产品发展。

水产品加工是指对鱼类等水产品进行保鲜、贮藏和加工，使之成为便于贮藏、用途更广、价值更高的食品和综合利用产品的生产过程。水产品的加工种类较多，包括水产品的冷冻食品加工、干制加工、腌熏制品加工、鱼糜制品加工、罐制品加工、调味品加工、海藻食品加工及水产品综合利用等。

一、浙江水产品加工业发展基本情况

根据基本单位统计名录库，至 2011 年底全省共有水产品加工企业 1463 家。其中冷冻加工企业 1047 家（占 71.6%），鱼糜、干腌制企业 222 家（占 15.2%），水产饲料企业 127 家（占 8.7%），其他水产品加工企业 67 家（占 4.6%）。从行业类型看，以水产冷冻加工为主，全省水产品加工企业主要分布在宁波、温州、舟山和台州 4 市，数量分别占全省的 25.2%、13.9%、26.2%和 27.1%。除以上 4 市之外，全省其他地区水产品加工企业仅占 7.7%。

为反映当前浙江水产品加工业的发展现状和特点，以及面临的困难与问题，国家统计局浙江调查总队抽选 371 家样本企业开展了重点问卷调查，并走访了部分企业。

（一）水产品加工、流通能力不断提高

水产品加工能力有所提高。到 2011 年末，全省水产品加工能力 242.4 万吨/年，比上年增长 2.3%；水产冷库冻结能力 3.5 万吨/日，同比增长 6.2%。全省水产加工总量 223.5 万吨，同比增长 5.2%；水产品加工产值 456 亿元，同比增长 12.9%。水产品流通体系不断完善。2011 年，全省水产品流通总产出

333.6 亿元，增加值 51.9 亿元，同比分别增长 17.5%和 22.5%。其中全省规模以上的 80 家水产品交易市场，成交量 375.8 万吨，同比增长 3.3%；成交额 485.9 亿元，同比增长 12.6%。

（二）企业发展基本平稳，但经营压力渐显

根据对样本企业的调查，2011 年 371 家样本企业总资产 156.29 亿元，比 2010 年增长 11.4%。实现产品销售收入 151.18 亿元，出口交货值 72.26 亿元，分别比上年增长 10.6%和 10.8%，显示发展基本平稳。企业应缴税金 1.88 亿元，增长 17.1%；实现利润总额 5.27 亿元，增长 7.6%。其中有 152 家企业利润同比下滑，占 41.0%。85 家有出口产品的企业，29 家出现出口额下降。样本企业 2011 年亏损 45 家，亏损面 12.1%，亏损面比 2010 年略上升 1.4 个百分点。测算样本企业销售利润率仅为 4.3%，行业整体处于低利润率状态，表明企业经营压力渐显。

（三）龙头企业优势突出，抵御风险能力强

龙头企业经营状况较好，显示较强的竞争力。371 家企业中，有县级以上龙头企业 138 家。2011 年平均每家龙头企业资产 0.94 亿元、产品销售收入 0.95 亿元、利润 369.68 万元、从业人员 153.6 人，分别为非龙头企业平均水平的 8.1 倍、11.0 倍、19.6 倍和 7.6 倍。龙头企业凭借在资产规模、技术装备、产品质量等方面的优势，不断拓宽销售渠道，尤其在出口方面表现突出。2011 年，龙头企业利润增长 7.9%，销售利润率为 4.5%，均高于行业平均水平。并且龙头企业出口交货值占销售额比例达到 52.2%，而非龙头企业这一比例仅为 19.2%。

（四）深加工企业加快转型升级，寻求突破

在水产品加工业整体处于微利的情况下，一些大而强的龙头企业正在加快转型升级，寻找精深加工方面的"突破口"。样本企业中水产品深加工企业 79 家，2011 年产品销售收入 85.87 亿元、出口交货值 44.69 亿元，分别占总体样本的 56.8%和 61.8%。深加工企业加大对技术设备、产品研发等方面的投入，采用先进保鲜和加工技术，实现水产品初级加工向精深加工的转变，提高了附加值。如温州香海食品有限公司通过现代工艺精深加工传统海产品，开拓了市场需求并取得了良好的经济效益。在"香海"，过去只能被加工成饲料的低值小黄鱼被加工成"香酥小黄鱼"，传统的"虾干"被新工艺制作成"烤虾"。其风味独特的产品广受市场欢迎，使得企业成功规避了经济周期下行的影响。在问卷调查中，有 90%的水产品深加工企业表示未来要保持甚至加大对科技创新方面的投入。

(五)企业品牌意识增强,重视提升核心竞争力

随着水产品加工企业日趋激烈的同质化竞争,许多企业认识到观念落后、缺乏品牌意识、缺失企业诚信将被市场所淘汰。近年来,正是这样的危机意识,促使浙江水产品加工企业,尤其龙头企业,纷纷运用品牌战略的利器,取得了竞争优势并逐渐发展壮大。不少企业相继通过 HACCP、ISO9001、ISO14000、QS 等国际质量认证体系,涌现出一批名牌,如“陆龙兄弟”“飞日”“兴业水产”“华盛水产”等,在行业内和消费者心中建立起品牌效应,并由此获得了可长期依赖的核心竞争力。如宁波陆龙兄弟海产食品有限公司,多年来通过打造“全产业链发展模式”,成为中国最大的全品类海产食品供货商。到今天,企业及其产品拥有“中国有机产品”“中国绿色食品”“浙江省名牌产品”等称号,是目前行业内资证最全、等级最高的企业。而温州华盛水产有限公司则从细分市场入手,主打由低值鱼类加工开发的水产风味干制品,建造了中国第一艘海上加工船“华盛渔加 1 号”,实现海上直接加工,其过硬的水产品质赢得了国内外市场的认可。企业连续被国家农业部、国家计委、国家经贸委、财政部、外经贸部等联合评为农业产业化国家重点龙头企业和中国名牌农产品,并荣获浙江农业科学发展创业创新“优秀典范”称号。

(六)紧密对接渔业,纵横联合谋发展

水产品加工企业与渔业紧密对接,带动捕捞、养殖行业的进一步发展,从而实现渔业结构的进一步转型升级。在浙江,水产加工行业“企业+基地+渔民”的模式近年来全面推进,有效地促进了渔业生产和渔民增收。至 2011 年底,样本企业共联结渔业基地 260 个、拥有自己创办的基地 51 个,分别比上年增长 7.4%、10.9%;联结养殖户 2.03 万户,比上年增长 6.2%,其中联结省内农户 1.61 万户,比上年增长 6.2%;联结渔船数量 10711 艘,比上年增长 13.6%。

随着水产价格的不断走高,相关企业在原料收购方面的支出大幅增长,带动了渔业的蓬勃发展,也促进了渔民增收。样本企业 2011 年主要原料收购金额 99.76 亿元,其中省内收购 75.81 亿元,分别比上年增长 15.2%和 16.6%。在水产品加工业发展带动下,2011 年全省渔业经济总产值 1500 亿元,同比增长 12.4%;渔民人均纯收入 14820 元,同比增长 11.0%。反过来,浙江现代渔业的发展,提升了渔业综合生产能力,确保了水产品长期有效供给。

二、浙江水产品加工业发展存在的主要问题

(一)渔业资源枯竭,原料供给不足

调查显示,水产品加工企业原料以海洋捕捞收购为主。调查样本企业

2011年海洋捕捞收购金额86.89亿元、养殖收购金额12.87亿元,海洋捕捞收购金额占比为87.1%。近年来由于过度捕捞、气候变化、环境污染等因素,近海海洋渔业资源日渐枯竭。2011年浙江海洋捕捞产况急转直下,资料显示:春夏季东海带鱼发生量比2010年减少42%;黄鱼、小黄鱼、墨鱼等传统品种已形不成渔汛;渔获物中低值鱼所占的比重增加,个体小型化和低龄化的趋势明显。同时,近海传统鱼类捕获量的下降使得浙江水产加工企业难做"无米之炊"。同时,捕捞海产价格大涨,也打乱了企业的生产经营。海产资源减少已对企业经营产生较大的影响。问卷调查显示:有52.0%的企业反映省内的水产原料已经不能满足生产需求;68.7%的企业表示原料供应不足是原料收购环节存在的重要问题;86.8%的企业认为原料价格过高,难以承受。

(二)成本上升压缩利润空间,企业经营不容乐观

问卷调查显示:81.6%的受访经营者表示2011年以来经营成本上升,主要原因是原料价格和人工工资上涨。而大部分企业的主要产品销售价格与上年基本持平。根据省海洋与渔业局数据,浙江省2011年水产品的平均初次售价同比上涨7.7%,达到了11073元/吨。2011年底,大黄鱼、小黄鱼、带鱼、鮸鱼等价格同比上涨近一倍。从劳动力成本来看,2011年371家企业职工年平均工资为2.7万元/人,比上年增长23.4%。面对生产经营成本快速上升,企业虽采取提价,但仍难以与成本价格涨幅同步,最终导致产品毛利率下降。问卷调查表明,64.4%的经营者表示主要产品毛利率"下降",仅6.7%的经营者表示毛利率"上升"。由于行业的整体发展处低迷状态,这给企业信心带来了很大的负面影响。问卷调查显示:对行业发展前景,高达38.8%的经营者表示"不乐观",38.5%的经营者表示"一般";有12.1%的经营者表示将缩减企业生产规模来应对。

(三)小企业陷入同质化竞争,经营困难

调查中发现小企业由于资源、技术实力有限,产品以简单粗加工为主,精深加工不到一成(9.1%)。在产品同质化的情况下,小企业只能以降价和压缩成本寻找出路,经营状况堪忧。样本企业中有规模以下企业253家,占样本企业数的68.2%,2011年销售收入11.70亿元,仅占7.7%。销售收入增长率和利润率为9.3%和4.1%,均低于总体平均水平。问卷调查显示,规模以下企业经营者对本行业发展前景"不乐观"的高达48.2%,对本企业发展前景"不乐观的"高达40.7%;而规模以上企业经营者这两项选择分别只占18.6%和10.2%。对于本企业发展的劣势,大部分规下企业经营者认为是"产品附加值低"和"企业规模小,没有知名度"。

（四）行业标准的制定和实施有待进一步规范

由于种种原因，水产品加工行业技术标准落后，造成一定程度上的争议，不利于水产品行业的发展，也就失去了制定相关标准的意义。调查中，有企业反映甲醛检测标准落后的问题。过去人们没有意识到水产品本身也能产生甲醛，在检测过程中检出的甲醛被认为是添加的。农业行业标准（NY5073－2001）中规定甲醛是禁用化学物质，所以将甲醛的安全限定标准规定为“不得检出”。这是在缺乏对水产品中甲醛本底含量系统和有针对性的研究情况下，制定的不合理的标准。又如磷酸盐添加剂标准问题。2011 开始实施的《食品添加剂使用标准》（GB2760－2011）其中规定冷冻鱼糜制品的磷酸盐类添加剂含量标准是 5g/kg，而冷冻鱼糜归在预制水产品（半成品）类，标准却只有 1g/kg。许多企业认为 1g/kg 的含量标准过低，无法达到保鲜时间、水分含量和弹性等质量要求，不符合行业的实际情况。此外还有 QS 认证潜规则问题。有企业反映在 QS 认证过程中遭遇“刁难”，申请过程中除去审查费用之外还需要一笔不小的灰色费用，给企业增加了负担。并认为一些不符合 QS 认证标准的企业也可以通过种种潜规则得到认证。虽然这种“潜规则”是少数现象，但给政府和有关部门的形象造成了严重负面影响，更是扰乱了市场秩序，希望引起重视。

（五）结构性招工难，影响企业正常生产

企业招工难的现象较为普遍。调查显示，超六成（63.6％）的经营者表示当前招工存在困难，20.8％的经营者表示困难较大，并有 39.1％的企业表示当前缺工。

（六）企业融资渠道狭窄，财务成本负担较重

浙江水产品加工企业大多是依靠自身积累和地方少量贷款逐步发展起来的。由于投入不足、产品单一，许多中小加工企业难以在市场上获得竞争优势，自身也没有能力扩大生产。特别是近几年，在人民币升值、渔业资源衰退、劳动力成本上升等多种不利因素影响下，许多水产品加工企业遇到了商品回款时间长、资金周转速度减慢、银行贷款要求提高等障碍。问卷调查显示有 46.6％的企业认为当前融资困难，55.3％的经营者表示 2011 年以来流动资金紧张。

三、水产品加工企业面临全新的发展机遇

相对于存在的问题，浙江水产品加工企业当前也有很多发展机遇，对这些机遇的把握和整合运用，将促进企业的成长和行业的健康发展。

(一)扩大内需的机遇

国家"扩大内需"方针的实施给浙江水产品加工企业开拓国内市场带来了契机。近年来,国际金融危机愈演愈烈,使得国外市场不景气。为刺激国内经济持续增长,政府制定并实施了一系列"扩大内需"的政策。浙江水产品加工企业对于国外市场依赖度较高,国外经济的不景气使得出口型水产品加工企业举步维艰,许多水产品加工企业开始将重点转向国内市场,国家"扩内需"政策的实施将给企业开拓国内市场带来契机。

(二)实施海洋发展战略的机遇

水产品加工企业的技术落后会严重阻碍自身的发展。近年来国家实施海洋发展战略,不断增大对水产品及加工的科技投入,水产品行业科技实力明显增强,所以企业应当抓住政府科技投入加大的时机,把水产品加工的科技进步转化为现实的生产力,不断提高自身水平与实力。

(三)地区发展战略的机遇

为促进海洋产业发展,近年来国家出台了一系列扶持政策,尤其是地区发展战略的实施。《浙江海洋经济发展示范区规划》的批复和浙江舟山群岛新区的设立从国家战略层面上深度推进了浙江涉海先进生产力的优化布局,促进了经济发展方式转变和产业结构调整。这些政策的出台,为浙江水产品加工企业的持续发展带来了空前的契机。

四、对策和建议

(一)发展水产品精深加工,拉伸渔业产业链

水产品精深加工具有高附加值、高科技含量的特点,并且能带动一批相关行业如加工机械、包装材料和调味品等的发展,具有明显的经济效益和社会效益。对水产品进行精深加工,也是充分利用资源、实现加工增值、缓解水产品市场供需矛盾的需要。国外水产品加工发达国家,水产品加工业的产值远大于渔业产值,增值效应非常明显。而浙江的水产品加工业目前仍以鲜活、冷冻方式加工的初级产品占主导地位,在市场上冷冻品、干制品、腌熏制品仍然是市场消费的主体。统计资料显示,2011 年浙江水产品加工产值为 456 亿元,小于渔业总产值的 588 亿元。因此,水产品加工企业还需要努力提高精深加工的比例,逐渐摒弃原来的粗放型生产模式,积极引进国外先进的水产品加工技术和设备,依靠科技来降低成本和增加效益。

(二)大力开拓国内市场

在国外需求不景气的情况下,浙江水产品加工企业应当认清形势,积极力求开拓国内市场,通过国内的购买力带动企业的长远发展,避免企业因仅依靠

国外市场但国外市场又不景气带来的风险。由于国内外市场存在差异，国内外消费者需求在一定程度上也会存在某些不一致，因此企业要充分调研市场需求，努力开发适合国内市场的新产品。企业还要开拓创新，融入现代流通体系。要从农贸市场、商场、超市等传统营销方式向电子商务等现代销售渠道转变，扩大水产品网上营销力度。

（三）从战略高度出发实施品牌塑造

虽然很多企业知道品牌是企业的一笔巨大财富，但在品牌建设方面却比较缓慢。品牌塑造需要科学设计和努力推广，是长期的系统工程。浙江的水产品加工业在国内有一定知名度，但在国际上品牌地位低。水产品加工业是发展中的产业，浙江水产品加工企业又以中小企业居多，这些因素的共同影响，导致浙江水产品加工企业的国际品牌之路更加艰难。但为了实现长远的发展目标，为了在未来的竞争中获得主动，品牌化是我们水产品加工企业的必由之路。广大企业应该迎难而上，努力培育自己的品牌知名度与美誉度，提高企业的国际竞争力和全球影响力。

（四）升级技术打造核心竞争力

1.注重培养和引进技术人才。加快发展水产品加工技术创新，人才是关键。要放手使用、培养现有专业技术人才，同时要努力引进懂技术、善经营、会管理的水产品加工和企业管理领域的专才，努力提高水产品加工人员素质，促进水产品加工技术创新。

2.要加大新产品开发力度。有能力的企业可以建立相应的开发基金，培养自我发展能力。大力开发新产品、新工艺，并高度重视加工废弃物的综合利用。

3.要加强装备改造，提升传统加工技术。在将传统加工改造成工业化生产的同时，提高精深加工产品的比例。加快传统水产品加工设备的国产化研究，努力使其质量赶上国际先进水平。

4.要重视高新技术的开发和应用。加大对水产品加工领域的研究投入，将其他行业和领域的高技术和新技术研究成果应用于本行业，将其他企业的技术创新模式引入本行业，以此推动技术改造和技术创新。

课题组责人　邵建伟
课题组成员　占予沸（总队商业和投资建筑业调查处）
金小天　张　颖　姜　波（宁波调查队）
陈顺胜（瑞安调查队）

浙江人口空间变动与城镇化问题研究

本文利用2010年、2000年第六次和第五次人口普查资料,对十年来我省人口的地区分布、城乡分布变动情况以及人口分布与经济发展的关系进行了分析研究。主要结论:(1)从浙江人口分布的主要特点看,人口总量较快增长,人口更多地向经济发达地区聚集,城镇人口在总人口中的比重不断提高。(2)从浙江城镇规模体系的分布看,浙江小城市数量明显偏少,人口比重明显偏低。(3)从浙江各市、县(市、区)经济发展与城镇化关系看,我省总的来说仍属于城镇化滞后发展类型。为此,提出三点建议:(1)加快经济转型升级。通过转变经济发展方式、调整产业结构来调控浙江人口规模和提升人口素质结构。(2)继续推进城市化进程,特别要积极发展中小城市。(3)有序推进农业转移人口市民化。各大中小城市、县城、建制镇都应根据实际情况,积极出台外来人口的落户政策。积极创造条件,使外来人员能具备在城镇长期生活的能力。同时,在推进农业转移人口市民化过程中,必须同时考虑转移农民如何退出农地使用权问题。

人口分布指的是人口在地理空间位置上的分布状态。随着工业化和现代化的发展,大量农村人口不断涌进城镇,较分散的农村居民点变成较集中的城镇居民点,农业人口不断转变为非农人口,从而使越来越多的人口聚集在城镇、使城镇人口比例上升时,人们通常把这个过程称之为城镇化。人口的城乡构成是人口空间分布的一个重要方面。人口分布的空间格局变动是自然、社会、经济、历史、文化等多种因素综合作用的结果,但经济发展是影响人口分布的关键性因素。同样,人口城乡构成的变动决定于经济的发展,也反映经济发展水平,经济发展水平高,城市人口比重高;相反,经济发展水平低,城市人口比重则低。

一、浙江省人口空间分布基本情况

影响人口分布的因素有自然环境、经济条件和历史条件。自然环境提供了人口分布的地理框架,历史条件一定程度上影响了人口分布,而人口分布的格局则决定于社会经济条件。2000年以来,随着国民经济的持续健康发展,我省人口呈较快增长态势。而人口的空间分布也发生一定的变化。经济发达地区的人口增长速度更快，人口密度进一步提高，而经济相对欠发达的衢州、丽水两市的常住人口继续减少。从人口的城乡分布看，11 个市的城镇人口都有较大幅度增长，城镇化水平都有较大幅度提高。

（一）地区分布

1. 人口总量。据全国人口普查时点资料，2010 年浙江省常住人口为 5442.69 万人，比 2000 年增长 16.4%，其中增长速度高于全省的有杭州、宁波、温州、嘉兴和金华市，湖州、绍兴、舟山和台州市的人口增长速度也在 10% 以上，而衢州、丽水市的常住人口则继续减少。相应地，各市常住人口占全省的比重，杭州、宁波、温州、嘉兴等市有不同程度的上升。2000 年以来，人口更多地向经济发达的杭甬温等市聚集的趋势较为明显。

分市看，我省人口分布地区间的不平衡性更加明显，11 个市之间的人口总量差异很大。杭州、宁波、温州市的人口在 700 万人以上，其中温州市人口最多，达 912.21 万人。嘉兴、绍兴、金华、台州市人口在 400 万—600 万人，湖州、衢州、舟山、丽水市人口在 100 万—300 万人。

从目前各地区人口集聚和经济集聚的协调情况看，2010 年，杭州市和宁波市生产总值占全省的比重比人口总量占全省的比重分别高 6.0 个百分点和 5.1 个百分点；而温州市生产总值占全省的比重则比人口占全省的比重低 6.0 个百分点；其他 8 个市生产总值占全省的比重与人口总量占全省的比重虽然并不完全一致，但差距不大。

表 1　各市常住人口变动情况

	2010 年		2010 年比 2000 年		
	常住人口（万人）	其中：来自省外人口（万人）	常住人口增加数（万人）	常住人口增长（%）	来自省外人口增长（%）
全　省	5442.69	1182.40	765.71	16.40	220.5
杭州市	870.04	174.27	182.17	26.48	246.7
宁波市	760.57	198.34	164.23	27.54	224.1
温州市	912.21	272.45	156.45	20.70	166.8
嘉兴市	450.17	112.35	91.87	25.64	336.7
湖州市	289.35	45.40	26.79	10.20	213.2
绍兴市	491.22	90.65	60.8	14.13	299.9
金华市	536.16	122.42	78.97	17.27	215.7

续表

	2010 年		2010 年比 2000 年		
	常住人口（万人）	其中：来自省外人口（万人）	常住人口增加数（万人）	常住人口增长（%）	来自省外人口增长（%）
衢州市	212.27	7.98	−0.62	−0.29	315.4
舟山市	112.13	21.39	11.98	11.96	368.7
台州市	596.88	122.13	81.51	15.82	174.0
丽水市	211.7	14.99	−4.51	−2.09	488.0

说明：均为 2000 年、2010 年人口普查时点（11 月 1 日 0 时）数据。

2. 人口密度。2000 年以来，由于人口总量的不断增加，我省人口密度继续提高，除了丽水市，其他 10 个市的人口密度都大大高于全国平均水平，是全国人口密度最高的省份之一。人口密度排倒数第二的衢州市，每平方公里为 240 人，比全国平均水平高出 72%。除了衢州和丽水市，其他 9 个市的人口密度都在 490 人/平方公里以上。人口密度最高的嘉兴市，达每平方公里 1150 人，比 2000 年提高 235 人/平方公里，增长 25.6%。

区域经济与人口分布的变动，经历空间分布由集中到分散，地区差异由扩大到收敛，由优势地区优先发展到各个地区均衡发展的动态演化过程。在区域发展的相当长时期内，人口与经济的空间集中化是区域发展的内在规律，非均衡发展是区域空间结构演进的主旋律。

表 2　各市人口密度及人口和生产总值比重

	2010 年			2010 年比 2000 年提高或降低		
	人口密度（人/平方公里）	常住人口占全省比重（%）	生产总值占全省比重（%）	人口密度（人/平方公里）	常住人口占全省比重（百分点）	生产总值占全省比重（百分点）
全　省	535	100.00	100.00	90.00	—	—
杭州市	524	16.0	22.0	110	1.0	1.4
宁波市	775	14.0	19.1	138	1.0	1.6
温州市	774	16.8	10.8	133	0.3	−1.5
嘉兴市	1150	8.3	8.5	235	0.5	0.5
湖州市	497	5.3	4.8	46	−0.4	−0.8
绍兴市	593	9.0	10.3	49	−0.3	−1.3

续表

	2010年			2010年比2000年提高或降低		
	人口密度（人/平方公里）	常住人口占全省比重（%）	生产总值占全省比重（%）	人口密度（人/平方公里）	常住人口占全省比重（百分点）	生产总值占全省比重（百分点）
金华市	490	9.9	7.8	71	−0.1	−0.3
衢州市	240	3.9	2.8	−1	−0.7	0.4
舟山市	779	2.1	2.4	48	−0.1	0.7
台州市	634	11.0	9.0	87	−0.3	−1.1
丽水市	122	3.9	2.5	−3	−0.8	0.4

3.外来人口。一般来说，人口增长分为人口自然增长以及人口迁入两种情况。2000年以来，我省常住人口较快增长的原因主要是省外流入人口的大量增加。2010年，我省常住人口中来自省外人口达1182.4万人，比2000年增加813.5万人，增长2.2倍，省外人口占常住人口的比重达21.7%。各市来自省外人口都有大幅度增长。但从来自省外人口在各市的分布看，主要还是集中在杭州、宁波、温州、嘉兴、绍兴、金华、台州等市，这七个市来自省外人口合计占全省的92.4%，其中来自省外人口数量最多的是温州市，为272.45万人，占全省来自省外人口的23.0%。

（二）城乡分布

人口的城乡结构是人口空间分布的重要方面，它反映一定期间、一定地域城镇人口和乡村人口的比例组合关系。人口城乡构成的变动决定于经济的发展。改革开放前，浙江的城镇化进程总体来看，水平较低、进程较缓。至1978年，浙江的城镇化水平仅为14.5%。1978—1998年，我国优先发展小城镇的政策导向以及我省乡镇企业的迅速崛起促进了小城镇的迅猛发展，浙江城镇化进程明显加快。1998年，浙江城镇化水平提高到36.7%。1998年，浙江省委、省政府提出的强化中心城市、积极发展中小城市、择优培育中心镇的城市化方针，对新世纪以来浙江城市化进程的加速推进发挥了积极的指导作用。2010年第六次人口普查结果，我省城镇化水平为61.6%，比2000年第五次人口普查时提高12.9个百分点。

2000年以来，各市的城镇人口都有大幅度增长，杭州、宁波、温州、嘉兴、湖州、金华市的城镇人口增幅在50%以上，增幅较低的台州市和舟山市也在20%以上。相应地，各市的城镇化水平都有大幅度提高，杭州等8个市的城镇化率都提高 10 个百分点以上。

但各市的城镇化进程并不均衡。最高的杭州市，城镇化率已达 73.2%，衢州和丽水市的城镇化率则还低于全国 49.7%的水平。宁波、温州、舟山市的城镇化率高于全省 61.6%的水平，但低于 70%。嘉兴、湖州、绍兴、金华和台州市的城镇化率在 50%—60%之间。

表 3　各市城镇人口比较

	城镇人口占总人口比重(%)		城镇人口(万人)			城镇人口占全省比重(%)	
	2010 年	比 2000 年提高(百分点)	2010 年	比 2000 年增加	比 2000 年增长(%)	2010 年	比 2000 年提高(百分点)
全　省	61.6	13.0	3355.02	1119.36	50.1	100.00	—
杭州市	73.2	14.6	637.27	233.93	58.0	19.0	1.0
宁波市	68.3	12.6	519.52	187.15	56.3	15.5	0.6
温州市	66.0	14.5	602.2	213.07	54.8	17.9	0.5
嘉兴市	53.3	15.3	240.07	103.99	76.4	7.2	1.1
湖州市	52.9	14.2	153.04	51.37	50.5	4.6	0.0
绍兴市	58.6	9.9	287.76	78.22	37.3	8.6	−0.8
金华市	59.0	13.6	316.18	108.86	52.5	9.4	0.2
衢州市	44.1	14.6	93.68	30.71	48.8	2.8	0.0
舟山市	63.6	7.6	71.31	15.19	27.1	2.1	−0.4
台州市	55.5	4.0	331.53	65.95	24.8	9.9	−2.0
丽水市	48.4	15.3	102.47	30.93	43.2	3.1	−0.1

(三)浙江城镇规模体系分布

城市化道路选择的一个重要方面就是如何合理发展大中小城市，建立协调的城镇规模体系。

根据《国务院关于统计上划分城乡规定的批复》(国函[2008]60 号)文件精神，城区是指在市辖区和不设区的市，区、市政府驻地的实际建设连接到的居民委员会和其他区域。镇区是指在城区以外的县人民政府驻地和其他镇，政府驻地的实际建设连接到的居民委员会和其他区域。与政府驻地的实际建设不连接，且常住人口在 3000 人以上的独立的工矿区、开发区、科研单位、大专院校等特殊区域及农场、林场的场部驻地视为镇区。城镇包括城区和镇区，乡村指城镇以外的区域。

通过对第六次人口普查分乡(镇、街道)数据的处理分析，全省734个建制镇中与33个市区连成一片、城镇人口列入城区统计的有42个镇，另外有25个镇是县级政府驻地镇，734个建制镇扣除67个镇为667个镇。2010年，浙江11个设区市的城区，22个县级市城区，36个县城，667个建制镇镇区，共736个大中小城市和小城镇共同构成了浙江的城镇规模体系。

2000年以来，浙江城和镇的人口和空间规模都在不断扩大。2010年，全省居住在城区的人口为2038.63万人，比2000年增长55.6%，占常住人口的比重比2000年提高9.0个百分点；居住在镇区的人口为1316.39万人，比2000年增长42.3%，占常住人口的比重比2000年提高4.0个百分点；居住在乡村的人口为2087.67万人，比2000年减少11.4%，占常住人口的比重比2000年降低13.0个百分点。

按城市人口数量可以区分城市规模大小。目前，我国城市规模分级主要以市区的非农业人口为标准，20万人以下为小城市，20万—50万人为中等城市，50万—100万人为大城市，100万人以上为特大城市。本文将市区的非农业人口标准替换为市区(或镇区)的常住人口，并且把10万人以下的列为小城镇，按以上标准对浙江736个城镇进行了规模划分①。

结果表明，浙江33个城区中，有特大城市4个(为杭州市城区、宁波市城区、温州市城区、台州市城区)，大城市5个(瑞安市区、义乌市区、湖州市区、嘉兴市区、金华市区)，中等城市19个(包括4个设区市城区和15个县级市城区)，小城市1个；33个城区人口占全省城镇人口的60.7%。36个县城中，有中等城市5个，小城市11个，县城人口在10万人以下只能归为小城镇的有20个，其中人口在5万人以下的有5个。36个县城人口占全省城镇人口的12.2%。667个建制镇中，镇区人口在20万人以上可以归为中等城市的有2个，镇区人口在10万—20万人可以归为小城市的有5个。总的来看，如果仅仅按照人口规模来划分，则浙江736个城镇中，有特大城市4个，大城市5个，中等城市26个，小城市20个，小城镇681个(其中镇区常住人口5万—10万人的小城镇40个)。在全省城镇人口中，4个特大城市人口占30.3%，5个大城市占9.9%，26个中等城市占23.7%，小城市占

① 本文从研究角度出发，对大中小城市和小城镇的规模划分只按人口规模进行。

8.2%，小城镇占 20.2%。显然，浙江小城市数量明显偏少，人口比重明显偏低。具体见表 4。

表 4 浙江城镇规模体系空间分布情况表

	城区（镇区）常住人口					
	100 万人以上	50 万—100 万人	20 万—50 万人	10 万—20 万人	5 万—10 万人	5 万人以下
全省数量（个）	4	5	26	20	40	641
33 个城区（个）	4	5	19	4	1	
36 个县城（个）			5	11	15	5
667 个镇区（个）			2	5	24	
人口占全省城镇人口比重（%）	30.3	9.9	23.7	8.2	7.7	20.2
人口占全省常住人口比重（%）	18.7	6.1	14.6	5.1	4.7	12.4

按照城镇规模体系的发展规律，特大城市、大城市、中等城市、小城市和小城镇共同组成一个区域统一的城市体系。在大、中、小城市协调发展的观点上，大体有三个要点：①大、中、小城市各司其职，互相补充，不能互相代替；②从城市组别比重分析，城市化前期，大城市发展较快，有超前发展趋势；③从单个城市发展规模分析，小城市发展快，大城市发展相对较慢。在城市化前期，在工业化过程中，按城市群体计算，大城市发展最快，比同时期总人口增长速度快，比城市人口增长速度也快。其中，主要原因是中小城市升级，不断晋升为大城市，大城市数目不断增加。同时，大城市规模也在不断扩大，500 万人口，甚至 1000 万人口的超级城市不断涌现。但是到了城市化后期，大城市的发展速度下降，并出现了郊区化和逆城市化，个别大城市甚至出现停滞和衰退现象。

二、各地区经济发展与城镇化关系

王桂新在《中国人口工业化、非农化与城市化发展研究》一文中认为，参考世界经济和城市化的发展过程及经验，一般地说，在城镇化与工业化、非农化处于相互作用关系比较协调、呈同向联动发展适度状态时（即适度城镇化），IU 比（即工业化率与城镇化率之比）大致为 0.5，NU 比（即非农化率与城镇化率之比）大致为 1.2 左右。这里的工业化率指第二产业就业人口占总劳动力人口的比重,非农化率指包括第二、三产业的非农产业劳动力人口占总劳动力人口的比重,城镇化率指城镇人口占总人口比重。如果 IU 比明显小于 0.5、NU 比明显小于 1.2,说明城镇化与工业化、非农化的相互作用、耦合联动关系不协调,相对于工业化和非农化,城镇化超前发展,呈过度城镇化状态。IU 比、NU 比越小,说明其关系越不协调,相对于工业化和非农化,城镇化超前程度越明显,过度城镇化状态越严重;如果 IU 比明显大于 0.5、NU 比明显大于 1.2,同样说明城镇化与工业化、非农化的相互作用、耦合联动关系不协调,但相对于工业化和非农化,城镇化反为滞后发展,呈不足城镇化状态。IU 比、NU 比越大,说明其关系越不协调,相对于工业化和非农化,城镇化滞后程度越明显,不足城镇化状态越严重。因此,根据 IU 比、NU 比大小的比较分析,就可以考察城镇化与工业化、非农化相互作用、联动发展的协调、适度关系与超前、滞后程度。

我们利用第六次人口普查资料,计算了各市、县(市、区)的工业化率、非农化率、城镇化率及 IU 比、NU 比,具体见表 5。

通过对计算结果的分析,可以看出,我省总的来说仍属于城镇化滞后发展类型。全省的 IU 比为 0.84,NU 比为 1.38,明显大于 0.5 和 1.2。11 个市的 IU 比均大于 0.5,NU 比均大于 1.2。

从 11 个设区市市区看,有 6 个市区的 IU 比在 0.7 以上,有 4 个市区的 NU 比在 1.4 以上,但没有 IU 比明显小于 0.5、NU 比明显小于 1.2 的市区。总的来看,嘉兴市区、湖州市区、绍兴市区、台州市区的城镇化相对于经济发展来说有所滞后,呈不足城镇化状态,其他 7 个市区的城镇化与工业化和非农化的关系则较为协调,属适度城镇化状态。

从 58 个县(市)看,城镇化不足的状态较为严重。22 个县级市中,除了龙泉市,其他 21 个市的 IU 比均大于 0.5,NU 比均大于 1.2,其中有 19 个市的 IU 比均大于 0.9,13 个市的 NU 比均大于 1.5。36 个县中,大部分县的 IU 比明显大于 0.5,NU 比明显大于 1.2。总的来看,我省县(市)范围的城镇化滞后程度明显。有少数几个县(市)的 IU 比小于 0.5,NU 比小于 1.2,也不能简单地认为这几个县是过度城镇化了。如景宁县和嵊泗县,虽然 IU 比较小,但 NU 比接近于 1.2,IU 比较小是因为产业结构的原因。松阳县和龙泉市,虽然 IU 比小于 0.5,但相差甚微。IU 比接近于 0.5,NU 比接近于 1.2 的少数几个县都是我省经济相对欠发达的山区县和海岛县,城镇化水平并不高,但就业人口中工业或非农就业人口比重也较低,所以,从 IU 比和 NU 比看,其城镇化与工业化、非农化倒是处于相互作用关系比较协调的适度状态。

表5 各市、县(市、区)IU比、NU比

地 区	IU比	NU比	地 区	IU比	NU比	地 区	IU比	NU比
全 省	0.84	1.38	嘉善县	1.21	1.77	衢州市区	0.50	1.13
杭州市	0.62	1.23	海盐县	1.25	1.73	常山县	0.90	1.61
杭州市区	0.54	1.15	海宁市	1.28	1.81	开化县	0.60	1.23
桐庐县	0.99	1.51	平湖市	1.28	1.70	龙游县	0.86	1.52
淳安县	0.54	1.23	桐乡市	1.20	1.78	江山市	0.76	1.36
建德市	1.05	1.74	湖州市	0.93	1.53	舟山市	0.62	1.37
富阳市	0.95	1.56	湖州市区	0.90	1.46	舟山市区	0.62	1.40
临安市	0.97	1.58	德清县	1.15	1.73	岱山县	0.74	1.29
宁波市	0.84	1.34	长兴县	0.83	1.47	嵊泗县	0.31	1.15
宁波市区	0.74	1.30	安吉县	0.95	1.61	台州市	1.00	1.51
象山县	0.89	1.46	绍兴市	0.93	1.43	台州市区	0.93	1.45
宁海县	0.94	1.51	越城区	0.69	1.34	玉环县	1.16	1.61
余姚市	0.95	1.32	绍兴县	0.92	1.39	三门县	0.98	1.59
慈溪市	0.91	1.27	新昌县	0.85	1.26	天台县	0.69	1.28
奉化市	1.09	1.70	诸暨市	1.11	1.58	仙居县	0.62	1.07
温州市	0.85	1.37	上虞市	1.11	1.60	温岭市	1.19	1.65
温州市区	0.71	1.11	嵊州市	0.91	1.33	临海市	0.95	1.47
洞头县	0.72	1.76	金华市	0.88	1.39	丽水市	0.58	1.23
永嘉县	0.94	1.45	金华市区	0.56	1.15	莲都区	0.47	1.18
平阳县	1.01	1.74	武义县	0.84	1.19	青田县	0.72	1.56
苍南县	0.86	1.57	浦江县	1.20	1.54	缙云县	0.88	1.50
文成县	0.63	1.52	磐安县	0.80	1.31	遂昌县	0.53	1.11
泰顺县	0.51	1.35	兰溪市	1.10	1.68	松阳县	0.46	1.06
瑞安市	0.90	1.41	义乌市	0.79	1.32	云和县	0.61	1.09
乐清市	1.14	1.75	东阳市	0.98	1.42	庆元县	0.57	1.19
嘉兴市	1.13	1.66	永康市	1.22	1.73	景宁畲族自治县	0.40	1.18
嘉兴市区	0.89	1.43	衢州市	0.66	1.29	龙泉市	0.45	0.98

从我省城镇化进程推进的历史和现状看，我省是改革开放以来城镇化进程推进最快的省份之一。2010年，浙江的城镇化率为61.6%，在全国31个省(直辖市、自治区)中排第6位。但从以上的分析看，我省IU比、NU比数值较大，仍属于城镇化不足类型。主要原因是我省的工业化和非农化水平高，特别是在很多的农村区域，其实已经实现工业化，但城市化没有同步实现，非农化了的农民散布于农村工业企业，有职业转换而无城乡地域转移，大量的农民在职业身份上得到了转换，但在生活方式与居住地点上却迟迟得不到改变，产生了大量的隐性城镇化人口。2010年，全省就业人口的工业化率为51.8%，其中城区就业人口的工业化率为48.5%，镇区就业人口的工业化率为57.0%，乡村就业人口的工业化率为51.8%。全省就业人口的非农化率为85.3%，其中城区为98.0%，镇区为92.3%，乡村为69.3%。我省乡村地区的工业化率较高，非农化率也不低，这也是58个县(市)的城镇化滞后程度更加普遍和严重的主要原因。按全省85.3%的非农化率，城市化率应达到71%才是相适宜的。所以，今后我省仍应继续大力推进城镇化进程。

课题负责人　黄　中
课题组成员　王科跃　周桃霞
执　　　笔　周桃霞

参考文献：

[1]王桂新. 中国人口工业化、非农化与城市化发展研究[J]. 华东师范大学学报(哲学社会科学版)，1997(6).

[2]唐茂华. 中国不完全城市化问题研究[M]. 北京：经济科学出版社，2009.

[3]叶舒静. 广东地区人口分布与区域经济协调发展研究[D]. 长春：吉林大学，2010.

[4]陈婕. 中国城市规模等级体系的时间尺度效应研究[D]. 上海：同济大学，2008.

[5]郑风田. 农民工买不起房城镇化就是句空话[J]. 中国经济周刊，2012(50).

市县经济

杭州市规上工业企业资源利用效率分析

"十二五"时期是深化改革开放、加快转变经济发展方式的攻坚时期。经济发展方式转变,主要在于通过经济转型升级,提升经济发展质量。杭州市虽为经济大市、但同时也是资源小市,加快经济转型升级显得尤其迫切。由于经济转型升级是个十分复杂的系统性工程,评价经济转型升级的成效,需要从多个角度综合考虑和分析。为此,我局收集了大量资料,力求从企业增加值、能耗、占地面积、用工、税收、化石能源占比、废气废水排放等多方面着手来综合考量和分析企业资源利用、社会效益、环境影响等情况,为加快转型升级提供更直接的参考。但为便于直观分析对比,本文选择其中较为关键的资源利用效率这一角度进行分析,为市委、市政府研究"十二五"时期经济转型升级工作的方向和重点提供进一步的参考。

鉴于杭州市工业企业对资源的占用相对较多,且规模以上工业企业因联网直报统计资料较为丰富完整,本文分析对象定为列入2011年进度统计的规模以上工业企业(年主营业务收入2000万元及以上),共5568家。

一、全市规上工业企业资源利用总体情况

(一)亩产增加值与亩产税收情况

2011年,全市规上工业实现增加值2337.78亿元,按构成分:营业盈余765.59亿元,占工业增加值的32.8%;生产税净额543.42亿元,占23.2%;当年折旧254.14亿元,占10.9%;劳动者报酬774.63亿元,占33.1%。全市规上工业占地面积合计22.24万亩,亩产增加值、亩产税收分别为105.12万元/亩、24.42万元/亩。

由于工业企业征税基础主要为销售收入或增值额,使得增加值与税收具有很强的正向关联性,经测算,杭州市亩产增加值与亩产税收关联度高达91.5%。增加值相对较高的地区或行业,税收也相对较高,反之亦然。

(二)从业人员构成与劳动生产率情况

2011年,全市规上工业企业从业人员合计121.49万人,主要集中在:一类是资本密集型和劳动密集型特征均较明显的领域。如机械电子类、化工医药类企业的从业人员约占规上工业从业人员总数的42.8%;另一类是劳动密集

型特征为主的领域，如纺织业、非金属矿物制品企业从业人员约占规上工业从业人员总数的 21.9%。

衡量工业经济由劳动密集型向技术密集型转型升级的指标，一般使用劳动生产率：指标分母为从业人员数，分子为增加值。由于生产属性不同，各生产领域间劳动生产率平均水平会呈现一定差异性。如机械电子类劳动生产率平均水平为 19.3 万元/人，纺织类劳动生产率平均水平仅 13 万元/人。而在同一生产领域，因生产属性趋同，企业劳动生产率能较为准确反映劳动力资源利用的相对效率。

一般来讲，支撑企业生产经营的资源要素配套是相辅相成的，但从杭州市目前情况来看，资源要素配置的均衡性却不理想。比如，占地面积和用工状况的关联度不高，仅 61%。全市每亩吸纳用工人数的平均水平为 5.46 人/亩，反映出土地集约利用的空间较大，在推进劳动力资源利用效率的同时，土地利用效率有待进一步提高。

（三）能耗与排放情况

2011 年，全市规上工业企业共消耗能源 1578.92 万吨标准煤（当量值），单位增加值能耗 0.68 吨标准煤/万元。现将能耗与排放的关系情况进行分析。

从废气排放看，废气排放污染物主要由二氧化硫、氮氧化物、工业粉尘等构成。杭州市工业排放占二氧化硫的 99.1%，占氮氧化物的 66.4%，占工业粉尘的 100%，是形成大气污染物的主要来源。其中，对杭州市大气污染影响最强的前 8 位工业行业为六大高耗能行业，即：电力热力的生产和供应业、黑色金属冶炼及压延加工业、纺织业、造纸及纸制品业、非金属矿物制品业、化学原料及化学制品制造业，以及化学纤维制造业、橡胶制品业。8 个行业共占据工业二氧化硫排放的 94.9%，氮氧化物排放的 98.3%。究其原因，在于杭州市工业能耗对化石类能源的依赖程度较高。目前，杭州市规模以上企业化石类能源消耗占总能耗的比重达 67.4%，化石类能源消耗主要集中在六大高耗能行业，共耗用全市化石类能源消耗总量的 92.1%。而工业废气主要源自化石类能源的燃烧。2011 年，在杭州市工业化石类能源消耗品种中，煤占 96.8%，汽油、柴油占 3.2%，这类能源热值较低，污染程度却较高。

从废水排放看，废水包含的主要污染物为化学需氧量、氨氮等指标，工业排放占化学需氧量的 33.4%，占氨氮的 10.5%，对水质有着重要影响。杭州市工业废水排放污染源主要集中在纺织业、造纸及纸制品业、化学原料及化学制品制造业等 3 个行业，3 个行业共占据工业化学需氧量的 85.8%，氨氮的 87%；3 个行业也均为杭州市的高能耗行业。

由此可见,节能与减排紧密关联,高耗能的地区、行业、企业,既是节能同时也是减排工作的重点。减少企业能源、特别是化石类能源的依赖程度,是杭州市节能减排工作最行之有效的途径。

综上分析,考虑到各资源利用指标间的相关性,以及现有统计资料掌握情况,为突出分析的重点和针对性,以下我们将着力从增加值能耗和亩产增加值两个代表性较强的资源利用指标入手,从地区和行业两个视角对杭州市的资源利用效率状况进行剖析。

二、从地区角度分析规上工业企业资源利用效率状况

(一)市区的资源利用效率明显强于五县(市)

从市区看,因经济环境上具有相对优势,近年来又实施了一系列产业结构调整、"腾笼换鸟"工程,市区的资源利用效率得到明显提升。2011 年,市区单位增加值能耗和亩产增加值分别为 0.55 吨标准煤/万元和 126.86 万元/亩;其中,主城区单位增加值能耗 0.42 吨标准煤/万元,亩产增加值高达 228.71 万元/亩。从五县(市)看,虽然,近年来在生产布局调整和各项工业经济政策大力推进下,五县(市)工业发展质量呈持续增强趋势,但与市区相比差距仍较明显。2011 年,五县(市)单位增加值能耗和亩产增加值分别为 1.20 吨标准煤/万元和 61.96 万元/亩;其单位增加值能耗为市区的 2.14 倍,亩产增加值却仅为市区的一半。

表 1 2011 年规上工业分地区资源利用效率情况

地 区	企业数		工业销售产值		单位增加值能耗		化石类能源占比(%)	亩产增加值	
	数量(个)	比重(%)	实绩(亿元)	比重(%)	实绩(吨标准煤/万元)	与平均水平差距(+-)		实绩(万元/亩)	与平均水平差距(+-)
全市合计	5568	—	12062.2	—	0.68	—	67.4	105.12	—
一、市区	3686	66.2	9573.59	79.4	0.55	-0.13	61.2	126.86	21.74
其中:主城区	1043	18.7	3830.85	31.8	0.42	-0.26	56.3	228.71	123.59
上城区	52	0.9	595.27	4.9	0.06	-0.62	33.5	530.41	425.29
下城区	53	1.0	77.95	0.7	0.06	-0.62	25.3	192.71	87.59
江干区	117	2.1	199.62	1.7	0.07	-0.61	34.4	245.72	140.60
拱墅区	133	2.4	500.27	4.2	2.39	1.71	56.8	127.24	22.12
西湖区	187	3.4	241.16	2.0	0.13	-0.55	47.6	125.29	20.17
滨江区	227	4.1	647.36	5.4	0.07	-0.61	28.5	311.06	205.94
下沙开发区	281	5.0	1500.23	12.4	0.25	-0.43	63.7	182.76	77.64
其中:萧山区	1703	30.6	4490.35	37.2	0.76	0.08	66.5	89.84	-15.28

续表

地　区	企业数		工业销售产值		单位增加值能耗		化石类能源占比(%)	亩产增加值	
	数量(个)	比重(%)	实绩(亿元)	比重(%)	实绩(吨标准煤/万元)	与平均水平差距(+－)		实绩(万元/亩)	与平均水平差距(+－)
余杭区	1016	18.2	1252.39	10.4	0.48	－0.20	54.3	78.48	－26.64
二、五县(区)合计	1882	33.8	2488.61	20.6	1.20	0.52	80.5	61.96	－43.16
桐庐县	307	5.5	362.58	3.0	0.74	0.06	86.1	65.27	－39.85
淳安县	115	2.1	172.95	1.4	0.25	－0.43	15.8	64.17	－40.95
建德市	289	5.2	354.59	2.9	1.88	1.20	85.8	55.29	－49.83
富阳市	662	11.9	1044.9	8.7	1.70	1.02	83.9	60.76	－44.36
临安市	509	9.1	553.59	4.6	0.54	－0.14	54.4	66.50	－38.62

(二)形成各区、县(市)资源利用效率差异性的主要原因

1.各地经济结构和体系差别使得资源利用效率差异呈现一定的客观性。以行业分布为例,较为齐全的行业分布是支撑工业经济健康有序运行的基础条件。各区、县(市)行业分布呈现一定差异性,是长期以来自然条件、市场因素、资源配置、政府引导的共同结果,有一定的合理性。从客观上看,传统或基础行业即使资源利用效率达到极致,也很难达到重点产业和新兴产业的水平,但传统或基础行业在经济体系中不可或缺。因此,各区、县(市)自身行业分布不同,使其能源、土地利用效率客观上呈现一定的差异性,表现在:高耗能行业占比相对较高的地区,单位增加值能耗就相对较高;传统或基础行业占比相对高的地区,亩产增加值就相对较低。

2.各地企业规模差距是引起资源利用效率不同的又一因素。转型升级进程,也是产业链延伸和完善过程,其中位于前端的研发环节和终端的集成环节,是产业链中最具价值的部分,多为规模较大的企业所控制。据国家统计局最新规模划分标准,2011 年,在全市规模以上工业企业中,大、中、小微型企业亩产增加值分别达 213.44 万元/亩、93.38 万元/亩、60.03 万元/亩,可见,随着企业规模的扩张,资源利用可以产出成倍效率。市区的资源利用效率强于五县(市),很大程度上受力于规模效应的发挥。2011 年,大中型企业占规模以上企业数的比重,市区和五县(市)分别为 19.5%、10.4%,市区高于五县(市)9.1 个百分点;其中大型企业占规模以上企业数的比重市区和五县(市)分别为 3.1%、0.7%,市区高于五县(市)2.4 个百分点。

3.各地不同的工业经济工作力度和着重点,容易形成资源利用效率的较

大差异。工业经济的推进,一靠各地贯彻和落实各项工业政策,二靠各地根据当地实际情况推出鼓励和扶持政策。由于各地落实政策和推出政策的强度和力度不同,以及各地产业结构调整和工作方向的重点不同,由此容易造成生产经营活动相同的企业,资源利用效率差异较大。以同类产品平均能耗水平和全市亩产增加值平均水平作为参照,目前,在全市规模以上工业企业中,土地利用效率低于全市平均水平的有 3305 家,其中市区、五县(市)分别为 2099 家和 1206 家;能源利用效率低于全市同类产品平均水平的有 2241 家,其中市区、五县(市)分别为 1526 家和 715 家。

值得关注的是,在全市规模以上企业中,能源利用效率和土地利用效率均不及全市平均水平的有 1687 家企业,占规模以上工业企业总数的 30.3%。其中小微型企业尤为突出,有 1446 家,占规模以上工业企业总数的 26.0%,这批小微型企业单位增加值能耗为全市平均水平的 2 倍以上,亩产增加值仅为全市平均水平的 1/3 左右。

三、从行业角度分析规上工业企业资源利用效率状况

(一)各行业间能源、土地利用效率差异明显

2011 年,按全市规上工业 35 个行业大类对资源利用情况进行分析,从能源利用效率看,9 个行业单位增加值能耗高于全市平均水平,1 个行业持平,25 个行业低于全市平均水平,其中六大高耗能行业单位增加值能耗为 1.9 吨标准煤/万元,大大高于其他行业。从土地利用效率看,13 个行业亩产增加值高于全市平均水平,22 个行业低于全市平均水平。其中,机械、电子、医药、食品类行业亩产增加值相对较高。

(二)各行业资源利用效率表现

1. 食品、饮料烟草、纺织服装、皮革、医药、通信设备、仪器仪表、废气资源和燃气生产供应业等十个行业能源利用效率和土地利用效率均好于全市平均水平。产品多为居民生活消费品,行业发展稳定,对能源的依赖性较低。这些行业平均单位增加值能耗 0.11 吨标准煤/万元,仅为全市平均能耗水平的 16.2%;亩产增加值 194.46 万元/亩,土地利用效率是全市平均水平的 1.8 倍。其中,单位增加值能耗相对最高的饮料行业(0.31 吨标准煤/万元)和相对最低的燃气生产供应行业(0.01 吨标煤/万元),均不到全市平均能耗水平的一半。

2. 纺织、造纸等七个行业能源利用效率和土地利用效率均不及全市平均水平。分别为纺织、造纸、化学原料、非金属矿物制品、黑色金属、电力热力生产供应和非金属矿采选业,除非金属矿采选业外,其余 6 个行业均属高耗能行

业，受其行业特性影响，资源依赖性较强。其中造纸、非金属矿物制品、黑色金属三个行业单位增加值能耗均在全市平均能耗水平3倍以上，但亩产增加值均低于全市平均水平20％以上。

3.金属制品、塑料制品等十五个行业能源利用效率好于全市平均水平，但土地利用效率却低于全市平均水平。这些行业平均单位增加值能耗0.16吨标准煤/万元，除有色金属、水生产两个行业外，其余13个行业单位增加值能耗均低于全市平均能耗水平50％以上，但土地利用效率欠佳，亩产增加值都与全市平均水平存在一定差距。

4.化学纤维、橡胶制品能源利用效率低于全市平均水平，土地利用效率高于全市平均水平。化学纤维制造业、橡胶制品业，单位增加值能耗分别较全市平均能耗水平高26.5％和11.8％；土地利用效率较高，亩产增加值分别较全市平均水平高52.1％和64.7％。

表2　2011年全市规上工业分行业资源利用效率对比

行业名称	企业数		工业销售产值		单位增加值能耗		化石类能源占比（％）	亩产增加值	
	家数（个）	比重（％）	实绩（亿元）	比重（％）	实绩（吨标准煤/万元）	与平均水平差距（＋－）		实绩（万元/亩）	与平均水平差距（＋－）
全市合计	5568	—	12062.2	—	0.68	—	67.4	105.12	—
一、能源、土地利用效率都较好的行业	1005	18.0	2326.6	19.3	0.11	－0.57	24.7	194.46	89.34
食品制造业	92	1.7	200.9	1.7	0.25	－0.43	23.5	148.48	43.36
饮料制造业	55	1.0	215.1	1.8	0.31	－0.37	13.1	129.16	24.04
烟草制品业	2	0.0	213.2	1.8	0.01	－0.67	45.9	845.23	740.11
纺织服装、鞋、帽制造业	288	5.2	234.4	1.9	0.09	－0.59	22.6	121.15	16.03
皮革、毛皮、羽毛（绒）及其制品业	129	2.3	173.8	1.4	0.18	－0.50	69.3	114.41	9.29
医药制造业	75	1.3	203.0	1.7	0.15	－0.53	38.0	166.83	61.71
通信设备、计算机及其他电子设备制造业	215	3.9	695.1	5.8	0.06	－0.62	9.9	264.20	159.08
仪器仪表及文化、办公用机械制造业	128	2.3	229.4	1.9	0.04	－0.64	23.9	152.28	47.16
废弃资源和废旧材料回收加工业	10	0.2	52.5	0.4	0.31	－0.37	2.5	129.63	24.51
燃气生产和供应业	11	0.2	109.1	0.9	0.01	－0.67	60.1	458.43	353.31
二、能源、土地利用效率均欠佳的行业	1954	35.1	3909.4	32.4	1.91	1.23	80.4	73.70	－31.42

续表

行业名称	企业数		工业销售产值		单位增加值能耗		化石类能源占比(%)	亩产增加值	
	家数(个)	比重(%)	实绩(亿元)	比重(%)	实绩(吨标准煤/万元)	与平均水平差距(+-)		实绩(万元/亩)	与平均水平差距(+-)
非金属矿采选业	30	0.5	17.9	0.1	0.84	0.16	72.6	72.63	-32.49
纺织业	829	14.9	966.6	8.0	1.13	0.45	43.3	69.24	-35.88
造纸及纸制品业	344	6.2	405.9	3.4	2.22	1.54	19.1	61.50	-43.62
化学原料及化学制品制造业	330	5.9	982.2	8.1	0.87	0.19	55.6	92.29	-12.83
非金属矿物制品业	294	5.3	474.6	3.9	2.45	1.77	81.1	59.02	-46.10
黑色金属冶炼及压延加工业	79	1.4	445.8	3.7	3.44	2.76	18.9	79.01	-26.11
电力、热力的生产和供应业	48	0.9	616.3	5.1	4.33	3.65	191.4	92.56	-12.56
三、能源利用效率较好但土地利用水平欠佳的行业	2453	44.1	4602.6	38.2	0.16	-0.52	20.0	85.16	-19.96
有色金属矿采选业	6	0.1	6.3	0.1	0.10	-0.58	1.4	49.48	-55.64
农副食品加工业	113	2.0	105.7	0.9	0.30	-0.38	53.7	64.99	-40.13
木材加工及木、竹、藤、棕、草制品业	37	0.7	25.4	0.2	0.19	-0.49	9.4	41.38	-63.74
家具制造业	80	1.4	122.2	1.0	0.10	-0.58	25.8	80.10	-25.02
印刷业和记录媒介的复制	73	1.3	54.8	0.5	0.16	-0.52	18.8	78.84	-26.28
文教体育用品制造业	58	1.0	56.8	0.5	0.17	-0.51	11.9	63.48	-41.64
塑料制品业	236	4.2	263.0	2.2	0.31	-0.37	14.7	81.55	-23.57
有色金属冶炼及压延加工业	72	1.3	271.9	2.3	0.47	-0.21	19.9	94.59	-10.53
金属制品业	289	5.2	443.0	3.7	0.28	-0.40	19.1	74.26	-30.86
通用设备制造业	523	9.4	865.2	7.2	0.14	-0.54	29.4	94.62	-10.50
专用设备制造业	184	3.3	206.3	1.7	0.10	-0.58	37.2	89.84	-15.28
交通运输设备制造业	218	3.9	1098.7	9.1	0.09	-0.59	15.8	88.08	-17.04
电气机械及器材制造业	457	8.2	936.1	7.8	0.13	-0.55	11.2	103.07	-2.05
工艺品及其他制造业	93	1.7	121.6	1.0	0.10	-0.58	18.5	81.81	-23.31
水的生产和供应业	14	0.3	25.5	0.2	0.55	-0.13	1.2	26.98	-78.14
四、能源利用效率欠佳但土地利用效率较好的行业	149	2.7	1169.0	9.7	0.83	0.15	28.6	163.75	58.63

续表

行业名称	企业数		工业销售产值		单位增加值能耗		化石类能源占比(%)比重(%)	亩产增加值	
	家数(个)	比重(%)	实绩(亿元)	比重(%)	实绩(吨标准煤/万元)	家数(个)		实绩(万元/亩)	比重(%)
化学纤维制造业	94	1.7	812.5	6.7	0.86	0.18	18.0	159.89	54.77
橡胶制品业	55	1.0	356.5	3.0	0.76	0.08	55.4	173.09	67.97
五、其他行业	7	0.1	54.6	0.5	0.68	0.00	2.3	186.85	81.73
石油加工、炼焦及核燃料加工业	7	0.1	54.6	0.5	0.68	0.00	2.3	186.85	81.73

注:电力、热力的生产和供应业的化石类能源占比超出100%。原因为该行业产出能源对外供应,使得消耗的化石类能源大于自身实际耗用的能源。

(三)形成杭州市各行业间资源利用效率差异性的主要原因

1.将行业归类提升至产业层次看,各产业集群发展质量的优劣,特别是其不同程度呈现出的“块状经济”特征,是形成土地资源利用效率的不平衡的主要原因。杭州市行业间资源利用效率不平衡状况比较突出。从土地利用效率来看,土地利用效率高于全市平均水平的13个行业,亩产增加值187.23万元/亩;土地利用效率低于全市平均水平的22个行业,亩产增加值79.5万元/亩,两者差距高达107.73万元/亩。其中,全市有8个行业亩产增加值在70万元/亩的较低水平以下,这些行业占地面积6.4万亩,占规上工业的28.8%;但产出增加值389.93亿元,仅占规上工业的16.7%。

产业是同一生产领域内各行业和企业的集合体。行业间土地资源利用效率的差异原因剖析,归纳为产业层面更加明晰,各产业资源利用效率“两极性”差异更加突出。

2.大企业掩盖了化纤、橡胶两个行业内部多数企业资源利用效率较低的现状。能源利用效率欠佳、但土地利用水平较好的化纤、橡胶两个行业,企业数量较少,分别为94家和55家,合计仅占规上工业的2.7%,资源利用效率容易受大企业影响。从化纤行业看,2011年,该行业能源、土地利用效率不及全市平均水平的企业分别为59家和54家,占本行业的63%和57%,资源利用效率较低的特征比较明显。但部分化纤大企业虽然能源利用水平较低,土地利用效率却较高,这部分企业主要集中在高性能纤维生产企业,技术含量高,能源利用水平与同行业平均水平接近,亩产增加值却是化纤行业平均水平的1.7倍,从而使得化纤行业的平均土地利用效率超过全市平均水平。从橡胶行业看,橡胶行业受大企业影响的特征尤为明显。2011年,中策橡胶一家企业用能占橡胶行业的52.3%、增加值占57.8%，土地利用占27.7%；其单位增加值能耗0.69吨标准煤/万元，比行业平均水平略低，但亩产增加值是橡胶行业平均水平的2.1倍。反观橡胶行业的其他企业，大多数企业的资源利用效率欠佳，平均单位增加值能耗为0.86吨标准煤/万元，平均亩产增加值为100.94万元/亩，能源、土地利用效率均不及全市平均水平。

3.六大高耗能行业中的能源、土地利用效率均欠佳的企业较多，对全市资源利用效率拖累较大。杭州市六大高耗能行业的耗能产品与节能减排的关联度很高，消耗能源占规模以上工业的78.3%，产出增加值占29.2%，其中与排放紧密相关的化石类能源消耗占规模以上工业的92.1%。六大高耗能行业，既是节能减排工作的关键领域，也是工业经济转型升级工作重要着力点。

四、几点建议（略）[①]

杭州市统计局　杜国忠　应利丹　黄宏瞻　卢学法　祝富钧

① （1）单位增加值能耗：即产出每万元增加值所消耗的能源，反映企业能源利用效率。为便于比较，指标采用现价增加值、当量值能耗计算。

（2）亩产增加值。即企业占地面积每亩产出的增加值。反映企业土地利用效率。其中，本文增加值为企业营业盈余、生产者净税、当年折旧、劳动者报酬总和。

宁波市工业经济低迷运行背后的思考

随着政府主导投资注入所产生的短期刺激效应逐步消退，随着难以缓解的欧债危机持续蔓延，随着地域政治博弈而导致的石油供求关系变化，宏观经济的传导效应已经对实体经济产生了实质性影响。今年工业经济开局出现了相对低迷的态势，低迷背后的现象值得我们深思：是内外市场需求严重不足，还是要素约束持续加剧，抑或转型时期的必要调整？是单因制约，还是兼而有之？本文试图以规上工业2012年一季度运行态势为基本样本，兼顾一段时期来的运行轨迹，更注重宁波市工业结构现状，统筹兼顾地思考与分析，实事求是地提出基本看法和应对原则。

较长时期以来，随着工业经济制约要素叠加效应的不断显现，2012年工业经济开局出现了相对低迷的态势。产出总量回落伴随着运行质量下滑，综合测算，2012年一季度规上工业完成增加值476.5亿元，按可比价计算同比增长2.8%，创下16个月以来新低，仅高于温州（增长1.8%）、台州（增长2.0%）列全省第九位。针对目前工业经济运行低迷态势，提出如下看法。

一、2012年以来，伴随着工业经济总量增长全面回落，工业经济运行质量也出现了急剧下滑，这样的总体态势，给近期工业经济运行迅速回升增加了诸多不确定因素

总量增长全面回落：一季度规上工业总产值同比增长0.01%，涉及35个行业大类中有20个行业出现负增长；涉及14个县区中有7个出现了负增长；在6630家规上企业中有3189家出现负增长。从主要工业产品实物量生产观察，随着以房地产为代表具有较强需求拉动行业的降温，原材料工业回落尤为显著（见表1）。

表1　2012年一季度主要产品产量完成情况表

产品名称	2012年首季累计产量	同比增长(%)
布(万米)	6997	−7.83
服装(万件)	22382	1.32

续表

产品名称	2012年首季累计产量	同比增长(%)
原油加工量(吨)	5770818	−15.64
盐酸(氯化氢,含量31%)(吨)	21079	−21.69
烧碱(折100%)(吨)	140066	20.11
初级形态的塑料(吨)	769857	1.36
化学纤维(吨)	400998	1.72
水泥(吨)	2123319	−5.70
商品混凝土(立方米)	2436286	−11.16
粗钢(吨)	1100033	−8.03
钢材(吨)	1828645	−6.62
铜材(吨)	126177	−4.12
金属紧固件(吨)	88175	−14.11
汽车(辆)	41435	−2.38
民用钢质船舶(载重吨)	191942	17.03
太阳能电池(千瓦)	67299	−38.27
电子元件(万只)	2933551	24.94
发电量(万千瓦小时)	1989621	−8.23

与此同时,一季度销售产值依然维持着负增长态势为−1.6%,由此产销衔接也创下21个月来新低,约为95.7%,与此相对应,产成品存货同比却增长12.2%,超过工业总产值同比增长12.2个百分点。

运行质量也出现了急剧下滑:一季度利润总额和利税合计同比分别增长−46.4%和−27.6%;涉及35个行业大类中有28个利润出现负增长(其中9个出现全行业亏损)、29个利税出现负增长;涉及14个县区中有10个利润同比出现了负增长、9个利税同比出现了负增长;在6630家规上企业中有1983家出现亏损,亏损企业亏损额同比却增长74.4%。

亏损企业增加与亏损额上升并在,反映出目前工业企业经营状况的困难,而工业经济效益相对低下,对下步工业经济产出总量迅速回升增加诸多不确定因素。

二、鉴于宁波市工业产品市场分布结构，出口增长深幅下探是导致工业经济下行的重要原因之一。同时，宁波市以高耗能行业为主导，以民营经济为主体的工业经济主要格局，更是造成此次下行首当其冲的主要成因之一

按照目前宁波市规上工业产品市场取向格局，其内、外销比例基本维持在 4∶1 水平。一季度规上工业出口交货值同比增长－11.0%，国内销售市场同比增长 1.1%，在内、外市场共同作用下，一季度实现工业销售产值增长－1.6%，仍未走出负增长阴影，较长时期来市场需求不足，继续制约着工业经济产出总量放大，这也从一个侧面充分反映出工业企业的生产经营维艰。

一季度八大高耗能行业①工业总产值占同期规上工业 48.2%，同比增长－0.7%，对全市规上工业增长负贡献率为 1.4 个百分点。高耗能行业增速回落，暂时缓解宁波市长期居高不下的能耗压力。一季度，八大高耗能行业中，除化学原料和化学制品制造业。电力、热力的生产和供应业的能耗同比略有上升外，其他六个行业都有不同程度回落，其中非金属矿物制品业、纺织业、黑色金属冶炼及压延加工业能耗回落最明显，分别同比下降 14.1%、13.8% 和 12.1%。

当前，民营工业经济②是宁波市最具活力经济群体，然而正像三年前国际金融危机深度影响的那样，目前民营工业经济对环境变化所表现出的敏感性再次得到印证，一季度完成工业总产值同比增长－0.4%，增长速度低于全市平均水平 0.41 个百分点。辩证地看，民营工业经济市场化程度的充足性，注定其反映在对市场变化的敏感性，这种敏感性应该是对市场变化而作出的正常反应。在绝大多数情况下，这种反应结果将促使其在市场环境发生负向变化时尽可能少地遭受损失，民营工业经济自保导致的阶段性生产收缩，有时是对市场机制理性感悟的结果，无可厚非；然而，也存在着部分民营工业经济面对市场波动表现出的措手不及，无奈地改变既有的生产节奏，导致生产经营的被动和困难，但这并非主流。一季度数据显示：私营企业亏损面为 27.0%，分别低于集体经济、有限责任公司 23.0 个和 2.0 个百分点，也低于港澳台投资企业、外商投资企业 7.1 个和 9.7 个百分点。

三、2011 年以来，点多面广以加工业为主的中小工业企业市场不景气（尤

---

① 我省八大高耗能行业：纺织、化纤、造纸、化学原料、非金属矿物制品业、黑色金属冶炼、电力、石油冶炼。

② 民营工业经济：除纯国有、纯集体以及只含有国有、集体成分的联营、股份制等以外的工业经济，其中也包括与港澳台、外商合作的广义民营工业经济。

其国际市场不景气）而出现的生产收缩，由于工业产业链的传导效应，目前已经波及以规模经营为主要特征的原材料工业和装备制造业，这样的回落态势在一定程度上已经触及宁波市工业经济基本面

2011年以来，点多面广以加工业为主的中小工业企业出口交货值从2011年年初增长20%以上到2011年底已经回落到7%左右，其中小型工业企业2011年12月当月已经出现负增长（－0.8%），由于工业产业链的传导效应，目前已经波及以规模经营为主要特征的原材料工业和装备制造业，2012年一季度大型工业企业出口交货值增长－39.8%，进而拖累着大型工业企业工业总产值增长下行，同比增长－4.6%，低于全市平均水平约4.6个百分点，这是继2009年初以来再次出现的深度回落。

从工业经济运行质量观察：一季度规上原材料工业和装备制造业的亏损面分别为30.7%和25.7%，同比分别上升9.0个和6.5个百分点；规上原材料工业和装备制造业实现利润总额同比分别增长－75.1%和－17.7%，而规上原材料工业和装备制造业亏损企业亏损额同比分别却增长216.5%和66.1%。

一季度数据还表明，原材料工业和装备制造业产出经济总量占规上工业67.9%，占全部工业的54.8%的，一定程度上已成为当前宁波工业的基本面，其效益急剧下滑，为预后宁波工业生产迅速回升增加诸多难度。

鉴于宁波市工业经济总体格局，这样的波及一旦过度蔓延，势必动摇宁波市工业经济基本面，然而，短期内试图利用政策修复基本面或寻找增量弥补基本面谈何容易。事实上，我们也应该清醒地看到，带有传统计划烙印的过度调节手段，如不加舍取的刚性保增长等，在市场经济背景下，所带来的预后综合效果极有可能会适得其反。

四、融资成本继续高企、劳动用工相对不足、能源约束刚性显现等在工业经济下行过程中“涛声”依旧，然而，更大制约因素来自传统经济管理方式——如：一味依靠各级财政巨额转移支付的政策思维；又如：较长时期来政府主导而形成宁波市“多高”行业正在逐步成为宁波市工业经济的基本面。所有这些，势必给预后工业经济稳中求进式发展带来很大的不确定性

2012年一季度，规上工业财务费用同比增长34.5%，其中利息支出同比增长37.8%，大大高于同期主营业务收入（负增长3.2%），利息支出占同期银行贷款余额的年化率约为7.2%，同比上升了1.1个百分点；规上工业职工平均人数同比增长－3.2%，这是继2009年一季度以来再次出现的负增长；由于“十二五”以来，全市乃至整个浙江省没有新增规模火力发电机组有效投入，工业用电硬约束已经刚性到来:供给角度观察一季度全市发电量198.96亿度,同比增长-8.23%;使用角度观察全部工业用电84.4亿度,同比增长-1.1%,其中制造业用电同比增长-3.6%。要素刚性制约及要素成本高,使工业企业综合成本加速抬升,今年一季度数据表明,主营业务成本占主营业务收入比重为86.2%,同比上升2.1个百分点,三项期间费用占同期主营业务收入比重为8.2%,同比上升1.1个百分点。

值得注意的是:近期中央政府在探索金融体制改革与创新上加大力度,试图破解工业企业,特别是中小民营工业企业融资难问题,预后对于具有市场潜质的经济主体融资难问题可能会在一定程度上得到缓解。然而,资源、能源刚性约束是长期存在的,试图通过政府计划调控手段缓解这种约束的可能性微乎其微,事实上,这样约束目的就是要形成强大的倒逼机制,促使工业经济转型升级。辩证地看待当前用工难是十分必要的,劳动力市场供方数量相对下降,一定程度上折射出全国经济发展均衡性在提高,作为需求方也倒逼着工业企业集约使用劳动力,通过技术进步提高劳动生产率。

那么,当前宁波市工业经济格局能够应对多要素的约束吗?

目前,具有高能源占据型的石化行业、具有高人力资源占据型的纺织服装行业等(简称"多高"行业)传优产业①,一季度产值达1327.7亿元,占同期规上工业约51.0%,工业经济总量已经过半,日渐成为宁波市工业的基本面。

工业经济要素的硬约束与宁波工业"多高"行业并存,势必给预后稳中求进式的工业经济发展带来很大的不确定性,这是宁波工业经济发展到一定时期所表现出的历史阶段。于是,当前宁波市工业经济下行态势首当其冲就在所难免了。

面对工业经济下行态势,与其"修复"抑或"弥补"如此的工业经济基本面,倒不如下定决心调结构。实践告诉我们,转型升级工作往往在内外环境约束下,更能形成强烈有效的市场倒逼机制,无疑比政府"亲自"去有计划地刚性参与,更具有经济性、平稳性和可操作性。

五、事实上,宁波市"十二五"以来,政府强烈推动的工业经济转型升级工作,目前仍处于初步展开期,远没有成为宁波工业经济发展的主流。换个角度审视,初步展开时期不可避免地对即期的工业经济增长会起到一定程度调整性作用,这样的调整是工业转型升级过程中不可逾越的阶段,但无疑是积极

① 传优产业:"十二五"期间宁波市传优产业包括范围为"石化""纺织服装""汽车零部件"和"电工电器"四个行业。

的,并且会给预后工业经济发展留下较大的发展空间

全力发展战略性新兴产业是宁波市"十二五"期间工业经济发展重要目标,也是工业经济转型升级重要体现。今年一季度全市战略性新兴产业[①]实现工业总产值为451.8亿元,占规上工业17.3%,份额比去年底虽提高约0.2个百分点,却仍没有成为宁波工业经济发展的主流;从其成长角度观察:今年一季度全市战略性新兴产业实现工业总产值同比增长-3.3%,低于全市平均水平3.3个百分点,成长性暂时低下,充分反映出工业经济转型升级初创期之艰难,而这种艰难有时更表现为各级经济管理部门共识的欠缺。

换个角度观察:高新技术推广也是工业经济转型升级的重要载体。2012年一季度,累计高新技术产值762.1亿元,同比增长2.5%,高于整个规上工业总产值增速2.5个百分点;高新技术工业总产值占整个规上工业总产值比重为29.2%,比去年上升4个百分点。

上述两组数据表明,工业经济不仅表现为正在向战略新兴产业方向转型(尽管还处在初步展开期,进展相对缓慢),而且在既有传统产业中也不同程度地发生着技术升级。然而,在这种情况下,我们更应该对当前工业经济转型升级有一个理性认识。

工业经济转型升级是企业自主行为,也是一个动态的、长期的、相对的过程,政府在其中只能起到一定程度的引领作用,事实上,政府在有限的财政存量情况下绝不可能成为工业企业转型升级包办者;工业经济转型升级又是痛苦的过程,痛苦承受者有时并不仅仅指向企业,政府可能在一定时期内要直面阶段性调整所带来的发展速度相对减缓的局面;工业经济转型升级更是充满着稍纵即逝的机遇和契机,舍旧创新需要过程,而置身于此过程又充满变数和挑战。

既然政府已下定决心"调结构",那么必须面对在此过程中所表现出来的暂时困难,以及暂时困难所表现出来的必要调整,这样的调整作为工业经济转型升级过程中不可逾越的阶段,无疑是积极的,注定将会给预后工业经济留下较大的发展空间。

总之,放在更宏观背景下,我们应当理性看待当前工业经济运行:各种内外错综复杂因素的叠加,即市场需求弱化与要素刚性约束并存,是造成当前工

---

① 战略性新兴产业:"十二五"期间宁波市战略性新兴产业包括范围为"新材料""新能源""新装备""节能环保""海洋高技术""生命建康""新一代信息技术"和"设计创意"。

业经济运行下行的主因，这是不以人们意志为转移的规律，也是市场经济规律内在作用下的外化表现。因而，大可不必过分恐慌，大可不必置身经济主体之中越俎代庖，大可不必加速出台众多拔苗助长式的激进政策，因为这样只能导致预后更大的负面效应和难以为继。

在这样的下行周期中，作为政府管理部门要极力避免出现过度社会负面效应，经济管理部门更要走出来、沉下去，因势利导，灵敏捕捉工业经济转型升级的契机：即以科技为支撑，不断加大淘汰落后工作力度，全力阻断"二高"项目进入势头，大力发展战略性新兴产业，积极倡导循环经济资源综合利用，为宁波市预后工业经济发展融入更多持续性、生态性、科学性的元素。

杨耿业

温州民营经济发展的SWOT分析及对策研究

温州是全国闻名的民营经济始发地之一，商业氛围浓厚，民间资金雄厚，更有遍布海内外的温州人营销网络，具有发展民营经济的独特优势。为了实现温州民营经济更快更好地发展，笔者用SWOT分析方法对温州民营经济发展的优势、劣势和机遇、挑战进行了具体分析，并在此基础上对下一步如何促进其发展提出了相应的对策和建议，以期为温州民营经济未来的发展谋求切实可行的策略。

一、温州民营经济发展现状及重要作用

2011年，全市民营经济实现增加值2799.80亿元，占全市生产总值的81.9%。从三次产业看，第一产业增加值99.27亿元，第二产业增加值1627.97亿元，第三产业增加值1072.56亿元，分别占全市相应产业比重的92.0%、92.5%和69.2%。从工业生产看，规上民营工业企业实现工业总产值3713.63亿元，占全市规上工业的88.1%；从消费品市场看，民营经济实现社会消费品零售总额1582.54亿元，占全市社会消费品零售总额的89.5%，在温州经济发展中，民营经济已成为不可或缺的支柱力量。

（一）民营经济已成为解决城乡就业的主渠道

近几年来，随着城市化进程加快，从农村分离出大量的劳动力，加上本地新增劳动力和大批外来务工人员，使社会就业压力逐年增大。而民营企业的快速发展，发挥了越来越重要的就业功能。2011年，全市民营企业从业人员534.69万人，占全社会从业人员的比重为92.9%。事实证明，民营经济在增加就业，维护社会稳定等方面作用日益显著。

（二）民营经济是温州市税收收入的重要来源

民营经济的发展，拓展了财政收入的来源，改变了财政收入的结构，已成为温州市财政收入稳步增长的可靠保证。据测算，2011年，全市民营经济的税收收入396.08亿元，占全部税收收入的82.4%，其中国税占87.1%，地税占76.6%，可见民营经济对温州财政贡献举足轻重。

（三）民营经济是温州市外贸出口的主力军

在温州市外向型经济中，温州市引进的“三资”并不多，2011年规上工业

中,“三资”企业数量及工业总产值仅占规上的 7.4% 和 10.0%。但是民营经济对外却具有较好的经济渗透性,目前温州市已与世界上 212 个国家和地区建立了贸易关系,在美国、巴西、俄罗斯等国家创办多个专业市场,使温州经济从国内走向世界,拓宽温州经济发展空间。2011 年,全市民营企业直接出口达 171.82 亿美元,占全部出口总额的 79.7%,如果加上民营企业经国有外贸公司出口的部分,比重还要高一些。

(四)民间投资成为温州市投资较快增长的重要因素

随着民营资产总额的提高,民间投资已成为温州市全社会固定资产投入的重要力量。1978 年至 2011 年,非国有单位投资总额达到 5287.27 亿元,占全社会固定资产总投资的 56.6%,其中大部分为民间投资。2011 年,温州市民营经济完成固定资产投资总额 1198.39 亿元,占当年全社会固定资产投资总额的 68.4%。

表 1　2011 年温州市民营经济概貌

指标	绝对值	民营经济占全市比重(%)
民营经济生产总值(亿元)	2799.80	81.9
#工业增加值(亿元)	1424.00	91.5
服务业增加值(亿元)	1072.56	69.2
民营企业出口额(亿美元)	171.82	79.7
民营经济固定资产投资(亿元)	1198.39	68.4
民营经济消费品零售总额(亿元)	1582.54	89.5
民营企业上缴税收(亿元)	396.08	82.4
民营企业从业人员(万人)	534.69	92.9

二、温州民营经济发展的 SWOT 分析

SWOT 分析法又叫态势分析法,是通过对被分析对象的优势(Strength)、劣势(Weakness)、机遇(Opportunity)、挑战(Threat)进行全面综合的评估与分析,从而为行业或部门经营决策、规划未来发展提供决策参考依据,这也是了解温州民营经济发展各项影响因素的一种切实可行的研究方法。

(一)温州民营经济发展的优势分析(Strengths 分析)

1.民间资金雄厚。从某种意义上说,温州经济是温州人的经济。温州经济的发展主要靠民间资金,而温州经济持续快速发展,又使民间资金实力越来

越雄厚。民间资金的雄厚与否从近些年来温州人对房地产、煤矿、棉花等行业的投资引起全国性的关注中可见一斑。如有个别舆论甚至将某些大城市房地产价格的飙升归咎于“温州炒房团”。2011 年温州市居民储蓄存款余额达 3342.26 亿元人民币，同比增长 14.6%，增幅比上年提高 3.2 个百分点，这从侧面也反映出了温州藏富于民的现实状况。

2. 商业文化底蕴深厚。温州的商业文化是跟南宋时期的永嘉学派分不开的。永嘉学派是中国少有的重商主义者，反对中国传统的“重本轻末”、重农抑商的思想，认为应该“通商惠工”“扶持商贾”，发展商品经济。在学术思想上，永嘉学派重视事功之学，认为讲“道义”不可以离开“利益”，对传统儒家中所谓“正其谊（义）不谋其利，明其道不计其功”（董仲舒语）的说法表示异议，提出了“以利和义，不以义抑利”的观点，并试图把两者统一起来。这种“言功利，重商贾”的思想及其价值取向造就了温州人强烈的创业意识和经商意识。也正是这种精神造就了温州民营经济的蓬勃发展。

3. 品牌优势。30 年来，温州企业在产品质量上经历了“图数量、重质量、创品牌”三个发展阶段。20 多年前，在制鞋行业温州市一些企业质量意识淡薄，企图通过劣质低价来打开市场，曾出现过“杭州火烧温州劣质皮鞋”、中央电视台曝光温州假冒伪劣产品等事件，在消费者心目中留下了“温州制造假冒伪劣”的不良印象。1991 年，温州市委、市政府及时提出“质量立市”发展战略，1994 年颁布《温州质量立市实施办法》，开始“第二次创业”。经过近 20 年的努力奋斗，包括正泰、奥康、康奈等一批知名品牌从温州崛起，温州终于从困境中走出了一条具有鲜明区域特色的产业品牌发展路子。截至 2011 年底，温州市拥有国家工商总局认定的中国驰名商标 36 个，拥有中国名牌 7 个，浙江名牌 234 个，温州名牌 459 个。

4. 块状经济优势。民营企业的快速发展，推动了温州块状经济的形成和发展壮大。块状经济以某一行业一两个产品为龙头，众多关联企业相互支撑，在空间上大量集聚，形成区域化布局，专业化经营，市场化联动，社会化协作四大特征。这些企业群，产品齐全，相互配套，信息成本低，竞争激烈，显示出旺盛的生命力，形成了相当规模的生产、销售基地，产生了区域性的规模效应和品牌效应。目前温州市已形成了电气机械、汽摩配、服装、鞋业、皮革、眼镜、制笔、不锈钢、打火机、印刷、礼品等块状行业经济。

（二）温州民营经济发展的劣势分析（Weaknesses 分析）

1. 以传统产业为主，先进制造业相对滞后。温州民营经济仍以电气、鞋革、服装、塑料制品等传统产业为主，先进制造业相对落后，尤其是石化、医药、通信电子设备等先进制造业，温州市相当薄弱。2011 年，电气、鞋革、服装、塑料等 4 个行业实现工业总产值 2034.48 亿元，占规模以上工业总产值的 46.4%，而石化、医药、通信电子设备三个行业实现工业总产值 119.47 亿元，仅占规模以上工业总产值的 2.7%，表明了温州市仍以劳动密集型产业为主，产业结构层次相对较低。

2. 科技投入不足，技术创新能力相对较弱。2011 年，温州全社会科技经费投入总额 57.02 亿元，占全市生产总值的比重为 1.67%，在省内仅高于丽水(1.15%)，明显低于杭州(5.06%)、宁波(3.25%)、嘉兴(4.04%)、绍兴(3.53%)等城市，比重居全省第 10 位；R&D 经费投入 36.80 亿元，占全市生产总值的比重为 1.08%，也远低于杭州(2.88%)、宁波(1.89%)、嘉兴(2.20%)、绍兴(1.86%)等城市。科技经费投入强度偏低，这是温州市技术创新相对薄弱的原因所在，也是缺少核心技术与核心竞争力的重要原因之一。受此影响，温州市新产品产值率一直偏低，根据科技进步监测结果显示，2011 年度温州市新产品产值率为 11.6%，在省内各市居第 11 位，比杭州、宁波、嘉兴、绍兴等城市分别低 10.6、7.0、19.4 和 13.1 个百分点。显然，企业自主创新能力有限，新产品更新换代速度慢，难以根据市场变化及时开发出新产品，这无疑减缓了企业国际化经营的脚步。

3. 行业人才缺乏，高学历人才比重偏低。据第六次人口普查数据显示，温州市常住人口中大专及以上学历人口比重占 7.1%，比全省平均水平低 2.2 个百分点。温州市高学历人才比重偏低，科技活动人员更是偏少。2011 年末，全市拥有科技活动人员 4.86 万人，比上年增长 7.2%，增幅居全省末位；平均每万人口科技活动人员 53.22 人，居全省第 9 位，仅相当于杭州的 28.0%、宁波的 38.2%。科技活动人员偏少除了与温州大专院校、科研院所少有关外，与众多民营企业对科研技改重视不够也紧密相关。

4. 企业管理机制不健全，家族式管理难以适应新的发展阶段。温州民营经济主要是以家庭作坊形式逐步发展起来的，这一发展路径使得大多数企业停留在传统型家族制管理模式，公司法人治理机制还不完善。家族理念曾是温州民营经济发展初期的传统优势，尤其是对于组织管理单一，人力资源、资本需求有限的中小企业而言：家族式管理的代理成本较低，有助于增强企业的凝聚力，创造稳定的经营环境。随着民营经济的壮大，家族“本位制”逐渐显现出与现代企业制度相悖的一面：缺乏专业化、制度化的管理分工，组织结构封闭、排外，所有权与经营权没有实现合理分离，这些都直接影响了企业的扩张能力、融资能力和创新能力，而且家族管理的多重权力结构导致了规则的不透明和家族成员的利益纠纷，不利于企业发展。因此，家族式管理已成为当前温州市民营经济发展壮大的障碍。

（三）温州民营经济发展的机遇分析（Opportunities 分析）

1.各级政府重视民营经济的发展。近几年，国务院先后出台了《关于鼓励支持和引导个体私营等非公有制经济发展的若干意见》（国发〔2005〕3号，又称“旧36条”）、《关于鼓励和引导民间投资健康发展的若干意见》（国发〔2010〕13号，又称“新36条”），2011年底召开的中央经济工作会议又明确提出，要认真落实国务院“新36条”意见，抓紧出台实施细则，鼓励民间投资进入铁路、市政、金融、能源等领域。截至目前，关于鼓励和引导民间投资健康发展的42项实施细则已全部出齐。同时，我省、温州市也先后制定出台了扶持中小微企业、支持浙商、温商发展等一系列政策意见和实施办法。这些政策举措，为促进温州市民营经济发展提供了强有力的政策保障。

2.国家级金融综合改革试验区及高新技术产业开发区获批带来的发展机遇。2012年以来，温州市相继获得国家级金融综合改革试验区和国家级高新技术产业开发区两个“国字号”金名片，这为温州市民营经济的进一步发展带来了新机遇。国务院确定了“金改”十二项主要任务，为民营经济进入金融领域指明了方向，为破解中小企业多、融资难和民间资金多、投资难这“两多两难”问题提供了难得的机会。国家级高新技术产业开发区的设立为温州市民营经济产业结构优化升级提供了新助力，特别对激光与光电、电子商务与信息软件、文化创意等三大产业将产生重大影响。

3.浙江海洋经济发展示范区和海峡西岸经济区设立带来的发展机遇。2012年2月份，国务院正式批复《浙江海洋经济发展示范区规划》，浙江将打造“一核两翼三圈九区多岛”为空间布局的海洋经济大平台。温州不仅是海洋经济发展示范区的南翼，而且还是海西经济区“一带、五轴、九区”布局中的一区，是两个国家级规划的重要接轨处，这为温州市民营经济的发展带来新机遇。

4.温州人营销网络遍布海内外带来的独特机遇。改革开放以来，大批温州人“走出去”经商创业，形成了遍布全国全世界的市场营销网络，这给温州市民营经济的进一步发展带来了独特机遇。据六人普调查推算，2011年全市在外温州人为233.54万人（含港澳同胞，未含台湾同胞），占全市户籍人口的29.3%，其中境外（含港澳同胞，未含台湾同胞）37.91万人，境内195.63万人。这些在外的温州人是温州民营经济的重要组成部分，是推动温州民营经济持续发展的独特资源，是扩大“温州制造”影响力的关键所在。

（四）温州民营经济发展面临的挑战分析（Threats 分析）

1.区域竞争日益激烈。当前民营经济已成为全国各地普遍现象，温州民营经济先发优势逐渐丧失，甚至有些城市大有后来居上之势。特别是一些城市凭借良好的接待设施、优良的服务水平和较完善的招商引资管理体制对温州的民营经济构成强有力的竞争。近几年温州企业受吸引外流的主要原因大致有三：一是迁入城市土地资源多于温州，拿地相对容易，如中西部城市。二是迁入城市高校多，科研院所多，智力支持多于温州，科研人才相对容易获取，如上海、杭州。三是迁入城市投资环境优于温州。据年初调查显示：近十年温州本地现有工业企业和整体外迁企业对外累计投资额至少达 1025.6 亿元，相当于温州本地限额以上工业性投资的 52%左右。同时 10%的整体外迁企业反映是投资环境不好导致本企业外迁。

2.借贷风波对民营经济的不良影响进一步显现。2011 年 9 月份爆发的民间借贷风波，严重损害了温州民间信用，对温州民营经济的不良影响进一步显现。一是使企业融资难度加大。向银行融资难度加大。7 月末，全市银行业本外币不良贷款余额 194.00 亿元，不良率从 2011 年借贷风波前的 0.37%提高到 2.85%。不良贷款率的逐月攀升，使银行经营重心向控制风险转变，如提高贷款门槛、降低担保比重、停办信用证等。向民间融资难度更大。自民间借贷风波后，社会融资规模大幅萎缩，现在民间很难借到资金。二是使企业流动资金需求增多。由于信用严重受损，现在原材料供应商一般都要求现金付款，这使得企业流动资金需求比原来增多。受两方面夹击，当前民营企业普遍存在融资难度加大，融资成本升高等问题。

3.外贸出口形势严峻带来的挑战。2011 年以来国内外经济形势发生了深刻变化，受欧债危机深化、全球经济放缓及国际贸易保护主义抬头等影响，国际市场需求低迷，出口形势不容乐观。2012 年 1—7 月份温州市出口总额 100.65 亿美元，同比下降 0.1%，增幅比上年同期回落 28.9 个百分点。其中出口欧盟 25.70 亿美元，同比下降 9.8%，增幅比上年同期回落 40.7 个百分点。由于温州市外贸依存度较高（2011 年达 41%），因此，外贸出口的减少，必将对温州市部分出导向型民营企业产生重大影响。

4.市场化程度不够，体制性障碍尚存。2005—2011 年温州市民营经济占 GDP 比重一直处于 80%—82%区间，占比一直难以再提高的一个很重要的原因是部分领域市场化程度不够，体制性障碍尚存。从三次产业结构看，温州市第一、二产业民营经济发展比较完全，其民营经济比重均超过 90%，2011 年第一、二产业民营经济增加值达到 1720.87 亿元，比重达到 92.1%。第三产业民营经济也取得一定的发展，但相较于一、二产业，温州市第三产业民营经济成分仍然偏低，这也是近几年温州市民营经济推动力相对乏力的主要因素。2011年温州市第三产业民营经济比重为69.2%，低于全市民营经济比重12.7个百分点。第三产业分行业看，交通、商贸等传统服务业的民营经济成分已比较高，比重均在80%以上，而金融、电信、文教卫等公共服务行业的民营经济比重仍然偏低，基本在50%左右。

（五）温州民营经济SWOT分析结论

以上SWOT分析表明，温州民营经济的发展，对内存在优势和劣势，对外面临机遇和挑战，但这些优势与劣势，机遇与挑战并不是一成不变的，在一定条件下，在一定时期内可以相互转化。各级政府以及相关部门一定要努力将不利化为有利，将劣势转化为优势，将挑战转化为机遇，尤其是要积极采取各种举措引导民间资金投入实体经济。温州民营经济的发展应紧紧抓住产业结构调整发展战略、国家级金融综合改革试验区及高新技术产业开发区获批带来的契机，充分利用自身的有利条件，在壮大规模的同时，优化产业内部结构，深化品牌建设，加大创新力度，提高产品竞争力和定价权，为新时期温州经济社会的又好又快发展贡献新的力量，再造民营经济新辉煌。

表2　温州民营经济发展SWOT分析

	内部因素		外部因素
优势	1 民间资金雄厚	机遇	1 各级政府重视民营经济的发展
	2 商业文化底蕴深厚		2 国家级金融综合改革试验区及高新技术产业开发区获批带来的机遇
	3 品牌优势		3 浙江海洋经济发展示范区和海峡西岸经济区设立带来的发展机遇
	4 块状经济优势		4 温州人营销网络遍布海内外带来的机遇
劣势	1 以传统产业为主，先进制造业相对滞后	挑战	1 区域竞争日益激烈
	2 科技投入不足，技术创新能力相对较弱		2 借贷风波对民营经济的不良影响进一步显现
	3 行业人才缺乏，高学历人才比重偏低		3 外贸出口形势严峻带来的挑战
	4 家族式管理难以适应新发展		4 市场化程度不够，体制性障碍尚存

三、加快温州民营经济发展的两点建议

（一）利用“金改”获批契机，加快建立适应民营经济发展的地方金融体系

利用这次金融综合改革试验区获批契机，围绕解决“两多两难”问题，加快建立与民营经济发展相适应的地方金融体系，为温州经济转型升级提供强大动力。一是加快建设温州产权（股权）交易市场，为民间资金与企业资产提供对接平台。二是大力发展非银行金融机构，争取上级政策支持，壮大小额贷款公司队伍，为小微企业融资提供更多机会。三是大力发展股权投资基金，出台财政税收扶持政策，鼓励私募业发展。一般地，私募股权投资基金是新兴企业、未上市的中小企业、陷入财务困难的企业以及寻求并购资金支持的上市公司的重要资金来源。通过私募股权基金进行的募资、投资和撤资等一系列运作流程，不仅可以实现投资者的资金流动，为其提供丰富的投资渠道，而且也为融资方的产权提供了流动性，使得市场中的供需双方可以更好地实现自己的交易愿望，从而降低金融交易成本，使中小企业摆脱对银行的过度依赖。

（二）加快自主创新，转变传统产业发展方式

从现状来看，传统产业仍是温州经济社会的发展基础，是温州经济发展的重要动力，也是温州自主创新的主体领域。下一步温州市仍需发展好传统产业，提高传统产业竞争力。一是打造公共创新服务平台。着眼传统优势产业，依托大企业集团、科研院所与行业机构，瞄准行业共性、关键性、前瞻性技术，整合行业科技力量，组建一批行业共性技术开发平台。二是发挥科技类专项资金“四两拨千斤”作用，引导民营企业加大技术研发力度。加大企业科研政策扶持力度，引导企业加快创建企业研发中心，加大创新投入，提高研发设计、核心元器件配套、加工制造和系统集成的整体水平，建立有自主知识产权的核心技术优势，努力提高自主创新能力。三是美化城市生存发展环境，加强创新型人才队伍建设。继续改善本地居住环境、人才发展环境，大力引进海内外高层次人才和团队，为全市发展战略服务。着力培育自有的优秀企业家、高层次管理人才和高技能人才，为企业自主创新提供人才支撑。

加快嘉兴市民营经济转型发展研究与思考

新世纪以来，嘉兴市民营经济的发展极大地促进了国民经济的增长和综合实力的增强，推动了市场经济体制的发育和形成，成为经济社会发展中的一支重要生力军。到2011年，全市民营经济占全市经济总量的61.7%。本文描述了全市民营经济总量、结构和分布特征，指出了当前嘉兴市民营经济改革与发展中存在的一些不足，并就如何面对后金融危机时代经济全球化和国际国内市场约束日益强化的发展大背景下，进一步加快民营经济发展，促进全市经济平稳发展提出若干建议，供领导和有关部门决策参考。

一、新世纪以来全市民营经济发展的阶段特征

(一)民营经济是促进嘉兴市经济增长的主要推动力

新世纪以来，各种所有制经济共同发展成为推动全市经济持续、稳定、快速发展的重要基础。嘉兴市的民营经济是伴随着个私经济的成长而逐步发展起来的，目前民营经济已成为嘉兴市经济的重要组成部分。民营经济对全市经济发展的推动作用越来越大。2007—2011年，全市GDP年均增长11.7%，而全市民营经济增加值年均增长11.9%，高于GDP年均增速0.2个百分点。2011年全市民营经济对GDP增长的贡献率66.7%，比五年前的2006年提高12.9个百分点，全市民营经济的贡献率达到三分之二，成为推动经济快速发展的主要动力。

2011年全市民营经济总量1645.06亿元，占全市经济总量的61.7%，比上年提高0.9个百分点。从行业看，第一产业比重达到98.3%；第二产业比重62.3%，其中制造业比重65%，建筑业比重98.5%；第三产业比重55.2%，低于平均6.5个百分点。与上年比较，第一产业民营经济比重基本持平；第二产业提高0.4个百分点；第三产业提高1.7个百分点。从结构看，其中第一产业民营经济增加值143.63亿元，占8.7%；第二产业增加值957.29亿元，占58.2%，工业800.55亿元，占48.7%；第三产业增加值544.15亿元，占33.1%。与2004年第一次经济普查比较，民营经济占GDP比重年度间有波动，但总体基本保持稳定。全市民营经济增加值占GDP比重由2004年的62%下降到2008年的60.6%，2008年以来基本稳定在60%左右，2009年以

来又逐年回升，2011 年比重提高到 61.7%，比 2008 年提高 1.1 个百分点（见表 1）。

表 1　主要年份嘉兴民营经济总量及比重

指标	2004 年		2008 年		2009 年		2010 年		2011 年	
	总量（亿元）	比重（%）	总量（亿元）	比重（%）	总量（亿元）	比重（%）	总量（亿元）	比重（%）	总量（亿元）	比重（%）
总计	621.71	62.0	1102.17	60.6	1150.11	60.0	1399.55	60.8	1645.06	61.7
第一产业	75.43	98.2	103.77	98.3	105.71	98.3	124.86	98.3	143.62	98.3
第二产业	379.96	64.6	655.85	60.6	675.79	60.7	828.75	61.9	957.29	62.3
工业	318.20	60.9	552.12	56.7	552.37	56.0	684.24	57.4	800.55	58.1
建筑业	61.76	94.6	103.73	97.0	123.42	97.2	144.51	98.6	156.74	98.5
第三产业	166.32	49.3	342.87	54.2	368.61	52.8	445.94	53.5	544.15	55.2

（二）民营经济在全市第二、三产业中保持主体地位

民营经济在第一产业中有其特殊性，从制度层面构成了高比重。从市场机制的调节作用看，由于改革进程和开放度的不同，工业与第三产业中市场调节的程度存在着较大差别。民营经济在第二产业尤其是制造业领域更为集中。在工业中，自 21 世纪 90 年代以来市场机制已具有较强的调节功能，各种所有制经济的竞争越来越激烈，对产业发展和产业生产率改进起着较大的促进作用；而在第三产业中，民营经济比重偏低，产业竞争不够充分，市场机制对服务业发展和生产率提高还有待改进。

从行业分布看，民营经济主要集中在第二产业，尤其是制造业占主体地位。21 世纪 90 年代以来，随着全市工业经济所有制改革的不断深入，国有小企业通过股份制、股份合作制等吸引外资和民营资本，实现了产权多元化。工业集体经济的经营体制发生了重大转变，集体工业改制度力度不断加大，集体工业份额日渐萎缩，至 21 世纪 90 年代中期，基本形成了以资产转让、经营者持股为主要特征的股份经济经营形式，各地各具区域特色民营经济发展极大地促进了全市工业经济迅猛发展。新世纪以来，伴随全市国有工业重大项目相继投产以及制造业对外招商引资力度的加大，民营工业的比例有所回落，但民营工业总体比重仍保持 60%左右。2011 年全市第二产业民营经济增加值比重 62.3%，高于 2008 年 1.7 个百分点，其中制造业和建筑业比重分别为 65%和 98.5%，比重高于 2008 年 1.3 个百分点和 1.5 个百分点（见表 2）。

表 2　主要年份全市民营经济与国有经济总量占 GDP 比重表

指标	民营经济					国有				
	2011	2010	2009	2008	2004	2011	2010	2009	2008	2004
合　计	61.7	60.8	60.0	60.6	62.0	21.0	21.3	21.5	21.5	26.3
#第二产业	62.3	61.9	60.7	60.6	64.6	10.2	10.3	10.5	11.5	16.7
工业	58.1	57.4	56.0	56.7	60.9	11.2	11.4	11.5	12.4	18.2
制造业	65.0	64.1	63.4	63.7	72.2	1.1	1.3	1.0	1.6	2.7
建筑业	98.5	98.6	97.2	97.0	94.6	1.5	1.4	2.8	3.0	5.2
#第三产业	55.2	53.5	52.8	54.2	49.3	40.7	42.1	42.1	41.8	48.7
#交通运输仓储业	68.7	66.9	73.1	72.1	71.1	27.9	27.2	22.5	25.0	26.7
计算机服务业	13.1	12.6	14.3	14.2	5.4	26.3	27.6	11.9	36.9	85.4
批发与零售业	79.3	79.1	80.2	76.9	77.8	18.2	19.0	18.8	22.2	22.0
住宿与餐饮业	95.1	95.8	96.0	96.3	94.0	1.9	1.5	1.7	1.9	4.0
金融业	8.0	7.1	4.2	19.1	0.2	92.0	92.9	95.8	80.9	99.8
房地产业	85.8	86.2	82.5	83.0	71.9	9.9	9.7	12.0	11.5	18.7
租赁商务业	58.6	50.9	53.0	49.7	43.6	38.8	45.9	44.1	44.6	56.1
科技和地质勘查业	50.4	48.4	45.9	46.9	22.0	48.8	50.9	52.9	52.0	78.0
水利环境和公共设施	18.6	25.9	18.7	19.7	15.8	80.1	71.7	78.9	78.4	84.2
居民和其他服务业	95.4	92.9	95.2	95.6	87.7	4.0	6.2	3.8	3.6	11.2
教育	5.6	4.6	4.5	5.9	3.1	93.5	94.4	94.2	92.8	96.5
卫生保障和福利业	7.8	7.4	8.5	8.3	2.6	92.2	92.6	91.5	91.7	97.4
文化、体育和娱乐业	60.6	57.1	56.8	58.6	41.3	34.6	37.6	39.0	36.5	58.2

第三产业民营经济主要集中在传统行业和部分新兴行业。2011 年全市第三产业民营经济增加值比重 55.2%，高于 2008 年 1 个百分点。其中交通运输邮政业比重由 2008 年的 72.1%，回落到 2011 年的 68.7%；批发和零售业比重由 2008 年的 76.9%，增加到 2011 年的 79.3%；住宿和餐饮业比重由 2008 年的 96.3%，下降到 2011 年的 95.1%；房地产业比重由 2008 年的 83%，增加到 2008 年的 85.8%；居民和其他服务业比重由 2008 年的 95.6%，下降到 2008 年的 95.4%；文化体育娱乐业比重由 2008 年的 58.6%，增加到 2011 年的 60.6%；租赁与商务业比重由 2008 年的 49.7%，增加到 2011 年的 58.6%。

（三）民间投入是促进全市经济发展的重要拉动力

多年来，全市民间投资主体在多渠道筹措建设资金，优化投资机制，加大投资力度,促进全市经济发展方面作出积极贡献。改革开放之初,嘉兴市民营企业投资涉及领域较窄,资金投向相对单一。经过 30 多年的发展,民营企业投资涉及的产业领域不断扩大,已基本覆盖嘉兴市国民经济的各个领域。特别是 21 世纪 90 年代以来,全市民间投资与经济增长具有极其紧密的关系,投资的波动是引起经济波动的主要动因之一,全市民间投资规模的不断扩大,有力地推动了全市经济平稳较快发展。

表 3　主要年份全市民间投资占固定资产投资额比重(%)

年份	嘉兴			全省		
	固定资产投资额	民间投资	比重	固定资产投资额	民间投资	比重
1997	144.21	53.69	37.2	1694.57	783.85	46.3
1998	172.69	55.65	32.2	1847.93	811.16	43.9
1999	197.09	59.02	29.9	1886.04	727.32	38.6
2000	263.74	90.65	34.4	2267.22	854.36	37.7
2001	305.41	116.88	38.3	2776.69	999.37	36.0
2002	294.15	112.77	38.3	3413.08	1114.26	32.6
2003	449.17	201.40	44.8	4180.38	2037.56	48.7
2004	557.04	256.55	46.1	5384.38	2859.05	53.1
2005	641.40	286.72	44.7	6138.39	3168.17	51.6
2006	727.70	359.95	49.5	6964.28	3694.49	53.0
2007	813.36	420.74	51.7	7704.90	4138.38	53.7
2008	904.82	502.67	55.6	8550.71	4660.49	54.5
2009	1122.95	640.47	57.0	9906.46	5298.43	53.5
2010	1362.49	748.53	54.9	11451.98	6568.65	57.4
2011	1502.48	857.01	57.0	14290.08	8565.52	59.9

注:表中 2001 年及以前为全社会固定资产投资额,2002—2010 年为限额以上固定资产投资额;2011 年为新口径固定资产投资额。

我们通过对 1997—2011 年 14 年间全市民间投资与生产总值线性回归模型分析,结果显示,民间投资与生产总值之间呈现高度正相关关系,其相关系数高达 0.81,这表明投资对经济增长具有较强的拉动作用,并呈投资上升 GDP 也上升,投资下降 GDP 也随之下降的同步震荡态势。从较长时期资产投资结构变化看，全市非国有投资由1990年的18.47亿元增加到2003年的448.83亿元，年递增75.3%，占全部投资的份额由1990年的76.2%提高到2003年的85.4%。民资投入结构不断改善。2011年，全市固定资产投资额1502.48亿元，其中国有及国有控股、非国有投资分别为414.02亿元和1088.47亿元，占固定资产投资的比重分别为27.6%和72.4%；其中民间投资857.01亿元，占投资比重的57%。民间投资比重远远超过国有及国有控股等其他经济类型企业投资，成为拉动投资增长的主导力量。（见表3)。

（四）民营经济是增加就业和税收的重要渠道

民营企业缓解了社会就业压力。就业和扩大就业是保持社会稳定和提高人民生活水平的根本途径。民营经济在吸纳就业人口与增加税收收入方面也发挥了重要作用。实践表明，近年嘉兴市在国企改革和经济结构调整中，在国有和集体企业从业人员净减少的同时，全市民营中小企业对全市劳动力就业的吸纳越来越多，民营企业缓解了社会就业压力，为稳定社会做出了贡献。至2011年底，全市非农产业民营经济从业人员231.95万人，从业人员占全市从业人员比重77.9%。

从行业分布看，全市非农产业民营经济就业人员主要集中在第二产业和第三产业传统产业，尤其是制造业占主体地位。全市制造业非农产业民营经济就业人员由2004年的110.81万人增加到2011年的131.34万人，年均增长2.5%；占全部非农产业就业人员比重由2004年的65.8%，下降到2011年的56.6%，比重略有下降，但仍占主体地位。建筑业非农产业民营经济就业人员由2004年的13.21万人增加到2011年的26.09万人，年均增长10.2%；占全部非农产业就业人员比重由2004年的7.8%，提高到2011年的11.2%。

第三产业非农产业民营经济就业人员主要集中在批零业、住宿餐饮、交通运输、居民服务、租赁业和房地产业，2011年以上行业就业人员分别为40.01万人、8.79万人、7.27万人、6.41万人、3.35万人、3.02万人，占全部非农产业就业人员比重分别为17.3%、3.8%、3.1%、2.8%、1.4%、1.3%，比重比2004年均有不同程度提高，其中批零业提高4.1个百分点。

民营企业成为国家税收的重要来源。21世纪90年代以来，随着经济体制改革不断深化和市场化进程的加快，各地工商企业公司制改造和国有、集体企业改制、改组步伐导致税收收入的所有制结构变化明显。全市民营经济税收收入由1997年的14.05亿元，增加到2000年的16.09亿元，年均增长6.3%，占全部税收比重由1997年的50.1%回落到2000年的33.1%，这与20世纪90年代初至90年代末全市现代企业制度改革推进高度相关。新世纪以来，全市民营经济、特别是私营企业、个体经济的加快发展极大地促进了税收的增长,民营经济税收入比重稳步提高。全市民营经济税收由2000年的16.09亿元,增加到2011年的163.92亿元,年均增长23.5%,高出全部税收入平均增速1.7个百分点,占全部税收比重由2000年的33.1%提高到2011年的38.4%。其中个私经济税收由2000年的9.88亿元,增加到2011年的161.48亿元,年均增长28.9%,高出全部税收入平均增速7.1个百分点,占全部税收比重由2000年的20.3%提高到2011年的37.9%。

(五)民营经济是推动市场化进程的重要力量

改革开放以来,从放权让利的国有企业改革——推行股份制和发展非公经济——发展混合所有制经济[①]——股份制或混合所有制成为公有制主要实现形式,表明公有制特别是国有制逐步找到了一个与市场经济相结合的形式和途径。近年来,全市各地大力发展国有资本、集体资本和非公有资本等参股的混合所有制经济,实现投资主体多元化,极大地促进了股份制和混合所有制经济更快地发展起来,并通过这一发展推动各行各业市场化进程。包括民营资本在内的混合所有制经济蓬勃发展,有力地促进了嘉兴市区域特色经济实力提升。目前,在为数众多的嘉兴市民营企业中,相当部分企业来自于国企改制或国有经济和其他经济成份等混合制企业。民营企业是嘉兴市国有经济改革和发展的重要依托。从新世纪以来全市法人单位资本金分布看,总趋势是国有资本、港澳台及外商资本占全部资本比重有所下降,而民营资本,特别是个人资本占全部资本比重上升较快。全市法人单位国有资本占全部资本(注:不包括法人资本金)比重由2004年的24.2%降为2011年的23.9%;民营资本占全部资本比重由2004年的40.6%提高到2011年的44.7%;而港澳台及外商资本占全部资本比重则由2004年的35.2%回落到2011年的31.4%。从各类型企业参股、融资情况看,嘉兴市各投资主体参股、融资有一定成效,法人资本和个人资本在民营企业、股份公司和混合制企业参股、融资方面发生明显变化,特别是私营企业资本金占全部资本比重由2004年的24%大幅提高到2011年的34.6%。

从投资主体分析,民营资本在股份公司等混合制经济参融资比重基本稳定在三分之一左右,2011年的全市民营资本占混合制经济资本(注:不包括法

① 注:本文中混合制经济按注册类型归并,主要包括143国有与集体联营、149其他联营、159其他有限责任公司、160股份有限公司、210港澳台合资、220港澳台合作、240港澳台股份有限公司、310中外合资、320中外合作和340外商投资股份有限公司。

人资本金)比重为 31.4%。可见,个人资本、民营企业已经成为多年来全市经济所有制改革和发展的重要依托。随着经济体制改革的不断深化,全市具有独立产权特征的个体经济以及在个体经济基础上发展起来的民营经济首先成为市场竞争主体。民营经济的发展促进了市场功能逐渐完善,市场配置资源的基础性功能越来越强,从而对构建和完善社会主义市场经济体制起着积极作用。此外,民营经济的发展还促进各级政府职能的转变。随着民营经济等非公有制经济地位的上升,市场配置资源的基础地位相应确立,政府直接配置经济资源的比重越来越小,政府管理体制改革与职能转变成为迫切的现实要求。而政府职能的转变和行政效率的提高,无疑将会对全市经济社会发展带来巨大而积极的影响。

二、全市民营经济发展中存在的主要问题

根据我们调研分析的结果,全市民营经济发展在外部环境、规模效益、产业结构、自身素质等方面还存在一些值得关注的问题,主要体现以下方面。

(一)产业和地区发展还不够均衡

由于体制改革的进程与开放度不同,嘉兴市民营经济的产业布局存在较大的差异。主要体现在工业与第三产业市场机制的调节程度差距较大。第三产业中的许多部门民营经济比重比较低,产业竞争很不充分,难以有效发挥市场机制的调节作用。2011 年全市第二产业民营经济增加值接近全部经济总量的 62.3%,其中工业民营增加值比重达 58.1%,制造业和建筑业分别达 65%和 98.5%。但是第三产业民营经济增加值比重 55.2%,分别低于第二产业和制造业 2.9 个和 9.8 个百分点。特别是金融、卫生、教育、市政、公共服务等行业和领域,国有经济垄断性强,民营经济进入难度较大,使得第三产业各部门改革滞后,部门、企业单位经营效率低下和市场综合竞争力低。

民营经济在县域经济发展中起着举足轻重的作用。各县(市、区)民营经济实现的增加值占非农产业的比重都超过三分之一,但县域之间发展水平并不均衡,其中桐乡、海宁超过 70%,嘉善超过六成,平湖超过一半。海盐因秦山核电公司的影响,比重仅占三分之一多,市区因国有经济相对集中,故比重也只占四成。

从地区分布看,全市各县(市、区)民营经济全面发展,形成了各有特色的块状经济,产业特色明显,既发展了当地经济,又解决了农村剩余劳动力、增加农民收入,成为全市经济发展的亮点。但从民营经济区域分布看,还存在一定差异。以各地民营经济从业人数为例,2011 年,全市各地非农产业法人单位民营经济就业人员比重分别为市区 63.2%、嘉善 57.7%、平湖 63.8%、海宁

72.7%、海盐 76.1%、桐乡 74.6%，其中海宁、海盐和桐乡分别高出全市平均 5.2 个百分点、8.6 个百分点和 7.1 个百分点；而市区、嘉善、平湖分别低于全市平均 4.3 个、9.8 个和 3.7 个百分点（见表 4）。

表 4　主要年份分县（市）民营经济法人单位数及比重

地区	2011 年			2008 年			2004 年		
	总计（万家）	民营经济（万家）	比重（%）	总计（万家）	民营经济（万家）	比重（%）	总计（万家）	民营经济（万家）	比重（%）
全市	6.56	5.51	83.9	4.91	3.91	79.6	3.37	2.53	75.0
市区	1.79	1.47	82.0	1.25	0.95	76.3	0.89	0.64	71.4
嘉善	0.91	0.77	84.4	0.69	0.56	81.4	0.44	0.33	74.6
平湖	0.90	0.75	83.1	0.75	0.60	80.3	0.51	0.40	77.4
海宁	1.31	1.14	87.2	0.92	0.76	81.8	0.63	0.49	77.5
海盐	0.65	0.55	84.7	0.47	0.37	80.0	0.31	0.23	74.1
桐乡	1.01	0.84	83.1	0.83	0.66	79.9	0.59	0.45	76.4

注：统计范围全部法人单位，不包括个体户。

主要年份分县（市）民营经济法人单位从业人数及比重

地区	2011 年			2008 年			2004 年		
	总计（万人）	民营经济（万人）	比重（%）	总计（万人）	民营经济（万人）	比重（%）	总计（万人）	民营经济（万人）	比重（%）
全市	205.19	138.57	67.5	175.69	115.65	65.8	142.16	95.88	67.4
市区	52.55	33.19	63.2	44.33	26.35	59.4	34.37	19.82	57.7
嘉善	24.96	14.40	57.7	20.68	11.45	55.4	15.87	9.23	58.2
平湖	35.76	22.83	63.8	33.06	21.04	63.6	28.05	19.60	69.9
海宁	37.05	26.93	72.7	31.20	23.07	73.9	26.66	20.01	75.1
海盐	18.73	14.25	76.1	16.60	12.56	75.7	13.37	9.39	70.2
桐乡	36.15	26.97	74.6	29.82	21.18	71.0	23.84	17.82	74.8

注：统计范围全部法人单位，不包括个体户。

（二）民营企业规模偏小、产出效率不高

民营企业是民营经济的主体，但是嘉兴市民营企业因为起步晚，70%以上为 2000 年以后开业，积累期短，平均规模偏小，特别是缺少龙头型和带动力强的大企业、大集团，因此仍处于企业规模较小、产业层次较低、效益不高的积累阶段。经济普查资料显示，按营业收入分组，全市民营经济企业法人营业收入小于500万元的企业数比重由2004年的77.3%，下降到2008年的73.7%；而营业收入5000万元及以上企业数比重仅为3.7%。

从产出水平看，全市法人企业户均产出水平由2004年的1016万元，增加到2008年的1448万元，年均增长9.3%，其中国有及控股企业户均产出水平由2004年的5246万元，增加到2008年的8159万元，年均增长11.7%。而民营经济户均产出水平由2004年的703万元，增加到2008年的1012万元，年均增长9.5%。2008年民营经济户均产出水平为全部法人企业平均水平的12.4%；比港澳台企业和外商企业分别低75.9%和83.7%，差距相当明显(见上图)。

从资产实力看，分民营经济与其他所有制经济实力差距明显。全市企业法人户均总资产由2004年的1810万元，增加到2008年的2367万元，年均增长6.9%；其中国有及控股经济户均总资产由2004年的24723万元，增加到2008年的43029万元，年均增长14.9%；而民营经济户均总资产由2004年的612万元，增加到2008年的1051万元，年均增长14.5%。2008年全市民营经济户均总资产为全市企业法人户均平均水平的44.4%；仅为国有经济的2.4%，与港澳台、及外商投资经济规模也有较大差距。

从产出效率看，资料显示，全市企业法人单位不同经济成分结构效益差异明显。主要表现在国有及控股经济的比较劳动生产率最高，非公有制经济和其他经济企业的比较劳动生产率最小。2008年，国有及控股制经济比较劳动生产率2.61；而民营经济的比较劳动生产率0.89，民营经济比较劳动生产率相当于国有及控股经济平均水平的三分之一。

(三)生产要素制约民营企业自身发展

从人力要素看，高素质人才匮乏仍是企业发展的短腿。民营企业从业人员学历、专业技术职称、职业技术等级等素质指标均很低，严重制约了全市民营经济的发展。2008年，全市民营经济具有大学本科、大专学历从业人数比重分别为2.5%和6.5%，低于全市国有及控股经济23.7个和18.3个百分点；具有高级、中级和初级职称比重分别为0.5%、2.3%和5.1%，低于全市国有及控股经济3.1个、12.5个和13.4个百分点，各县(市)民营经济从业人员低素质问题同样如此(见表8)。此外，随着全国企业对劳动力竞争日趋激烈，东南沿海地区招工优势逐渐丧失，技术工人结构性紧缺也制约了企业正常的生产经营，嘉兴市人均民营企业报酬相对偏低等因素，也是导致人才流入少、留住难的主要原因之一。

从资金要素看，民营企业融资问题虽已得到政府及有关部门的高度重视，新世纪以来全市私营企业贷款比重由 2001 年的 7.1% 提高到 2011 年的 37.9%；农户及个人经营性贷款比重由 2004 年的 4.9% 提高到 2011 年的 9.2%，均呈逐年提高趋势，但仍与民营经济规模占 GDP 比重六成以上差距明显。

三、加快全市民营经济转型发展若干建议（略）

课题负责人：郑莉英
成　　　员：蒋明祥　宋振平
执　笔　人：蒋明祥

湖州市服务业税收与经济增长的关系研究

一、服务业税收与经济增长的现状分析[①]

首先,对本文中涉及两个主要概念的范围给以界定:一是本文中的服务业即指第三产业,包括国民经济产业分类中除第一、二产业以外的所有行业。二是本文所采用的税收收入是政府为实现其职能的需要而征收的各种税收的总称,是国税收入和地税收入的总和。

(一)服务业税收与经济协调增长,税收增速高于经济增长

2006—2011 年,湖州市服务业取得长足发展,服务业增加值保持稳定增长。到 2011 年全市实现服务业增加值 586.13 亿元,是 2006 年的 2.3 倍,年均增长 17.6%。

2006—2011 年,湖州市服务业税收增长较快,到 2011 年服务业税收达到 86.3 亿元,是 2006 年的 3.0 倍,年均增长 24.5%,增幅高于同期服务业增加值增长。

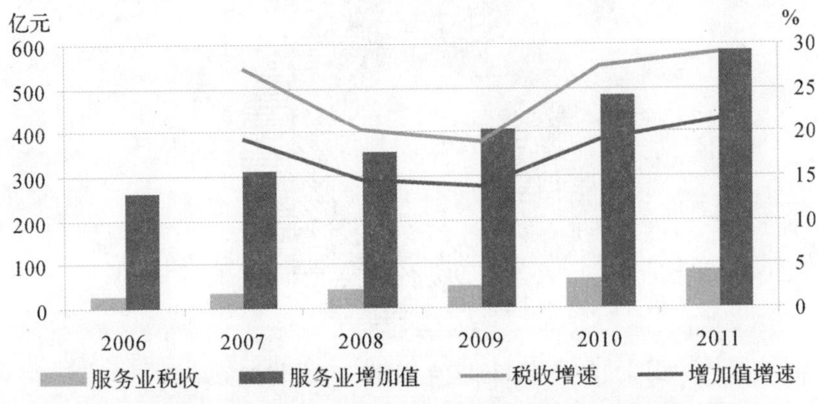

图 1 2006—2011 年湖州市服务业税收及增加值

从图 1 可以看出,近五年来湖州服务业税收增长速度和服务业增加值增

① 本文服务业增加值及税收数据均不剔除价格因素,增速均为名义增速。

长速度的走势基本一致，且除 2006 年外，服务业税收增长幅度均高于增加值增长幅度。

(二)税收结构与经济结构基本趋同，服务业占比逐年上升

产业结构是税源结构的基础，它决定税收收入的结构。近年来湖州市经济增长较快，产业结构调整明显。2011 年全市生产总值为 1520.06 亿元，其中，第一产业增加值 116.22 亿元，第二产业增加值 817.71 亿元，第三产业即服务业增加值 586.13 亿元，三次产业增加值结构由 2006 年的 8.6∶57.2∶34.2 调整到 2011 年的 7.6∶53.8∶38.6，其中，服务业占比提高了 4.4 个百分点，第二产业占比下降了 3.4 个百分点，产业结构进一步优化。

由于 2004 年以来逐步取消了农业税、牧业税以及除烟叶税外的农业特产税等，第一产业税收比重越来越小，对湖州经济总量的影响基本可以忽略不计。因此，我们着重研究第二、第三产业增长对税收增长的作用。2011 年全市税收总额为 209.80 亿元，第二产业和服务业税收分别占总量的 58.7% 和 41.1%，其中，服务业税收占比较 2006 年上升 7.8 个百分点，第二产业税收占比下降 8.0 个百分点。

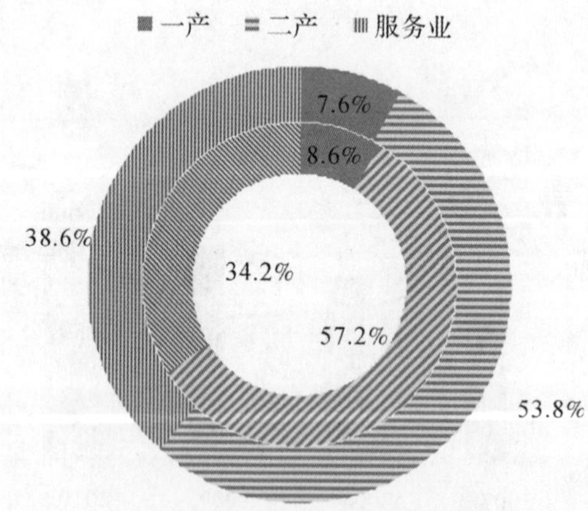

图 2　2006 年、2011 年湖州市产业增加值结构

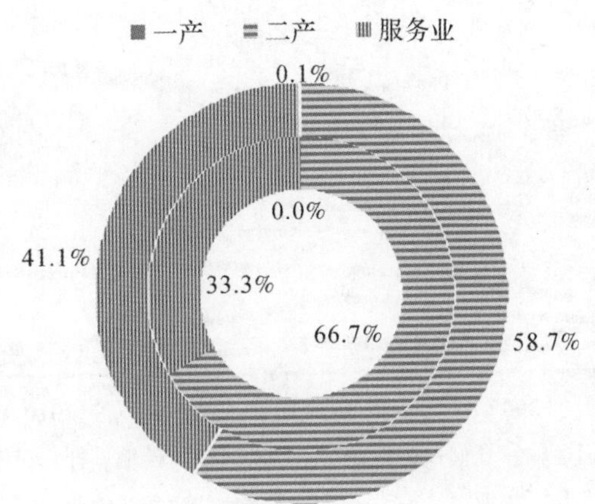

图3 2006年、2011年湖州市产业税收结构

(三)行业间税收收入相差悬殊,房地产相关行业贡献突出

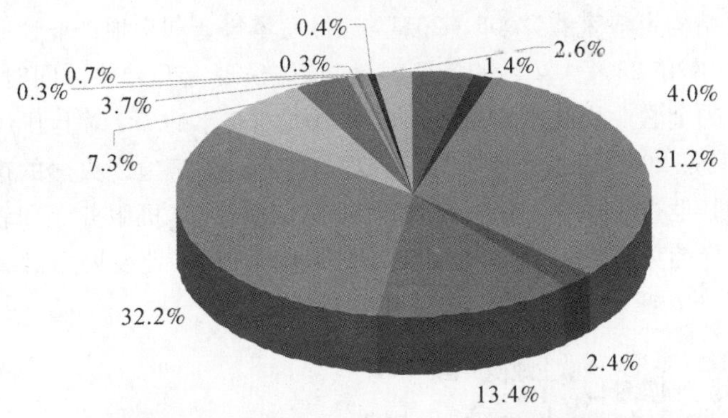

图4 2011年湖州市服务业分行业税收结构

从服务业内部结构看,各行业税收贡献差距较大。2011年,湖州市仅房地产业和批发零售业两个行业税收占比就超过服务业税收的60%,相反,教育、卫生、文化、公共管理等四个行业税收占比均不到1%,合计也只有1.8%。

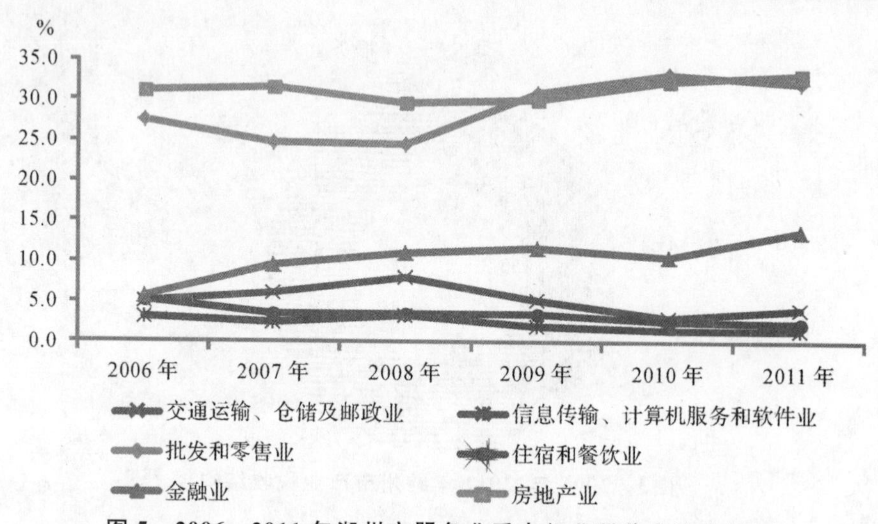

图 5　2006—2011 年湖州市服务业重点行业税收占比走势图

从行业税收结构走势来看，2006—2011 年，批发零售业和房地产业税收占比一直处于高位，基本在 25％—30％的区间浮动，总体呈现上升趋势。同时，与房地产业密切相关的金融业税收占比也一路走高，从 2006 年的 5.7％上升到 2011 年的 13.8％，尤其是 2009 年以来，增速加快，这与这一时期房地产火热的市场行情密切相关。而其他行业税收占比较为稳定，信息传输、计算机服务业和软件业税收占比略呈下降趋势，这也从另一个侧面反映出湖州市 IT 业发展相对缓慢。

（四）服务业涉及税种广泛，流转税占半壁江山

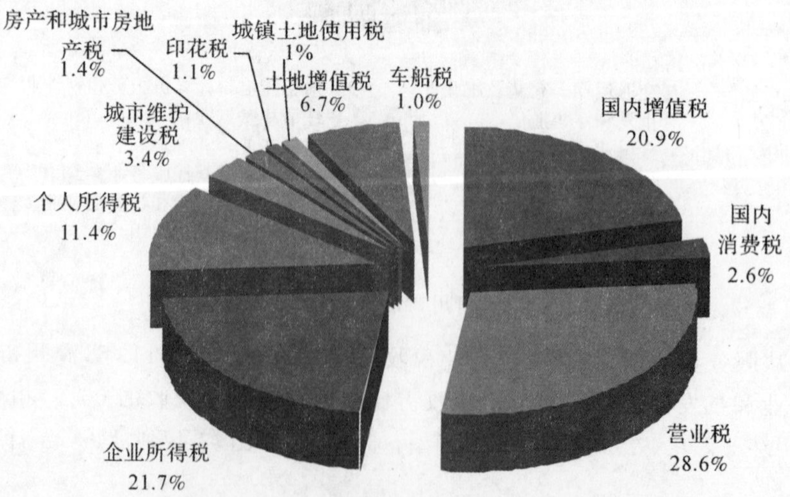

图 6　2011 年湖州市服务业各税种比例

服务业主要涉及12个税种，税收种类较广泛。由图6可以看出：2011年湖州市服务业税收呈现以流转税（包括增值税、消费税、营业税等）和所得税为主体，财产税、行为税和其他各税为辅的格局。其中，流转税占比52.1%，所得税占比33.1%，流转税和所得税共占服务业税收的85.2%。分税种来看，营业税占比最大，达到28.6%，企业所得税、国内增值税次之，但均超过20%，三税合计占服务业税收的71.2%。

（五）县区发展各具特色，服务业税收结构差异较大

随着经济社会的不断发展，湖州市区和三县的产业结构都做出了进一步的调整，但由于历史环境因素以及政策体制的差异性，各县区的经济发展各有侧重，产业发展较不平衡。从分县区增加值结构来看，安吉县第一产业增加值占比最高，与此同时，安吉县着力建设美丽乡村，凭借其独特自然地理环境优势，服务业获得了较好的发展，增加值占比达到40.6%，高于全市平均2.0个百分点。与安吉形成对比的是德清县，德清县的农业和服务业增加值占比较低，但第二产业较为发达，达到57.5%，高于全市平均3.7个百分点。从税收结构看，市区的服务业税收占比最高，达到47.6%，而同期服务业增加值占比只有39.9%，同时，德清县也是以服务业35.2%的增加值缴纳了全县38.6%的税收，市区和德清县的服务业税负相对高于其他两县。

表1　2011年全市分县区产业增加值结构及税收结构表（%）

	产业增加值结构	产业税收结构
全市	7.6∶53.8∶38.6	0.1∶58.7∶41.1
市区	6.3∶53.8∶39.9	0.1∶52.3∶47.6
德清县	7.3∶57.5∶35.2	0.1∶61.3∶38.6
长兴县	8.6∶54.4∶37.0	0.2∶66.4∶33.4
安吉县	10.7∶48.7∶40.6	0.1∶61.5∶38.4

从服务业行业税收情况来看，2011年批发零售业、房地产业仍然是各县区税收的支柱行业，税收占比基本保持在30%左右，其中，长兴县、安吉县房地产业税收占比较高，分别为38.3%和37.1%，而市区仅为29.1%；与此相反，市区批发零售业税收占比最高，达到35.2%，较占比最低的长兴县高出12.4个百分点，这与市区商贸业的区位优势密不可分；各县区金融业税收占比基本维持在13%左右；交通运输仓储邮政业、住宿餐饮业以及信息软件业税收占比普遍较低，这在一定程度上反映出各县区相关行业的税源较为匮乏。

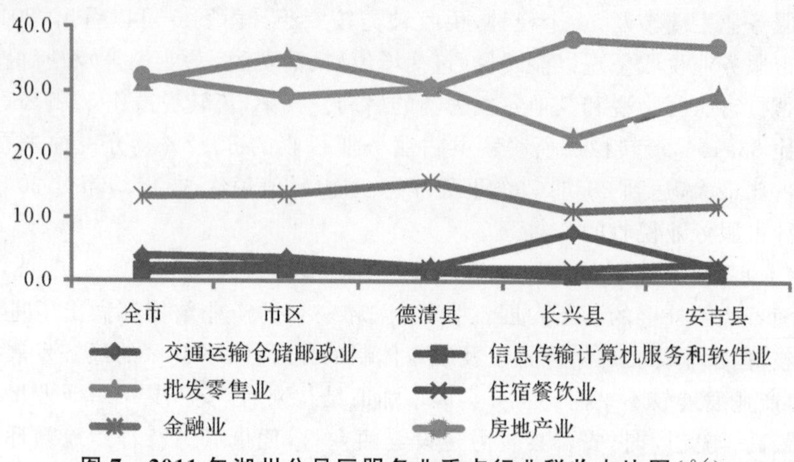

图 7　2011 年湖州分县区服务业重点行业税收占比图(%)

二、服务业税收与经济增长的关系分析

(一)运用拉弗曲线分析服务业税负

1. 拉弗曲线理论。拉弗曲线的理论意义在于:税率不仅影响税收,而且也影响产出,影响经济增长;税率水平必须适当,即要寻求一个最佳税率点,力图取得尽可能多的税收,又不会阻碍经济的发展;要取得同样的税收收入可以有两种税率,但高税率会挫伤纳税人的积极性,对经济增长不利,因此,宜选用低税率,促进经济增长。如图 8 所示,一条函数曲线表示宏观税负与税收收入之间的关系,横轴表示税负,纵轴表示税收。税率从 0 升至 X′点,政府税收逐渐增加却不影响生产,直到产生最大限度税收的点 Y′,超过 Y′点,生产和税收都会下降,因此税负不应高于 X′Y′线。

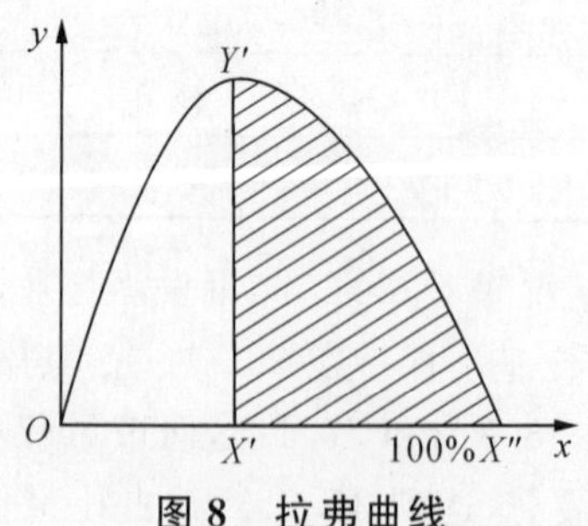

图 8　拉弗曲线

2. 服务业税负分析。"十一五"以来,湖州市服务业取得了长足发展,服务业增加值的持续增长为服务业税收奠定了良好的基础。由图 9 可以看出,伴

随着税负水平的提高，服务业税收收入不断增长，即近几年湖州市服务业税负与税收成正相关关系，处于拉弗曲线的增长阶段，说明湖州市服务业税负水平还有一定的上升空间，服务业税负、税收和增加值将在一定时间里持续协调增长。

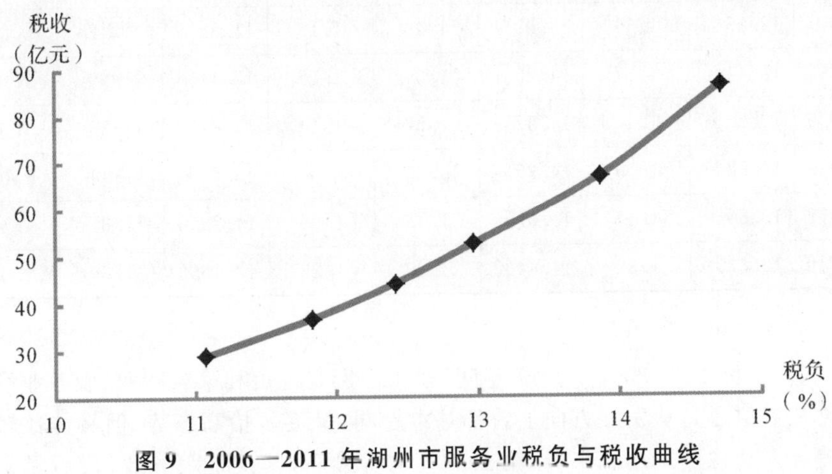

图 9 2006—2011 年湖州市服务业税负与税收曲线

(二)税收与经济增长相互作用分析

1. 服务业增长与税收增长相互作用不断加强。随着经济增长，我市第一产业比重不断下降，第二产业、服务业所占比重逐渐上升，第二产业和服务业的增速、比重对税收和经济增长的影响很大，同时税收政策也对产业结构的调整具有引导作用。为进一步分析税收与经济增长在结构调整中的相互作用，引入以下指标：

产业税负＝产业税收收入/产业增加值×100％

产业税收弹性系数＝产业税收增长率/产业增加值增长率

产业税收协调系数＝产业税收比重/产业增加值比重＝产业税负/宏观税负

其中，产业税负为单位增加值的税收负担率，用以反映产业的课征力度及税负的轻重与否，一般来说，税负与经济增长水平成正相关。产业税收弹性系数用以反映产业税收与产业经济的同步增长情况，税收弹性大于 1，说明税收超经济增长，反之，说明税收增长滞后于经济增长。产业税收协调系数用以反映产业税负与整个社会的平均税负的协调程度，系数明显大于 1 或者小于 1 时，说明产业税负与平均税负不协调，前者说明税负较高，税收超贡献，后者说明税收贡献不足；系数等于 1 时，说明产业的税收贡献与经济贡献比例协调。

表 2 2007—2011 年湖州市产业税负、税收弹性及协调系数

年份	GDP 总量		第二产业			服务业		
	宏观税负	弹性系数	产业税负	弹性系数	协调系数	产业税负	弹性系数	协调系数
2007	12.15%	1.50	14.08%	1.46	1.16	11.82%	1.42	0.97
2008	12.44%	1.17	14.25%	1.09	1.15	12.41%	1.39	1.00
2009	12.80%	1.40	14.57%	1.57	1.14	12.97%	1.36	1.01
2010	12.98%	1.09	14.25%	0.85	1.10	13.87%	1.44	1.07
2011	13.80%	1.44	15.07%	1.46	1.09	14.72%	1.35	1.07
平均值	12.83%	1.32	14.44%	1.29	1.13	13.16%	1.39	1.02

从表 2 可以看出：

(1)税负水平：2007—2011 年间，湖州市宏观税负和第二产业、服务业税负无论从数值还是从发展方向上看都基本趋同，呈逐步抬高态势，但具体比较仍有差异。从税负平均值来看，第二产业税负最高，其次是服务业，最后是宏观税负；但从变动区间来看，二产税负增长较慢，在 14.08%—15.07%之间，服务业税负相对提高较快，从 2007 年的 11.82%提升到 2011 年的 14.72%，尤其是从 2009 年起，服务业税负开始高于宏观税负，并且有差距拉大的趋势，预计在 2013 年前后超过二产税负。

(2)税收弹性系数：从 2007—2011 年，湖州市税收弹性系数基本都大于 1，说明湖州市税收增长速度大于经济增长速度。从税收弹性平均值来看，服务业税收弹性大于全部税收弹性，二者又大于二产税收弹性，说明湖州市服务业税收与其他产业相比更具弹性，对经济增长的反映程度更高；从变动区间看，二产税收弹性变动区间较大，在 0.85—1.57 之间，而服务业税收弹性系数大多稳定在 1.35—1.44 之间，说明服务业税收呈平稳较快增长趋势。

(3)税收协调系数：2007—2011 年，第二产业、服务业税收协调系数平均值都大于 1，说明这一时期湖州市第二产业、服务业税收贡献率高于其产业经济增长贡献率。但从发展趋势来看，五年间，服务业税收协调系数呈上升趋势，而第二产业则是逐步下降，说明虽然目前第二产业税负仍高于服务业，但从长远来看，服务业税负有可能超过第二产业，其税收贡献将会更为显著。

2.服务业内部各行业税收与经济增长作用参差不齐。由表 3 可以看出，2011 年湖州市服务业内部各行业税收负担差距很大。其中，房地产业税负最高，达到 40.82%；租赁和商务服务业、批发零售业次之，分别为 23.75%、

21.81%；而教育、卫生、公共管理和社会组织等行业税负水平很低，仅为1%左右，同时，与这三个行业相对应的税收弹性为负数，而它们所占服务业增加值的比重却超过18%，这些行业所属大多为行政事业性单位，基本不纳税或微纳税，从而拉低了湖州市服务业的税负水平。

表3　2011年湖州市服务业行业税负及弹性系数

行业	行业税负	税收弹性系数
服务业	14.72%	1.35
交通运输、仓储及邮政业	6.02%	4.86
信息传输、计算机服务和软件业	5.26%	1.10
批发和零售业	21.81%	0.76
住宿和餐饮业	5.95%	0.46
金融业	11.67%	3.81
房地产业	40.82%	2.23
租赁和商务服务业	23.75%	1.69
居民服务和其他服务业	10.95%	1.00
教育	0.82%	−2.29
卫生、社会保险和社会福利业	1.09%	−0.10
文化、体育和娱乐业	11.48%	1.43
公共管理和社会组织	0.83%	−2.77
其他行业	17.45%	0.73

从税收弹性来看，普遍认可的税收弹性合理范围在0.8—1.2之间。从表3可以看出，2011年湖州市服务业税收弹性为1.35，略高于合理范围。其中，房地产业和金融业分别为2.23和3.81，远高出合理范围，说明房地产相关行业的税收增速远超于行业增加值的增速，房地产税收对经济增长的反映程度更敏感，对税收增长的贡献更大。

(三)服务业税收与经济增长的相关性分析

本文运用计量经济学中线性回归模型，采用2007—2011年《湖州市统计年鉴》的数据，通过统计分析和计量检验对湖州市近五年服务业税收与经济之间的关系做出较有效的相关分析。具体指标和数据选择如下表：

表 4 2007—2011 年湖州市服务业税收与增加值数据

年份	服务业税收	税收增速	服务业增加值	增加值增速	服务业税负
2007	36.71	27.35%	310.44	19.29%	11.82%
2008	44.16	20.29%	355.68	14.57%	12.41%
2009	52.53	18.97%	405.16	13.91%	12.97%
2010	66.93	27.40%	482.50	19.09%	13.87%
2011	86.30	28.94%	586.13	21.48%	14.72%

1. 服务业税收总量与增加值总量的相关分析。

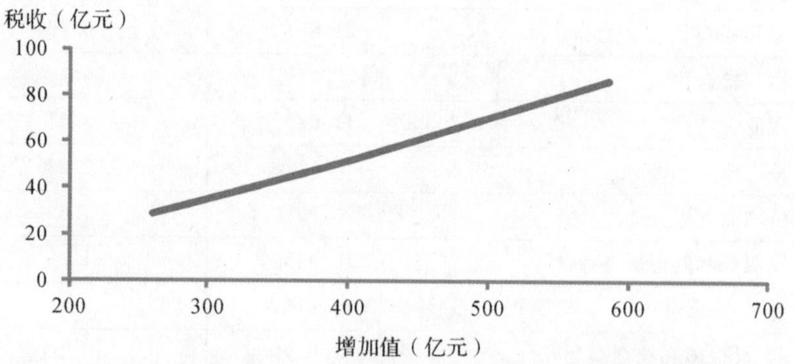

图 10 2006—2011 年湖州市服务业税收与增加值曲线图

通过图 10 我们看到 2007—2011 年湖州市服务业税收和增加值基本呈线性变化趋势，因此我们利用 spss16.0 选择线性回归（Linear Regression）模型进行拟合，得到拟合方程：

$T=-19.995+0.181Y(p=0.000, R^2=0.999)$

（其中，T 表示服务业税收，Y 表示服务业增加值）

根据近似方差分析的结果，$p=0.000$，远小于 0.05，因此可以认为模型对于因变量的预测是有作用；模型的决定系数 $R^2=0.999$，说明拟合效果很好，能够较有效的根据服务业增加值来预测服务业税收。参数 $b=0.181$，说明服务业增加值每增加 1 亿元，服务业税收收入则相应增加 0.181 亿元。

2. 服务业税收增速与增加值增速的相关分析。

同理，利用 1 中的计算方法，我们得到服务业税收增速与增加值增速的拟合方程：

$t=0.064+1.388y(p=0.002, R^2=0.976)$

(其中,t 表示服务业税收增速,y 表示服务业增加值增速)

根据近似方差分析的结果,$p=0.002$,决定系数 $R^2=0.976$,说明模型有效且拟合效果较好,能够较有效的根据服务业增加值增速来预测服务业税收增速。参数 $b=1.388$,说明服务业增加值增速每提高 1 个百分点,服务业税收收入增速则相应提高 1.388 个百分点,税收增速快于增加值增速发展。

3.服务业税负与税收总量的相关分析。

服务业税收负担与增加值总量的拟合方程:

$T=-166.056+16.975\ t*(p=0.001, R^2=0.988)$

(其中,T 为服务业税收总量,t* 为服务业税负)

根据近似方差分析的结果,$p=0.001$,模型的决定系数 $R^2=0.988$,说明模型较有效且拟合效果较好,能够较有效的根据服务业税负来预测服务业税收总量。参数 $b=16.975$,说明在一定范围内,随着经济的发展,服务业税负每提高 1 个百分点,服务业税收将会增长约 17 亿元,再次验证了湖州市服务业税负水平处于拉弗曲线的增长期。

三、服务业税收与经济发展中存在的几个问题

1.税种设置不够科学,重复征税有碍发展。

从 2011 年湖州市服务业各税种比例图可以看出,营业税和增值税分别占服务业税收的 28.6%和 20.9%,二者几乎占据了服务业税收的半壁江山。而增值税和营业税在征税范围上存在重叠交叉,在劳务服务业中尤为明显。我国税法对交通运输、邮政通信以及其他劳务服务业征收营业税,不征收增值税。而许多劳务服务业是直接或间接从事生产服务的,分征增值税和营业税,增值税允许抵扣进项税额,而营业税则全额征税,这使得已经征收的增值税得不到抵扣,出现重复征税问题,影响了这部分服务业的发展。

2.服务业增加值占比较低,税收负担有待提高。

虽然近年来湖州市服务业经济取得了长足进步,服务业增加值占比基本呈现逐年上升的趋势,但与全省各地市相比较(如表 5),湖州市服务业增加值占比仍然偏低,2011 年占比只有 38.6%,低于全省平均 5.3 个百分点,在全省 11 个地市中排名第九位,仅仅略高于衢州和嘉兴。一般来讲,税负高低与经济发展水平呈正相关关系,随着经济的增长税负呈现逐步上升的趋势。如图 11,2006—2011 年间,说明湖州市服务业税负与服务业增加值占比基本呈现持续增长的正相关关系,这一点由图中趋势线斜率大于 0 依然可得。因此,下一阶段应继续加快服务业发展,努力提高服务业增加值占比,创造服务业税源,促进服务业经济与税收的协调稳定增长。

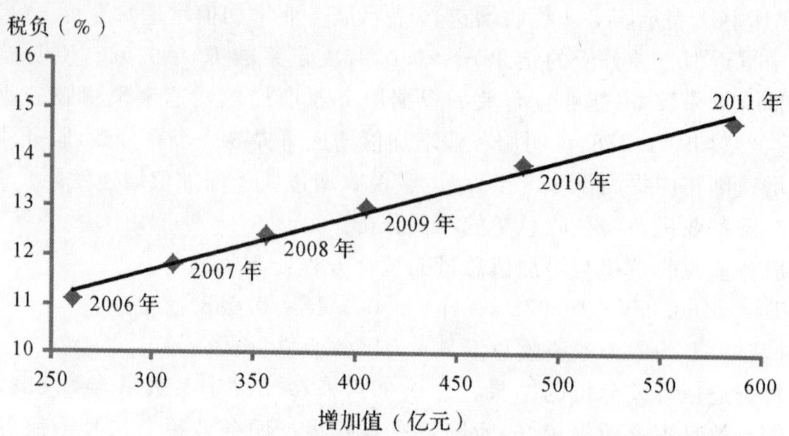

图 11　2006—2011 年湖州市服务业增加值及产业税负趋势图

表 5　2011 年浙江省各地市服务业增加值占比情况（%）

地区	增加值占比	地区	增加值占比
全省	43.9	湖州	38.6
杭州	49.3	金华	44.2
宁波	40.5	衢州	36.1
温州	45.3	舟山	45.0
嘉兴	37.2	台州	42.6
绍兴	39.8	丽水	40.6

3. 服务业税收结构有待优化，行业结构还需调整。

从湖州市服务业行业税收结构来看，2011 年湖州市服务业税收总额达到 86.30 亿元，其中除房地产业和批发零售业外，其他反映城市现代化程度的行业税收所占比重普遍较小，如金融业税收占比 13.4%，信息传输、计算机服务和软件业占比 1.4%，文化、体育和娱乐业占比 0.7%。服务业税收结构不尽合理，这与增加值结构形成印证。在 2011 年湖州市服务业行业增加值结构中，金融业占服务业增加值比重为 16.9%，信息传输、计算机服务和软件业占比 4.0%，文化、体育和娱乐业占比 0.9%，分别低于全省平均 2.4、1.3 和 0.6 个百分点，湖州市以高新技术和知识经济为导向的现代服务业发展较为缓慢。因此，湖州市服务业税收结构还有待进一步的优化，部分行业经济还需继续加强。

四、促进服务业税收与经济增长的几点建议

1. 及时推进服务业重点税种的税制改革。

随着经济的发展，营业税与增值税在征收范围上重叠交叉的矛盾日益明显，因此，调整增值税和营业税两税并征，切实推进营业税改革是促进服务业发展的重要举措。日前，交通运输业和部分现代服务业的营业税改征增值税的试点方案已在上海市等部分地区开展。我们希望在“营改增”试点推进的同时能够完善相关配套政策，解决好不同地区、不同纳税人、不同业务之间的税制衔接问题，确保现行营业税优惠政策的连续性。要认真总结试点经验，尽早将“营改增”政策推向其他行业和地区，为深化产业分工和加快现代服务业发展提供良好的制度支持，全面促进经济增长方式转变和经济结构调整。

2. 做大做强金融业，打造金融业税收支柱。

金融业是现代经济的核心，在提供及管理促进经济增长的信贷方面发挥着重大作用，其高风险性直接关系到整体经济的稳定。同时，金融机构直接缴纳大量税款又代扣代缴各种预提税和交易税，使得金融业成为很多国家和地区的税收支柱产业。近年来，湖州市金融业也获得了一定的发展，金融业增加值占服务业增加值比重从 2007 年的 11.4％上升至 2011 年的 16.9％，但仍然低于全省平均 2.4 个百分点，而金融业同期增加值占比也仅有 13.4％，湖州市金融业对经济增长和服务业税收增长的推动作用不强。因此，湖州市应努力做大做强金融业，一方面实施政策优惠，引进一批资质良好的保险、证券等金融企业，另一方面做好金融业与实体经济的沟通协调工作，促进金融业与实体经济协调有序发展，把金融业打造成为湖州市的税收支柱。

3. 着力发展科技型服务业，开拓科技型服务业税源。

2011 年，湖州市信息传输、计算机服务业和软件业实现增加值 23.64 亿元，较 2007 年增长 5.52 亿元，虽然绝对值略有增长，但占服务业增加值比重却从 2007 年的 5.8％下降至 2011 年的 4.0％，低于全省平均 1.3 个百分点，而同期税收占比也由 2007 年 2.5％下降到 2011 年 1.4％。说明湖州市科技型服务业发展严重滞后，不仅不利于湖州市产业经济发展，而且有可能对现代化城市建设产生一定的负面影响。因此，应加大对科技型服务业的支持力度，尤其是在前期的开发阶段，这一阶段很少收益或根本没有收益，企业研发存在较大的风险性，这应是政府支持的重点。通过对企业前期研发的支持能够更好地带动后期科技成果的产业化发展，逐渐发展培育高科技产业，为科技型服务业开拓税源。

社会处　顾建蓉

强工业 兴实体

——全球价值链分工格局下做强绍兴经济的若干思考

2011 年绍兴实现人均生产总值 75820 元，按当年平均汇率折算约合 11739 美元。一般认为，人均生产总值破万美元意味着地区经济发展阶段质的变化，第三产业将加快发展；然而，发展水平是否质的提升并非简单的经济规模及其三次产业比例变化，2008 年金融危机以来发达经济体“再工业化”更是促使各地更加务实地审视全球化背景下地区发展布局。如何客观评价绍兴当前经济发展水平？随着分工专业化细化和以国际贸易、FDI 为纽带的经济全球化纵深延展，全球价值链分工格局日益形成并深刻影响着地区发展，如何顺势有为提升产业增值空间做强地区经济，值得思考。

一、地区经济较快增长、实力增强，促使民生改善

改革开放以来，凭借体制机制先发优势和较好区位优势，绍兴经济持续较快增长，已形成一定产业基础和发展特色，为繁荣地方经济、造福一方人民作出了积极贡献。

1. 历经较长时期较快增长，发展实力增强。如图 1 所示，改革开放以来绍兴生产总值持续较快增长，33 年间年均增长 14.2%，高于同期全省生产总值增长 1.4 个百分点。2011 年绍兴实现地区生产总值 3332 亿元，约占全省经济总量的 10.3%，比重较改革开放初提升 1.2 个百分点，居浙江省内 11 个地市第四位和长三角 16 个中心城市第九位。其中，工业增加值 1632.35 亿元，居省内 11 个地市第三位和长三角 16 个中心城市第九位。

2. 地方经济发展为提升福祉提供了坚强后盾。随着地方经济发展，科教文卫事业兴盛，人民生活水平提升。2011 年绍兴连续第八次获全国科技进步先进市称号，市科技综合实力居全省第三；全市义务教育标准创建率达 44%，居全省第二；全市基础文化设施建设不断加强，文化事业蓬勃兴盛，市文化发展指数居全省第二；全市城乡社区卫生设施、医疗水平不断提升，成功通过国家卫生城市复审。2011 年全市城镇居民人均可支配收入 33273 元、农村居民人均纯收入 15861 元，分别较“十一五”期初提高 0.9 和 1.05 倍，居全省第二

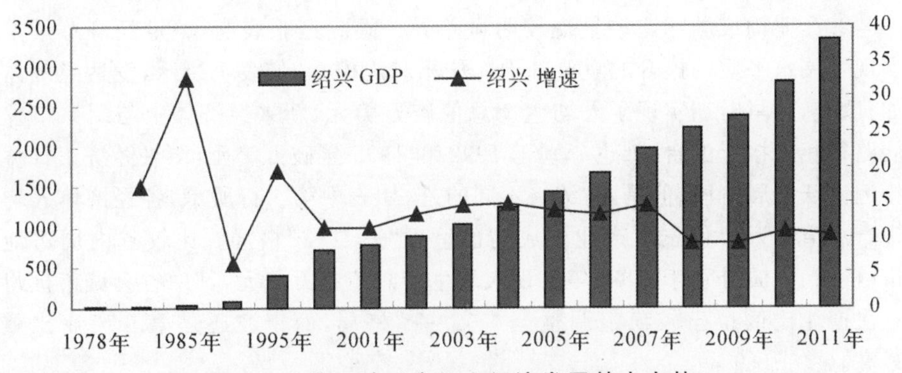

图 1　改革开放以来绍兴经济发展基本态势

资料来源：根据《绍兴统计年鉴 2012》绘制。

和第四位。同时，工业化、城镇化进程加快，社保制度不断完善、社保覆盖不断扩面，全民养老和医疗保障体系初步建立。

二、工业化途径是重要经验，但与发展的要求尚有距离

总体看，绍兴发展已形成一定基础、积累了不少经验；而随着规模扩张，尤其受 2008 年全球金融危机冲击，发展中的一些矛盾与问题凸显，如何客观认识当前所处阶段？

1. 工业化途径是实现较快增长的重要经验。改革开放以来，绍兴随着乡镇企业异军突起，工业经济加快发展，成为地区经济增长的坚实支撑。33 年间全市工业增加值年均增长 18.7%，快于同期地区生产总值年均增速 4.5 个百分点，如图 2 所示，占地区生产总值比重从改革开放初的不足三成升至最高时 2007 年的 54.4%，且自 20 世纪 80 年代中起基本保持在 50%左右。工业对地区经济增长的贡献率虽有个别年份较大波动，也基本保持在 50%左右，推动地区经济三次产业比例从改革开放初的“一二三”到 20 世纪 80 年代的“二一三”调整至 20 世纪 90 年代初起的“二三一”格局。

图 2　改革开放以来工业在绍兴地区经济发展中的地位与贡献

资料来源：根据《绍兴统计年鉴 2012》绘制。

2. 产业构成国际比较呈现较明显差异。国际经验表明,一定经济总量是实现发展水平质的提升的重要基础。从相对规模看,如表 1 所示,发达经济体如日、美,较早时期实现了人均生产总值破万美元,新兴经济体中与绍兴市发展路径相对接近的台、韩也分别于 1992 和 1995 年破万美元,绍兴经济正日益接近活跃发展阶段;但是,与绍兴不同的是,如表中第二行所示,各经济体人均生产总值破万年份三次产业构成均已呈现"三二一"格局。比较省内周边地市,杭州、宁波分别于 2009 年实现人均生产总值超万美元,其中省会城市杭州三次产业比例也已较稳定调整至"三二一"格局,而宁波还是第二产业比重最高。

表 1　绍兴当前三次产业构成及其与较发达地区的比较

	绍兴	杭州	宁波	中国台湾	韩国	日本	美国
人均生产总值破万美元年份	2011 年	2009 年	2009 年	1992 年	1995 年	1984 年	1978 年
当年三次产业比例(%)	5.2∶55.1∶39.8	3.7∶47.8∶48.5	4.4∶53.3∶42.3	3.7∶38.6∶57.7	6.2∶39.3∶54.6	3.3∶38.1∶58.7	2.8∶33.4∶63.8

资料来源:根据《浙江统计年鉴 2012》和 UNCTAD 统计数据库相关资料绘制。

3. 工业整体以及相对优势产业较大但还不够强。当前绍兴经济总量居省内第四、工业规模居省内第三,袜子、领带、珍珠等特色产品产量占国内乃至全球鳌头,但总体而言,地区经济分工专业化和产业协同发展有待增强。如表 2 所示,绍兴当前产业多样化指数低于全省平均,设备制造以及研发、设计、营销等生产性服务环节相对薄弱,以致本地价值增值有限。同时,工业多样化指数明显偏低,产业构成相对集中,一定程度上不利于经济全球化深化形势下整体抗风险能力提升;但另一方面,产业集群化态势下地区结构相对集中一定程度上也有利于做强产业链。近年来,绍兴致力于推进纺织产业转型升级,已形成国际纺织生产、交易中心,并在此基础上积极打造纺织创意设计中心:仅绍兴县纺织创意大厦已集聚设计机构百余家,2011 年实现营业收入 7000 万元,带动相关产品销售近 40 亿元。依靠相对优势纺织、印染及交易、会展基础,绍兴发展纺织创意、设计等产业链高端环节较之国内其他地区得天独厚,正沿着微笑曲线两端延伸逐步由"大"向"强"。但较之全市近万家纺织企业年共 1720 亿元的产能,目前不足亿元的设计对于服务产业做强显然还过于单薄。

表 2　绍兴经济多样化指数[①]及其比较

	绍兴	浙江	杭州	宁波
产业多样化指数	3.6899	4.2186	4.7513	3.6325
工业多样化指数	9.0820	18.5624	18.9366	14.5105

资料来源：根据四地 2012 年统计年鉴绘制。

4. 工业化进程有待进一步深入推进。利用相关年份统计年鉴等有关资料测算绍兴 2011 年"工业化水平综合指数"，约为 74.1 分[②]，低于杭州 95.9 分和宁波 88.7 分。按上述理论基本判断：(1)绍兴当前尚处工业化后期且是工业化后期前段，工业化进程尚未完成；(2)当前所处发展阶段以及地处长三角且毗邻沪杭甬的特定区位决定了绍兴当前乃至更长一段时期，不适宜也不具备要素禀赋与比较优势借鉴发达经济体大力发展虚拟经济促发展路径，推动绍兴经济发展仍要坚持以做强工业为载体加快推进工业化进程。

表 3　工业化水平各阶段阀值参考值

	前工业化阶段	工业化实现阶段			后工业化阶段
		工业化初期	工业化中期	工业化后期	
工业化水平阶段性阀值	0	0—33	33—66	66—100	100

资料来源：根据陈佳贵等(2006)编制并按美元汇率略有调整。

三、全球价值链分工格局下着力"递升"做强绍兴经济

(一)立足工业兴实体，着力"递升"强发展

工业是国民经济的物质基础，立足当前绍兴尚处工业化后期实际，顺应形势趋势，坚持以加快推进工业强市建设增强整体发展实力。

1. 着眼长远，主动融入全球价值链，努力"育新"。近年来，绍兴专门出台政策规划，致力于发展战略性新兴产业，目前全市六大新兴产业产值约占规上工业总产值的 1/4，尽管艰难，正逐步向好。为此，推进地区产业构成转型升级培育新的增长点，仍要坚持着眼长远，开阔视野，参照国家战略性新兴产业目

---

① 多样化指数 $D_{it}=1/\sum G_{it}^2$，其中 G_{it} 是特定产占总体的比重，通常有产业多样化指数、就业多样化指数等。表中产业多样化指数为按各门类增加值占 GDP 比重测算，工业多样化指数按各大类工业总产值占全部工业总产值的比重测算。

② 此处绍兴分值较之前有关文章中略高，主要是因增加值有关指标核定数与初步数略有差别。

录,更加注重通过引进外资或合作共建等经贸合作手段,主动融入新兴产业全球价值链。

2. 立足基础,以打造"设计绍兴"为突破点,致力"递升"。如前所述,当前绍兴经济尤其工业总体虽大不强,从全球价值链视角看,主要是由于其处在增值最薄弱的制造环节所致,缺乏对价值链的驾驭力。促进产业内升级,建议以打造"设计绍兴"为突破口加快生产性服务业发展,致力向高价值增值环节递升。

3. 积极拓展,以开发十大领驭产品为载体,致力"集成"。如前所述,绍兴工业结构相对集中,制造领驭不乏"单打冠军",但真正领驭全球的产品很少。建议以块状特色产业集群为基础,开拓思维,围绕特色产品提供,加强"系统集成"。以丝织品为例,鼓励支持行业龙头,通过工序分解外包,通过贸易、委托加工、合资企业、技术合作等多种手段,与市外、境外相关供应商广泛合作,驾驭从原材料开发、供应到丝织品、丝织品,包括从日常衣着服饰到家纺产品甚至工艺美术品,以及丝织业文化展示等全方位开发拓展,集聚各方资源打造现时代的"丝绸王国",勇做丝绸文化的传承者。建议依托当前块状特色产业集群,在充分调研基础上确定一批重点产品制造领驭全球价值链为目标,在一定层级构建特色领驭产品打造工作领导小组,明确牵头部门,统筹各有关行业主管部门、资金、用地、人力资源等要素保障部门,紧密协作,倾力打造一批特色领域产品。

(三)坚持创新开放,着力"递升"强发展

1. 加大投入,不断增强创新驱动新活力,增进实力。一要加大主体研发投入。进一步围绕重点产业薄弱环节着力引进国内外研究机构来绍设立分支机构,加大政府研究投入,服务共性技术攻关的同时,更加重视支持民企研发投入,加大力度和创新方式,加大对民营研发机构创新成果及其产业化的资助,探索建立民营研发机构技术开发、人员培训、设备购置储备基金并对其适当税收减免。二要突出研发设计领域。以当前创建各级工业设计基地为载体,以块状特色产业为基础和服务块状特色产业转型升级为目标,"引、育"双举,推进一批设计主体发展,实施设计产业倍增计划,促使地区品牌价值提升过程中做强特色优势产业。三要促进研发设计集聚发展。加大对集聚区建设管理机构在规划、用地以及举办论坛、展览等软环境建设和公共营销等方面的支持。以绍兴县纺织创意、市区已萌芽建筑设计等为代表,围绕块状特色产业集群做强,着力培育一批研发设计集聚示范区。四要加大人才引育,以宽容失败的胸怀,以支持来绍创业或以项目合作为载体柔性合作等多种形式、灵活方式,以减免税费、搭建沟通平台以及资金资助、政治待遇等多种手段增进便利、提升吸引力，广纳贤才并促使人尽其才。

2.深化开放，更加主动融入全球价值链，促进升级。改革开放以来，绍兴致力于扩大自营出口，在不断扩大国际市场的过程中扩大产能，提升了技术水平和产业竞争力。随着信息技术进步与贸易、资本自由化不断推进，国际产业分工日益从制造外包延伸至服务外包。深化开放，一要扩大出口。在进一步千方百计拓展产品市场的同时，更加注重挖潜承接离岸外包比较优势。以新昌制药KPO板块为示范，大力摸排地方特色产业潜在基础与机会，促进知识密集服务环节外部化过程中不断增强实力和服务覆盖面。二要注重引入。20世纪八九十年代苏南地区通过大规模引进外资，并直接融入国际分工，抢得发展先机；在国际分工从制造环节沿产业链延展格局下，进一步致力于通过引进设备和FDI主动契合新兴产业和承接制造技术转移、提升制造环节竞争力的同时，需要更加注重服务进口和在服务领域加大招商引资，主动契合服务环节国际合作中“递升”价值链，增强重点产业自主性与影响力。三要创新方式。在多年积极组织出口企业境内外参展经验积累并进一步优化参展服务基础上，积极组织潜在服务主体参加境内外诸如设计展、赛和论坛等交流活动，开阔视野、拓展思维；在连续多年组织以纺博会为代表的国际展会经验积累基础上，积极争取诸如国际纺织设计、建筑设计等国内尚且空白的高层次展会、论坛驻会绍兴，促使外界更多地了解绍兴良好的产业基础并挖掘产业资源开发。

3.健全机制，加强各类市场主体建设，激发活力。一是深化体制机制改革和政策导向，增进主体协同投入。充分发挥国有经济主导地位，在地区经济关键领域重点行业强化国有资本作用的同时，适度加大重点产业中尚处幼稚阶段环节的战略性投入，引导市场跟进和发展壮大。同时，完善政策激励及更具针对性政策辅导，广泛吸引各类投资主体更多了解特色产业价值链及其投资机会，加大有效投资力度。二是加大引进力度，取长补短。尤其对相对空白或促进价值链“递升”意义重大但现有本地主体相对不够专业、基础薄弱环节，加大招商力度，以兼并重组或FDI各类形式，吸引市外、境外各类优质主体来绍投资或战略合作，增强产业链主动性。三是促进主辅分离，壮大生产性服务业。尤其对目前销售、物流等以较成熟环节甚至实验室、研发中心、检测机构等相对薄弱但已具备一定基础环节，加快外部化、专业化、规模化，加快生产性服务发展及其服务产业提升能力。四是推进主体升级工程，促进健康发展。在充分肯定个体工商户、小微企业的积极贡献并贯彻落实各级各类政策措施大力支持其繁荣发展的同时，积极引导使之形成不断发展壮大的良好风尚，促进资源更加有效配置和市场环境规范有序。

四、保障措施

1. 强化规划引领。建议组建市政府项目策划委员会，在明确重点基础上，不断完善地区发展总体规划，围绕做强重点产业链和全球价值链“递升”，加强分类分线专项规划，并着力梳理完善与之配套的相关政策激励，增强政策有效性和导向性，着力编印与之配套的专门的投资导向目录，加强项目宣介，广泛吸引各类投资主体更多了解特色产业价值链及其投资机会，加大有效投资力度。

2. 加强产业管理。全球价值链分工格局下，产业协同发展和产业纵横交织特征日益明显，对构建产业整体转型升级促进体系不断提出新挑战。以纺织业为例，做强产业链既涉及制造环节，更涉及设计研发、创意设计与市场、会展等服务环节；既涉及战略性新兴产业主题，也涉及文化产业主题的加快发展；既涉及发改、经信等传统观念上较突出行业主管部门，也日益涉及科技、文化、商务等行业主管部门，还涉及国土、财税、金融、招商、人力资源等保障部门。在进一步加强一直来更多呈现水平倾向转型升级促进机制基础上，更加注重垂直促进机制构建：从做强产业链角度，拓展思路，立足特色产业基础，在一定层级构建由特定行业主管部门牵头，联合相关部门，明确分工、各司其职、协调配合的产业链发展促进与管理组织机制，加强产业管理、服务与促进。

3. 完善政策激励。近年来，绍兴为推进地区经济转型升级，就加快二、三产业、战略性新兴产业、文化产业发展出台了一系列政策措施。为适应国内外新形势和地区经济发展新要求，加强行业与政策效应分析，对按国际惯例横向比较或因行业特性现有政策尚有空间的，或者缺乏执行力和政策效应不明显，以及在具体政策兑现落实过程中尚需解决的问题，及时予以研究完善和协调解决，不断增强对重点薄弱环节政策支持力度，提升政策激励的适应性、导向性，防止政策放空。与此同时，鉴于重点发展价值链涉及行业领域的广泛性和复杂性，建议由相应的促进体系行业管理部门牵头或促进管理机构，按照发展规划各阶段重点、拟培育重点对象，梳理各级各类有关产业政策，加强对具体政策措施的针对性辅导和兑现落实，帮助争取上级相关政策资源并辅导落实。

4. 促进资源对接。加强对重点产业发展情况及其在行业内、区域中相对地位、优劣势和行业发展预期的调研，比较分析现有政策门槛特殊性，就加强行业发展所需资金、人才、用地、信息等要素资源配置，积极创新手段、搭建平台，促进项目与要素资源的对接。积极争取“央字头”“国字号”机构单位支持，促进其无形资源与本地重点产业发展对接，扩大影响力和行业发展空间。尤其创新地方金融机构、融资工具、融资方式及融资渠道，优化资金保障，增强地方金融服务优化资源配置从而增进实体经济发展效率作用。

5.优化发展环境。一是积极营造良好舆论氛围。既充分认识现有产业基础，更拓宽视野，加强了对产业发展系统性了解，促进各级各有关部门及有关方面以更加务实的姿态，达成共识，增强合力。二是积极优化促进发展软环境。加强对不同发展主体的关注与研究，及时梳理、解决或积极反映发展中迫切需要解决的难题；进一步梳理政府公共管理流程及税费，创新工作方式，在法规允许范围内放宽准入、简化手续、增进便利，优化服务，切实为企业减负"松绑"，增强发展主体从而提高地区经济的动力、活力和竞争力。三是积极提升区域要素集聚力。在提升发展地区公共设施和生活性服务业，优化发展硬环境基础上，积极搭建载体、创设平台，丰富公共服务供给，提升城市品位，不断提升优质资源集聚力和积极发展实体经济的良好氛围。

绍兴市统计局　赵泽良

主要参考文献：

[1]GERREFFI G, KORZENIEWICA M. Commodity chains & global capitalism [M]. Westport: Praeger, 1994.

[2]GEREFFI G. Industrial upgrading in the apparel commodity chains[J]. International Economics, 1994,48(1): 37—70.

[3]STURGEON T, LEE J. Industry co-evolution and the rise of shared supply base for electronics manufacturing[R]. Aalborg: paper presented at Nelson and Winter Conference, 2001.

[4] ZYSMANJ, DOHERTY E, SCHWARTZ A. A tales from the "global" econony. cross-national production networks nzonganization of the European econowy [J]. Structural Change and Economic Dynamics, 1997, 8 (1): 45—85.

[5] [美]迈克尔·波特. 竞争战略[M]. 郭武军，刘亮译. 北京：华夏出版社，2012.

[6] 吕政，等. 中国生产性服务业发展的战略选择：基于产业互动的研究视角. 中国工业经济[J]，2006(8)5—12.

先行城市迈入“千亿投资”时期发展变化的借鉴与启示

据统计数据显示，截至 2012 年 11 月，金华市本年已完成固定资产投资 982.23 亿元，全年总量突破 1000 亿元已成必然。金华市将继杭州、宁波、绍兴、嘉兴、温州、台州之后，成为全省第七个当年投资突破千亿元[①]的城市，同时也是金华市连续三年实现固定资产投资 20%以上的快速增长。今天的投入就是明天的产出和效益，进入“千亿投资”时期，意味着金华市经济社会正进入一个现代化发展的新阶段。虽然因城市定位、资源环境、发展条件等存在一定差异，但研究先行“千亿投资”城市在这一时期的经济社会发展变化和规律，对于更好地认识、定位和推进金华市现代化建设具有十分重要的意义。

一、投资发展趋势在“千亿”前后的变化

(一)由追求速度的较快增长向追求效果的平稳增长转变

投资总量突破千亿之后，先行城市的投资趋势普遍由原来的较快增长步入以提升质量、追求效果为主的平稳增长状态。杭州、宁波、无锡、常州和南通都在达到千亿投资的前三年经历了投资的高速增长期，年均增速均在 25%以上，最快的超过了 40%。但在千亿投资的之后三年，增长的幅度明显放缓，大部分城市的年均增长率均回落至 15%以内(见表 1)。

表 1　部分城市到达千亿投资前后投资增速的变化(%)

城市	到达千亿投资的年份	达到的前三年平均增速	达到的后三年平均增速
杭州	2004	25.1	11.8
宁波	2004	34.9	13.4

① 突破“千亿”均指按现行统计制度固定资产投资概念的口径。全文数据来源无特殊说明的，均摘自各地历年《统计年鉴》。

续表

城市	到达千亿投资的年份	达到的前三年平均增速	达到的后三年平均增速
嘉兴	2009	15.6	13.0[①]
无锡	2004	40.1	14.5
常州	2007	26.9	20.4
南通	2006	32.7	19.8

从投资总量阶段性跨越的年份来看，同样是总量翻番，从1000亿元到2000亿元的时间明显要长于从500亿元到1000亿元。杭州从500亿元到1000亿元用了3年时间，从1000亿元到2000亿元用了5年时间；宁波从500亿元到1000亿元用了2年时间，从1000亿元到2000亿元用了6年时间；无锡从500亿元到1000亿元用了3年时间，从1000亿元到2000亿元用了5年时间；南通从500亿元到1000亿元用了2年时间，从1000亿元到2000亿元用了4年时间(见表2)。

表2　部分城市总量阶段性翻番用时变化

城市	投资总量500亿元—1000亿元时间	到达千亿投资的年份	投资总量1000亿元—2000亿元时间
杭州	3年	2004	5年
宁波	2年	2004	6年
无锡	3年	2004	5年
南通	2年	2006	4年

投资增速变化的背后，是投资效果随国民收入和国内生产总值增长的变化。投资效果系数是综合反映国民收入中的积累增长额与形成这一增长额的投资总量的比率。不论是一个国家，还是一个企业，其生产发展水平与速度，不仅取决于投入和消耗了多少物质资源，而且取决于投入和消耗的资源的使用效果，即能为社会提供多少国民收入的增长额。单位投资所获得的国民收入越多，效果系数就越大，投资经济效果也就越好，否则就得不到满意的经济效果。从先行城市的数据来看，进入"千亿投资"时期之后，虽然投资增长速度明显放缓，但投资质量和投资效果明显增强，投资效果系数得到提高(见表3)。

① 嘉兴的2012年有关数据均按当年前三季度数据推算代替。

表 3　部分城市到达千亿投资前后投资效果系数的变化

城市	达到的前三年 GDP 增量(亿元)	达到的前三年投资效果系数	达到的后三年 GDP 增量(亿元)	达到的后三年投资效果系数
杭州	946.99	0.32	1585.17	0.35
嘉兴	571.38	0.18	973.23	0.21
无锡	990.00	0.34	1508.00	0.39
南通	751.69	0.24	1114.46	0.30

(二)由依赖传统制造业向发展新兴服务业转变

从三次产业结构看，多数先行城市在“千亿投资”时的工业投资比重在50%左右，且其之后三年不论工业投资的增速还是占比均出现明显降低。进入“千亿投资”时期之后，拉动投资增长的主力军逐步由传统的工业投资为支柱转向以现代化新型服务业为主导，服务业投资进入新的高速发展时期，三次产业结构更趋合理。

从部分城市看，在达到千亿投资的之前几年，工业投资都取得了快速增长，杭州、宁波、无锡的年均增速均在 40%以上。经过几年高增长的之后三年，工业投资增速均出现了非常明显的回落，年均增速回落幅度最大的超过了 60 个百分点。一方面是由于工业投资多年的高增长造成的庞大基数，另一方面则是“千亿投资”后期行业新的增长极明显由第二产业向第三产业转换，五个城市的之后三年服务业投资年均增速均快于之前三年的年均增速(见表 4)。

表 4　部分城市分行业投资增长在“千亿投资”前后变化情况(%)

城市	到达千亿投资的年份	前三年工业投资年均增速	后三年工业投资年均增速	前三年服务业投资年均增速	后三年服务业投资年均增速
杭州	2004	67.8	6.5	16.3	22.1
宁波	2004	45.0	11.1	14.9	24.8
嘉兴	2009	17.2	5.0	10.8	49.0
无锡	2004	50.2	9.3	22.1	35.8
常州	2007	25.7	20.1	20.8	28.6

从总量占比看，在“千亿投资”的后期，由于产业新的增长点普遍由二产转向三产，三产比重得到明显提升。总量大的如杭州，之后的第三年 2007 年服

务业投资比重已超过了60%；提升快的如无锡，三年内服务业投资比重由38.8%提高到47%，年均提高近2.8个百分点。同时，工业投资的总量份额对应有所减少，总量的拉动不再过分地依赖第二产业。部分城市“千亿投资”之后三年产业比重变化情况见图1—图3。

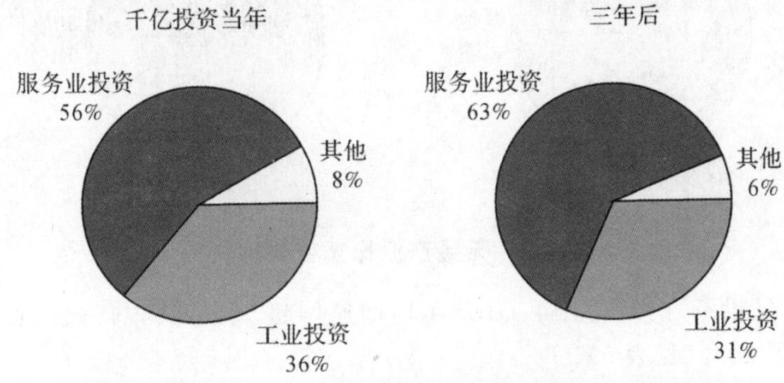

图1　杭州产业比重变化图

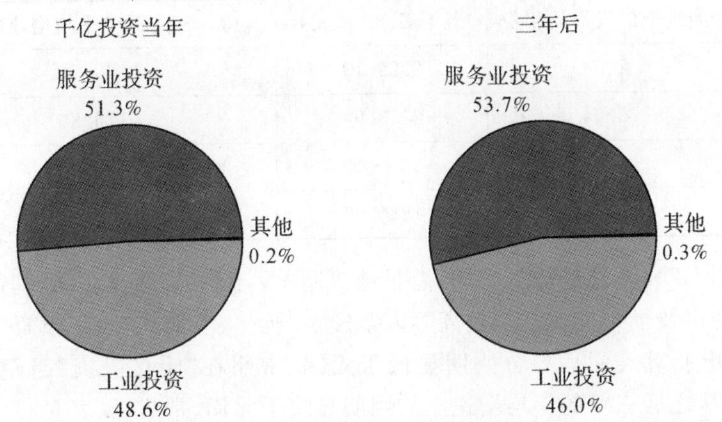

图2　宁波产业比重变化图

二、相关经济指标进入“千亿投资”时期的变化

长三角地区的大多数先行城市都在20世纪90年代至21世纪初进入“千亿投资”行列，与此同时，相关经济指标进入了新的增长期，社会建设实现了较大成果，城市建设达到了一定规模，人民生活水平得到显著提高，地区发展进入了全新时期。

（一）向着经济实力更加雄厚，生活水平显著提高的“富裕城市”迈进

1. GDP和人均GDP在“千亿投资”时期取得了较快增长。四个样本城市

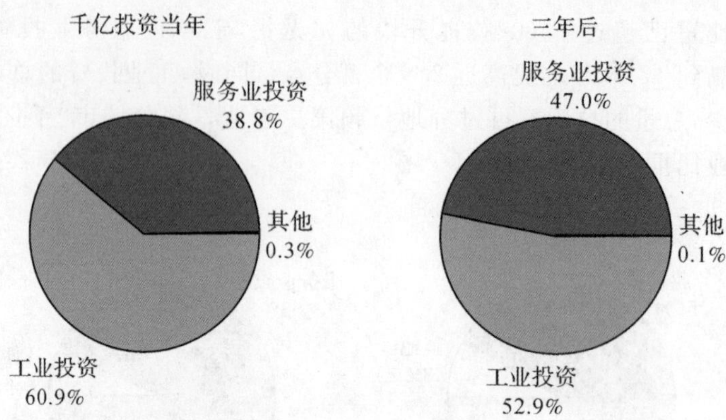

图3 无锡产业比重变化图

中，在“千亿投资”的之后三年GDP年均增速均超16%，其中杭州增长速度最快，超过了20%（见表5）。

表5 部分城市“千亿投资”之后GDP增长趋势

城市	到达千亿投资的年份	当年GDP(亿元)	后三年GDP平均增速(%)
杭州	2004	2329.13	20.7
宁波	2004	2158.04	16.8
无锡	2004	2350.00	18.0
常州	2007	1880.00	16.6

人均GDP增长趋势与GDP总量趋势基本一致。虽然受GDP基数、人口时期发展以及早年美元汇率较高等因素影响，杭州、宁波在“千亿投资”当年的人均GDP折算美元后要分别明显低于无锡、常州在“千亿投资”当年的人均GDP，但从之后三年的年均增速上看则明显快于无锡、常州（见表6）。

表6 部分城市“千亿投资”之后人均GDP增长趋势

城市	“千亿投资”当年人均GDP(元)	按当年平均汇率折算美元(美元)	后三年人均GDP平均增速(%)
杭州	38858	4695	10.6
宁波	39174	4733	15.9
无锡	52550	6349	7.5
常州	52602	6918	7.3

2. 各项收入、储蓄指标增长明显。投资规模超千亿所带来的效益不仅仅体现在宏观的 GDP 指标上，更实实在在地为社会和民众带来了财富。从部分先行城市的数据看，城镇居民人均可支配收入、农村居民人均纯收入、城乡居民储蓄年末余额、地方财政一般预算内收入等指标在进入"千亿投资"之后的三年总量节节攀升，年级增速普遍高于"千亿投资"前三年，地方政府和普通百姓的财富积累速度明显加快(见表 7—表 8)。

表 7 部分城市"千亿投资"前三年收入、储蓄指标年均增长情况(%)

城市	城镇居民人均可支配收入	农村居民人均纯收入	城乡居民储蓄年末余额	地方财政一般预算内收入
杭州	10.2	9.2	24.9	23.7
宁波	9.8	9.4	20.0	15.3
无锡	12.9	9.4	21.6	20.9
常州	17.2	13.2	14.7	32.9

表 8 部分城市"千亿投资"后三年收入、储蓄指标年均增长情况(%)

城市	城镇居民人均可支配收入	农村居民人均纯收入	城乡居民储蓄年末余额	地方财政一般预算内收入
杭州	14.2	14.4	12.0	25.6
宁波	12.0	12.7	15.4	29.4
无锡	15.4	11.5	14.2	30.5
常州	11.2	11.8	22.5	21.9

(二)向着商贸流通更加繁荣，实现又好又快发展的"活力城市"迈进

1. 贸易消费活动更加积极。作为"三驾马车"之一，投资拉动消费及消费相关活动的能力在规模达到"千亿投资"之后更加明显。在"千亿投资"后的三年，社会消费品零售额在总量上明显增加，年均增速均在 20%以上，且增速普遍超过"千亿投资"前三年的增长水平。与此同时，城镇居民人均消费支出逐年增加，"千亿投资"后三年的平均增长幅度也快于前三年(见表 9—表 10)。

表 9　部分城市社会消费品零售额在“千亿投资”前后变化情况

城市	当年总量(亿元)	三年后总量(亿元)	前三年平均增速(%)	后三年平均增速(%)
杭州	704.34	1296.31	15.4	22.5
宁波	595.63	1035.46	12.9	20.2
无锡	579.21	1134.75	14.0	25.1
南通	621.96	1086.11	23.4	20.4

表 10　部分城市城镇居民人均消费支出在“千亿投资”前后变化情况

城市	当年支出数(元)	三年后支出数(元)	前三年平均增速(%)	后三年平均增速(%)
杭州	11213	14896	7.7	9.9
宁波	11283	13921	6.0	7.3
无锡	9517	12257	8.7	8.8
南通	9332	13103	10.3	12.0

2.对外贸易和货运总量稳步增长。投资带动内需消费的同时,更是有力地刺激了对外贸易的进一步扩大。部分城市“千亿投资”的之后几年,其进出口总量都得到了明显增加,其中出口份额增长尤其明显,贸易顺差逐步扩大。同时,铁路、公路、水路货运总量也显著提升,贸易物流日益繁荣,投资的拉动作用在商贸领域是最直接的体现(见表11—表12)。

表 11　部分城市进出口额在“千亿投资”前后变化情况

城市	当年总量(亿美元)	后三年平均增速(%)	当年贸易顺差(亿美元)	三年后贸易顺差(亿美元)
杭州	244.96	21.0	58.54	165.06
宁波	261.12	29.3	72.67	200.11
无锡	218.45	32.8	1.99	74.96
常州	132.30	16.5	64.7	88.40

表 12　部分城市货运总量在“千亿投资”前后变化情况

城市	当年总量(万吨)	三年后总量(万吨)	前三年平均增速(%)	后三年平均增速(%)
杭州	13597	17057	3.0	7.9
宁波	11090	14219	7.1	8.6

续表

城市	当年总量（万吨）	三年后总量（万吨）	前三年平均增速(%)	后三年平均增速(%)
无锡	7431	10761	0.1	13.1
南通	9414	16010	12.7	19.4

(三)向着就业范围更加拓宽，人民生活安居乐业的“和谐城市”迈进

1.从业人员数稳定增加。随着投资总量跨越到新的台阶以及投资全行业的特性，大量的生产建设为社会提供了更多的从业岗位。进入“千亿投资”时期后，部分先行城市的全社会从业人员均保持稳定增长，总数不断攀升。其中，第一产业人数均呈现逐年下降的趋势，第二产业从业人数增加的总量居三次产业之首，第三产业人数的年均增速一般最快(见表13—表15)。

表13　部分城市“千亿投资”当年全社会从业人员分布情况(万人)

城市	全社会从业人员数	第一产业	第二产业	第三产业
杭州	455.52	92.97	197.68	164.87
宁波	395.5	79.5	201.4	114.6
无锡	274.64	35.11	150.48	89.08

表14　部分城市“千亿投资”后三年全社会从业人员年均增速(%)

城市	全社会从业人员数	第一产业	第二产业	第三产业
杭州	5.4	—3.3	7.5	7.3
宁波	3.4	—5.3	4.3	7.3
无锡	5.8	—7.0	6.8	8.5

表15　部分城市“千亿投资”后三年全社会从业人员分布情况(万人)

城市	全社会从业人员数	第一产业	第二产业	第三产业
杭州	533.09	83.94	245.32	203.83
宁波	437.8	67.5	228.8	141.5
无锡	325.23	28.27	183.27	113.69

2.失业率逐步下降。投资规模的扩大增加了更多工作岗位的同时，也解决了更多失业问题，为稳定社会和民生问题作出了直接贡献。杭州、宁波、无

锡三个城市的城镇登记失业率在“千亿投资”的前后三年均呈逐年下降趋势，并且后三年的失业率下降幅度均快于“千亿投资”之前三年，同时三年后的登记失业率基本已由之前的3%以上甚至更高下降至3%以内。特别是杭州，在所列的5个城市中失业率由“千亿投资”年度三年前最高的5.05%下降到“千亿投资”年度三年后最低的2.14%，六年间失业率下降了2.91个百分点，其中后三年下降了近2个百分点(见表16)。

表16 部分城市“千亿投资”前后三年城镇登记失业率变化情况(%)

城市	三年前登记失业率	当年登记失业率	三年后登记失业率
杭州	5.05	4.11	2.14
宁波	3.49	3.14	2.37
无锡	3.60	3.48	3.28
常州	3.51	3.21	2.90
南通	3.75	3.20	2.60

3.社会保障范围扩大。在为社会提供更多就业岗位，降低失业率的同时，部分先行城市的养老、医疗、失业参保人数也明显增加，杭州、宁波、无锡的总参保人数在三年内总量都增加了40%以上，年均增速均超过10%，人民基本生活的保障工作成效显著(见表17)。

表17 部分城市“千亿投资”后三年养老医疗失业参保人数情况

城市	当年人数(万人)	三年后人数(万人)	年均增长(%)
杭州	48.74	68.83	12.2
宁波	28.41	44.45	16.1
无锡	31.94	48.33	14.8

三、几点启示和建议

2012年是国际环境、经济发展错综复杂的一年，也是金华市固定资产投资取得阶段性成果进入“千亿投资”时期的一年，面对“出口需求减弱，消费热点缺乏”等新情况、新问题，投资成为“三驾马车”中提供经济刺激和提振信心的亮点。全市上下以扩大有效投资，促进转型升级为重要着力点，加大产业投资、战略性投资、基础设施投资、民生投资、创新载体投资，争取一批重大项目早开工、早建成、早日发挥效益。同时，中央进一步加大鼓励和引导民间投资健康发展，浙江省政府支持浙商回归、引进投资等政策措施的深入实施，都对金华市投资增长和结构调整产生强大推动作用。与此同时，进入“千亿投资”时期后，我们应更多地借鉴先行城市在投资发展趋势和社会经济建设中的发展规律和经验，为金华市投资的长期可持续发展和社会的安定繁荣提供参考依据。为此，我们应努力从以下几方面着手。

（一）顺应经济发展规律

进入“千亿投资”时期，由于总量的扩大和产业的转型升级，投资增长的压力倍增，要实现到“两千亿”的新跨越期需要保持一定的经济增长速度和一定的时间。同时，经济的增长动力明显由投资为主转向消费和投资双轮驱动、转向创新驱动是必然的趋势。今后，金华市应在借鉴先行城市“千亿投资”之后的发展规律，保持投资合理稳定增长和有效投资规模的同时，更应抓住消费结构升级的契机，增强消费对经济增长的贡献。

（二）深入结构调整优化

积极适应国家的产业政策，调整投资和生产的方向。在提升和优化金华市传统优势行业发展模式的同时，应减小甚至杜绝国家政策严控的投资项目，如高能耗行业投资项目、高投入低产出项目等等。加大政策允许和扶持的项目投资，如有利于环保的节能减排项目，有利于调整产业结构的高科技项目，有利于推进城乡一体化建设的基础设施项目等。

（三）推进和谐社会建设

投资和经济的较快发展需要有与之对应的社会建设和人民生活水平的提升。金华市应进一步增加在城乡建设、公共服务领域的投入，促进城乡居民收入稳定增长，特别是在中央提出分配制度改革的总要求下，力争在提高人民收入、缩小收入差距、均等公共服务、完善民生体系方面实现新的突破，取得经济发展和社会建设的全面成果。

课题组组长　郑迪元
成　　　员　张妙芳　刘　浩
　　　　　　尚　进　鲍仙女
执　　　笔　金祖俊

附　录

2011 年金华部分经济社会指标

1. 固定资产投资额 862.83 亿元，其中工业投资 460.21 亿元，占 53.3%，服务业投资 399.72 亿元，占 46.3%。2006 年金华市固定资产投资为 506.95 亿元，从 500 亿至 1000 亿经历 6 年。

2. GDP 总量 2458.07 亿元，人均 GDP 为 45721 元（按常住人口计算），按年均汇率测算约合 7079 美元。

3. 城镇居民人均可支配收入 29729 元，农村居民人均纯收入 11877 元。城镇居民人均消费支出 20003 元，农村居民人均消费支出 8687 元。

4. 城乡居民储蓄年末余额 2294.9 亿元。

5. 财政总收入 597.04 亿元，其中一般预算总收入 328.35 亿元。

6. 社会消费品零售额 1088.95 亿元。

7. 进出口总额 164.34 亿美元，其中出口 151.46 亿美元，贸易顺差 138.58 亿美元。

8. 铁路货运量 191.37 万吨，公路货运量 12308 万吨，内河货运量 85.35 万吨。

9. 全社会从业人员 342.6 万人，其中第一产业 71 万人，第二产业 159.59 万人，第三产业 112.01 万人。

10. 基本养老保险参保人数 117.48 万人，基本医疗保险参保人数 100.45 万人，失业保险参保人数 61.25 万人。

十大期盼显民意　亟待帮扶解难题

——衢州市“进村入企大走访”调查分析报告

根据省委、省政府以“进村入企大走访”为主要内容的深化作风建设活动的统一部署和要求，衢州市委、市政府结合衢州实际开展了“项目建设突破年、社会管理创新落实年、行政效能提升年”活动，制定下发了《关于在全市开展“进村入企”大走访活动的实施意见》和8个主题活动实施方案的“1＋8”综合式活动方案，按照“进村入企、助推发展、强化服务”的总体要求，市领导率先垂范，全市各地各部门干部总动员，深入全市1744个行政村、59.21万农户和1227家重点企业进行走访调研，深入基层一线了解民意，体察民情，解决难题。经过汇总梳理分析，目前基层干部群众和企业反映强烈的突出问题主要集中在十个期盼上，亟待政府牵头帮扶破解难题。

一、民意：基层干部群众和企业的十大期盼

（一）来自行政村的民意

当前新农村建设较有成效，村容村貌满意度较好，但农村要求改善提升农业生产、生活基础设施、增加建设维护资金的期盼仍然很强烈。

期盼一：农村基础设施建设落后，期待加快改善提升。

农业生产设施急需改善。很多地方的农田水利等基础设施建设都不尽完备，且不少原有设备也早已老化，如河道清理整治、水渠的整修、堤坝的整固维护、机埠维修、农用小水利工程、林区道路、田间道路的建设等，这些都是当前农业生产中需要解决的突出问题。目前仍有很多受去年“6·19”洪灾冲毁的道路、沟渠还没完全修复，群众反映比较强烈。

期盼二：集体经济薄弱，期待发展壮大。

农村实行家庭承包责任制以后，集体经济的概念逐渐弱化，尤其是随着乡统筹、村提留和农业税及其附加税的取消，村级经济主要靠财政转移支付、社会捐助、结对帮扶等非内生性收入，村集体经济愈发薄弱。目前衢州市农村基层干部的整体素质还不高，青壮年劳动力以外出务工经商为主，缺乏为发展壮大集体经济所需要的有知识、懂经营、会管理和有技术的管理人才和技术人

才,发展集体经济受到很多主、客观的制约。村级集体经济是村级组织运转和农村发展的重要物质基础,有了发达的集体经济,才能更好地扶持家庭经营及个体经济的发展,才能实现共同富裕。

期盼三:农村建设资金缺口较大,期待加大投入。

农村基础设施建设从水、电、路到文化、教育、卫生、社保等公共事业,涉及农民生产生活的各个方面,资金缺口较大。大部分村在反映基础设施建设需求的同时,也提出了资金需求。而衢州市大部分行政村集体经济发展水平比较落后,大部分仍然依靠上级政府部门根据相关政策予以的资金补助。现在很多农村基建项目通常由财政出资一部分、村自筹一部分、农户集资一部分,村庄环境整治和水利桥梁、公共服务等基础设施建设虽有财政专项资金补助,村一级仍要投入不少配套资金,但因为村一级和农户筹资困难,很多工作无法开展。同时在农村环境长效管理方面,村里也需要投入长期后续维护资金,农村建设、管理和发展资金的需求和投入缺口较大。

(二)来自农户的民意

农户外出经商务工较多,低收入农户较多,期待能简政惠农、拓宽增收途径、加大失地农民社会保障。

期盼四:部分政策程序繁多,期待简政惠农。

一是许多农民认为惠农政策宣传解释不到位,不太了解具体政策内容及意义,不了解惠农政策具体事项的办理程序,一部分农民因为不了解或不会申请而得不到惠农政策的惠泽。二是认为新农保养老金发放金额较低,无法满足其基本的生活,保障功能十分有限,期望政府能够加大投入,逐步提高发放的标准。三是新农合报销手续需要简化。由于新农合报销手续较为复杂,又需要攒够一定金额集中报销,部分农户在长期攒发票时造成发票丢失,或者由于报销手续复杂而影响报销。四是农民贷款程序需要简化。农民贷款程序繁多,审核周期长,导致农民在贷款时困难重重,高额的贷款保证金也使农民望而却步。希望能缩短审核周期,降低贷款保证金。五是控制农民建房政策需改进。规划管制区内的农户住房条件希望能够改善,在不影响整体规划的前提下,不要搞一刀切一律不许建房,希望有住房困难的农户原地改建能够获批。还有政府出台的对农村困难农户建造房给予每房 6000 多元补助,但是目前建造房子费用较大,很多可以享受政策的困难群众,由于经济原因造不起房子,实际上享受不到政策。

期盼五:低收入农户较多,期待拓宽增收途径。

一是普遍希望依靠技术致富。调查结果显示,广大农民对于提升自身素质、文化水平有着迫切愿望,希望政府加强对农民的农业生产技术培训、专业技能的培训,提高农业技术水平,或者提高外出就业的专业技能,转移到非农产业就业,实现增收致富。二是希望依靠信息致富。目前农民很难得到即时准确的市场信息,还在看天吃饭、碰运气赚钱,不能合理安排生产,农业经营上遇到许多困难,制约农民致富。因此希望拓宽市场信息渠道,实时获得动态市场及价格信息,实现增收致富。三是希望依靠合作致富,提高农业专业化合作水平。农户们已经认识到依靠单打独斗很难取得很好的收益,希望依靠建立专业合作社,形成规模化种养,创立一方品牌,实现增收致富。

期盼六:土地流转加快,期待落实社会保障。

农民最关心土地承包经营权和宅基地使用权这两项重要物权,特别是近郊区农民,希望土地、宅基地能加快流转,在流转的过程中能加强农民的自主权,希望承包地能够采取转包、出租、互换等多种形式流转。虽然国家的政策法规一直禁止农村宅基地向城镇居民流转,但在城乡结合部,隐性的宅基地流转市场仍然存在,很容易产生纠纷,而且矛盾还不好化解。土地流转的政策变动大、前后不衔接等也带来被征地农民社会保障的落实问题,如万田乡姚家村2005年征地时,有很多村民没有参加被征地农民社会保障,现在未参保被征地农民提出参保,但按现行政策没有国土局核定的应保指标办理不了参保,而且还有新老缴费标准不统一、征地主体出资未到位问题没有落实,该问题一直悬而未决。

期盼七:期待关注空巢老人和留守儿童的照顾抚养。

衢州市人口以流出为主,多数村庄的青壮年劳动力大部分已外出务工或经商,在被调查的59.21万农户中有劳动力人口116.6万人,其中61万人外出经商务工,占比达到52.3%。在家的多是老人和孩子。总人口中65岁以上人口有19.99万人,18岁以下有27.3万人,占总人口的比重达23.8%。大多数“留守儿童”由隔代老人照顾,祖辈抚养只能较多地给予物质生活上的满足,甚至是过多的宽容放纵,而较少精神、道德上的管束和引导。有的孩子缺少管教,常去网吧寻求刺激,有的成瘾辍学甚至犯罪。而老年人得到的家庭照顾明显减少,有的老人年纪很大了还要白天在田间劳作、晚上在家照顾孙辈。

(三)来自企业的民意

目前企业总体经营良好,对发展普遍保持信心,但受经济危机影响,部分企业生产经营面临较大的困难。

期盼八:成本上升,期待化解。

今年以来,市场需求不足、产品价格暴跌、成本上升过快,是造成衢州市企业盈利水平下降的主因。衢州市“三个20%”(化工、机械、建材类即建材加钢铁占比分别为20.2%、21.4%、19.1%)的产业结构受冲击严重,今年可以说是外需不振、内需趋冷双重叠加,市场需求萎缩严重,部分企业产品价格从去年上半年的暴涨转为下半年开始的急跌,水泥、钢材、化工等企业产品价格不断走低,目前仍没有走稳回升的迹象。在产品价格下跌的同时,各项成本快速上升:煤、电、油、运能源成本以及各项原材料价格持续上扬带动生产成本快速上涨,用工成本不断提高。产品出厂价格和原材料购进价格严重倒挂,产品低价竞争激烈,企业利润空间不断受到挤压,盈利能力下降明显,很多已变成微利经营甚至亏损经营。企业主热切期盼政府能出台扩大内需类的帮扶政策,增强发展信心,提振经济。

期盼九:要素制约,期待缓解。

目前资金、用工、土地等生产要素紧缺仍然制约企业生产经营。一是资金紧张。企业尤其是中小企业的融资难、融资成本高、流动资金短缺、银行变相提高利率和搭售等现象仍然存在,企业资金短缺问题仍然困扰着企业经营。有很多企业要求帮助解决资金短缺、融资困难方面问题。二是用工短缺。存在“普通工人不足、技术工人难招、管理人员难留”三者并存的情况。企业用工难固然也有本身的问题,但企业主认为企业外来员工子弟就学难、企业人才引进落户难问题也是重要因素。三是土地供应紧张。在诸多要素问题中,土地要素明显突出,土地的刚性制约使得衢州市新投产项目明显减少,部分有市场需求的项目无法有效组织实施生产,部分有转型升级扩大生产要求的企业对土地的需求较为强烈。

期盼十:审批繁琐,期待简化。

在不断深化行政审批制度改革中,各地先后建立了形式不同的行政审批服务中心,不仅树立了政府机关的良好形象,也极大地满足了企业的现实需求。但仍有部分企业对审批环节程序过于复杂,报批层级过多,并且部分审批事项互为前置、相互制约、审批时间过长、影响行政审批效率等问题反映比较集中,而且尚有部分职能部门,特别是垂直管理部门审批职能没有完全进驻行政服务中心,有的只负责材料的接和转,审批还要往返职能部门多次,人为增加了办事环节。有的行政服务中心服务发展、服务基层的意识树得不够牢,深入基层、接触群众少,对基层和群众的困难、需求了解、关心、研究不够。少数执法部门高高在上,推诿扯皮,乱用权力,加大了办事难度和成本。环评、安评等中介机构收费不够规范,一些企业反映,目前这些中介机构普遍存在收费过高、市场不规范的情况,一个企业环评、安评做下来往往需要20多万元人民币。

二、建议:分类帮扶落到实处

(一)政府方面:要明确态度,梳理问题,落到实处

建议一:认真梳理问题,狠抓解决落实。

从调研结果显示,群众要求帮助解决的事项很多,三份调查表共收集要求解决的问题 77443 个,其中近期可帮助解决问题的有 18095 个,仅占比 23.4%,还不足三成。尽管前期衢州市各级各部门已经解决了一批问题,也得到了部分行政村、农户和企业的肯定,但下一步我们不仅要认真梳理他们反映的问题,还要狠抓落实解决,不要将此次大走访活动流于形式,要让我们的帮扶措施能够看得见、摸得着,各村、农户、企业能够感觉得到。

建议二:建立长效机制,主动跟踪服务。

要探索建立长效机制,把"进村入企"期间各级领导、部门单位联系的村、户、企业结成帮扶对子,长期联系,主动跟踪服务,将大走访这种形式变为常态,并以制度的形式保存下来,使领导干部直接接访,与人民群众零距离接触,面对面交换意见,赢得人民群众的支持和拥护。积极探索并建立结对帮扶的督促、检查、考核制度,探索将开展"进村入企"服务活动列入年度部门综合考核的内容之一。要将服务农村、服务农户、服务企业的情况作为干部年终考核、评先评优、提拔交流的重要依据,激发全体干部服务企业、服务群众、服务项目的积极性。

(二)农村方面:壮大村集体经济,加快新农村建设

建议三:增加投入,加快农村基础设施建设。

基础设施建设投入要多向农村倾斜,带动财政资金、信贷资金和社会资金更多地投向农村,着重解决水、电、路、排污等问题。

建议四:因地制宜,发展壮大村集体经济。

以村庄规划为龙头,统筹配套,着眼长远,按照"宜工则工、宜商则商、宜农则农、宜林则林"的原则,针对不同村的优势和特点,按照"扬长避短,量力而行,注重效益,不留包袱"的原则,根据各村地理位置、外部环境、资源状况,积极探索符合当地实际的集体经济发展模式。

建议五:兼顾公平,加快农村社会事业发展。

建设和改善乡镇卫生院和村卫生室,确保每个村都设立卫生室,提高医疗水平,确保农村居民有病能够就近就医。加大农村教育基础建设,建设完善教育教学配套设施,实现学前教育、小学教育与城区公平化,鼓励教师在偏远的乡村学校教育教学,保障农村教育师资力量。突出抓好农村职业教育,增强办学的针对性和实用性,培养新型知识农民。加快农村文化建设,满足广大农民的精神文化需求。

(三)农户方面:促进农民增收,保障农民权益

建议六:采取多项措施,促进农民增收。

有效回应农民的利益诉求是当前社会转型期和应对严峻社会形势的重大现实问题。农民富则天下富,农民安则天下安。一是加大培训力度,提高农民职业技能。二是鼓励农民优化种养殖结构,提高效益。三是推进农民专业合作组织建设。四是促进农民转移就业,增加工资性收入。

建议七:完善农村土地流转制度,保障农民权益。

在城市化进程中,在加快农村土地流转的同时,也要加大被征地农民的权益保障,积极落实好各项惠农助农政策,完善征地补偿办法,建立和完善被征地农民的安置、失业与基本生活保障的长效机制。创新土地征收安置模式,如允许采取留用地办法,将规划确定的建设用地范围内一定面积的建设用地安排给集体经济组织,用于发展和壮大村组经济,使被征地较多的村和被征地农民获得长期稳定得益的保障机制。

建议八:改进作风,提升行政服务效率。

一是切实加大对惠农政策的宣传力度,深入到村、组、户,采取各种宣传方式进行宣传,使广大农民对政策能够及时了解、准确理解,并且可利用群众监督力量力戒贪污挪用惠农资金行为,保证农民自己的实惠自己心里明白,自己的实惠政策落实情况自己监督。二是要逐步加大农民养老保险和医疗保险的保障力度,逐步扩大年龄层并提高养老金发放标准,保险种类逐步扩大至生育险、工伤险等,与城市居民享受同样的社会保障。三是简化相关行政审批手续,如建房用地手续、新农合报销手续、农民贷款手续等。

建议九:加强帮扶,多方关注农村空巢老人和留守儿童。

以安享晚年为根本,要提高特困农村老年人的养老保障标准和医疗保障标准。乡镇、村委会要尽快做好留守儿童档案的建设工作,全面掌握留守儿童有关情况,对那些生活较困难和问题突出的留守儿童要特别关注,建立社区帮扶中心,并组织干部到留守儿童家里慰问,切实帮助留守儿童解决实际问题,还要加强留守儿童的思想道德教育工作,要让他们健康的成长。另外,还要发动社会的力量来帮助空巢老人和留守儿童,给予他们更多的关爱。

(四)企业方面:加强服务,帮扶困难企业渡过难关

建议十:政策扶持,优化发展环境。

支持企业发展,政府要做的,就是好环境支持和政策支持。一是全面清理收费项目,建议对于不利于企业发展的收费项目加以整顿、清理,对保留的收费项目进行进一步规范。二是严格控制涉企检查,严查乱收费、乱罚款等现

象。对于一些必须检查的企业和项目,必须经批准备案才能够检查,尽量使企业能够集中精力做好自己的事情。三是允许暂时无力缴纳社会保险费的困难企业,暂缓缴纳养老、医疗、失业、工伤、生育五项社会保险费,阶段性降低失业、工伤、生育等社会保险费率,使用失业金为困难企业支付岗位补贴、社会保险补贴和在岗培训补贴,帮助企业渡过难关。四是提高审批效率。深化"三治三比"行政效能提升年活动,推进简政放权和审批流程再造"两项工作",全面落实首问首办负责制、服务承诺制、工作落实和督促检查责任制"三项制度"。强化效能和服务意识,减少审批事项,简化审批程序,实行限时审批。探索将审批事项网络化,推行行政审批服务中心与网上审批双轨机制。

建议十一:协调联动,缓解要素压力。

增强融资创新,缓解企业资金紧张压力。完善招工环境,破解企业用工难局面。加大调度力度,保障发展用地、用电等需求。

建议十二:加快转调步伐,促进企业转型升级。

对衢州市来说,低廉的劳动力、原材料成本优势正在弱化,区位优势也有阶段性削弱趋势,重化工结构和环境保护矛盾也很突出,在国际金融危机中,粗放式发展之路已经难以为继,在全球产能过剩的大背景下,企业将再次面临洗牌,技术含量低、产品附加值低的企业将遭到淘汰。因此"调结构、转方式"已经变得迫在眉睫,应对当前困难,必须适应市场变化,加快转型升级步伐,把暂时的困难转化为发展契机。要鼓励传统优势产业、存量企业进行改造提升,加大与科研机构的合作力度,不断提升企业的研发能力,提高产品质量,降低生产成本,以提高产业层次和国际竞争力,向技术自主化、产品品牌化、市场全球化、服务网络化方向发展。要变招商引资为选商引资,着力引进优势产业的龙头企业进驻衢州,加快培植更多新的经济增长点,优化产业经济结构。

衢州市统计局　周晓燕

发展舟山海洋产业投资基金的思考

海洋产业投资基金作为一种有效的投融资模式，对于优化金融投资环境，汇聚资本、人才、产业等要素，加快发展海洋产业意义重大。目前，国内影响较大的海洋产业投资基金有蓝色经济区产业投资基金和中国蓝色经济产业投资基金（山东海投）、宁波海洋产业投资基金、河北沿海开发产业投资基金和渤海产业投资基金。设立海洋产业投资基金应该被提升到浙江舟山群岛新区发展战略的层面加以考虑，成为新区深入实施大开放大开发大发展战略的重要抓手和突破口。

一、设立舟山海洋产业投资基金的现实基础和发展设想

舟山海洋产业投资基金在符合国家政策的情况下，以股权投资等方式，立足浙江舟山群岛新区，辐射浙江，面向国内外，重点投资于与海洋有关的产业领域，如海洋运输物流、海洋装备制造、海洋工程建筑、海洋能源矿产、现代海洋渔业、海洋生物工程、海洋文化旅游、海洋油气开发、海洋信息服务、海洋化工等海洋产业以及新区内的现代服务业及高新技术产业。

（一）设立舟山海洋产业投资基金的现实基础

从法律环境来看，2006 年 1 月 1 日实施的新《证券法》和新《公司法》，为公司型私募股权投资基金的设立提供了法律依据。2007 年 6 月 1 日实施的新《合伙企业法》，正式确立了有限合伙企业的形式，为有限合伙型私募股权投资基金的设立提供了法律依据。而依据《信托法》制定的《信托公司集合资金信托计划管理办法》和《信托公司管理办法》对信托型私募股权投资基金提供了法律依据。2011 年，国家发展改革委办公厅下发《关于促进股权投资企业规范发展的通知》（发改办财金〔2011〕2864 号），这是我国首个全国性股权投资企业管理规则，对在中华人民共和国境内设立的从事非公开交易企业股权投资业务的股权投资企业（含以股权投资企业为投资对象的股权投资母基金）的运作和备案管理进行了规范。资本规模（含投资者已实际出资及虽未实际出资但已承诺出资的资本规模）达到 5 亿元人民币或者等值外币的股权投资企业，在国家发展和改革委员会备案；资本规模不足 5 亿元人民币或者等值外币的股权投资企业，在省级人民政府指定的备案管理部门备案。

从市场环境来看，改革开放以来，国内经济持续保持较快稳定增长，社会资金较为充裕，机构投资者有了很大发展。保险公司、社保基金等从资产配置和提高收益的要求考虑，参与产业投资基金的积极性不断提高。政策性银行、商业银行、证券公司等金融机构从探索综合经营、提高竞争力的角度，介入产业投资基金的积极性也不断提高。从省内来看，浙江是全国股权投资比较活跃，发展比较迅速的省份之一，并已成为全国私募股权投资基金主要集聚地之一。从我市来看，产业投资基金在舟山具有广阔的发展前景，产业投资基金的发展需要具备两个最基本的条件：一是有充足的资金来源，另一个就是有丰富的项目资源。而舟山借助于浙江舟山群岛新区效应和浙江及周边充足的民间资本，正是充分满足这两个基本条件的城市。

从各类资源来看，我市海洋资源丰富，项目储备不断增加。海洋区位条件和海洋资源环境十分优越，海岸线总长占全国的 7.6%，海域面积（内水和领海）占全国的 5.6%，深水岸线占全国的 18.4%；海洋科研实力不断增强，拥有浙江海洋学院、浙江大学舟山校区（筹建）、浙江省海洋开发研究院、浙江大学舟山海洋研究中心等多个科研院所；全市海洋经济增加值占地区生产总值比重全国最高。根据舟山市“十二五”经济社会发展规划纲要主要指标目标显示，“十二五”期间新区固定资产投资累计将达到 3500 亿元，资金主要来源于市场化运作。其中，一些优势项目对于海洋产业投资基金具备充足的吸引力。

从基金发展成长环境来看，舟山具备良好的基金发展环境。首先是具有良好的功能性平台。舟山海洋综合开发投资有限公司、舟山交通投资集团有限公司、舟山港务集团有限公司、舟山群岛旅游投资开发有限责任公司等国有控股企业作为新区建设的重要投资主体，实力较为雄厚，适宜作为基金的发起人和股东。其次具有良好的人文资源优势。舟山籍知名华侨华人和港澳同胞众多，通过积极宣传，进一步激发海外舟山人参与家乡建设的热情，加快形成集聚效应。第三是政府重视。舟山市委、市政府历来高度重视金融工作，不断改善金融生态环境，营造良好的金融发展环境，为各类金融机构进行金融创新提供各种支持。

（二）舟山海洋产业投资基金的发展设想

在海洋产业投资基金的设立上，鉴于海洋产业投资基金设立、运作是一项艰巨复杂的创新性工作，工作量大、协调面广、法律和政策性强，有着严格的标准和程序，需要国家发改委备案。建议市政府指定市金融办牵头，联合发改、国资、财政等部门，组织成立基金筹备领导小组和工作办公室，形成基金筹备的正式组织机构，共同推动此项工作，研究制定基金成立方案（包括基金规模、基金模式、管理体制、基金募集、基金投向等内容）和产业优惠政策。建议利用好舟山海洋综合开发投资有限公司、舟山交通投资集团有限公司等相关平台，或联合浙江、上海等有实力的投资公司，将其作为基金发起人，实施基金发起设立工作，负责项目准备，落实基金储备项目，统一制作基金募集文件，统一对外进行投资者协调沟通，统一开展基金募集工作。

在基金管理公司中的股权结构上，尽可能发挥国资、民资、甚至外资等多方参与的"复合功能"，采取政府推动、市场运营方式，更好、更多地吸引社会资本服务新区发展，降低政府融资负债率。舟山相关平台公司作为基金的发起人之一，在基金管理公司中占据第一大股东地位，但又不绝对控股，从而既有利于承担责任，引领产业，又符合市场规律，能够有效规避风险。公司本身不参与基金的日常管理和运营，只设立股东会和董事会，由基金管理公司进行专业运营和管理。适时安排资金为平台公司进行增资，专项投资于舟山海洋产业投资基金，壮大基金规模，促进国有资本更好地发挥引领、带动作用，使政府引导资金起到有效的杠杆撬动效应和催化剂作用，吸引更多社会资本参与海洋产业投资基金，促进融资结构均衡发展。

在海洋产业投资基金的运作上，封闭式"母基金"的运作，能够有效扩大融资规模、放大杠杆功能。通过一定的比例，除一部分直接用于投资项目外，将其中一部分资金，根据不同的地域、产业、项目，发起设立多个产业子基金。根据专家测算，产业投资基金对资本的放大效应能够达到 10—20 倍。从舟山海洋产业投资基金中拿出部分资金，吸引更大规模的社会资金设立船舶产业投资基金、海洋高科技风险投资基金、海洋装备制造产业基金等，用足用好国家鼓励政策，通过股权投资，并购、整合 1—2 家海工企业，切入海洋装备制造产业，瞄准高端海工产品研发、储备、突破，打破发达国家对高端海工制造领域的垄断。鼓励支持基金的市场化运作，真正把舟山海洋产业投资基金打造成产业投资基金的标杆，实现经济效益、生态效益和社会效益的同步提升，在新区建设中发挥出应有的作用。

在海洋产业投资基金的规模上，根据新区建设实际和项目储备情况，结合国内涉海产业投资基金的规模，建议 100 亿—200 亿元人民币较为适宜。首期募集资金规模根据现阶段的项目特别是优质项目储备情况确定。海洋产业投资基金还通过对具有上市前景的项目进行上市发行，实现资金回收，其他阶段性持有项目通过股份转让及回售实现资金回收，建立畅通的资金流转通道，提高资金使用效率，实现基金的快速发展。

二、舟山海洋产业投资基金发展值得关注的问题

舟山海洋产业投资基金的设立正逢其时，发展机遇难得。但同时，我市海洋产业投资基金的发展中人才、政策、氛围等相对处于弱势，需要在先行先试的基础上进一步发扬两创四敢精神，取得突破。

（一）高端复合型金融人才匮乏

当前，我市的金融人才总体上呈现"五多五少"的结构性问题。一是一般性人才多，高层次人才少；二是操作性人才多，创新型人才少；三是单一领域或行业人才多，满足金融综合经营的复合型人才少；四是营销人才多，研究开发和风险管理人才少；五是熟悉本地市场的金融人才多，精通国内外金融市场的人才少。金融创新和金融发展都需要由金融人才去完成，金融人才的引进和培养是金融支持配套体系中重要一环。在舟山海洋产业投资基金的设立、发展过程中，亟须一大批高端复合型的金融人才支撑。

（二）争取基金设立协调难度大

与其他涉海产业投资基金的设立不同，蓝色经济区产业投资基金、宁波海洋产业投资基金、河北省沿海开发产业投资基金都是由省级部门或计划单列市牵头，层级相对较高。如蓝色经济区产业投资基金在批复设立的过程中，就是由山东省发改委牵头，具体操作中得到国家和山东省委、省政府的大力支持。2011 年 1 月 4 日，国务院以国函〔2011〕1 号文件正式批复《山东半岛蓝色经济区发展规划》，明确提出"通过市场化运作，设立蓝色经济区产业投资基金"。2011 年山东省政府工作报告中进一步指出，要"认真落实《山东半岛蓝色经济区发展规划》，争取国家核准设立蓝色经济区产业投资基金，带动社会资金积极参与蓝色经济区建设"。2011 年 5 月 31 日，山东省委、省政府出台《关于贯彻落实〈山东半岛蓝色经济区发展规划〉的实施意见》指出，"要争取国家尽快批准设立蓝色经济区产业投资基金，培育壮大山东海洋投资有限公司等区域融资平台"。正是在国家和省的大力支持下，蓝色经济区产业投资基金才能从 2011 年 4 月 1 日上报申请，到 9 月 29 日获批筹建，再到 12 月 31 日基金管理公司组建方案获得批复，短短 9 个月时间，创造了产业投资基金设立的"蓝色速度"。而舟山作为一个地级市，在基金设立的过程中，既无相关文件明确支持，又不及其他省市在基金设立过程中起点高，要在较快的时间内成立并顺利运作难度可想而知。

（三）地方金融实力相对较弱影响海洋产业投资基金的发展

舟山群岛新区传统金融实力相对周边的上海、杭州、宁波等城市较为薄弱，民间金融实力更无法和温州、台州等地比较。同时，金融机构体系尚不完

善，本土城市商业银行尚未建立，本地法人金融机构规模不大，信托、融资租赁企业、农村商业银行等尚处空白。金融总量规模小，金融服务增加值占GDP的比重远落后于杭州、宁波等地。海洋产业投资基金的发展与当地金融业的规模及成熟度息息相关，海洋产业投资基金是发展海洋经济的一个有效的"金融助推器"，它募集民企以及金融机构、投资者等众多资金，投向海洋及相关产业，为舟山发展海洋经济提供全面专业的金融服务，但我市金融市场的总体规模不大，市场相对不成熟，在一定程度上制约着海洋产业投资基金的进一步发展。

(四)海洋产业投资基金设立定位难

海洋产业投资基金运作的出路在于市场化。但从国内来看，一些产业投资基金运作管理上仍存在政府干预过多，政府习惯把产业投资基金作为调整本地区产业导向的工具，造成社会资金不愿参与；或者完全市场化后，产业投资基金监管主体的约束力被稀释，政府成为"被引导"的对象，把产业投资基金用作纯粹获利的资金。海洋产业投资基金的运行没有政府的支持和引导很难在激烈的市场竞争中生存。在较为成熟的产业投资基金发起和融资方式下，顺畅的进入通道、便利的退出机制、合理的风险收益比例，三方面必不可少。其中的各项环节离不开政府的支持与保障，也离不开政府合理的规划与必要的宏观调控。因此，我市海洋产业投资基金的运作、管理过程中对于政府的职能、作用应当进一步明确，而不能以混同的角色来处理产业投资基金运行的各类问题。

(五)海洋产业投资基金投向平衡难

目前的产业投资基金大多数是按照地域划分的，其目的基本是为了支持当地经济的发展，这在很大程度上制约了产业投资基金对投资对象的选择，也制约了其持续发展的能力，产业投资基金由地域型转化为行业型是产业投资基金的发展趋势。舟山海洋产业投资基金在设立及今后的发展中也不可避免地碰到这方面的问题，从国内运作较为成功的产业投资基金来看，淡化区域投资色彩，强化市场化运作模式，合理设计的商业赢利模式是基金运作较为成功的法宝。所以如何平衡好支持新区建设和项目选择对于基金管理公司而言是一个需要及早予以关注的问题。

三、对发展舟山海洋产业投资基金的几点建议

(一)上下联动加快推进舟山海洋产业投资基金设立工作

设立舟山海洋产业投资基金事关新区建设大局，要切实获得国家部委和省委、省政府的理解和支持，在有关的重要规划中，明确提出设立舟山海洋产

业投资基金思路，明确省级相关部门的工作责任，在优质项目储备、资深基金管理公司的引进以及实力强、信誉好、社会影响力大的股东进入等方面给予大力引荐和支持。按照按资本放大效应 10—20 倍辐射效应来看，舟山海洋产业投资基金的设立和发展将有力推动浙江海洋经济发展示范区的建设。作为市级相关部门也要在基金的设立、发展过程中不断跟进，讲究方式方法，协力推进基金设立的各项工作。

(二)强化政策创造股权投资机构集聚环境

借助新区的东风，坚持引进与培育并举、硬件与软件并重，努力创造适合股权投资机构发展的优质环境。以更加优惠的政策吸引市场化股权投资机构在新区注册发展，对于国内外知名的优质投资机构入驻新区的，政府应从多方面予以奖励和补助。要探索和鼓励社保基金、银行资金、保险资金、信托资金、境内外合格机构投资者和成熟个人投资者支持新区股权投资基金业的发展。依托新城中央商务区等发展载体，着力引进培育一批会计、证券、法律等一系列配套服务机构，切实优化提升新区的金融支撑能力。

(三)千方百计引进和培养高级金融人才

人才是舟山海洋产业投资基金设立、运营的关键因素。金融人才的引进和培养既要掌握扎实的理论基础，又能理解和把握国内外经济和金融体系现状，更要认清群岛新区金融建设的实际和发展思路，具有较宽阔的视野。在基金筹办过程中，就应考虑面向国际，吸引一批国际一流的金融人才，引进国际金融机构的经营管理经验。新区要长期留住金融人才，防止人才外流，还要大力改善金融人才的职业发展环境。在深圳特区、浦东新区和天津滨海新区，都出台了多项引进和留住金融人才的优惠政策措施。对高级金融人才的扶持从现金补贴、税收优惠、提供住房到子女教育等问题，都采取了相应的解决方案。我们可借鉴它们的做法，在多方面为金融人才解决后顾之忧，提供施展抱负的平台。

(四)想方设法促进投融资公司科学治理加快发展

以资本运作为手段，有效整合各种资源，做到土地收益集中、融资平台集中、政府财力集中，着力打造运转高效的投融资平台，逐步建立健全决策科学、运作规范、监管严格的投融资管理体制，逐步形成政府引导、市场运作、社会参与的多元化投融资格局。建议进一步整合海投、交投、港投、城投、旅投公司和特定目的公司等投融资平台资源，坚持科学治理、依法运营和防范风险，建设一批能够间接融资和直接融资、有现金流和净收益的公司，争取实力强、资质好的公司上市，为进一步壮大海洋产业投资基金规模打下坚实基础。

（五）着力加强对舟山海洋产业投资基金的投资引导和政策扶持

项目是基金投资的落脚点。抓紧编制《舟山群岛新区产业投资项目指导目录》，引导产业投资基金把更多的资金投向新区建设。根据新区不同时期的建设重点和企业的实际需要，搞好各类优质项目资源与产业投资基金的对接。制订新的鼓励产业投资基金发展的扶持政策。设立舟山群岛新区重点产业投资专项扶持基金，与商业化运作的产业投资基金管理公司匹配投资。加强对我市产权交易市场的引导和管理，发挥其为产业投资项目融资和退出的渠道作用。

（六）共同推进海洋产业投资基金和新区建设融合发展

作为专注于海洋经济的舟山海洋产业投资基金，无疑将对新区建设产生积极而强劲的推动作用，而在这一过程中，舟山海洋产业投资基金的理念、定位、模式、运作以及责任、前景等，都从客观上影响着基金发展的绩效。如何实现基金自身和新区更好地融合发展，就需要在以下几个方面做出努力。首先，产业投资基金是因产业而生、为产业服务的金融产品，必须投向实体经济，必须以国家产业政策和新区实际为导向，根据自身优势和产业不同发展阶段的价值，培育、形成、壮大产业链，实现全产业链价值最大化。其次，必须坚持市场化的运营机制。作为立足新区的基金，投身新区建设，推动新区发展责无旁贷，这是其存在的根本价值。但同时，基金的发展也要以市场化为原则，在立足新区的同时，辐射浙江，面向国内外，这是基金发展壮大的根本。第三，作为海洋产业投资基金的主发起人一定要对海洋产业投资基金有深刻理解，要有市场化运作的战略构思、专业化的设立方案、敢为人先的责任担当和执著、扎实的工作态度。第四，加强与沪、杭、甬等周边城市合作。逐步建立和完善沪杭甬等周边城市在人才、金融、信息、教育、科研等方面的合作和对接，促进新兴产业的加快形成和发展，实现新区与周边城市在各领域的资源共享和互联互通，弥补新区建设初期在相关领域的劣势，为海洋产业投资基金的发展集聚更多的有利要素。

台州小微工业企业现状及配套政策研究

小微工业企业的兴衰成败直接关系着台州工业经济的走向。小微工业企业有着自身积累的独特优势，但目前也遭遇了前所未有的发展困境，而政府在小企业成长过程中的扶持作用至关重要。本文对当前台州小微工业企业现状、所处的市场和政策环境进行梳理，在借鉴发达地区经验的基础上，提出加快小微企业发展的政策建议。

小企业有着“船小好调头”的明显优势，近年来，受长期积累的结构性因素和外部经济环境恶化的影响，小企业遭遇了前所未有的发展困境，因此成为业界关注和研究的焦点。

一、台州小微工业企业特点

台州小微工业企业起步早，发展快，积累深厚。2011 年，全市小微企业和个体工业占全市工业单位数的 99.5%，小微工业企业增加值约占全部工业增加值的 67%，占生产总值的 30%，小微工业企业直接吸纳约 23.6%的产业从业人员。其主要特点有，以民营私营为主要组织形式，主要从事配套产品的生产供应，传统装备制造产业相对发达，经济外向度高，产业结构以劳动密集型为主，劳动生产率较低，科研技术和骨干人才不足，生产模仿能力较强，缺乏较有影响力的品牌。

（一）主要优势

1. 传统产业体系较为完整，产品配套能力强。从 20 世纪 90 年代发展到现在，台州市的传统支柱产业已经较为完整成熟，特别是在产品配套和产业链构建方面具有独特竞争优势，基本具备了产业集群的条件。2011 年台州市 500 万元及以上工业企业中，汽车整车制造企业 6 家，汽车零配件生产企业 585 家，摩托车整车制造企业 16 家，摩托车零配件生产企业 166 家。台州市几个支柱行业大部分零部件都能够就近实现配套，上下游产品市场联系紧密，构建了完整的产业链条。重点调查显示①，63.2%的被调查企业是为国内企业实

① 此处调查数据即前言中所指的小微企业发展状况问卷调查所取得的成果，此处计算的百分比是与有效问卷总数相比，而不是与全部企业数相比，下同。

施配套的，其中 29.1%的企业是为台州本地企业配套的。

2.企业创业时间久，资本积累较深厚。台州市有超过 70%的被调查企业创立时间在 5 年以上，说明小微企业的生存期较长，这在很大程度上是得益于台州市经济和资本的积累较为雄厚。2011 年台州市民间投资占固定资产投资额的 67.7%，2012 年 1—10 月这一比重达到 71.7%。据市人民银行调查，2011 年底台州市社会融资规模约 1650 亿元，约为当年度银行贷款规模的一半。调查显示，超过 20%的被调查企业目前全部依靠自有资金经营企业。

3.组织架构简单，转型的潜在效率较高。2008 年台州市小型工业企业中，私人控股企业单位数占 96.4%，工业总产值占 89.8%，从业人员占 93%，民营、私营经济是台州市小微工业企业的基本组织形式。台州市绝大部分小企业的组织架构都较为简单，到今天为止，众多小企业的老板仍然是企业唯一的决策者和管理者，有些甚至又担当着生产者和销售者的角色。调查显示，仅 10.4%的被调查企业聘请了职业经理人，而且其中部分职业经理人无法融入企业家族环境，企业的多数战略决策还是由企业主决定。47.2%的被调查企业认为现行管理模式有利于企业的发展，想要继续保持这一管理模式。相对于组织分层严密的企业来说，小企业转型的潜在效率较高。

4.企业投资合理，基础较为扎实。一是坚守本业。“小而精”“小而专”“小而强”是小企业发展壮大的必然之路。调查显示，台州市 92.9%的被调查企业始终在某个工业领域专守本业，4.7%的企业投资工业领域多项业务活动，仅 1.2%的企业有涉及房地产业。

（二）主要劣势

1.产品低端化明显，产业层次不高。调查显示，22.7%的被调查企业为国外品牌贴牌加工，而很多小微企业只是按照配套企业的样本生产指定零件，甚至没有争取贴牌的能力，更多的是作为一个“加工基地”的形式而存在，25.1%的被调查企业明确表示企业主要从事模仿作业。总体而言，台州市小微工业企业的产业层次普遍不高，产品低端化、竞争力较弱。

2.技术研发投入不足，人才较为缺乏。一是技术研发能力和投入不足。2011 年全市 500 万元及以上工业企业中，小型企业科技活动经费支出占主营业务收入的 0.8%，而大中型企业为 1.5%。二是小企业人才比较缺乏。专业的职业经理人队伍难以培养，企业高层管理人才不足，企业管理机制优化难。

3.各项成本高企，盈利水平低下。主要是用工成本高涨、税费负担较重、融资成本高等老问题依然存在。

4.多重因素制约，发展困境明显。空间上用地不足情况突出。调查显示，近30%的被调查企业租用厂房，39%的企业拥有10亩以下建设用地，23.9%的被调查企业表示需要新增用地但得不到解决。

二、当前小微企业所处的市场和政策环境综述

(一)小微企业市场环境

1.市场机制不够健全。资源和行业垄断现象突出，小企业与大企业之间的竞争存在明显的不平等性。部分行业进入门槛过高，审批环节多而繁琐；要素市场发育不完善，资源要素供给、公共服务品价格的市场形成机制尚未确立；在环境污染等问题上负外部性效应[①]突出；地区封锁、部门分割、垄断寡占等现象大量存在，市场竞争不充分；流通成本过高，社会化服务水平与中小企业实际需求之间存在较大差距，小企业面临的体制机制障碍不少。

2.市场交易形势恶化。一方面，台州市经济外向度较高，全球金融危机以后，国际市场需求持续低迷，外贸壁垒不断增多，外贸风险不断提高。调查显示，对2009—2011年企业市场形势变化的评价中，78.7%的被调查企业表示出口订单减少，或是配套企业对产品要求越来越高，订单难接，或是订单变化虽不大，但交易风险加大。另一方面，内销市场秩序较为混乱，特别是货款拖欠现象比较严重，使得企业资金周转速度减慢，成本上升。调查显示，48.8%的被调查企业表示产品销售后要在1—3个月之内才能收到货款，24%的企业收款时间超过3个月以上，而38.4%的企业表示原材料款项须货到即付。

3.市场前景仍然广阔。目前全球经济处于危机以后二次探底的深度调整时期，我国仍处在大建设大发展时期，台州市自身处于工业化中期阶段，产业积淀较深，前景仍然广阔。一是人口持续增加，市场消费群体随之扩大；二是城市化快速推进着生活的精细化，科技在生活中的运用越来越广泛，为企业提供了巨大的细分市场；三是80后、90后将成为市场消费的主力军，其超前消费理念会使整个社会的消费能力迅速提高。四是电子商务会促使销售模式革新，2011年台州市规模以上小型企业电子商务销售金额仅占营业收入的4.3%，电子商务发展空间巨大。调查显示，仅2.1%的被调查企业认为目前从事的行业没有发展空间或者形势不清晰。

---

① 负外部性是指一个人或企业的行为影响了他人或企业，使之支付了额外的成本费用，但又无法获得相应补偿的现象。

（二）小微企业扶持政策环境

1. 扶持政策涉及面广[①]。一是从国家层面看。从 2003 年《中小企业促进法》《政府采购法》，2005 年《关于鼓励和引导个体私营等非公有制经济发展的若干意见》《科技型中小企业技术创新基金项目管理暂行办法》，2008 年《反垄断法》，2009 年《促进中小企业发展若干意见》，2010 年《中小企业国际市场开拓资金管理办法》《中小企业信用担保资金管理暂行办法》，2011 年《"十二五"中小企业成长规划》《改进小企业金融服务的通知》，到 2012 年《关于进一步支持小型微型企业健康发展的意见》，我国实施了一系列政策着力减轻企业负担，扶持小企业发展。历年来还实施了中小企业技术创新工程，政府牵头设立了一系列为中小企业技术创新服务的机构，包括高新技术产业开发区、生产力促进中心、企业孵化器、大学科技园区等。二是从省市层面看。浙江省近年来主要是对国家的系列小微企业扶持政策出台了配套的实施细则和资金管理办法，并在小企业贷款、小额贷款、信用担保风险补偿资金、出口信用保险支持、小企业创新和培育等方面出台了相应的支持政策。台州市的配套政策主要着力点在于推进民营机制配套改革、促进工业经济平稳健康发展、扶强龙头骨干企业、促进企业上市、培育新兴产业以及奖励鼓励外贸增长等方面。

2. 政策效果并不理想。一是法治环境不尽如人意。中小企业法律过于笼统，实践性不强。2009 年浙江省政府门户网站推出的中小企业法治环境网上调查反映，选民对于"您认为当前中小企业法治环境如何"给出"不好"评价的占 46.02%[②]。二是小企业贷款难求。2011 年台州市小微工业企业贷款余额占全部金融机构贷款余额的 13.6%，这一比例远低于小微工业企业的经济社会贡献度。据全国工商联统计，2009 年底前上市的 327 家中小板公司和在创业板上市的 36 家企业中没有一家小企业[③]，问卷调查显示台州市小微企业没有直接融资。三是对小企业扶持不明显。在市场准入方面政策的"玻璃门"现象突出，小企业在我国整体经济体系中始终处于从属地位。现行扶持政策基本以龙头骨干企业等少数企业受惠为多，许多小企业甚至不知道这样的政策。技术研发的补贴优惠倾向不明显，专项资金应用程度不高。据有关部门反映，

① 根据有关研究文章、台州市市经信委、商务局提供的资料和互联网搜集的资料整理。

② 姒依萍：《中小企业政策创新研究——以浙江应对金融危机为个案》《青海社会科学》，2010.3。

③ 全国工商联：关于改变证券市场中小板"大多、中少、小无"不合理格局的提案 http://www.ce.cn。

当前台州市支持企业技术研发创新的专项资金额度太小难以分配，企业真正拿到手的补贴额很少，资金作用不大。四是政策惠及面有限。税收优惠政策效果不明显，优惠形式单一，政策执行力不足。调查显示，对于当前国家和地方政府对小微企业实施的各项扶持政策措施效果的反馈，60.4%的被调查企业表示知道政策但未享受过优惠，15.9%的企业根本不知道这些政策或者不完全知道，17.5%的企业享受过政策优惠但认为对企业发展没有明显帮助。在税收、融资、技术研发、人才引进、市场开拓、用地保障等方面政策的选择中，74.4%的被调查企业希望政府出台税收优惠政策。

三、关于中小企业成长政策的相应研究及经验借鉴

(一)美国、日本成功的中小企业政策经验

1.美国。政府认为中小企业是美国经济的“火车头”，长期一贯致力于为中小企业发展提供保障和帮助。一是给予充分的法律保护。从实施《反垄断法》规范市场秩序，到《中小企业法》《小企业投资法》《机会均等法》等为中小企业发展创造便利条件，保证中小企业获得公平发展机会，再到20世纪80年代末开始实施《小企业技术创新开发法》等鼓励和促进中小企业创新，增强了中小企业活力。二是为小企业提供良好服务。美国政府较早设立小企业管理局，为小企业提供各种咨询、帮助等综合性服务。以2008年为例，小企业顾问团就及时为1200家小公司提供数据和信息以解决实际问题，因此为小公司节约了105亿美元和约396万工作小时数①。三是有效解决融资难题。政府向一部分优质、有困难的企业直接发放政策性贷款，包括一般性贷款、特殊性贷款和创新研究贷款。政府还建立全国性、地方性和社区性的多层次信用担保体系为小企业向金融机构贷款提供担保，同时积极发展风险投资和二板股票市场给小企业开辟直接融资渠道。四是大力引导技术创新。一方面，为小企业技术创新提供财政专项补贴、税收扶持等资金支持，另一方面，政府构建了一个多层次的技术创新服务体系，以小企业孵化器等非营利的社会中介组织为平台，为具有市场前景和经营价值的项目提供研发服务。

2.日本。日本被誉为“中小企业”之国，以政府主导型的中小企业政策支持为特点。一是政府建立了专门的金融机构即政策性金融公库系统，由政府出资，对中小企业提供长期低息贷款，建立中小企业信用保证协会，保障中小企业顺利融资，同时建立风险投资支持体系专门扶持高技术中小企业。二是

---

① 课题组:《全球化竞争下我国创新型中小企业发展的挑战和对策》《科学发展》2010.2。

中小企业法律法规支持系统起步于二战以后并迅速形成，从保护、支持再到促进 3 个阶段，根据经济发展阶段适时调整扶持重心。三是建立以税收减免优惠、加速折旧和财政补贴等为主的财政政策支持体系，降低中小企业税率，对开发新产品新技术实行补助金制度，财政资金直接参与中小企业债权融资。四是建立技术顾问制度，在全国设立 200 多个公立试验机构，对中小企业技术开发进行指导，在中小企业实验研究费用上给予税收优惠，调动小企业开展实验研究的积极性①。

(二)美国、日本经验对我们的启示

1. 美日经验给出的启示。从以上政策经验可以看出，小企业政策支持体系要取得实效。一是小企业在整个经济体系中起主要作用，政府充分重视小企业。二是政策支持要根据经济发展的阶段特征进行适时调整，要切合总体发展趋势。三是要为小企业提供真正的优惠，要减轻小企业负担，维护小企业平等参与市场竞争的权利。四是要在小企业自身难以克服的几个方面施以强大的援手。融资问题上要降低小企业融资难度和风险，积极发展直接融资，拓宽融资渠道；技术创新上要引导、鼓励并支持小企业开展实验、研发和创新，要建立强大的社会支持体系，为小企业提供信息咨询，推动小企业开展技术创新。

2. 反观我国小企业政策。一是从 2002 年开始才进入积极鼓励和大力扶持的阶段，可见发展时间短。二是往往遇到一个问题才出台一条措施，政策的制定缺乏系统性和配套性，不同部门出台的有些政策甚至相互冲突，难以执行。三是执行的效果不理想，许多政策没有切合小企业发展实际，特别是税收优惠政策往往都规定了一定的实施期限，对小企业的实际帮助并不大。四是在超越小企业自身能力的融资和技术创新投入等方面缺乏强有力的扶持政策。

课题负责人　曹桂芝
课题组成员　黄贤政　王泮洒　乔　洁
陈正茶　丁倩倩　林　晗
陈雨希
执　笔　人　陈正茶

① 李丹《我国中小企业政策支持体系研究》天津财经大学，硕士研究生论文。

丽水市经济发展与能源消费的思考

人类社会进入工业化时代以后，能源开始广泛而深刻地影响着人们的生活和社会的发展。长期以来，经济的增长同能源消费之间有着密切的关系。能源消费与经济增长相互促进，彼此制约。一方面，能源是经济增长的主要动力，对经济增长有拉动作用，另一方面，经济的增长又影响着能源的消费。当前丽水面临着提升区域经济地位、建设工业发展大平台和统筹区域协调发展的大好机遇，正确处理经济增长与能源消费之间的关系成为可持续发展的关键。本文就如何正确处理丽水经济增长与能源消费之间的关系进行粗浅的分析，以供参考。

一、丽水经济增长与能源消费发展的现状

(一)经济总量提升带动能源消费总量增长

从某种程度上讲，一个城市的能源消费总量决定着这个城市的竞争力和可持续发展能力。近年来，丽水经济持续快速发展，经济总量不断扩大，工业经济加速发展，相应地能源需求量也在上升。总体上看，能源的增长速度低于经济总量的增长速度。2006—2011 年间，全市生产总值(GDP)年均增长12.5%，高于能源消费总量增速(7.3%)6.8 个百分点。

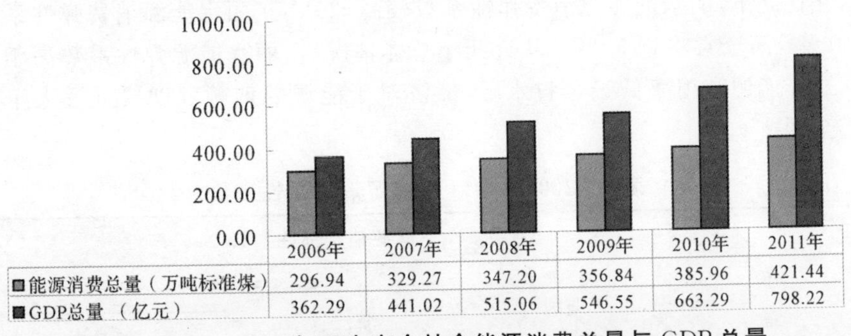

图 1　2006—2011 年丽水市全社会能源消费总量与 GDP 总量

(二)经济发展带动人均能源消费水平持续上升

人均能源消费量是指一个国家(或区域)人均生产、生活所消费的能源数

量。在工业化的发展过程中，人类生产、生活对能源的依赖程度越来越高，所以人均能源消费量是一个进程指标。目前，各国的能源消费模式可分为高度耗能型、一般耗能型和节能型三种。丽水目前总体人均能源消费量低于全省水平，但由于正处于工业化、城市化发展的加速时期，随着经济、社会的快速发展，能源消费量不断上升是总的趋势。2006—2011 年间，丽水人均能源消费量从 1.30 吨标准煤/人上升到 1.99 吨标准煤/人，总体呈上升趋势，并且在不断加速。

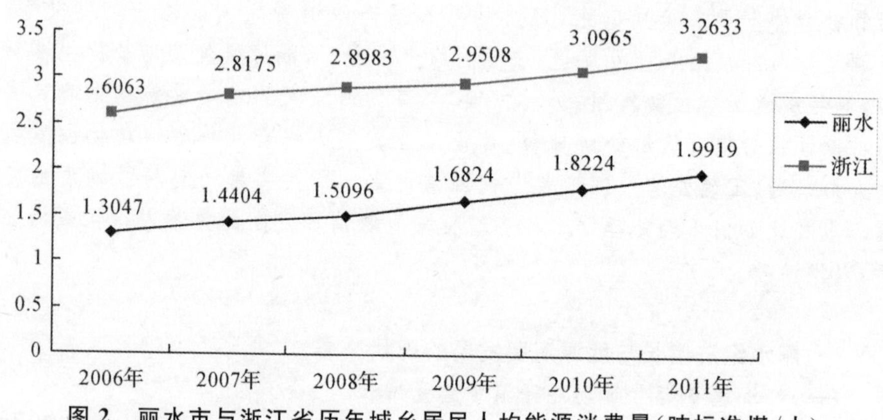

图 2　丽水市与浙江省历年城乡居民人均能源消费量(吨标准煤/人)

(三)经济发展引起能源消费弹性系数不断波动

能源消费弹性系数是指能源消费增长速度与 GDP 增长速度的比值，世界各国由于经济发展水平与所处工业化阶段不同，能源弹性系数出现起伏，但总的趋势是逐渐下降。目前浙江省能源消费弹性系数总体在 0.6 左右的水平上，相比之下，丽水的能源消费弹性系数较高，2011 年丽水能源消费弹性系数为 0.80，高全省将近 30%。从近几年总体情况看，丽水能源弹性系数高于浙江，总体能源利用率低于全省水平，经济对于能源的依赖程度要远远大于全省、全国。

表 1　2006—2011 年能源消费弹性系数

年份	能源消费弹性系数		
	全国	浙江省	丽水市
2006	0.76	0.71	0.96
2007	0.59	0.67	0.70

续表

年份	能源消费弹性系数		
	全国	浙江省	丽水市
2008	0.41	0.40	0.46
2009	0.57	0.34	0.26
2010	0.58	0.70	0.63
2011	0.76	0.63	0.80

(四)经济增长影响能源消费强度发生变化

能源消费强度是指生产单位GDP所投入的能源量。能源消费强度变化与工业化进程密切相关。随着经济的增长,工业化阶段初期和中期能源消费一般呈缓慢上升趋势,当经济发展进入后工业化阶段后,经济增长方式发生重大改变,能源消费强度开始下降。丽水在浙江属于经济欠发达地区,工业起步较晚,基础薄弱,能源基数偏低,基期能源消费总量和单位GDP能耗处于一个较低的水平。2006年,全市单位GDP能耗为0.82吨标准煤/万元,低于全国(1.21吨标准煤/万元)、全省(0.86吨标准煤/万元)的水平,低水平的基数与工业化的快速发展,客观上加重了节能降耗与经济发展之间的矛盾。近年来,在发展工业的同时,丽水市委市政府致力于节能降耗工作,不断淘汰落后产能,推广清洁生产,引进高科技产业、产品。通过一系列的努力,实现了在能源消耗总量不断攀升的困境下单位GDP能耗的逐步下降,能源利用水平进一步提高。

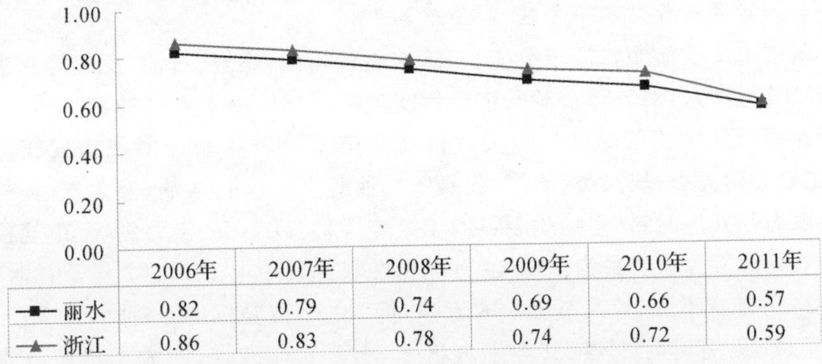

	2006年	2007年	2008年	2009年	2010年	2011年
丽水	0.82	0.79	0.74	0.69	0.66	0.57
浙江	0.86	0.83	0.78	0.74	0.72	0.59

图3 丽水市各年单位GDP能耗(吨标准煤/万元)

注:2006—2010年GDP使用2005价,2011年GDP使用2010价。

二、丽水经济发展与能源消费中应当引起关注的问题

(一)二产比重提高,带动能源消费量上升

根据美国经济学家西蒙·库兹涅茨等人的研究成果,工业化时期往往是产业结构变动最迅速的时期。丽水正处于工业化中期,从"十一五"的产业结构调整情况看,第一产业年均下降1个百分点左右,第三产业基本与基期持平,而第二产业年均增加1个百分点左右。由于不同产业能源消耗水平的不同,三次产业结构的调整直接影响能源消费水平的变化。2006年丽水三次产业的万元增加值能耗分别为0.24、1.23、0.30吨标准煤。假定保持2006年三次产业增加值能耗水平基数,生活消费能源不变,2010年丽水三次产业结构为9.5∶49.5∶41.0,通过间接节能的计算发现,"十一五"期间,丽水产业结构的调整引起能源消费总量增加20.62万吨标准煤,其中二产比重的增加直接导致25.92万吨标准煤的增加。

表2 "十一五"时期丽水三次产业比重表(%)

年份	增加值占比			能源消费占比		
	第一产业	第二产业	第三产业	第一产业	第二产业	第三产业
2006	12.4	45.9	41.7	3.6	69.8	14.8
2007	11.4	47.3	41.2	3.3	69.7	15.1
2008	10.8	49.3	40.0	3.2	70.0	14.8
2009	10.7	47.8	41.5	3.2	69.8	15.9
2010	9.5	49.5	41.0	3.1	69.0	17.6

(二)能源消费结构不合理,亟待改善

丽水市一次能源资源十分匮乏,除水电外,目前煤炭、石油、燃气等几乎全部依靠外地调入,对外部资源的依赖程度较高,同时,由于水电的特殊性,电力安全保障对外界的依赖性也较大。目前全市工业企业能源消费构成较为简单,主要为四大类:煤炭类(原煤、焦炭等)、油气类(汽油、柴油、液化气、天然气等)、电力和其他燃料(生物质废料用于燃烧等)。以2011年为例,全市规模以上工业综合能源消费量为200.39万吨标准煤。其中电力37.62亿千瓦时,折119.24万吨标准煤;煤炭类80.56万吨,折58.29万吨标准煤;油气类7.71万吨,折17.05万吨标准煤;其他燃料折5.81万吨标准煤,四大类占比分别为59.5%、29.1%、8.5%和2.9%,对电力、煤炭的依赖性较为明显。随着能源需求的持续增长和新能源资源开发利用水平的快速提高,以往让我们忽视的核

能、天然气、生物质能、风能、太阳能、地热能等清洁能源的开发利用已引起世界各国的普遍重视，开发利用水平不断提高。从各种资料显示，丽水在生物质能、风能、太阳能、地热能等资源的开发，天然气资源的利用，分布式能源建设等方面完全有条件取得比较大的突破。但迄今为止，丽水在这方面的工作仍处于起步阶段，与国内发达地区甚至我国西北地区等仍存在相当大的差距。

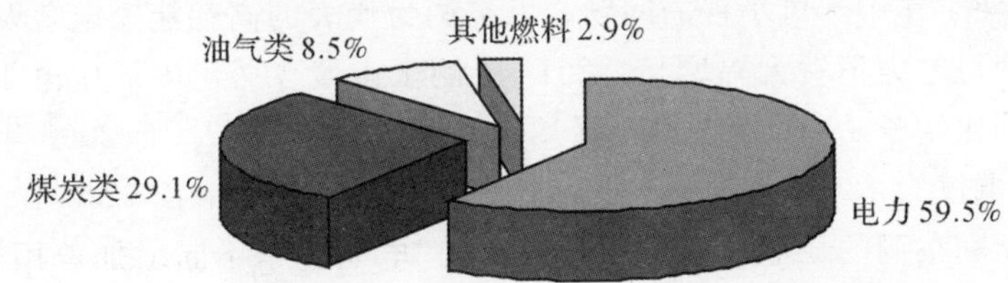

图 4　2011 年丽水市规模以上工业能源消费构成图

（三）重工化加速，能耗水平下降速度趋慢

2000 年以来，丽水工业逐步进入到工业化中期发展阶段，以黑色金属冶炼及压延加工业、金属制品业、塑料制品业等为重点的重工业高速发展，并逐渐占据主导地位。全市重工业比重已由 2000 年的 41.4%上升到 2011 年的 64.2%，重工业用电量占工业用电量的比重也由 2000 年的 72.6%上升到 2011 年 77.9%。“十一五”初期，全市单位工业产值电耗为 474 千瓦时/万元，其中轻、重工业单位产值电耗分别为 215 千瓦时/万元和 644 千瓦时/万元，重工业单位产值电耗将近为轻工业的 3 倍。经过 4 年的发展，重工业单位电耗有较为明显的下降，轻工业与基期持平，重工业单位产值电耗仍明显高于轻工业。“十一五”末，全市轻、重工业单位产值电耗分别为 215 千瓦时/万元和 350 千瓦时/万元，重工业单位产值电耗为轻工业的 1.6 倍。由此可见，重工业的快速发展对于能耗的增长有着直接的影响。

（四）基数小，节能潜力和空间有限

“十一五”末，丽水能源消费总量为 385.96 万吨标准煤，仅占全省总量 2%左右，万元 GDP 综合能耗 0.66 吨标煤，低于全省 0.72 吨标准煤/万元的水平，在全省 11 个市中处于第 9 位，仅比温州、台州略高。在艰难完成“十一五”单位 GDP 能耗下降 20%的目标任务后，丽水的发展又迎来了下一个挑战“十二五”五年规划，省政府下达的“十二五”节能目标任务是：单位 GDP 能耗下降 15%，年均下降 3.2%。丽水经济发展处于全省落后水平，正处于工业化发展加速期，随着经济的快速发展，能源消费量不断上升是总的趋势，发展与节能降耗之间的矛盾日益突出，而总体能源消费水平相对较低、总量严重偏小这一现状使得节能降耗可挖掘的潜力和空间非常有限，对丽水的节能降耗任务的完成形成较大的压力。

(五)生活水平提高，城乡居民生活用能上升

近几年，随着城乡居民生活水平的提高，生活用能呈现刚性增长的态势，与2000年相比，城乡居民电力、汽油、柴油、液化气等能源消费持续上升，已成为节能降耗工作中不可小视的问题。以空调为代表的高耗能家电普及程度越来越高，使得电力消费大幅增长。2011年丽水市城乡居民生活用电10.39亿千瓦时，同比增长13.0%，人均生活用电为491千瓦时/人，而2000年全市人均生活用电仅为130千瓦时，11年间增长277.7%，年均增长12.8%。每到夏季，居民家庭空调的耗电量就像一只巨大的"电老虎"，不断增加着用电负载，加剧了整个社会电力供应紧张的局面；同时随着扩大内需一系列政策措施的出台，"家电下乡""以旧换新"等将带来新一轮居民用电的高潮。随着汽车拥有量的快速增长，车用能源增长较快，俨然已成为居民家庭重要的消费项目。据市车辆管理部门统计：2011年全市民用汽车拥有量已达到167513辆，是2000年的9.38倍，年均增幅达22.6%；每百户城镇居民家庭拥有汽车20.5辆，而2000年此数据几乎为0。

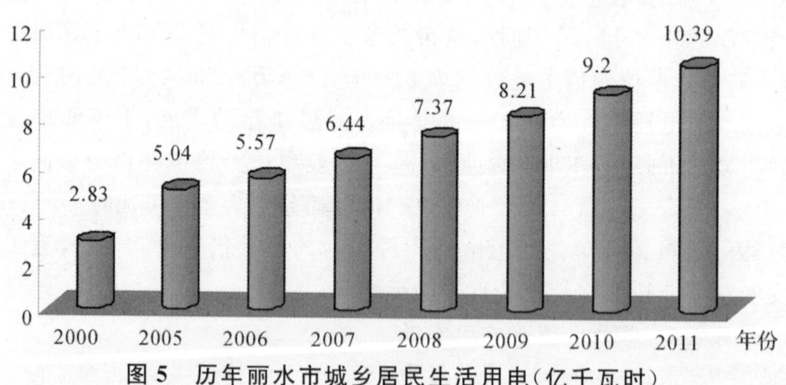

图5　历年丽水市城乡居民生活用电(亿千瓦时)

三、关于丽水经济发展与能源消费的建议

从丽水能源消费面临的形势看，丽水的能源消费必须转变观念，致力于构建绿色能源消费模式，建立科学的生产和生活方式，实现能源的节约、高效、清洁消费，才能更好地促进能源发展方式转变和能源战略转型，支撑经济社会的可持续发展。

(一)加快产业结构调整步伐，优先发展第三产业

从产业能耗水平看，第一产业和第三产业能耗水平相对较低，而第二产业

的能耗水平高于第一、第三产业3倍以上，第二产业比重的进一步上升将对节能降耗工作产生更大的压力，因此，加快能耗水平较低的第三产业的发展，对降低单位GDP能耗具有重大意义。丽水在未来的发展中必须重视释放经济活力、推动经济结构转型，使产业结构向服务型经济转变，推进新型工业化发展进程，同时大力发展第三产业特别是旅游业和服务业，利用丽水“艺术之乡、浪漫之都、休闲养生胜地”的山水、人文、摄影以及“浙江绿谷”“中国民间艺术之乡”等优势吸引游客，通过旅游业的发展带动商贸、饮食、住宿和其他服务业的发展，做大做强服务业盘子，积极打造“秀山丽水，养生福地”区域品牌。

(二)深化工业结构调整，积极改变发展思路

由于长期累积的产业层次不高、发展动力不足、发展方式粗放、组织结构不合理等结构性素质性矛盾因素，丽水工业欠发达的地位没有根本改变，依然处于工业化的中初期阶段。在推进工业化，加快向工业化中高级阶段转化进程中，“发展什么样的工业，怎样发展工业”是丽水必须面对的问题，低碳经济的提出，给了一个很好的答案。为此，我们要坚持科技创新，坚持走低碳的工业化道路，更多地尊重客观规律，更加注重产业转型，遏止粗放发展、资源消耗型发展势头，特别是要改变目前以重工业为主的格局，积极向能源消耗少、附加值高的产业发展，围绕全市“十二五”规划所提出的“两大”“两新”“两优”“两特”，突出地方特色，以“集中、集聚、集约”的发展方式，做大主导产业、发展新兴产业、做强特色优势产业，充分利用地区、生态优势，扩量提质，实现资源的可持续利用与经济社会发展质量的全面提升。

(三)加快可再生能源开发利用，拓展能源消费总量空间

在《浙江省人民政府关于在全省开展单位地区生产总值能耗和能源消费总量“双控”工作的实施意见》(浙政发〔2011〕83号)中规定“统筹实行‘双控’与鼓励使用可再生能源。从2011年起，全省能源消费总量以化石能源消费量为重要责任考核依据，可再生能源消费量可不计入考核。”也就是说，在接下去的节能降耗考核中，可再生能源可能不计入(或是抵扣)能源消费总量，不管是全部还是部分，抑或是新增的可再生能源进行不计入(或是抵扣)。这对于能源消费总量和单位GDP能耗均处于较低水平，节能潜力和空间非常有限的丽水来说都是一个重大利好，是一次重大的机遇。在接下去的发展中应当紧紧抓住这次机遇，响应全省号召，大力发展和利用可再生能源，努力提高各地可再生能源的比重：(1)利用资源优势，继续发展小水电，加强小水电改造，特别是要充分利用农村水电增效扩容改造试点的机遇；(2)充分利用沼气、天然气、生物质直燃、生物质固体成型燃料和生物液体燃料等技术，综合治理和能源化利

用各种有机废弃物；(3)在条件允许的地方，探索性地发展风能、太阳能、地热能等优质能源，积极开发新的可再生能源。

（四）加快发展循环经济，建设节约型社会

循环经济作为当今国际社会的发展趋势，是以产品清洁生产、资源循环利用和废弃物高效回收为主要特征的生态经济体系。由于它对环境的破坏降到最低程度，并最大限度地利用资源，从而大大降低了经济发展的社会成本。转变经济增长方式，必须发展循环经济，按照“减量化、再使用、可循环”的原则改进产品设计和制造工艺，开展节能、节水、节材和资源综合利用等方面的技术改造，推进节约降耗能，提高资源利用率。同时，走循环经济与高新技术相结合的道路，不断发明新的技术和材料，对不可再生的稀缺资源进行替代，用高新技术改造传统产业，用高新技术发展循环经济。

（五）加大宣传力度，提高全民节能意识

运用报纸、电视、网络等传媒渠道在全社会范围内大力宣传节能，引导节能意识深入人心，特别是学生阶段的教育，建议增加资源节约的教育内容，并逐渐从课堂走向社会，形成节约资源，健康文明的消费模式。同时，强调企业在节能领域的重要性，提倡“适度消费”，反对“铺张浪费”，引导企业在生产过程中加强能源管理，淘汰落后设备，大力推行清洁生产和循环经济，创建一批节约型示范企业，特别是冶炼、化工、有色金属等重点行业。通过一系列努力，形成企业厉行节俭的内在机制，从而实现全民节能。

丽水市统计局　陈叶青

关注“中产阶层”关乎工业经济之“腰”

它们，小康有余，富足而殷实。

它们，低调务实，内敛不张扬。

它们，经风见雨，跌宕更坚强。

它们，不上不下，不大不小，鲜有耀眼的光环，罕见吓人的麻烦。

它们是绍兴县工业经济的重要组成部分，是工业经济增长的重要力量，是推动工业经济持续发展的生力军，是促进工业经济转型升级的探索者。

它们是工业经济的中坚，是承上启下之“腰”。“命意源头在腰际”，腰之挺萎关乎大势兴衰。

它们就是绍兴县工业中的“中产阶层”，是一个年销售额在1亿元—10亿元的企业群体。本调研以这一群体为研究对象，通过深入调查全面了解这一群体，全方位展示、分析该群体，试图还原一个“中产阶层”雕像群，并从中获得一些科学发展的有益启示。

一、“中产阶层”的现状

2011年绍兴县的“中产阶层”企业共计410家，从业人员13.72万人。实现工业总产值1233.89亿元，销售收入1207.80亿元，经济总量占全部工业的35.7%，占规模以上工业的42.0%。

相对于经济总量，“中产阶层”的利税贡献同样很大。2011年中产阶层企业群体实现利润55.33亿元，占40.3%；国税收入18.85亿元，占57.3%(详见表1)。

中产阶层企业群体从业人员13.72万人，占规模以上工业从业人员的51.8%，吸收劳动力超过50%以上，成为全县带动就业的主要力量。

表1 2011年“中产阶层”企业主要指标占规上工业比重

	总产值(亿元)	比重(%)	利润总额(亿元)	比重(%)	资产总额(亿元)	比重(%)	从业人员(人)	比重
2000万—1亿元企业	276.70	9.4	9.63	7.0	278.76	11.8	56338	21.3
“中产阶层”企业	1233.89	42.0	55.33	40.3	1060.19	45.0	137162	51.8
10亿元以上企业	1428.64	48.6	72.28	52.7	1015.39	43.1	71456	27.0

由此可见,“中产阶层”企业已经成为绍兴县工业经济的重要组成部分,在经济格局中占有重要地位。

回溯近年来的发展,“中产阶层”企业是绍兴县工业中最富活力的群体。2005 年[①]时企业个数全县只有 171 家,不到当时规模以上企业的 1/5,经过逐年稳步递增,这一群体的队伍规模扩大了一倍多,到 2011 年达到 410 家。在企业个数增加的同时,经济总量同步提升,在规模以上工业中的占比有所提高,这一群体的地位和作用进一步凸现(见表 2)。

表 2　2005—2011 年“中产阶层企业”变迁

年份	“中产阶层”企业家数(个)	规上企业家数(个)	“中产阶层”占所比重(%)	“中产阶层”工业总产值(亿元)	规上产值(亿元)	“中产阶层”所占比重(%)
2005	171	901	19.0	446.1	1161.2	38.4
2006	196	1027	19.1	556.07	1379.2	40.3
2007	236	1120	21.1	683.21	1753.2	39.0
2008	265	1394	19.0	753.17	1945.5	38.7
2009	275	1375	20.0	815.39	2034	40.1
2010	335	1556	21.5	986.65	2441.4	40.4
2011	410	1039	39.5	1233.89	2939.2	42.0

二、“中产阶层”的特征

(一)稳健是共同特征

多数中产阶层企业管理者奉行“慎思笃行”的经营理念,以稳为先,把风险限制在可控范围内,一步一个脚印,踏踏实实地把事业做好。具体表现在:

---

① 比较时期的选择

本文中历史时期比较研究多选用 2005—2011 年,之所以选择 2005 年作为比较的起始年,主要基于以下理由。

(1)行政区划因素。2000 年县城迁址柯桥以后,2002 年马鞍镇辖下的原马海乡划入市区,2003 年齐贤镇辖下的嘉会片区划入镜湖新区,经一年多适应以后,2005 年工业布局调整基本完成。

(2)工业布局因素。2003 年提出“挥师滨海,决胜未来”,工业布局出现重大战略性调整,2005 年初显成效并影响至今。

(3)工业总量因素。2005 年全县规模以上工业总产值首次超过 1000 亿元大关,达到 1159 亿元,实现历史性突破并进入“千亿时代”。

(4)特殊的时间点。2005 年是“十五”的最后一年,也是“十一五”的基期年。

一是资产负债率最低。资产负债率是衡量企业经营风险的重要指标，对经营者而言，如果负债率过高意味着企业要承担很大的资金使用成本压力，一旦盈利不足以抵付还本付息所需，企业就将面临危险的境地。在目前规模以上工业企业平均资产负债率高达68%的情况下，负债率低者更稳健，我们调取了近四年的数据分析了规模以上各群体的资产负债率状况，从对比中可以明显地看到"中产阶层"的优异表现(见图1)。

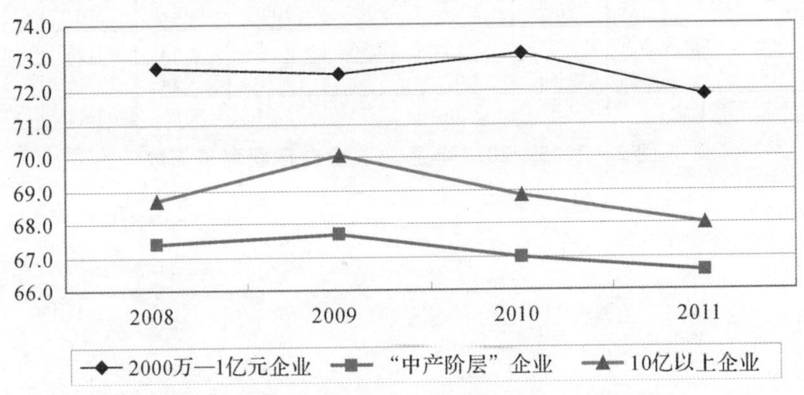

图1 2008—2011年各层次企业资产负债率

二是债务偿付能力最强。对任何一家企业来说，生产经营过程中除了使用自有资金以外，必须借用外部资金资源即负债，负债适度得当能运用杠杆效应实现快速、健康发展；负债失当，则企业就有陷入危险境地之忧。债务是否适度，很大程度上取决于企业的偿付能力，衡量偿付能力的一个重要指标是已获利息倍数(利息保障倍数=[利润总额+利息费用]/利息费用)，这个数据越大表明企业获得越多，偿还债务的能力越强。要维持正常偿债能力，已获利息倍数必须大于1；如果利息保障倍数过低，偿债的安全性与稳定性必然下降。从图2的对比中，我们可以清晰地发现，历年来"中产阶层"的偿付能力都高于规模以上工业其他类企业，只有在最近两年由于PTA、化纤、薄膜行业繁荣，介入其中的大企业盈利能力陡增，偿付能力才与10亿元以上企业持平。

三是盈利能力最稳定。"一餐吃好不算好，餐餐吃好是真好"，以销售利润率来衡量的盈利能力，"中产阶层"历年来好于2000万元—1亿元的企业群体，与10亿元以上的大企业相比稳定性要好得多。不管是过热期，还是困难期，都能"宠辱不惊"，销利率稳定在3.6%—4.6%之间，而10亿元大企业峰谷差要大得多，高到5.2%，低到2.9%。

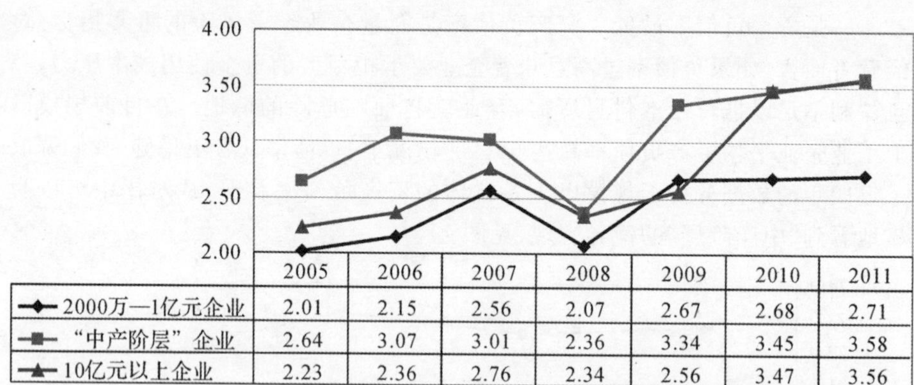

	2005	2006	2007	2008	2009	2010	2011
2000万—1亿元企业	2.01	2.15	2.56	2.07	2.67	2.68	2.71
“中产阶层”企业	2.64	3.07	3.01	2.36	3.34	3.45	3.58
10亿元以上企业	2.23	2.36	2.76	2.34	2.56	3.47	3.56

图 2　2005—2011 年各层次企业已获利息倍数

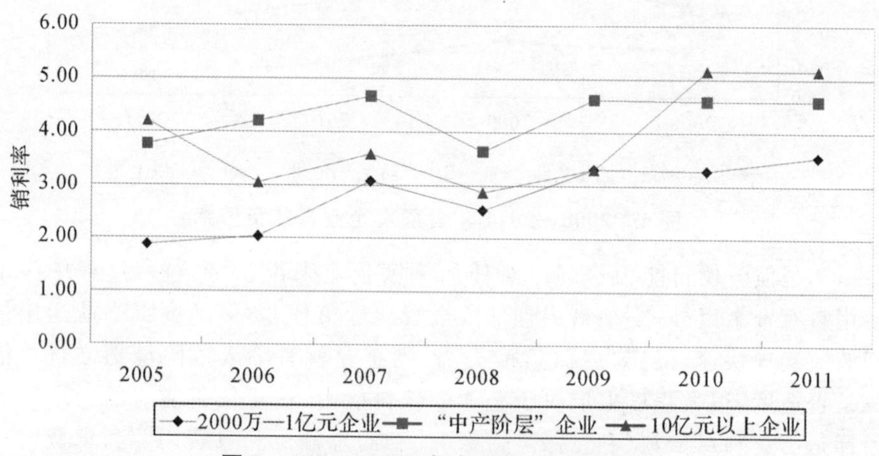

图 3　2005—2011 年各层次企业销利率

(二)各具特色是最大的特征

相对于大企业、特大型企业通过规模效应取胜，小微企业通过灵活经营、“船小好调头”在市场中谋求生存空间，“中产阶层”企业通过各司其长、发挥特色在市场竞争中体现优势。

一是细分市场冠军型。以三力士为代表，其拳头产品橡胶带在业内居主导地位，焕鑫管业是专业制造家居用钢管的企业，其箱包拉杆用钢管市场占有做到全国第一，成为细分市场的领军企业。

二是产品领先型。专注于主业产品的深耕细作，培植特有的产品优势。此类企业颇多，仅以我们的主导行业纺织为例：如八方是一家专业从事织造的老企业，在多年的市场摸爬滚打中练就了一套具有个性的竞争策略，依靠敏锐的市场洞察力和坚强的技术开发能力，屡有领先市场一步的新品问世，在今年初织造形势不是很好的情况下，依靠新产品打天下，出现难得的“一布难求”盛况。

三是技术领先型。依靠领先的技术去填补市场的空白，如曙光机械经过多年的潜心研制，解决了多项技术难题，在冶金炉长寿冷却设备的研制上取得重大技术突破，拥有多项专利，产品广泛应用于钢铁、有色、煤化工、船舶等领域。

四是产品差异化型。不在传统、长线产品中靠跑量、低价恶性竞争上兜圈，而是跳出圈外走产品差异化路线，典型的如夏履无纺布业的兴起即是产品升级的样板；梅盛实业的高档鹿皮绒服装革产品的研发成功，为纺织产品开辟了一片新的天地。

综上所述，“中产阶层”在培育自身独特竞争能力，避免低水平恶性竞争，营造良好的经济生态方面做了许多有益的尝试，取得了卓有成效的进展。

（三）内生增长动力更强

现代经济增长理论认为，经济增长的动力来自于“外生动力”和“内生动力”。外生动力指的主要是资源、资本、劳动力等要素投入，以及政府对市场的干预，即“外来的增长动力”；内生动力一般包括技术进步、人力资本积累等由自身素质聚集的力量，对一个群体而言还包括群体的经济结构的变化，这些因素构建成“内在的增长动力”。在当前资源、能源、环境等要素制约日益严峻，单纯依靠大量外部资源投入来刺激增长的时代已经过去，增强企业的自主发展能力，更多地依靠内生动力的提升来促进经济增长成为必然选择。我们通过深度剖析，发现“中产阶层”是内生增长动力更为强劲的一个群体。

一是自主发展能力强。自主发展能力要以自身实力为保障，衡量自身实力可以用经济增加值①来综合体现，根据我们对 2005 年以来历年的规模以上

---

① 经济增加值

经济增加值是由美国学者 Stewart 在 20 世纪 80 年代提出，并由美国著名的思腾思特咨询公司（Stern Stewart & Co.）注册并实施的，一套以经济增加值理念为基础的财务管理系统、决策机制及激励报酬制度。要义是基于税后营业净利润和产生这些利润所需资本投入总成本的一种企业绩效财务评价方法。其计算用公式概括为：

经济增加值＝税后净营业利润－全部资本成本

其基本含义是：一家公司每年创造的经济增加值等于税后净营业利润与全部资本成本之间的差额，所谓的资本成本既包括债务资本成本，也包括股本资本成本。即企业的经济增加值是指支付了所有生产过程中的物质成本和服务成本，发了员工报酬，交了国家税收，清了投资者利息，按照社会一般投资收益率扣除股东投资收益后的净剩余。

企业经济增加值跟踪研究发现，“中产阶层”每年实现正回报率明显高于全部规模以上企业（见表 3），这充分说明“中产阶层”企业具备更强的自主发展物质基础保证。

表 3　2005—2011 年经济增加值正回报企业比率（%）

	正回报率	
	中产阶层企业	全部规上企业
2005 年	31.9	26.6
2006 年	41.4	27.9
2007 年	42.2	28.8
2008 年	35.8	28.5
2009 年	43.5	36.0
2010 年	46.1	40.4
2011 年	49.3	45.3

二是企业群体结构更优。为了考察评价“中产阶层”群体的结构状况，我们以全部规模以上工业企业为比较对象，以 2005 年到 2011 年全部规模以上工业各行业年均销利率为比较基准，在可比的销利率最高的前十大行业中，除了“工艺品及其他制造业”外，“中产阶层”群体高盈利行业所占比重远好于全部规模以上工业（见表 4）。而在“工艺品及其他制造业”这个行业，“中产阶层”之所以没有优势是由于特殊情况，即这一行业中日月集团所占份额较大（年产值 58.3 亿元，占行业的 86.7%），且该行业不是一般的“中产阶层”可以介入的。因此，可以说在竞争性行业“中产阶层”表现更优。

表 4　2005—2011 年高盈利行业分布（%）

排名	行业	年均销利率	“中产阶层”行业比重	规上工业行业比重
1	医药制造业	11.57	0.5	0.2
2	电力、热力的生产和供应业	8.92	3.4	1.5
3	专用设备制造业	8.20	1.7	1.6

续表

排名	行业	年均销利率	“中产阶层”行业比重	规上工业行业比重
4	饮料制造业	7.51	1.6	0.8
5	食品制造业	6.14	0.2	0.1
6	通用设备制造业	5.94	1.9	1.1
7	橡胶制品业	5.94	0.8	0.4
8	通讯设备、计算机及其他电子设备	5.88	0.4	0.2
9	非金属矿物制品业	5.75	4.3	3.0
10	工艺品及其他制造业	5.42	0.3	2.3

“十二五”期间绍兴县工业提出了发挥战略性新兴产业的“5＋3”战略，在这一战略的推进实施过程中，我们发现“中产阶层”的作用发挥同样毫不逊色，结构更优特征十分明显(见表5)。在优势产业，目前更多地尚需依靠原先业已形成的优势，因此“中产阶层”在一些行业不是十分突出；但在代表未来工业发展方向的新兴产业上，显示出了巨大的优势。

表5 2011年“5＋3”新兴(优势)行业的比重(％)

	规上工业比重	“中产阶层”比重
五大优势产业	17.66	16.12
装备制造	4.58	4.00
汽车汽配	1.44	1.01
皮革塑料	4.16	3.27
新型建材	1.66	2.74
金属制品	5.82	5.10
三大新产业	0.94	1.93
新能源	0.52	1.09
生物医药	0.32	0.71
住宅产业化	0.10	0.13

三、"中产阶层"在绍兴县工业中的地位和作用

(一)是全县工业经济构成中一个不可忽视的群体

为了更进一步了解"中产阶层"群体在全县工业格局中的地位,我们以规模以上工业(目前规上工业占到全县工业的85%以上)为对象作深入剖析。在研究过程中我们发现一个有趣的现象——"双塔互映"(见图4、表6)。

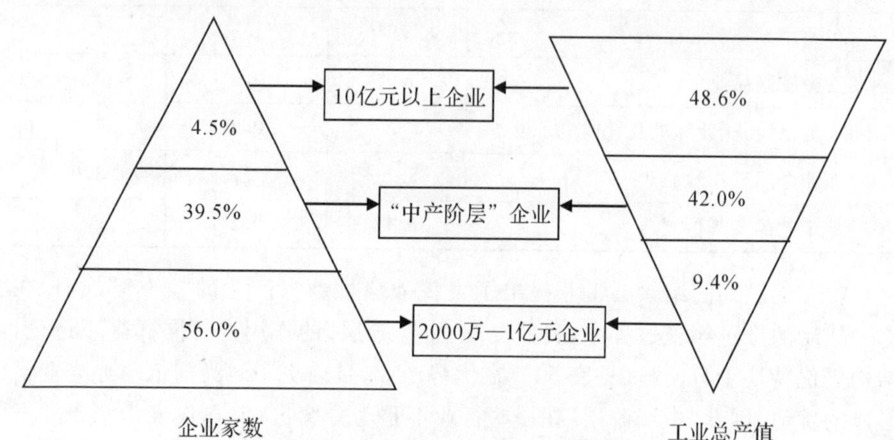

图4 2011年规上企业构成图

表6 2011年规上企业结构

	企业家数(个)	比重(%)	总产值(亿元)	比重(%)
2000万—1亿元企业	582	56.0	276.70	9.4
"中产阶层"企业	410	39.5	1233.89	42.0
10亿元以上企业	47	4.5	1428.64	48.6

两个"金字塔"概括地勾画出了绍兴县规模以上工业的结构状况。

左边的"金字塔"形象地说明我们已经铸就了一个稳固的企业架构,582家年销售2000万元至1亿元的企业,组成了坚定的根基;处于塔尖的是47家大型、特大型企业,是各行业的排头兵;塔腰是410家年销售在1亿—10亿元的企业,是承上启下的中坚。

右边的"金字塔"刚好是左边塔的"倒影",从经济总量上讲,塔尖企业贡献占到48.6%,塔基企业仅占9.4%,腰部稳固在42.0%。

由此可见,我们已经形成了较为良好的企业架构,而"中产阶层"是一支不可忽视的重要力量。试想一下,如果没有"中产阶层"或者"中产阶层"势单力薄,那么一旦塔尖企业中某些个体出现波动,势必造成全局波动;反过来,如果

经济过度依赖量大面广的小企业，则难以实现工业现代化，外部环境一有风吹草动影响的是一大片。有一个殷实、稳固的“腰”作支撑，则大起大落能避免，现代化、上水平有保证。这也可以解释 2008 年金融危机个别大企业出问题，去年小微企业生存危机，绍兴县工业都能平稳度过，工业经济不至于出现大的波折原因所在。

（二）工业经济增长的重要源泉

“中产阶层”是最具活力的一个群体，成长性好，对全县工业经济增长贡献大。2005 年“中产阶层企业”群体只有 171 家企业，工业总产值 446.10 亿元；2011 年企业数增至 410 家，实现工业总产值 1233.89 亿元，6 年间该群体产值年均增长率达 25.1%，比规上企业产值年均增长率高出 4.7 个百分点（见图 5）。从图中可以看出，“中产阶层”的增速一直高于规上企业整体的增速，成为拉动工业经济增长的重要力量。

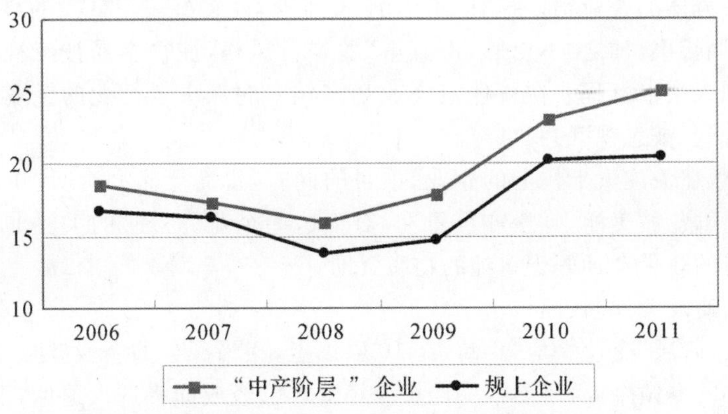

图 5 “中产阶层企业”与规上企业产值增长对比

（三）工业经济发展的“稳定器”

一个健康的经济体应该是快速、可持续发展的，螺旋式上升，波浪式前进且峰谷没有大起大落。这些年来，由于内外因素的影响，我们的工业经济经受过严峻考验，但是能够避免大的起伏，“中产阶层”的“稳定器”作用功不可没。从表 7 可以看到，在经济繁荣增速高涨时，“中产阶层”的贡献并不突出；在经济困难时，其贡献程度大幅提高。过热时冷静，困难时奋起是这一群体的最大特征，也正是这一优异特质，往往在工业经济稳定发展的关键时刻起到“定海神针”的作用。

表 7　规上速度与"中产阶层"贡献对应表(%)

指标	2005 年	2006 年	2007 年	2008 年	2009 年	2010 年	2011 年
当年规上增长速度	23.95	21.84	26.81	12.49	8.01	23.67	28.92
中产阶层贡献率	29.45	41.17	37.57	52.78	60.11	41.81	38.71

四、壮大"中产阶层"队伍,促进工业经济持续健康发展

"橄榄型"的结构是最稳固的结构形态,不论社会形态,还是经济组织构成,莫不如此。我们的工业经济结构形态已经初具此形态,不断壮大"中产阶层",鼓励有能力的企业迈向"塔尖"成为大型乃至超大型企业;增强现有层内企业实力,巩固稳定其在工业经济中的地位;吸引"塔基"企业茁壮成长,充实壮大"中产阶层",从而形成结构更优,更稳健的工业企业生态。

(一)关心、关注这一群体的生存发展

这一群体的企业很多抱有"蹲不倒,立不起,吃得好,过得去"的心态,不事张扬,低调行事,加之"不出彩,不惹事"的经营风格,往往容易被忽视,至少不太容易列入议事日程。在一些老企业和多年专注从事老行业的企业调研时,不时能听到"被忽视"的叹息声。

因此,在关注大干快上的企业、项目的同时,也需要倾心听听"中产阶层"的心声,"鲜花诚美丽,青松亦可贵"。对于这些企业"心理"的关注非常重要,所能取得的效果会远好于单纯的物质资助。

(二)高度关注"代际传承"

"中产阶层"企业平均"年龄"在 10 岁以上,相当部分的企业源自于改革开放初兴办的乡镇企业,目前第一代企业经营者已经或即将进入退休,事业传承进入高峰期。虽然就单个企业而言,经营权交接属于私事,但从社会层面讲,"代际传承"顺畅与否关系社会资源的合理利用,关系整个经济稳定运行。

在现实生活中,不乏顺利完成新老交替,并显现青胜于蓝效果的实例;但也要看到,有些接棒人倾心于自己的事业,对父辈产业兴趣不大;有些因没有合适的接棒人,对未来发展忧心忡忡。对此,有必要引起高度关注,深入实际开展调查研究,区别不同情况出台有针对性的措施,既保护企业的财富、促使其保值增值,又保证社会资源合理配置、发挥最大效益,从而经济持续健康发展,实现社会、企业双赢。

(三)处理好稳健与发展的关系

稳健是经济稳定的基石。稳健同时也是一个动态的范畴,我们所要追求的是与时俱进的、动态的"稳",需要的是富有活力的"健",既反对脱离实际的冒进,也要避免不思进取。

我们的"中产阶层"经历过创业的艰辛,成长的烦恼,发展的磨难,对创下的基业倍加珍惜,怀有一片特殊的感情,正是这种特殊的情结,构成了我们工业经济稳定的坚实根基。

常常有人把我们的"中产阶层"与"小富即安"这个词连接起来,其实"小富即安"是一种境界,何尝不是一种选择,于人于事莫不如此。从发展的眼光看,"小富即安"同样是一个动态过程,随着社会经济的发展进步,"小富"的水平线必将水涨船高,如果表现不能"优于大势",则落伍于时代并非危言耸听。

因此,在处理稳健与发展的关系上,应倡导"中产阶层"企业群体做到以下几点。

第一,坚持发展是第一要务。已有的成绩是过去发展成果的最好体现,未来的地位仍需通过优于他人的发展去巩固。

第二,坚持稳健的一贯特色。"中产阶层"成功的最大特色是稳健,过去如此,将来理应保持。

第三,坚持多样性一如既往。"中产阶层"既不像特大型企业以超常规发展为己任,又不像小微型企业为生存而奔波,多样化发展被实践证明是可行的道路。在企业层面,鼓励和引导企业各司其长、因企制宜,扬长避短,做精做好自己最擅长的。在政府管理层面,切实了解掌握各行、各业、各类企业的情况:在做什么?怎么样在做?能做什么?想做什么?擅长做什么?制约因素是什么?摸清诸如此类情况,应用经济发展规律,行业、技术发展趋势实施有针对性的指导;对"中产阶层"宜推行精细化、个性化管理,由于这一群体自身殷实,发展的意愿浓厚,只要引导得法,不需大的物质刺激,"马不扬鞭蹄自疾",完全有可能起到"四两拨千斤"的效果。

绍兴县统计局

平湖市与太仓长兴等四县(市)二十年发展主要指标对比分析

为进一步研究分析平湖市在周边地区发展中所处位置,查找与先进地区发展的差距,我们挑选了江苏省太仓市、宜兴市,本省富阳市、长兴县,就二十年经济发展指标与平湖市进行对比,并以五年为时间跨度作细化分析(有的年份因数据无法取得难以作比较),以求更加清晰地了解各地的发展基础、发展历程和发展现状,更加清晰地掌握各地经济发展的轨迹,从而探索加快平湖市经济发展的思路。

一、资源禀赋比较

资源禀赋是指一个地方各种生产要素,包括劳动力、资本、土地、技术等的丰歉情况。我们选取人口总量、区域面积、耕地面积等指标作分析比较。从人口情况看,2011 年平湖户籍人口为 48.8 万人,列第 4 位,宜兴超过百万列第一位,宜兴、富阳、长兴分别是平湖的 2.2 倍、1.3 倍、1.3 倍;平湖外来人口占常住人口比重为 41.7%,略低于太仓列第 2 位,明显高于宜兴、富阳和长兴水平。从区域面积看,平湖区域面积 537 平方公里,列末位,宜兴、富阳和长兴分别是平湖的 3.7 倍、3.4 倍和 2.7 倍,太仓是平湖的 1.5 倍。从耕地面积看,2011 年,平湖耕地面积为 46 万亩,列第 4 位,宜兴、长兴、太仓分别是平湖的 1.7 倍、1.5 倍和 1.1 倍,富阳较小是平湖的 0.7 倍;平湖人均耕地面积为 1.05 亩,列第 2 位,太仓是平湖的 1.3 倍列第 1 位,宜兴、长兴与我们基本相当,富阳是我们的 0.5 倍。耕地变化一个比较明显的特点是,各地二十年用地速度差异明显。2011 年比 1990 年,宜兴减少耕地 34 万亩,太仓减少 15 万亩,平湖减少 5 万亩,富阳减少 2 万亩,长兴增加了 8 万亩(应该是造地原因)。总体比较,平湖人口少、区域面积小,这是劣势;但是在外来人口、人均耕地面积上略占优势,整体的资源禀赋在中下游水平。

二、发展速度比较

(一)经济总量前十年超越长兴居第四,增速前低后高落后太仓、富阳居第三,但最近五年的速度又落后到第五

1990 年到 2010 年的二十年间,各地经济处于大发展时期。从经济总量

看，平湖 GDP 总量由 1990 年的 10 亿元，第 5 位，发展到 2000 年的 74 亿元，4 位和 2010 年的 341 亿元，第 4 位，经济总量在前十年超越长兴，位次由第 5 位前移到第 4 位，后十年继续保持第 4 的位置。从增速看，平湖二十年年均增长 19.3%，刚好为五县市平均水平，居第 3 位，太仓、富阳分别列第 1、2 位，宜兴、长兴列第 4、第 5 位。按十年发展看，平湖前十年为 22.1%，居第 3 位，后十年为 16.5%，居第 2 位，位次前低后高。富阳则为前高后低，长兴和太仓、宜兴也为前低后高，其中太仓发展速度始终处于领先位置。细化到五年发展，平湖在 1995—2005 这十年发展速度高居首位，但最近五年，平湖已经被长兴、富阳超越，落到最后一位。

表 1　五县(市)GDP 总量及位次

地区	绝对值(亿元)						位次					
	1990 年	1995 年	2000 年	2005 年	2010 年	2011 年	1990 年	1995 年	2000 年	2005 年	2010 年	2011 年
宜兴	26.0	129.2	177.0	363.3	805.8	980.4	1	1	1	1	1	1
太仓	16.6	85.1				867.5	2	2	2	2	2	2
富阳	10.3	55.9				491.1	4	3	3	3	3	3
平湖	10.0	35.5				393.4	5	5	4	4	4	4
长兴	12.1	48.5	67.2	135.4	283.9	334.9	3	4	5	5	5	5
均值	15.0	70.8	114.8	232.8	515.3	613.5	—	—	—	—	—	—

表 2　五县(市)GDP 年均增速及位次

地区	年均增速(%)							位次						
	1995/1990年	2000/1995年	2005/2000年	2010/2005年	2000/1990年	2010/2000年	2010/1990年	1995/1990年	2000/1995年	2005/2000年	2010/2005年	2000/1990年	2010/2000年	2010/1990年
宜兴	37.8	6.5	15.5	17.3	21.1	16.4	18.7	3	5	2	2	4	3	4
太仓	38.6	12.9	13.5	19.9	25.1	16.7	20.8	2	2	5	1	2	1	1
富阳	40.3	12.3	15.0	15.7	25.5	15.3	20.3	1	3	4	4	1	5	2
平湖	28.9	15.7	18.1	15.0	22.1	16.5	19.3	5	1	1	5	3	2	3
长兴	32.0	6.7	15.1	16.0	18.7	15.5	17.1	4	4	3	3	5	4	5
均值	36.4	10.1	15.2	17.2	22.6	16.2	19.3	—	—	—	—	—	—	—

注：年均增长按现价计算。

(二)工业总量被富阳赶超居第四位，增速长兴最快居第一位，平湖逐渐靠后居最后

在工业化发展过程中，经济总量的扩大主要依靠工业的快速发展。在

2000—2010 的十年间，各地工业均保持 20%以上速度增长，总量迅速扩大，但是平湖增长速度相对较慢，和苏南县市差距扩大。2000 年平湖规模以上工业总产值 111.3 亿元，列第 3 位，但五年后迅速被富阳赶超，与宜兴、太仓的差距由 2000 年的 1.7 倍和 1.5 倍拉大到 2.4 倍和 1.8 倍。从增速看，平湖十年间年均增长 22.1%，列末位。长兴达到 29%，增速最快列首位，富阳、太仓、宜兴分别居第二、第三、第四位。长兴规上工业产值由 2000 年占平湖的 40.5%，迅速提高到 2010 年的 70.2%，十年间提高了 29.7 个百分点，可见这几年长兴工业发展之快。

三、增长质量比较

(一)人均 GDP 后十年超越富阳、长兴居第三，增速超越太仓、宜兴居第二

表 3　五县(市)人均 GDP 总量及位次

地区	绝对值(亿元)						位次					
	1990 年	1995 年	2000 年	2005 年	2010 年	2011 年	1990 年	1995 年	2000 年	2005 年	2010 年	2011 年
宜兴	0.24	1.18	1.64	3.43	7.52	9.13	2	2	2	3	2	2
太仓	0.37	1.89	3.48	5.44	10.44	12.17	1	1	1	1	1	1
富阳	0.18	0.92	1.45	3.19	6.41	7.53	5	3	4	4	4	4
平湖	0.21	0.74	1.53	3.51	7.01	8.07	3	5	3	2	3	3
长兴	0.20	0.80	1.09	2.19	4.57	5.36	4	4	5	5	5	5
均值	0.24	1.11	1.84	3.55	7.19	8.45	—	—	—	—	—	—

人均 GDP 是衡量经济增长质量的重要指标。平湖人均 GDP 由 1990 年的 0.21 万元、2000 年 1.53 万元、扩大到 2010 年的 7.01 万元，位次始终保持在第 3 位。太仓、宜兴始终为第 1、第 2 位，2010 年分别是平湖的 1.5 倍、1.1 倍。富阳前移 1 位，为第 4 位，长兴后移 1 位，为第 5 位，2010 年分别是平湖的 0.9 倍、0.7 倍。从增速看，平湖二十年年均增长 19%，仅次于富阳列第 2 位。从细化分析看，从 1990 年到 2010 年，平湖人均 GDP 呈现两头低中间快的发展趋势，1995—2005 十年增速高居首位，但是在 2005 年到 2010 年的五年，又落后到第四位，宜兴、长兴等则呈现加速发展趋势。

(二)地方财力居第四位，人均地方财力居第三位，两项增速均被长兴超越居第三

地方财力是衡量经济发展质量和体现经济实力的重要指标。从总量看，2010 年平湖地方财政收入 25.5 亿元，列第 4 位，与太仓、宜兴差距较大，它们分别是平湖的 2.7 倍、2.3 倍，富阳是平湖的 1.3 倍，长兴与平湖已经非常接

近，在2005年时曾一度超越过平湖；从增速看，1995—2010年的十五年间，五地市地方财力均保持20%以上的较快增长，平湖年均增速达到27%，低于富阳、长兴列第3位，但是太仓、宜兴在基数较大的情况下仍保持较快速度，尤其在上个五年又呈加速趋势。从人均地方财力看，2010年平湖为5238元，列第3位，约为太仓的三分之一，略低于宜兴，高于富阳，比长兴高出46%；从增速看，十五年年均增长26.9%，目前低于富阳、长兴列第3位，分别高于宜兴、太仓2.6个、5.3个百分点。但是，从细化分析看，1995到2010年，平湖地方财力增速呈现两头低中间快的发展趋势，其中2000—2005年达34%；位次呈现前快后慢态势，由前十年的第二位回落到后五年的第三位。分地区看，苏南二市总量大、增速相对较慢；浙江三县(市)总量小、增速相对较快。

(三)产业结构调整相对较快，二产比重最高居第一，农业下降最快比重居第三，第三产业比重最低居末位

三次产业结构，是国民经济中产业结构问题的第一位重要关系。2011年平湖的三次产业结构为4.5∶63.3∶32.2，其中，第一产业比重高于太仓、宜兴居第3位，二产比重超过太仓、宜兴为五县市最高，三产比重略低于富阳为五县市最低。与1990年的31.1∶49.2∶19.8三产结构相比，二十一年间平湖第一产业占比下降26.6个百分点，高居第一位，第二产业上升14.1个百分点，居第二位，第三产业上升12.4个百分点，居第四位。从前十年和后十一年细分看，前十年五地一产均大幅下降，平湖下降19个百分点，列第2位，富阳最大为19.2个百分点，最小的宜兴也要10.3个百分点。同时提高二、三产业占比，但各地情况又有所不同，平湖主要提高第二产业，同时提高第三产业，分别提高12.2个、6.7个百分点。富阳主要集中提高第二产业，高达18.7个百分点。宜兴、太仓和长兴三地主要提高第三产业占比为主。后十一年情况与前十年情况不同，各地主要降低第一产业占比，提高第三产业，第二产业有升有降。平湖第一产业下降7.6个百分点，第三产业提高5.7个百分点，第二产业提高1.9个百分点。

(四)工业经济增长质量由领先逐步变为落后，工业利税增速居末位

2010年平湖规上工业利税总额74.3亿元，略高于长兴列第4位，但与宜兴、太仓相差甚远，分别是它们的47.3%、51.4%。2000年、2005年平湖规上工业利税总额超过宜兴、接近太仓，到第二位，但五年后仅为宜兴、太仓的一半左右，同时也被富阳超越。从增速看，宜兴年均增速列第1位，高达29%，长兴、富阳也较快，分别为28.5%、28%，太仓也达到25.3%，平湖最慢，仅为18.3%。

（五）城乡居民收入水平保持领先居第二位，城镇居民收入增速相对较慢居第四位，农民人均收入增速最快居第一位

从收入水平看，2000 年平湖城镇居民人均可支配收入为 9056 元、列第 1 位，2010 年为 29101 元，被太仓赶超，居第 2 位，但明显高于其他三县市约 2.6 万元的水平。从增速看，平湖二十年年均增长 12.4%，略高于富阳列第 4 位，太仓、宜兴、长兴分别列前三位。

表 4　五县(市)城镇居民可支配收入、年均增速及位次

地区	绝对值(元)				位次				年均增速(%)			位次		
	2000年	2005年	2010年	2011年	2000年	2005年	2010年	2011年	2005/2000年	2010/2005年	2010/2000年	2005/2000年	2010/2005年	2010/2000年
宜兴	7548	13832	25869	29494	5	5	5	4	12.9	13.3	13.1	3	1	2
太仓	8470	16670	30629	34887	2	1	1	1	14.5	12.9	13.7	1	2	1
富阳	8434	15036	25914	29250	3	4	4	5	12.3	11.5	11.9	5	4	5
平湖	9056	16173	29101	33190	1	2	2	2	12.3	12.5	12.4	4	3	4
长兴	8032	15350	26046	29725	4	3	3	3	13.8	11.2	12.5	2	5	3
均值	8308	15412	27512	31309	—	—	—	—	13.2	12.3	12.7	—	—	—

1995 年平湖农民人均纯收入为 3580 元、2010 年为 14293 元，一直低于太仓，均列第 2 位。期间长兴由第 5 位提高到第 3 位，前移 2 位。宜兴由第 3 位后移到第 5 位，后退 2 位。从增速看，十五年来每五年平湖位次分别为第 5、第 1、第 3 位，呈两头慢中间快，总体低于长兴列第 2 位，富阳、宜兴、太仓依次居第 3 至第 5 位。

四、三大需求比较

（一）投资情况

1. 固定资产投资总量落后宜兴、太仓居第三位，增速前低后高明显加速但总体仍居末位。2010 年，平湖固定资产投资总额 225.6 亿元，高于富阳、长兴，二十年间基本稳定在第 3 位，宜兴、太仓分别是平湖的 1.6 倍、1.5 倍。从二十年数据看，三个浙江县(市)约为第一梯队宜兴、太仓的一半左右。从增速看，前十年平湖年均增速最慢为第 5 位，后十年赶上为第 1 位，但前后二十年增速仍为末位，宜兴、长兴在近五年投资增速明显超过平湖。

2. 工业生产性投资总量近五年落后宜兴、太仓居第三位，增速超过其他县市列第一位。从总量看，2010 年平湖工业生产性投资 147.9 亿元，列第 3 位，前二位的宜兴、太仓分别是平湖的 1.5 倍、1.2 倍，长兴、富阳分别是平湖的

0.65 倍和 0.69 倍。从增速看，五年平均增速平湖列第 1 位，宜兴、富阳、长兴、太仓依次列第 2 至第 5 位。

表 5　五县(市)工业生产性投资、年均增速及位次

地区	绝对值(亿元)			位次			年均增速	位次
	2005 年	2010 年	2011 年	2005 年	2010 年	2011 年	2010/2005 年	
宜兴	103.6	219.4	253.4	2	1	1	16.2	2
太仓	120.0	184.2	212.7	1	2	2	9.0	5
富阳	55.6	101.9	90.2	4	4	5	12.9	3
平湖	68.2	147.9	163.6	3	3	3	16.8	1
长兴	54.8	96.4	109.9	5	5	4	12.0	4
均值	80.4	150.0	166.0	—	—	—	—	—

3. 利用外资总量明显落后太仓、宜兴居第三位，增速近十年前高后低居第一位。平湖利用外资总量由 2000 年 0.16 亿美元，居末位，提高到 2010 年 2.54 亿美元，居第 3 位。但总量与第 1、第 2 位的太仓、宜兴相差甚远，特别是 2010 年，两市分别是平湖的 3.2 倍和 2 倍，富阳、长兴略低于平湖。从增速看，前五年平湖年均增幅列首位，后五年列末位，前后十年平均还是居首位。增速快主要是因为平湖基数小，2010 年平湖的利用外资总量仅相当于太仓 2000 年时水平，可以说平湖利用外资比太仓晚了整整十年。2000 年宜兴也已是平湖的 3.8 倍，富阳、长兴也超过平湖，2005 年后平湖已赶在富阳、长兴的前面。但是，从近五年的情况看，平湖的增长速度已经退居末位，太仓、宜兴在高基数上继续保持高增长，而后面的长兴、富阳也在加快赶超平湖。

(二)社会消费品零售总额、增速均超越富阳居第四

1990 年，平湖社会消费品零售总额 4.5 亿元，列第 5 位，与太仓、长兴、富阳相差不大，宜兴较大，是平湖的 2.3 倍。2010 年平湖为 88.5 亿元，超过富阳，列第 4 位，但是与宜兴、太仓相比已经形成明显差距，尤其是宜兴，是平湖的 4.3 倍，太仓是平湖的 1.6 倍。前十年，宜兴率先与另外四地拉开差距，后十年，宜兴、太仓与另外三地拉开差距。从增速看，二十年年均增速平湖略高于富阳列第 4 位，宜兴、太仓、长兴分别列第 1 至第 3 位。从每十年情况看，前十年平湖年均增速列第 4 位，后十年列第 2 位；从每五年情况看，平湖增速中间快两头慢，尤其最近五年增速已退居末位。

(三)出口总额落后太仓居第二,增速前高后低总体也居第二

1995 年,平湖外贸出口总额 1.55 亿美元,2010 年达到 30.3 亿美元,均列第二位,第一位太仓是平湖的 1.4 倍,宜兴比平湖略少,是平湖的 0.9 倍,长兴、富阳与平湖相差较大。从增速看,十五年中平湖增速低于太仓居第 2 位。从每五年情况看,年均增幅分别为第 1、3、5 位,近五年平湖增速已落到了最后一位。但是总体上看,县市之间增幅都相差不大,宜兴在总量上有后来居上之势。

五、启示与借鉴

综合上述对比分析,对平湖二十年发展特征的总体判断如下。

1. 发展速度在中等略偏下水平。从总量看,GDP 总量超越长兴,人均 GDP、人均地方财政收入、城乡居民收入、外贸出口总额,以及固定资产投资、工业生产性投资和利用外资等七个指标保持中上水平。从速度上看,尽管总的指标平均位次列第四位,但是,我们在人均 GDP、城乡居民收入,以及投入、出口等指标上还是保持领先。五县(市)均处长三角核心区域,平湖在人口数量、区域面积、耕地总量等总体资源禀赋相对落后的情况下,保持这样的发展水平和速度应该说是不错的成绩。

2. 发展的阶段性特征非常明显。平湖二十年的发展,总体呈两头慢、中间快的特点。在 1990—1995 年的第一个五年,总体发展速度处在末位。1995—2005 年的第二、第三个五年,可以说是平湖发展的黄金十年。在 GDP、地方财政收入,以及投资、出口、消费等指标上全面领先于其他县市,总体发展处在第一位。而到了 2005—2010 年的最近五年,平湖又被其他县市全面赶超,发展速度又落后到最后一位。

3. 最近五年发展又呈落后态势。最近五年,平湖的 GDP 总量、工业产值、工业利税、利用外资、出口总额等指标在增速上均呈全面落后态势,而太仓、宜兴在总体指标的速度上,尤其是在 GDP、地方财政收入、工业总量、工业利税等指标上,正在进一步扩大领先优势。特别是长兴最近五年已经在 GDP、工业总量、工业利税、农村居民收入以及固定资产投资、利用外资、外贸出口、社会消费等主要指标的增长速度上已经明显超越平湖,大有后来居上之势。富阳尽管二十年发展高居第二,但在前十年的发展领先后,后十年则逐步呈落后态势。

4. 相对于服务业发展的滞后,近十年平湖工业发展的落后更为明显。从 2000—2011 年三次产业比重的变化情况看,尽管平湖三产占比最低,但是十年间平湖第三产业提升的幅度并不慢,高于太仓,与富阳、长兴并列居第二位,而

第二产业的提升则仅高于富阳居第四位。从规上工业发展看,规上工业产值、规上工业利税增速平湖最近十年居末位,尤其是近五年工业利税已经明显落后其他县市。平湖工业利税与宜兴、太仓相比,由五年前基本相当,减少到目前是他们的一半左右,增长速度已经不到宜兴、长兴的一半。工业发展的落后是近十年尤其是近五年影响平湖经济总量扩大和速度提升的最重要原因。

平湖市统计局　顾利鹤

黄岩区汽车消费市场发展现状分析与思考

自台州第一家汽车4S店——广州本田智凯特约店在黄岩开张营业，黄岩汽车消费市场开始进入发展的快车道。截至2011年末，黄岩区限额以上汽车销售企业共有14家，全年累计实现零售额19.5亿元，分别占全区社会消费品零售总额和限额以上消费品零售总额的15.7%和52.4%，汽车销售行业成为黄岩区消费品市场的支柱产业。

一、黄岩区汽车消费市场发展特点

（一）市场规模不断扩大

近年来，汽车消费已逐步步入寻常百姓家庭，成为城市居民消费的热点，黄岩区汽车销售持续火爆，汽车保有量迅速增长，汽车消费市场规模逐步扩大。全区民用汽车拥有量从2007年的43959辆增加到2011年的75660辆，五年间民用汽车拥有量增加了31701辆，增长了72.1%；全区限额以上汽车销售企业从2007年的10家增加到2011年的14家，五年间限额以上汽车销售企业增加了4家；限额以上汽车销售企业资产总计从4.68亿元增加到7.8亿元，增长66.7%；汽车类商品的零售额从2007年的9.6亿元增加到2011年的19.5亿元，增长103.1%。

（二）拉动作用日益凸显

近年来，汽车消费对促进我区消费品市场快速发展起到非常重要的作用，有效地拉动内需增长，尤其是限额以上汽车销售企业的贡献更为显著。全区限额以上汽车销售企业实现汽车类商品零售额占社会消费品零售总额的比重由2007年的14.8%上升到2011年的15.7%，上升了0.9个百分点；占限额以上社会消费品零售总额的比重由2007年的49.7%上升到2011年的52.3%，上升了2.6个百分点；2011年全年限额以上汽车销售企业对全区社会消费品零售总额的贡献率达到11.3%。

（三）增速呈现倒“V”型

2007年1月，黄岩汽车协会成功举办了台州汽车4S专卖街开街典礼暨汽车展示会，标志着黄岩汽车消费市场的发展进入了一个新格局。但在金融危机的影响下，2008年黄岩区汽车消费出现了负增长。为了刺激汽车消费，国家出台了一系列的政策，在汽车消费政策的刺激下，2009 年和 2010 年黄岩区汽车消费出现“井喷”现象。经过两年的高增长，2011 年黄岩区汽车消费市场开始回归常态。五年来，汽车消费增速呈现由升到降的倒“V”型的走势。

表 1　黄岩区 2007—2011 年限额以上汽车企业零售情况表

年份	限上汽车零售额(万元)	占区限上消费品零售额的比重(%)	比上年增长(%)
2007 年	96364	44.3	—
2008 年	93492	38.5	-2.3
2009 年	138770	51.8	55.4
2010 年	174343	55.1	32.6
2011 年	195419	52.4	11.6

注：限额以上简称限上。

(四)消费升级趋势明显

汽车消费已成为普通家庭仅次于购房支出的主要消费内容。从国际乘用车市场发展历史来看，一个国家乘用车市场的中长期发展趋势可通过观察 R 值(R 值＝加权平均车价/人均 GDP)来研判。当 R 值达到 2—3 时，乘用车开始大规模进入家庭，普及率迅速提高，市场开始进入快速成长期。从 R 值公式知道，R 值的变化量由价格和人均 GDP 两个因素共同决定，取黄岩区汽车消费市场上常见汽车的价格中位数作为 R 值的价格，大约为 13 万元，以 2011 年黄岩区人均 GDP 为 44737 元计算，黄岩区的 R 值约为 2.9。由此可见，在城乡居民收入水平上升、社会保障制度逐步完善等有利条件下，需求仍有望继续保持一定增长。

二、影响汽车消费市场的因素

(一)从汽车消费市场的角度来说

1. 宏观经济。对于一个地区来说，其社会经济的发展状况通常会对汽车消费市场的发展起到决定性的作用。经济越发达，经济发展越快，有能力购买汽车的居民也就越多，汽车的销售量也就越大，反之，销售量就越小。

2. 政策导向。政府对汽车产业的政策扶持情况，直接影响汽车消费市场的发展。自 2009 年 1 月开始，我国政府出台了多项有利于车市的政策。首先，燃油税改革实施，取消养路费。对于日平均行驶里程较短的消费者来说，养路费的取消大大降低了汽车的保有成本。其次，1.6 升及以下车型购置税减半征收。由于购置税减免惠及半数以上市售车型，加上减免幅度大，对汽车消费市场的需求量起到了有效的刺激。再次，汽车下乡政策实施，国家汽车以旧换新政策大规模启动，有效地促进微型客车的发展。从政策导向来看，政策在刺激汽车消费市场的同时，也对汽车消费市场的消费结构做出了良好的引导。

(二)从卖方市场来说

1. 利润因素。中国汽车市场作为全世界最后一个潜在的汽车市场，其需求量的急剧扩大和巨大的利润空间，吸引了各种形式的大量资本介入。一些从事其他行业的民营资本纷纷进入中国汽车销售市场，汽车行业竞争的激烈程度正在进一步加剧。市场参与者众多，势必产生激烈的价格战，原本的暴利空间逐渐被压缩，整车利润开始摊薄，薄利多销成为许多厂商的选择，并直接波及经销商。因此，整车销售的高利润将不复从前，单纯的汽车销售在今天已没有多少利润可言。

2. 广告和促销。受车市降价风波影响，一些车型在年初就打出"亏本卖车"的口号，而现在消费者也清楚地发现，一些商家只是将之前的暗降变成了明降，对于一直关注车市的消费者而言，吸引力度并不显著。另一方面，受原材料上涨等成本压力的影响，整车利润也开始下滑，车企无法承受大幅度降价所带来的利润压力，对促销活动投入的经费也有限。消费者如果要认同一种商品，品牌观自然也是一个不容忽视的因素。成功的广告自然就是让消费者能够记住商品。

3. 库存压力。由于经销商与生产商之间签订购销协议中要求每月或每季度的购进与库存需达到一定的数额，当销售商的销量无法达到预期目标，就会导致库存车辆大量囤积。新车在未销售的情况下，一般库存期限为五年，如果超过这个期限，就会存在安全隐患，无法销售。加上多数汽车 4S 店采取银行抵押贷款方式向厂家进货，一旦进货量超过了日常销售量，4S 店没有更多的资金来运转，就会面临被银行催债的风险，很可能会出现资金链断流的危象，促使销售商之间往往会采取"调车"的应对措施，致使销售额"虚"高。如果是以销量来评价整个车市形势好坏的话，那么商家这样的操作只能说是营造了一个"市场繁荣"的假象。同时，这种情况在汽车销售旺季不会暴露很多问题，但在汽车销售转入平稳期或者淡季时将会给汽车销售商带来打击。销售商为了尽快回笼资金，尽快兜售其库存车，进行大面积降价处理，甚至低于其成本价出售，这会给消费者带来汽车价格将会下降的预期，使消费者处于观望状态，进而加大汽车的销售难度，形成一种恶性循环。

(三)从买方市场来说

1. 持币待购。造成消费者观望的原因主要有三个方面，第一种情况是，由于股市大盘不断下跌，汽车等大宗消费品价格也持续下滑，购车意向明确且具备消费能力的潜在客户仍然在观望车市，等待最佳的出手良机。他们认定汽车行业还存在较大利润，在经济大环境未明显回升的情况下，车价继续下降的趋势是不会改变。第二种情况是，由于购车消费者在股市、楼市中亏损了大量资金，消费能力有所下降。但在目前由于贷款消费的理念还未得到普及，消费者即使在资金不足的情况下，也不会选择贷款买车。第三种情况是，有能力购车的市场已接近饱和，购第二辆车的消费人群还有待发掘。因此，在微饱和时期，暂时不会出现与先前可相媲美的市场销售情况。

2.购买意向。在过去一段时间，大部分的消费者最注重的是汽车燃油的经济性与价格，所以日系车和韩系车占据黄岩区汽车消费市场的主体地位，而以豪华和气派为主要特征的美系汽车，在面对节油、环保、注重用车成本成为新汽车消费文化的核心的时代背景下，显得底气不足。而如今，以安全、环保、耐用为主要特点的德系车开始逐渐走入人们的视野。2011年，德系车零售额拉动黄岩区限额以上汽车销售企业零售额增长12.0个百分点，成为当年汽车消费的主要增长点。可见，消费者的购买意向在很大程度上决定着汽车消费市场的走向。

3.能源价格。由于能源紧缺，国际石油价格不断攀升，降低了整个行业的景气度。油价上涨增加消费者乘用车成本，降低消费需求。就93号汽油而言，2011年2月，93号汽油价格为6.76元/L，2012年4月份已涨到7.88元/L。按照普通家庭用车综合油耗6.5L/公里计算，每百公里要多花7.28元。都说“买车容易用车难”，油价的持续上涨，使得很多消费者购车的热情冷却取消了购车计划或是处于观望状态，油价显然是影响消费者使用汽车的重要因素。

三、黄岩区汽车消费市场面临的问题

(一)区域内竞争激烈

据业界人士描述，几年前在十几万元的价位上，可选车型无非就是“新三样”：别克凯越、伊兰特以及福美来。随着近几年汽车行业的迅猛发展，车市竞争日趋激烈，以前一年或者更久才出一种车型，现在一季度甚至一个月就出几种车型。据统计，目前我区范围内，价格在10万元以下的在售车型有30多种，价格在10万元至15万元的在售车型共有16种，价格在15万元至20万元之间的在售车型12种，价格在20万元以上的车型共有36种。在各种价格区间，都有丰富的品牌和车型可供消费者挑选，但由此也可见汽车4S店之间的竞争非常激烈。

(二)同品牌市场瓜分

在2008年经济危机以后，汽车销售作为商业零售市场的重要组成部分受到了国家政府重视，节能减排优惠以及购置税减免极大地刺激了汽车销售，在此商机之下，汽车4S店也纷纷落户我市，例如销售上海通用别克汽车的4S店在台州市就达到了7家之多，逐步形成“蛋糕越来越小，分的人越来越多”的不利局面，加剧了汽车销售市场的竞争。另外，相较于周边城区汽车销售市场，如路桥方林汽车城，我区的汽车销售市场地理位置优势不明显，经营管理方式有待完善，售后服务水平有待提高，在销售市场的竞争中处于弱势，致使客源流向了周边地区。

（三）政策影响汽车消费市场

受惠于1.6L及以下排量乘用车车辆购置税实行按5%的征收税率计税政策，黄岩区小排量汽车销售潜力得到释放，自2008年下半年以来陷入寒冬的汽车市场迎来了一丝暖意。2009年和2010年，汽车类商品零售额分别增长了55.4%和32.6%，连续两年的高增长，主要由三部分组成：2007—2008年由于金融危机被压抑购买力的释放；2009年政府各项政策组合拳的效果以及对于优惠政策取消后购车的提前透支。2011年初，汽车消费刺激政策退出，导致政府对汽车产业的扶持力度减弱，同时，受前几年汽车刺激政策的影响，部分消费者实现汽车提前消费，而消费者换车周期一般在3～5年，因此部分消费者对汽车消费需求有所减弱，在一定程度上影响了汽车消费市场的发展。

（四）高端市场存在缺口

几年来，中国高档车市场始终走在快速增长的道路上，即使是全球金融危机爆发的2008年，中国高档车市场也实现了20%以上的增长。2009年，逐渐走出全球金融危机阴影的中国汽车市场整体增幅更加惊人，整体销量超越美国成为全球第一，高端汽车市场需求旺盛。另外，由于油价物价持续走高，家庭轿车受到一定的影响，造成汽车零售额增速明显减缓，而高端车受政策调控的影响较小，但是我区销售高端汽车的企业只有1家，远远无法满足消费者的需求。

四、对黄岩区汽车消费市场发展的思考

（一）积极培育和发展节能与新能源汽车市场

《节能与新能源汽车产业发展规划（2012—2020）》中指出，争取到2015年纯电动汽车和插电式混合动力汽车累计产销量达到50万辆，到2020年超过500万辆。加快培育和发展节能与新能源汽车产业将成为培育新的经济增长点的战略举措。一是强化政府引导作用。把握市场发展需求，突出政府在推进节能与新能源汽车市场发展中的引导作用，制定规划，优先在城市公交、出租、公务、环卫、邮政等领域推广使用新能源汽车；二是积极推进充电设施建

设。完善的充电设施是发展新能源汽车产业的重要保障，通过资源整合、多元投资，更好发挥现有的公交、电力、出租车服务站等场站资源的作用，根据需求建设新的停车场及充电站，为节能和新能源汽车运营提供保障；三是营造有利于产业发展的良好环境。充分利用舆论的导向与监督作用，通过广播、电视、报刊、展览、学术研讨会等多种形式，加强对节能与新能源汽车的宣传，提高公民的环保意识，提升用户接受度，积极促成节能与新能源汽车消费市场的形成。

（二）积极发展二手车市场

随着中国汽车产业的日趋成熟和新车保有量持续增加，消费者换车需求日益彰显，二手车交易政策扶持力度不断加大，二手车市场将迎来新的发展机遇。积极培育二手车市场，推进我区二手车市场从“无序、低标准服务”迈向“规范、高品质服务”，促使二手车交易逐渐成为我区汽车销售市场的经济增长点。一要大力发展品牌二手车经营。积极发展二手车经销企业，支持汽车品牌经销商开展“以旧换新”“以旧换旧”等二手车置换业务；鼓励有条件的大中型汽车流通企业发展连锁经营，建设规范的区域性品牌二手车卖场，打造一批品牌二手车专营精品店。二要引导二手车交易市场优化升级。加快建立二手车市场公共信息服务平台，支持二手车交易市场技术改造，着力完善交易服务设施，规范优化交易环境，简化交易手续，降低交易成本，形成多层次梯度发展的汽车消费体系，满足不同层次购车需求。

（三）大力发展汽车相关产业

汽车保有量的猛增，汽车文化日益深入人心以及消费观念的不断进步，都为汽车后市场的发展提供了巨大的空间，培育和发展汽车后市场，将会成为又一个经济增长点。一是加快报废汽车回收拆解业发展。大力促进老旧汽车报废更新，严格执行汽车强制报废制度，加强汽车报废管理，认真落实老旧汽车报废更新补贴政策，充分发挥政策引导效应，加快老旧汽车淘汰进程，逐步形成老旧汽车报废更新的良性循环。支持有条件的回收拆解企业技术改造，引导具有雄厚资金、技术和人才实力的大型企业通过参股、控股、并购回收拆解企业等方式开展报废汽车回收、拆解业务。二是加快发展汽车美容装饰行业。大力促进汽车美容装饰市场向规模化、品牌化、专业化发展。严格执行市场准入制度，实行行业准入制度，拒绝经营规模、技术、人员、设备等不符合要求的企业进入，维持行业秩序。完善汽车美容装饰行业的标准与规范，其中包括技术标准、设备标准和收费标准，加强对汽车美容装饰市场的监督和管理。

（方凌　张从）

湖州南太湖产业集聚区发展现状与思考

——基于省级产业集聚区统计监测数据

湖州南太湖产业聚集区，是湖州市推进大平台大产业大项目大企业建设的战略性平台，承担了全市经济转型升级的战略使命。2011 年是湖州南太湖产业集聚区打基础、建结构、初创局面的一年。一年以来，集聚区建设发展取得了一定的成绩，也面临一些制约发展的瓶颈问题。本文以国内外有关理论为指导，通过分析 2010 年和 2011 年我市集聚区有关统计指标数据，研究发展过程中存在的问题，借鉴有关省市破解难题的经验，提出解决问题的方法和思路。

一、引言

国外关于产业集聚发展的理论研究开展得较早，认识也较为成熟。保罗·克鲁格曼主要从经济地理的角度探讨了产业集聚，并通过模型探讨了两个国家、两种产业在同一种生产要素情况下的产业集聚现象，证明了贸易成本对企业的区位选择和产业集聚的影响。美国哈佛大学教授波特对一些国家的产业集聚现象从企业竞争优势的角度进行了系统分析，认为企业的竞争行为迫使企业聚集生存。我国学者对产业集聚区的研究，立足于国内各地区产业集聚区发展的实践，以案例分析法为主，主要集中在三个方面：一是关于产业集聚区竞争优势研究，二是关于产业集聚区形成原因的研究，三是关于产业集聚区对区域经济发展的作用研究。少数学者对产业集聚区起步较早的江苏省、河南省产业集聚区也有一些研究，但对地级市产业集聚区发展现状的研究却寥寥无几。

产业集聚区是推动生产要素集聚和产业升级、促进区域特色经济发展的重要载体，是推进工业化、城市化、城乡一体化的重要环节。纵观世界，发达国家和发展中国家都在大力培育产业集聚区，并取得了较好的经济社会效益，比如美国的硅谷和 128 公路的电子信息产业，英国的苏格兰科技园区的电子工业，印度班加罗尔的软件集聚区（全球第五大信息科技中心）。2011 年 3 月 14 日，第十一届人大四次会议通过了《中华人民共和国国民经济和社会发展第十二个五年规划纲要》。规划的第一个重要内容就是要转变方式，开创科学发展新局面。“十二五”时期，浙江省将迈入人均生产总值由7000美元向10000美元跨越的新阶段，经济社会发展进入加速转型期。省委、省政府在广泛调研、充分论证的基础上，把规划建设湖州南太湖等14个省级产业集聚区作为推进科学发展、加快转变经济发展方式的战略举措，力争建成浙江新型工业化与新型城市化相结合的示范区、经济转型升级的先行区。

二、南太湖产业集聚区发展的现状

湖州南太湖产业集聚区规划控制区面积388平方公里，范围涉及吴兴区、南浔区、湖州经济技术开发区、湖州太湖旅游度假区、长兴县五大开发主体，重点规划区面积62.7平方公里，分为十四个功能区块，其中“十二五”开发建设区面积为29.9平方公里。集聚区管委会自成立以来，按照省委、省政府加快产业集聚区建设发展的各项战略部署，强力推进，真抓实干，以基础设施建设为支撑，以项目带动为抓手，产业集聚区建设成效显著，呈现快速良好发展态势。

（一）基础建设有序推进，构成有力支撑

2011年，集聚区完成开发建设面积4.4平方公里，累计达17.7平方公里；已建成投产面积3.3平方公里，累计达11.7平方公里，占重点规划区面积62.7平方公里的18.7%。2011年，计划实施的39项基础设施配套项目中，已开工建设32个，前期筹备7个，全年累计完成投资43.3亿元，完成计划投资的111.78%，尤其是输变电工程、吴兴大道东延、东郊污水处理厂扩容改造工程、和孚片区路桥工程、枢纽站前区路桥工程等项目推进迅速，南太湖生物医药专业园、南浔区临沪高性能机电专业园、长东旅游度假区专业园已基本拉开建设框架。产业集聚区基础设施建设的不断加强，增强了综合承载能力，加快了集聚区企业的落户，支持了集聚区产业的发展。

（二）产业项目加快入驻，增强集聚效应

产业集聚区作为承接产业转移的平台，通过大招商活动，吸引一大批企业入驻产业集聚区。截至2011年底，入区“四上”企业56家，其中规模以上工业企业42家、资质以上建筑业企业2家、限额以上服务业5家、房地产企业5家、限额以上批发零售贸易住餐企业2家。2011年，集聚区在建项目30个，总投资达269.8亿元，当年计划投资37.6亿元，实际完成投资40.4亿元，完成计划投资的107.5%。

（三）招商引资成果明显，增添集聚潜力

产业集聚区积极引导各开发主体创新招商方式、突出“大好高”战略性新兴产业项目引进，集聚区规划范围内已签约产业项目 30 个(其中亿元以上项目 29 个)、总投资达 183.5 亿元，在谈产业项目 29 个(其中亿元以上项目 28 个)、总投资 250.1 亿元。开发区的国际软件园、漕河泾“科技绿洲”，度假区的月亮酒店、奥特莱斯购物中心、游艇俱乐部，南浔分区的德隆物流，长兴分区的综合物流园 B 区等一批项目的开工建设和竣工，由此带动的现代服务业发展，将形成集聚区经济发展新的增长极。

(四)经济规模迅速扩大，显现经济效益

2011 年，集聚区“四上”企业完成总产值 96.8 亿元，同比增长 39.5%。企业平均资产总额达 115.7 亿元，同比增长 16.6%。2011 年，湖州朗惠置业、湖州嘉业、浙江华隆置业和湖州绿洲等四家房地产企业所开发的项目开盘销售，助推集聚区完成利税总额 10.4 亿元，同比增长 159.35%，企业上缴所得税 1.7 亿元，同比增长 229.4%。集聚区财政一般预算总收入 4.32 亿元，同比增长 209.01%。

(五)科技投入不断加大，增强创新能力

集聚区以对外开放和创新引领示范区为目标，以营造自主创新氛围和环境为切入点，完善创新环境和平台建设，鼓励企业加大研发投入，加大人才引进力度，企业创新意愿和能力不断增强，成效明显。2011 年企业科技活动经费支出 1.9 亿元，同比增长 108.2%，年末科技活动人员数 480 人，同比增长 177.5%，企业拥有发明专利 34 个，同比增长 142.8%，集聚区每万人从业人员有效发明专利数达 52.5 个，同比增长 118.8%。

三、南太湖产业集聚区发展存在的主要问题

湖州南太湖产业集聚区发展虽然步伐矫健、初具规模，取得了显著成效，在支撑区域经济发展中发挥了积极的作用，但仍存在一些困难和问题，特别是新的形势给产业集聚区建设发展提出了新的挑战，主要表现在以下几个方面。

(一)基础设施有待进一步完善

产业集聚区内基础设施建设与企业需求以及城市功能要求还有一定的距离。一是产业集聚区内基础设施和服务设施相对薄弱、服务功能不够完善，产业集聚和承载能力不足。道路、水电、污水处理、热力管网等建设还没有完全到位。二是由于产业集聚区启动建设时间不长，区内缺乏必要的居住、生活和商业配套设施，无法为投资创业者、就业者提供良好的工作生活环境，在一定程度上限制了产业集聚区人气的提升。2011 年，集聚区集聚从业人口为 6471 人，同比增长 11.1%，占全市从业人口的 0.25%，且居住在集聚区范围内人员少之甚少，离“宜居宜业”目标较远。

(二)经济总量有待进一步增量

产业集聚区内现有经济存量基础较为薄弱,发展速度有待提高。一是入区"四上"企业数量少。截至2011年底,产业集聚区入区"四上"企业56家,从全省来看(见表1),与入区企业相对较少的宁波梅山国际物流产业集聚区97家、嘉兴现代服务业产业集聚区193家相比,入区"四上"企业总量偏少。

表1 2011年部分产业集聚区"四上"企业情况一览表(家)

产业集聚区	湖州	宁波梅山	嘉兴	温州	金华	绍兴
企业数	56	97	193	594	392	715

二是项目建设速度较慢,产业规模优势尚未形成。2011年,30个在建项目中,大多数项目能根据投资计划推进建设,进度正常,但也有少数项目,特别是投资额较大,对集聚区发展具有明显支撑作用的项目,进展相对缓慢。截至2011年底,集聚区内30个在建重大项目,虽已动工建设,但暂无企业投产,导致集聚区经济总量偏小,缺乏新的经济增长点。

(三)经济质量有待进一步提质

2011年,集聚区"四上"企业完成总产值96.8亿元,先进制造业、新能源、新材料、生物医药、现代服务业等五大主导特色产业实现主营收入59.9亿元,占全部企业营业收入的比重为61.9%,基本与去年持平,但也存在一些问题。一是主导特色产业不够突出。如先进制造业(机械制造、金属管道、电梯电机)占集聚区总产值的47.3%,虽然占比较高,但是行业不集中,产业链条发展不够完善,上下游企业衔接不紧密,企业间关联性较弱,缺乏专业化分工协作和密切的经济联系,发展处于企业集中布局阶段,没有形成产业集群发展,产业关联带动能力差。二是入区的优质企业少。入区的56家"四上"企业中,世界500强、跨国企业、总部企业和大型国企屈指可数。30个在建项目中,世界500强、跨国企业、总部企业和大型国企也寥寥无几。29个在谈项目中,外企3家,民企500强4家,投资领域集中在机械制造、新型纺织、新能源等行业,尽管符合集聚区产业发展导向,但缺乏具有龙头带动作用的"大好高"项目。

(四)集约用地有待进一步加强

产业集聚区作为我市转型升级的主战场,在集约用地与用地指标保障需进一步加强。一是土地集约利用程度不高。2011年,产业集聚区单位平方公里产业增加值为1.1亿元,同比增长31.4%,但仍低于全省产业集聚区平均水平,与嘉兴现代服务业产业集聚区单位平方公里产业增加值1.6亿元、绍兴滨海产业集聚区单位平方公里产业增加值 3.7 亿元相比，差距较大。二是土地资源要素需求大。受用地指标因素的制约，签约项目落地整体落地速度较慢，少数项目已撤销。目前，产业集聚区内，30 个在建项目中，项目总用地需求为 5739 亩，落实用地仅 986 亩，占需求用地的 17.2%。29 个在谈项目中，总用地需求为 8022 亩，土地资源日趋紧张。

（五）融资困难有待进一步破解

受国际国内经济形势影响，基础设施项目融资和企业融资困难仍旧突出。一是产业集聚区基础设施融资困难。目前，产业集聚区投融资体制还不完善，暂时无法吸引民间资本进入产业集聚区建设领域，基础设施和配套体系建设只能依靠政府投入。2011 年，银行收紧贷款，加上国家从紧控制政府性融资平台等政策因素的影响，集聚区基础实施建设资金普遍紧张。二是产业集聚区内企业融资困难。2011 年，在央行数次上调存款准备金率的情况下，产业集聚区的企业规模普遍存在融资困难。集聚区管委会积极探索多渠道融资，为集聚区范围内中小企业及搭建产业资本与金融资本的对接交流平台，利息支出基本与去年同期持平，但企业贷款金额低于去年同期，企业融资难仍未得到根本解决。

四、南太湖产业集聚区发展的建议

（一）进一步完善基础设施建设

基础设施建设是保证项目入驻产业集聚区的必备条件。一是突出专业园建设。加快推进南太湖生物医药专业园、临沪高性能机电专业园基础配套工程，全面拉开光伏新能源专业园、临港重型装备专业园、新型机电和纺织专业园等功能区块内的道路框架，着力启动环保新能源专业园、长东旅游度假区专业园道路框架建设，为项目落户打好基础。二是要有序推进相关基础设施配套工程。依托现有城区完善居住、商贸、医院、学校等社会服务功能，实现产业集聚区与区外设施的互通对接和共享的同时，有序推进农民安置社区建设、输变电、给排水、供气供热等相关基础设施配套工程。

（二）进一步狠抓产业项目进度

完善领导干部联系重点项目制度，加大助推力度，督促项目业主和责任单位抢抓进度，早日建成项目、早日投产出效。一是加快已签约产业项目的供地和项目前期工作，力争金洲管道、特瑞思药业、幸福机电、广擎光电、怡达电梯、越球电机、星光农机、桐昆纺织等重大产业项目全面开工建设。二是突出推进已完成项目准入管理流程及供地手续的重大产业项目的开工建设，加大项目实施的协调督查力度，力争月亮酒店、奥特莱斯购物中心、游艇俱乐部、世润机械、固耐科技、士商机械、永鑫机械等项目早竣工、早投产。

（三）进一步深化招商引资工作

依托湖州环太湖流域的区位优势，充分发挥集聚区在培育发展战略性产业方面的龙头作用，深化招商引资水平。一是进一步明确目标。按照“招大、引强、选优”的原则，紧密结合“十大专业园”发展规划，根据各功能分区的产业定位，围绕主导产业，瞄准世界500强企业、中国500强、大型央企和民企，着力引进一批基地型、旗舰型、总部型项目，加大引进符合产业集聚区发展导向的“大好高”项目。二是创新招商方式。充分借鉴兄弟地市招商经验，采取定向招商、产业招商、驻点招商、活动招商、以商引商，开展网上招商、中介代理招商和行业主题招商等多形式、多渠道、全方位、宽领域的招商引资活动，加强与同商会、行业协会、科研院所等机构合作开展招商。

（四）进一步提高土地利用水平

产业集聚区项目在积极申报省重点项目、向上争取用地指标、努力破解土地要素制约的同时，要注重提高土地利用水平。一是认真落实规划，严格执行《湖州南太湖产业集聚区项目准入管理暂行办法》，对入区项目严把产业导向关，对不符合区块产业发展导向的项目、投资强度达不到要求的项目，一律不予入区，切实从源头上提高土地利用水平。二是认真贯彻落实浙土资办《浙江省人民政府办公厅关于进一步加快批而未供土地消化利用的通知》〔2011〕114号要求，切实推进批而未供土地消化利用工作，异地置换盘活一批，有效保障集聚区建设用地需求，提高集聚区土地利用效率。

（五）进一步破解资金要素制约

产业集聚区要多措并举，努力破解资金要素制约。一是加大与银行业金融机构的对接，鼓励金融机构进一步加大对产业集聚区重点产业项目和重大基础设施建设的支持力度，扩大对产业集聚区重点企业的授信额度，对符合条件的中小企业要重点扶持，加快审批。二是着手开展南太湖产业集聚区建设开发有限公司的有效运作，积极引入境内外股权投资管理机构、产业基金、创投基金，参与产业集聚区内重点项目的建设。积极探索和运用政府投入、吸引社会投资以及BT、BOT、TOT等多种投融资模式积极筹措资金，形成市场化运作、社会化参与、多元化投入的投融资机制，争取各方面资金参与集聚区内公用事业、基础设施等项目建设。

湖州南太湖产业集聚区管委会　黄　飞